国家出版基金项目
NATIONAL PUBLICATION FOUNDATION

档案文献·乙

台湾光复史料汇编（第五编）

台湾军事、司法接收及日产处理总报告书

主　　编：张海鹏

副 主 编：冯　琳　褚静涛

编　　者：冯　琳

重庆出版集团　重庆出版社

图书在版编目(CIP)数据

台湾光复史料汇编(第五编)·台湾军事、司法接收及日产处理总报告书/张海鹏主编. —重庆:重庆出版社,2017.4
ISBN 978-7-229-12126-6

Ⅰ.①台… Ⅱ.①张 Ⅲ.①抗日战争—史料—汇编—台湾 Ⅳ.①K265.06

中国版本图书馆CIP数据核字(2017)第063720号

台湾光复史料汇编(第五编)·台湾军事、司法接收及日产处理总报告书
TAIWAN GUANGFU SHILIAO HUIBIAN(DI WU BIAN)·TAIWAN JUNSHI、SIFA JIESHOU JI RICHAN CHULI ZONGBAOGAOSHU

张海鹏 主编

责任编辑:夏则斌
责任校对:何建云
装帧设计:重庆出版集团艺术设计有限公司　陈　永　吴庆渝

重庆出版集团 出版
重庆出版社

重庆市南岸区南滨路162号1幢　邮政编码:400061　http://www.cqph.com
重庆出版集团艺术设计有限公司制版
自贡兴华印务有限公司印刷
重庆出版集团图书发行有限公司发行
E-MAIL:fxchu@cqph.com　邮购电话:023-68809452
全国新华书店经销

开本:740mm×1030mm　1/16　印张:42.50　字数:628千
2017年4月第1版　2017年4月第1次印刷
ISBN 978-7-229-12126-6
定价:85.00元

如有印装质量问题,请向本集团图书发行公司调换:023-61520678

版权所有　侵权必究

《中国抗战大后方历史文化丛书》

编纂委员会

总 主 编：章开沅
副总主编：周　勇

编　　委：（以姓氏笔画为序）
山田辰雄　日本庆应义塾大学教授
马 振 犊　中国第二历史档案馆副馆长、研究馆员
王 川 平　重庆中国三峡博物馆名誉馆长、研究员
王 建 朗　中国社科院近代史研究所副所长、研究员
方 德 万　英国剑桥大学东亚研究中心主任、教授
巴 斯 蒂　法国国家科学研究中心教授
西村成雄　日本放送大学教授
朱 汉 国　北京师范大学历史学院教授
任　　竞　重庆图书馆馆长、研究馆员
任 贵 祥　中共中央党史研究室研究员、《中共党史研究》主编
齐 世 荣　首都师范大学历史学院教授
刘 庭 华　中国人民解放军军事科学院研究员
汤 重 南　中国社科院世界历史研究所研究员
步　　平　中国社科院近代史研究所所长、研究员
何　　理　中国抗日战争史学会会长、国防大学教授
麦 金 农　美国亚利桑那州立大学教授
玛玛耶娃　俄罗斯科学院东方研究所教授

陆　大　钺	重庆市档案馆原馆长、中国档案学会常务理事
李　红　岩	中国社会科学杂志社研究员、《历史研究》副主编
李　忠　杰	中共中央党史研究室副主任、研究员
李　学　通	中国社会科学院近代史研究所研究员、《近代史资料》主编
杨　天　石	中国社科院学部委员、近代史研究所研究员
杨　天　宏	四川大学历史文化学院教授
杨　奎　松	华东师范大学历史系教授
杨　瑞　广	中共中央文献研究室研究员
吴　景　平	复旦大学历史系教授
汪　朝　光	中国社科院近代史研究所副所长、研究员
张　国　祚	国家社科基金规划办公室原主任、教授
张　宪　文	南京大学中华民国史研究中心主任、教授
张　海　鹏	中国史学会会长，中国社科院学部委员、近代史研究所研究员
陈　　　晋	中共中央文献研究室副主任、研究员
陈　廷　湘	四川大学历史文化学院教授
陈　兴　芜	重庆出版集团总编辑、编审
陈　谦　平	南京大学中华民国史研究中心副主任、教授
陈　鹏　仁	台湾中正文教基金会董事长、中国文化大学教授
邵　铭　煌	中国国民党文化传播委员会党史馆主任
罗　小　卫	重庆出版集团董事长、编审
周　永　林	重庆市政协原副秘书长、重庆市地方史研究会名誉会长
金　冲　及	中共中央文献研究室原常务副主任、研究员
荣　维　木	《抗日战争研究》主编、中国社科院近代史研究所研究员
徐　　　勇	北京大学历史系教授
徐　秀　丽	《近代史研究》主编、中国社科院近代史研究所研究员
郭　德　宏	中国现代史学会会长、中共中央党校教授
章　百　家	中共中央党史研究室副主任、研究员
彭　南　生	华中师范大学历史文化学院教授
傅　高　义	美国哈佛大学费正清东亚研究中心前主任、教授

温 贤 美　四川省社科院研究员
谢 本 书　云南民族大学人文学院教授
简 笙 簧　台湾国史馆纂修
廖 心 文　中共中央文献研究室研究员
熊 宗 仁　贵州省社科院研究员
潘　　洵　西南大学历史文化学院教授
魏 宏 运　南开大学历史学院教授

编辑部成员（按姓氏笔画为序）

朱高建　刘志平　吴　畏　别必亮　何　林　黄晓东　曾海龙　曾维伦

总　序

章开沅

　　我对四川、对重庆常怀感恩之心,那里是我的第二故乡。因为从1937年冬到1946年夏前后将近9年的时间里,我在重庆江津国立九中学习5年,在铜梁201师603团当兵一年半,其间曾在川江木船上打工,最远到过今天四川的泸州,而起程与陆上栖息地则是重庆的朝天门码头。

　　回想在那国破家亡之际,是当地老百姓满腔热情接纳了我们这批流离失所的小难民,他们把最尊贵的宗祠建筑提供给我们作为校舍,他们从来没有与沦陷区学生争夺升学机会,并且把最优秀的教学骨干稳定在国立中学。这是多么宽阔的胸怀,多么真挚的爱心!2006年暮春,我在57年后重访江津德感坝国立九中旧址,附近居民闻风聚集,纷纷前来看望我这个"安徽学生"(当年民间昵称),执手畅叙半个世纪以前往事情缘。我也是在川江的水、巴蜀的粮和四川、重庆老百姓大爱的哺育下长大的啊!这是我终生难忘的回忆。

　　当然,这八九年更为重要的回忆是抗战,抗战是这个历史时期出现频率最高的词语。抗战涵盖一切,渗透到社会生活的各个层面。记得在重庆大轰炸最频繁的那些岁月,连许多餐馆都不失"川味幽默",推出一道"炸弹汤",即榨菜鸡蛋汤。……历史是记忆组成的,个人的记忆会聚成为群体的记忆,群体的记忆会聚成为民族的乃至人类的记忆。记忆不仅由文字语言承载,也保存于各种有形的与无形的、物质的与非物质的文化遗产之中。历史学者应该是文化遗产的守望者,但这绝非是历史学者单独承担的责任,而应是全社会的共同责任。因此,我对《中国抗战大后方历史文化丛书》编纂出版寄予厚望。

抗日战争是整个中华民族（包括海外侨胞与华人）反抗日本侵略的正义战争。自从19世纪30年代以来，中国历次反侵略战争都是政府主导的片面战争，由于反动统治者的软弱媚外，不敢也不能充分发动广大人民群众，所以每次都惨遭失败的结局。只有1937年到1945年的抗日战争，由于在抗日民族统一战线的旗帜下，长期内战的国共两大政党终于经由反复协商达成第二次合作，这才能够实现史无前例的全民抗战，既有正面战场的坚守严拒，又有敌后抗日根据地的英勇杀敌，经过长达8年艰苦卓绝的壮烈抗争，终于赢得近代中国第一次胜利的民族解放战争。我完全同意《中国抗战大后方历史文化丛书》的评价："抗日战争的胜利成为了中华民族由衰败走向振兴的重大转折点，为国家的独立、民族的解放奠定了基础。"

中国的抗战，不仅是反抗日本侵华战争，而且还是世界反法西斯战争的重要组成部分。

日本明治维新以后，在"脱亚入欧"方针的误导下，逐步走上军国主义侵略道路，而首当其冲的便是中国。经过甲午战争，日本首先占领中国的台湾省，随后又于1931年根据其既定国策，侵占中国东北三省，野心勃勃地以"满蒙"为政治军事基地妄图灭亡中国，独霸亚洲，并且与德、意法西斯共同征服世界。日本是法西斯国家中最早在亚洲发起大规模侵略战争的国家，而中国则是最早投入反法西斯战争的先驱。及至1935年日本军国主义者通过政变使日本正式成为法西斯国家，两年以后更疯狂发动全面侵华战争。由于日本已经与德、意法西斯建立"柏林—罗马—东京"轴心，所以中国的全面抗战实际上揭开了世界反法西斯战争（第二次世界大战）的序幕，并且曾经是亚洲主战场的唯一主力军。正如1938年7月中共中央《致西班牙人民电》所说："我们与你们都是站在全世界反法西斯的最前线上。"即使在"二战"全面爆发以后，反法西斯战争延展形成东西两大战场，中国依然是亚洲的主要战场，依然是长期有效抗击日本侵略的主力军之一，并且为世界反法西斯战争的胜利作出了极其重要的贡献。2002年夏天，我在巴黎凯旋门正好碰见"二战"老兵举行盛大游行庆祝法国光复。经过接待人员介绍，他们知道我也曾在1944年志愿从军，便热情邀请我与他们合影，因为大家都曾是反法西斯的战士。我虽感光荣，但却受之有愧，因为作为现役军人，未能决胜于疆场，日本就宣布投降了。但是法国老兵非常尊重中国，这是由于他们曾经投降并且亡国，而中国则始终坚持英勇抗战，并主要依靠自己的力量赢得最后胜利。尽管都是"二战"的主要战胜国，毕竟分量与地位有所区别，我们千万不可低估自己的抗战。

重庆在抗战期间是中国的战时首都，也是中共中央南方局与第二次国共合作的所在地，"二战"全面爆发以后更成为世界反法西斯战争远东指挥中心，因而具有多方面的重要贡献与历史地位。然而由于大家都能理解的原因，对于抗战期间重庆与大后方的历史研究长期存在许多不足之处，至少是难以客观公正地反映当时完整的社会历史原貌。现在经由重庆学术界倡议，全国各地学者密切合作，同时还有日本、美国、英国、法国、俄罗斯等外国学者的关怀与支持，共同编辑出版《中国抗战大后方历史文化丛书》，这堪称学术研究与图书出版的盛事壮举。我为此感到极大欣慰，并且期望有更多中外学者投入此项大型文化工程，以求无愧于当年的历史辉煌，也无愧于后世对于我们这代人的期盼。

在民族自卫战争期间，作为现役军人而未能亲赴战场，是我的终生遗憾，因此一直不好意思说曾经是抗战老兵。然而，我毕竟是这段历史的参与者、亲历者、见证者，仍愿追随众多中外才俊之士，为《中国抗战大后方历史文化丛书》的编纂略尽绵薄并乐观其成。如果说当年守土有责未能如愿，而晚年却能躬逢抗战修史大成，岂非塞翁失马，未必非福？

2010年已经是抗战胜利65周年，我仍然难忘1945年8月15日山城狂欢之夜，数十万人涌上街头，那鞭炮焰火，那欢声笑语，还有许多人心头默诵的杜老夫子那首著名的诗："剑外忽传收蓟北，初闻涕泪满衣裳！却看妻子愁何在？漫卷诗书喜欲狂。白日放歌须纵酒，青春作伴好还乡。即从巴峡穿巫峡，便下襄阳向洛阳。"

即以此为序。

庚寅盛暑于实斋

（章开沅，著名历史学家、教育家，现任华中师范大学东西方文化交流研究中心主任）

编 辑 说 明

一、值此中国人民抗日战争胜利暨台湾光复70周年之际,我们编辑了《台湾光复史料汇编》,收录与台湾光复有关的国民政府文件,以纪念台湾光复70周年,希望对学术界研究这一重大历史事件有所裨益。

二、1895年4月,清政府在对日作战中失败,被迫在《马关条约》上签字,将台湾全岛及其附属岛屿、澎湖列岛(本史料汇编概称为台湾)割让给日本。从此,祖国宝岛在日本统治下50有年。这是近代中国的耻辱。

三、日本军国主义者不以割让台湾为满足,它还要实施其大陆政策,以实现占领全中国为目的。1931年,日本发动九一八事变,占领我东北广袤地区,然后逐年蚕食我长城内外,直到1937年7月发动卢沟桥事变,妄图在三个月内灭亡全中国。日本军国主义者的狂妄,激起了中华民族的极大愤慨。中国人民在抗日民族统一战线的旗帜下,历尽八年千难万苦,终于阻遏了日本军国主义者的企图,并且在国际反法西斯统一战线的配合与支持下,迫使日本军国主义无条件投降。根据1941年12月国民政府对日宣战声明,以及1943年12月《开罗宣言》和1945年7月《波茨坦公告》,中国政府代表中国人民从日本军国主义手里收回台湾全部主权,1945年10月25日正式宣布台湾光复。台湾光复一雪甲午战争失败的耻辱,是中国人民抗日战争胜利的结果,是用3500万抗日军民伤亡和无量财产损失换来的成果。

四、台湾光复证明了:120年前的乙未之耻,已为70年前的乙酉之胜所湔雪,台湾人民的"弃儿"之耻也因台湾光复的胜利而消融。这是中国近代历史上的一件大事,值得专题记录。

五、这本史料汇编所收内容为1941年12月(国民政府对日宣战)至

1947年2月("二二八事件"发生)期间,有关台湾光复的史料,分为六编。前三编为编者整理的已出版史料,第四、五、六编为未曾公开出版的史料。台湾光复史料甚多,本书收集的主要是政府文献,即使政府文献,也不是全部收录,限于篇幅,有所选择。为了保存史料,编者对所选史料原有用语,均未作改动。

六、第一至第三编收录了国民政府各部门发出及收到关于接收、治理台湾的文件、信函、电文等,亦包括少数代表政府的发言人公开发表的重要言论。四联总处等虽不是常规政府机构,但在事实上分割了财政部等政府机构职权,该汇编亦包含了此类机构的部分文件。史料的整理尽量忠实于原出处,仅对明显错误处作了订正。而少数包含了多个文件的条目,依时间次序进行了调整。

七、第四编收录国民政府中央设计局台湾调查委员会(简称台调会)编写的有关日据时期日本统治台湾情况的文件,这些文件是为中央训练团台湾干部训练班使用的参考资料。台调会档案多藏于中国第二历史档案馆,台调会编写的这部分材料藏于南京图书馆,这部分文件目前只找到13件,应该还有一些,继续寻找,只好等待他日。第五、第六编包括《台湾警备总司令军事接收总报告》《台湾司法接收报告书》《台湾省接收委员会日产处理委员会结束总报告》《台湾省日产处理法令汇编》《台湾省行政长官公署施政报告》《中华民国三十五年度台湾省行政长官公署工作报告》《台湾省行政长官公署三月来工作概要》《台湾省行政长官公署农林施政报告》等1946年前后关于接收和施政的报告、法令汇编等单印本,这些单印本来自美国斯坦福大学、中国社会科学院近代史研究所等处。

八、书中所录档案之时间,以发文日期为准,无发文日期者以收文日期为准。不少档案原文未经点注,编辑时尽量加以断句。原文点注不当者,尽量予以修正。本书采简体中文版式,原繁体竖版表格样式均略加调整,内容不变。原繁体特有标点,如「」『』等以""或《》等符号代替。为节省空间等因,部分表格内的数字录入时改为阿拉伯数字。书中所录数据因字迹模糊、破损以致无法辨认者，以"□"等符号标示或注以"字迹不清"字样。间有脱漏、舛误需加解释者，则加"编者按"说明。

九、因年代较久，一些史料字迹模糊难辨，鲁鱼亥豕之处，在所难免。加上当时报告、文件原文本身亦有一些错误，如"苗栗"曾在《台湾省行政长官公署施政报告》中有"苗票"之误，此类明显有误处，编者作了订正，但不排除仍有部分错误或不确遗留了下来。史料整理的遗憾，尚祈细察指正。

十、本书所收档案得益于南京的中国第二历史档案馆，台北的"国史馆"、国民党党史会，美国斯坦福大学，中国社会科学院近代史研究所等机构以及有关学者前已编辑的史料。本书编葳之际，谨对上述单位和学者表示由衷感谢！

十一、本书由中国社会科学院台湾史研究中心主任张海鹏主持，中国社会科学院近代史研究所副研究员冯琳收集整理了本书第一、二、三、五、六编史料，褚静涛提供了第四编台调会的有关史料，台调会史料13件由有关专业人士陈希亮提供复印件，谨此表示感谢！台调会的史料由赵一顺负责录入校对。

编　者

2015年3月12日

本编导语

　　本编包括《台湾警备总司令军事接收总报告》、《台湾司法接收报告书》、《台湾省接收委员会日产处理委员会结束总报告》、《台湾省日产处理法令汇编》等四种1946年前后的单印本。这些单印本在以前未被完整地编辑出版过,只有其中很少一部分内容曾被收录于其他资料集当中。因年代较久,原件保存状况日渐堪忧,不但字迹模糊,且有部分内容遗失(如《台湾警备总司令军事接收总报告》)。此次编辑意在最大限度保存这些重要史料。

目 录

总序 …………………………………………… 章开沅 1
编辑说明 ………………………………………………… 1
本编导语 ………………………………………………… 1

台湾军事接收总报告书

序 ……………………………………………………………… 3
第一篇　台湾军事接收准备 ………………………………… 4
　第一章　本部编组经过 …………………………………… 4
　第二章　在重庆之准备工作 ……………………………… 5
　第三章　前进指挥所之派遣及工作 ……………………… 6
　第四章　部队之开进及部署情形 ………………………… 17
　第五章　受降经过 ………………………………………… 18
　第六章　军事接收委员会之组成及工作 ………………… 20
第二篇　台湾地区降敌之概况 ……………………………… 25
　序　言 ……………………………………………………… 25
　第一章　指挥系统及兵力部署 …………………………… 25
　第二章　人马武器弹药及舰船之调查 …………………… 27
　第三章　航空部队飞机数量及设施情形 ………………… 34
　第四章　仓库调查 ………………………………………… 36
第三篇　台湾军事接收经过概况 …………………………… 39
　第一章　接收命令及规定 ………………………………… 39

第二章　陆军第一组接收经过 ………………………………… 65
　　第三章　陆军第二组接收经过 ………………………………… 126
　　第四章　陆军第三组接收经过 ………………………………… 147
　　第五章　军政组接收经过 ……………………………………… 162
　　第六章　海军组接收经过 ……………………………………… 202
　　第七章　空军组接收经过(含第三飞机制造厂) ……………… 213
　　第八章　宪兵组接收经过 ……………………………………… 233
　　第九章　军令部接收测量器材及军政部要塞视察经过 ……… 240
第四篇　俘虏管理 …………………………………………………… 268
　　第一章　利用日俘从事复旧工作 ……………………………… 268
　　第二章　韩籍官兵之集训情形 ………………………………… 277
　　第三章　接收军品集中实施情形 ……………………………… 298

台湾司法接收报告书(附建议书)

序 ……………………………………………………………………… 325
第一章　台湾光复前之司法概况 …………………………………… 326
　　第一节　法院及供托局 ………………………………………… 326
　　第二节　刑务所 ………………………………………………… 328
　　第三节　各州调停课各厅调停系 ……………………………… 332
　　第四节　辩护士、公证人、司法书士 ………………………… 332
第二章　台湾光复前之法制 ………………………………………… 335
　　第一节　概说 …………………………………………………… 335
　　第二节　关于民事法律之特例 ………………………………… 336
　　第三节　关于刑事法律之特例 ………………………………… 338
第三章　台湾光复后司法接收概况 ………………………………… 340
　　第一节　法院 …………………………………………………… 340
　　第二节　监所 …………………………………………………… 344

第四章　司法接收后之设施·················346
　　第一节　法院方面·····················346
　　第二节　监所方面·····················349
　　第三节　其他有关司法方面···············350

台湾省接收委员会日产处理委员会结束总报告

一　总述·································359
二　组织概要·····························360
三　接收经过·····························366
四　处理情形·····························370
五　结束移交情形·························435

台湾省日产处理法令汇编

一　组织规程·····························505
二　一般接收及处理类·····················511
三　房屋地产类···························535
四　工商企业类···························550
五　存款现金及证券类·····················559
六　文化教育类···························566
七　动产家具类···························568
八　德义台韩及琉球类·····················570
九　检举奖惩类···························577
十　清算类·······························584
十一　其他·······························591
十二　附录·······························601

台湾军事接收总报告书

台湾省行政长官公署台湾省警备总司令部编印，
1946年（美国斯坦福大学东亚图书馆藏）

序

　　自开罗会议宣言台湾及澎湖列岛应归还我国,三十三年四月,主席蒋公设台湾调查委员会,命余主其事延揽专家剖析台情加以研讨军事而外,旁及政治、经济、文化、交通,胥有接收之方案。迨三十四年八月,日本无条件投降。九月,国府命余任台湾省行政长官兼警备总司令,于是台澎之收复,乃入实施的阶段。十月下浣,余在渝筹备完成,飞台视事。廿五日上午九时,日本台湾总督兼第十方面军司令官安藤利吉率其众降,台澎复归版图,余即依法组织台湾地区军事接收委员会,自兼主任委员,而以警备总司令部柯参谋长远芬副之,其下分组办事,并设处遣送日俘,历时四阅月而毕。兹书所述,即其经过,都六编三十章。凡图籍兵器之目录,日军往昔之部署,以及日俘遣送之情况咸备焉。忆自马关条约,割我台湾,于今五十一年,日人惨淡经营,既着眼于经济之榨取,而尤致力于军事之设备,以为南进据点。今者时异势殊,台湾省六百万同胞得本我国爱和平守信义之固有道德,相与生息于三万六千方公里之美丽山河,不再为异族负隅图逞之地。然而居东海之滨,沧波浩荡,叠嶂雄峙,兀然为国防之前哨,与东南之屏藩,此后军事设施,如何取长舍短,卫国固圉,胥有待于慎重之考虑,与夫全面之戮力,则此书之作,或足为鉴往知来之一助,而非可以断烂朝报视之者欤。其役也,柯君远芬,始终其事,昕夕无闲,匡予实多,而省行政长官公署葛秘书长敬恩,警备总司令部范副参谋长诵尧,分任前进指挥所正副主任,先余入台布置,厥功甚伟,并识于此,示不忘也。民国三十五年四月陈仪序。

第一篇　台湾军事接收准备

第一章　本部编组经过

一、本部

本部于三十四年九月一日，暂假重庆国府路第一四○号为临时办公处，正式成立，并开始办公。当时因编制尚未奉颁，仅使用少数人员办理必要工作。九月十日，奉军事委员会中微令一亨签字第（三九七）号代电，颁发本部组织规程及编制表。本部计设机要室，第一、二、三、四处，副官处，经理处，军法处，调查室，并直辖特务团一团、通信连一连、军乐队一队，除调查室由调查统计局径行派员组设其人事不归本部管辖（直属部队分列后面）外，当即着手于本部内部之正式编组，一面向各有关机关调用干部，一面自行甄选。九月十七日，复奉颁关防印信，于是积极展开工作，并将各级到差人员请军事委员会核委，迄十月九日离渝，首途进驻台湾之时，共有官佐属八三员，且全数请委完毕，课长以上人员，且大部按奉任职令。抵台后，工作繁巨，一面请由各方甄选介绍，一面自行物色人员，日渐充实，然尚感不敷。经电奉委座三十四年玄酷政务参予警电，准增设额外人员计本部二○员，特务团五员，现除二、三悬缺外，已全数派委补足额。

二、特务团

该团系奉军事委员会三十四年务参二字第（五三三）号申删代电，核准由闽省抽调强有力之保安部队一个团编组之。当即令饬团长朱瑞祥，率领必要人员共七员，于九月下旬由渝飞闽筹办。按修正三十一年陆军师步兵团编制，于十月一日成立，迄本部进驻台湾后，相继开抵台北，一面担任勤务，一面积极训练。

三、通信连

该连系由陆军通信兵独立第一营将第二连整个拨编。按修正三十一年陆军师通信连编制改编，于十月一日成立，随部进驻台湾。

四、军乐队

本部军乐队，准军政部三十四年务参一（八二九）号酉江代电，应用丙种编制，当于三十四年十一月十七日组织成立，乐器系就接收器材中拨用。

第二章　在重庆之准备工作

本部奉命统一接收台湾（包括澎湖列岛）地区军事工作，以任务之重大及台湾情形之特殊，自日本投降后，即加紧准备，于民国三十四年九月一日在重庆国府路一四〇号组织本部临时办事处，正式开始办公。当时，由本部柯参谋长远芬负责主持，曾向各军事机关、学校商调工作人员，罗致干部。九月初旬，到处办公者仅柯参谋长远芬、邱秘书浚、人事课刘课长义和、王参谋廷栋、杜副官准等四五人。嗣后各机关调来人员陆续报到，工作亦渐次增多。其时，正值初秋季节，重庆气候炎热异常，各员均能奋发努力，夜以继日，当时之紧张情形，实属难得。兹将自九月一日至十月九日在重庆之主要准备任务栏举如左：

1. 与中央各有关部会商洽重要事项。

2. 派本部第二处林处长秀栾、副官处王处长民宁参加九月九日南京总受降典礼。

3. 批定台湾省占领计划及情报搜集计划，并颁发遣台部队官兵守则。

4. 向美军总部切取连络，每周并定期举行中美参谋会报，商讨占领计划及空运输送等问题。

5. 向军政部交涉拨配通信连及无线电第五区台，并在福建编成本部特务团。

6. 交涉海陆空各项交通运输工具。

7. 与本部所指挥之62A、70A、208D、209D（208D、209D系控制于福建，作本部预备队，于接收顺利后解除序列），宪兵第四团，海军第二舰队，空军第22、23地区，本部特务团等部队密切连络，并适时予以命令，指示其行动及其应遵守之事项。

8. 商办补充及补给诸事项。

9. 请委新补人员及人事考核。

10. 派本部副参谋长范诵尧率同参谋十三员与长官公署人员合组前进指挥所，由渝径飞台北，与投降日军作初步接洽，并提交备忘录，搜集情报，筹备第一次部队登陆及受降等事宜。

11. 筹制全部官佐服装。

第三章　前进指挥所之派遣及工作

第一节　前进指挥所之派遣

本部与台湾省行政长官公署，鉴于实际需要，在渝筹组前进指挥所，于卅四年九月廿八日以署渝务一字第（九三）号命令派台湾省行政长官公署葛秘书长敬恩兼任该所主任，台湾省警备总司令部范副参谋长诵尧兼任该所副主任，并由行政长官公署及警备总司令部各单位指派专门委员及参谋人员共计四十七员、宪兵第九团派兵一排在重庆国府路一四〇号组织成立，于十月五日上午七时全所官兵七十一员名，在重庆白市驿机场分乘美运输机五架径飞台北，当日午后六时以前各机均先后平安到达台北市松山机场。当时来机场欢迎者，有我国空军及日军第十方面军中将参谋长谏山春树等数十人。

第二节　前进指挥所之工作

十月六日十五时，前进指挥所全体官兵在台湾总督官邸旧址举行第一次升旗典礼，十六时交付长官公署及警备总部第一、二号备忘录与日本第十方面军参谋长谏山春树。范副主任十月八日及十一日与谏山春树作两次谈话，指示日方各部队应行集中地点以及台湾地区日军在正式向我投降前应遵守之事项。十月十日上午十时，全体官佐暨地方士绅人民于台北市旧公会堂内举行台湾省第一次国庆纪念庆祝大会，当时，情况至为热烈。午后六时，并于总督官邸旧址举行宴会，招待盟军及地方代表。在国庆纪念以后，全所之主要工作为准备国军登陆之各种应行准备事宜，其主要者如左：

一、派遣参谋偕美军连络军官赴港口侦察现地状况、港口设备被破坏情形以及可能停泊舰艇之数目等。

二、调查现有营房之容量，以为分配国军宿营地参考。

三、在基隆成立办事处，同时派员赴淡水等地办理国军登陆时之运输补给宿营等事宜。

四、调查访问台北暨各地金融、工矿物资之实际状态。

五、派员监督日军调动之实施。

自十月十七日长官公署及警备总部官佐二百余人抵台后，全所工作乃转为移交长官公署及警备总部之交代工作，同时，奉命于十月二十五日将前进指挥所撤销，各官佐均回原来建制服务，该所任务已告顺利完成。（附：台湾省行政长官公署警备总司令部前进指挥所职员录，中国战区台湾省警备总司令部备忘录台军字第一、二、三号，范副主任与谏山参谋长第一、二次谈话记录各一份）

台湾省行政长官公署警备总司令部前进指挥所职员
台湾省行政长官公署

职别	姓名	任务	备考
秘书长	葛敬恩	前进指挥所主任	
秘书	楼文钊	幕僚	
秘书	郑南渭	幕僚	
秘书	葛允怡	幕僚	
秘书	张邦杰	幕僚	
参议	张锡祺	幕僚	
财政专门委员	马咸	调查监视并准备接收	
财政专门委员	陈灵谷	调查监视并准备接收	
金融专门委员	张武	调查监视并准备接收	
工矿专门委员	汤元吉	调查监视并准备接收	
交通专门委员	徐人寿	调查监视并准备接收	
农林专门委员	曾宪璞	调查监视并准备接收	
交通专门委员	杨志章	调查监视并准备接收	
市政专门委员	黄朝琴	调查监视并准备接收	
新闻事业专门委员	李万居	调查监视并准备接收	
民政专员	卢明	调查监视并准备接收	
教育专员	梁翼镐	调查监视并准备接收	
教育专员	林绍贤	调查监视并准备接收	
工矿专员	李佛续	调查监视并准备接收	
金融专员	陈伯夏	调查监视并准备接收	
金融专员	徐建平	调查监视并准备接收	
农林专员	过立先	调查监视并准备接收	
广播事业专员	林忠	宣传	
广播事业专员	林柏中	宣传	
中央通讯社	叶明勋	采访	
上海大公报	费彝民	采访	
大公报	李纯青	采访	
中央日报	杨正和	采访	
摄影记者	林世璋	摄影	
译电员	楼绥校	电报	
副官	刘琦	随从	

台湾警备总司令部

职别	姓名	任务	备考
少将副参谋长	范诵尧	前进指挥所副主任	
少将参谋主任	苏绍文	幕僚	
少将参谋	王民宁	幕僚	
少将参谋	陈汉平	幕僚	
少将参谋	马德尊	幕僚	
上校秘书	瞿络琛	幕僚	
上校参谋	蒋硕英	幕僚	
上校参谋	朱嘉宾	幕僚	
上校参谋	罗远芳	幕僚	
中校参谋	施长云	幕僚	
中校参谋	郭华荣	幕僚	
中校参谋	王廷栋	幕僚	
少校参谋	胡维达	幕僚	
上尉参谋	刘家驹	幕僚	
中尉译电员	蒋立人	译电	
军荐二阶无线电台台长	马光泰	通讯	

中国战区台湾省警备总司令部备忘录 台军字第一号

日期：中华民国三十四年十月五日

致：台湾日本第十方面军司令安藤利吉将军

由：中国战区台湾省警备总司令部

一、本人以中国战区台湾省警备总司令地位，奉中国陆军总司令一级上将何应钦，转奉中国战区最高统帅特级上将蒋之命令，接受在台湾省（含澎湖列岛下同）日本高级指挥官及其全部陆海空军与其辅助部队之投降。

二、日本驻台湾省第十方面军司令官安藤利吉将军，自接受本备忘录之日起，应立即执行本总司令之一切规定，并应由安藤利吉将军负责指挥该区日军之投降事宜。

三、安藤利吉将军于接受本备忘录后，开于下列事项，应立即对台湾省地区之日本陆海空军下达必要之命令。

甲、对本总司令所指挥之部队及盟国官兵，不得有任何敌对行为。

乙、驻台湾之日本陆海空军，不得向非本总司令所指挥之任何部队投降，并应在现地听候本总司令命令。

丙、驻台湾省日本陆海空军，所有武器、器材、船舰、车辆及一切交通通信设施、飞行港、海港应保存完好并应以联队（独立大队或中队）为单位，收存保管听候本总司令命令呈缴，不得有藏匿遗弃及毁损之行为。

丁、台湾附近海上及陆地障碍物，均须于本年十月十五日以前清扫完毕。

戊、所有在台湾地区尚未释放之盟国战俘，应即造册报告，恢复自由，妥为招待及保护，听候本总司令规定送达指定地点。

四、安藤利吉将军于接到本备忘录后，应即忠实迅速调制并办理下列各事项，限五日内完成送交本部前进指挥所。

1. 台湾（含澎湖下同）全部二十万分之一及五万分之一军用地图各二十份，所有各种比例尺、军用地图亦应列制清册二份准备移交。

2. 台湾全部兵要地志及附图各二十份。

3. 台湾全部日军之兵力配备要图（含阵地编成及强度与防守计划）、指挥系统大队长、独立中队以上各级主官及各级司令部职员之姓名出身经历表册各二份。

4. 台湾全部日军人马武器弹药装备车辆分类数目表册（大队及独立中队以上为单位）各二份。

5. 台湾各要塞详图及说明书表（含武装设备）各二份。

6. 台湾全部交通网状况图（含公路铁路邮航线路）及现存交通工具种数厂站设备与材料等表册说明书各二份。

7. 台湾全部通信连络图表及现存通信器材种数表册各二份。

8. 日军在台湾所有一切军事、教育设备，器材，书籍等，图表清册各二份。

9. 台湾日军被服、粮秣、燃料、弹药等之补给系统方法及现品分存位置图表各二份。

10. 台湾日本空军现有飞机油弹与配件等种数位置，军用飞行场站及修造厂之位置设备图表说明各二份。

11. 日本政府在台湾所有各种工厂建筑物之位置、种数、工人数目与生产能力及一切管理经营情形说明图表各二份。

12. 台湾陆地上，于作战期间所设置各种障碍物之位置、种数及效能说明图表与清扫概况说明各二份。

13. 日本政府在台湾现存军用物资种数及贮存位置、分布情形，图表说明各二份。

14. 台湾海图（包括台湾各港间及台湾各港通他港间之总图分图并台湾各港之详图另附武装设备说明）并与航行有关之书表（如台湾沿海潮汐书等）各二份。

15. 台湾沿海水雷敷设图（包括雷区所在、水雷种数、敷设线、水雷性能、当时如何敷设以及敷设深度等）及水中障碍物沉没图（包括沉置所在及材料种数）并上列区域内各种障碍物之清扫情形说明各二份。

16. 台湾现有各舰艇船舶等之驻泊图并说明（包括吨位、船龄、性能、各项设备、武装配备并各舰艇长轮机长及各船舶长管轮者之姓名）各二份。

17. 以上各舰艇船舶现存料件（包括燃料、滑油、弹药、五金材料、粮食、药品、航行所用图书、旗帜、灯具、航海与轮机之航海日记簿等）清册各二份。

18. 马公要港司令及其他沿海或内河港塞海军指挥部最近职员录各二份。

19. 台湾各港海军工厂（包括军械修造及舰艇船舶修造）位置图附说明书（包括设备能力及余存备用材料）各二份。

20. 台湾各港海军仓库图及库存器材清册各二份。

21. 台湾各港信号台所在图附设备说明及旗帜灯具等清册各二份。

22. 台湾要塞及各海港码头位置及设备图表说明各二份。

23. 台湾水道测量工作概况说明二份。

24. 台湾所有陆地及海港各种军事及一般设备于战争前后一切损毁情形图表（须注明损毁年月日及原因）各二份。

五、为监视日方执行余之一切命令及规定，与确保双方之连系，并为准备接收之进行便利与迅速起见，特派台湾省行政长官公署秘书长葛敬恩中将及本部副参谋长范诵尧少将，分任前进指挥所正副主任，并率领所要人员，先至台北设置本部前进指挥所，希即为准备一切并应妥为保护及予以各种便利，对其所转达本总司令之一切命令与规定或有何要求时，均应迅速照办。

六、投降实施之正式手续，及时间与地点另行通知。

中国战区台湾省警备总司令陆军上将　陈仪

本备忘录由本部前进指挥所主任葛敬恩中将转交安藤利吉将军或其代表

中国战区台湾省警备总司令部备忘录　台军字第二号

日期：中华民国三十四年十月五日

致：台湾日本第十方面军司令官安藤利吉将军

由：中国战区台湾省警备总司令部

一、本总司令指挥之部队，将于十月十五日以后陆续开抵台湾，其集中地区，容再通知。为求本总司令之部队到达台湾初期给养无缺起见，希于十月十二日以前在台北准备大米三十万公斤、淡水十万公斤、台南十万公斤、高雄十万公斤、台东及花莲各五万公斤、马公二万公斤。

二、日本驻台湾地区之陆海空军，应即就现位置集中，非奉本总司令命令不得移动，在集中地并应准备三个月之给养，三个月后之军粮依情况再定办法。

中国战区台湾省警备总司令陆军上将　陈仪

本备忘录由本部前进指挥所主任葛敬恩中将转交安藤利吉将军或其代表

中国战区台湾省警备司令部备忘录　台军字第三号

日期：中华民国三十四年十月十三日

致：台湾日本第十方面军司令官安藤利吉将军

由：中国战区台湾省警备总司令部

一、我军即将于台北地区登陆，限现驻台北地区之日军各部队，于本（十）

月十五日以前，全部（第五项规定残留人员除外）由大园庄、桃园街、莺歌庄、土城庄、新店庄、平溪庄、贡寮庄、三貂角相连之线（含线上各地）以北地区撤出，二十日以前，由中港、头分庄、北埔庄、内湾、角板山、阿王山、员山庄、二结、三结相连之线（含线上各地）以北地区撤出。

二、现驻前项地区日军各部队撤退后之进驻地区，应避开人口繁华市镇及交通要点，其进驻地点及撤退实施情形并须随时附详图具报。

三、基隆、台北市、淡水铁路沿线，须于本（十）月十五日以前完成供给台军字第二号备忘录所载之给养及所要屋舍等准备。

四、基隆港限本（十）月十五日以前，须完成准备可供约三万人迅速登陆之码头及所要器材设备，并于基隆铁路车站集中能以迅速输送之所要车辆、机车及其燃料等。

五、湾连涉第五号必需残留台北、基隆、淡水之日本陆海军部队、交通输送人员及病院患者全留外，余可按需要程度酌留四分之一乃至十分之一，惟全数不得超过二千人（含交通输送人员及病院患者），该湾连涉第五号附表签驻发还。

中国战区台湾省警备总司令陆军上将　陈仪

本备忘录由本等前进指挥所主任葛敬恩中将转交安藤利吉将军或其代表

范副主任与谏山参谋长第一次谈话记录

时间：十月八日上午九时十分

地点：总督府官邸

参加人员：范副主任，谏山参谋长，日中校参谋

林忠日翻译

记录：胡维达，施长云

谈话内容：

谏：

关于日军处理问题，当按贵方指示实施，现为考虑如何对贵国有利起见

谨建议如下：

　　1. 日军还国时期及输送方法，当按贵国指示，将于停战之时期中，力求自力更生。

　　2. 除自耕自给外，并愿能协助贵国复兴台湾工作。

　　3. 尽量免除烦扰贵国国民。

　　4. 希能将现有日军，集中一处，惟盼勿移动过远。

　　5. 详见日方致我文书内。

　　6. 关于日军在台自给计划，将派主办参谋前来报告并请指示。

　　7. 现有在台日军，除耕种以求自力更生外，并希能按各兵种之专门技术，协助建设各项事业如通信兵队可协助办理电信、工兵队可协助铁路等。

　　交通工作

　　范：自十一日起，贵官应派一连络参谋来本指挥所工作以便随时接洽。

　　陈：本人如时间允许亦将常来请示。

　　谨报告在台日军一般配置如下：

　　1. 9D驻新竹。

　　2. 第八飞行师团原驻台北新竹现已集中台中。

　　3. 7D驻台南。

　　4. 12D驻台南南部及高雄一带。

　　5. 103B原驻淡水现已移驻高雄。

　　6. 76B原驻基隆，现移台南附近。

　　7. 54D在屏东。

　　8. 66D原驻台北，现移花莲港，至台东铁路沿线战事结束后，驻台北日军为免与贵军发生误会，故已迁驻他处，此层请予谅解以免误会。

　　9. 澎湖岛之军队部署如旧。

　　10. 为求自力更生及免军队闲散无事计，已令一部军队分驻未开垦区请予谅解。

　　请贵官示知贵军到达日期地点，以便准备一切。

　　范：当视海军情形而定，惟一部已于十二日自宁波起运。

谏:台湾治安问题,迄今尚无暴动事件发生,惟自战事结束后,台湾已为贵国管治,一般人民对警察干涉管理,业有置诸不理者,尤以乡村间时有加害警察事项发生,集中一处之移交军火,已有被窃事项,故为增强治安效能起见,拟于各地增派宪兵,协同警察执行任务,现各地共有宪兵壹万六千人,并配有武器,而后对该宪兵之处置请予以指示。

范:请示长官后才能决定。

谏:目下军队已行移动将如何处置。

范:可暂按计划进行,贵官所定部队移动计划,与我方大致相同,俟我人员到齐后,当再详细研讨。

陈:为免部队意外之移动,请多赐连络,以免影响自给计划,战时台湾原系定量分配,目下此种制度已告中止,而黑市与官价相差甚远,台湾原定每年收粮二次第一期八月,当时适值战事结束,较忠厚者,已按额全缴,而一部迄今尚未全部缴出,为求公允起见,请仍令按数缴纳,以免影响而后军粮供给。

范:

一、在本所未到达台湾前,与到达台湾后,将所有日军私卖及毁坏与埋藏军火等事,告官执行任务愈忠诚,则于贵国前途愈有利。

二、闻贵方有一部分干部私卖军粮及军用品等,请贵官严查自行处办,否则将来由我国查出,必予追究。

谏:此事我方亦有所闻,并已开军法会议调查,且自己追回一部,而后希贵方能检同证据以便公办。

范:

一、陈长官与长官部及总部人员约二百名,不久即可到台,关于办公宿舍等地点请为考虑。

二、本军到达时之营舍。

1. 日军现驻营地,应尽量缩并之,以备我军驻扎(例如以两师合并一师)。

2. 所有用具都留下尤其蚊帐。

3. 防止误会,希贵军自行设法隔绝设备。

4. 军械等之交与注意堆积及保存之良好以备使用。

5. 葛主任在南京与贵官会议事项,谅必陆续实行,如尚未实行,希即实行并继续办理。

三、海陆空军统一接收。

四、高雄附近有六千吨之船,沉没后须半年方能扫清,应由日海军负责从速清扫。

五、国庆日庆祝大会,午前十时在公会堂举行,午后六时在总督官邸宴会,请为通告,并维持治安。

六、笺函一封请带回。

十时三十分谈话终结。

范副主任与谏山参谋长第二次谈话记录

时间:十月十一日上午十时

地点:总督官邸

参加人员:范副主任、朱课长嘉宾、谏山参谋长、杉浦中佐

记录:施长云

谈话内容:

范:

1. 我方与贵方各部门负责人员之会谈,山本官与贵官负总责,今后细碎事项,由各部门自行会谈随时请示。

2. 我军在基隆登陆之各种事项,务请从速准备。

3. 请贵官派参谋一位,与本所朱课长会同担任我军在基隆台北淡水等地设营事宜。

4. 营房破烂须从速修理。

5. 贵方军队移动后,详细位置希为报告并附要图。

谏:

1. 关于基隆贵军登陆之事项,当遵命全部准备。

2. 总务部长,仍在日本总督府,移交事项统归其负全责,请贵官电呈陈长官,转呈蒋主席转请麦克阿瑟元帅,准彼回台担任交代事宜。

3. 日军曾有六个师团驻台湾，大多沿海岸驻防，所有营房，皆甚简陋，贵军不能全部利用，拟空出一部分学校以备军用。

4. 营房破烂，目下修理困难，台日军经费拮据，此点请谅解。

5. 日军调动，十月十五日前，可完毕，详细情形当制图报告。

第四章　部队之开进及部署情形

本部于卅四年十月五日，派遣前进指挥所由渝径飞台北市，向日军提交备忘录，令驻台北地区之日军各部队于本（十）月十五日以前，全部（残留人员外）由大园庄、桃园街、莺歌庄、土城庄、新店庄、平溪庄、贡寮庄、三貂角相连之线（含线上各地）以北地区撤出，二十日以前由中港、头分庄内湾、北埔庄、角板山、阿王山员山庄、二结、三结相连之线（含线上各地）以北地区撤出。嗣后，我军各部队之开进登陆及部署情形如左：

一、主要着眼点

我军以迅速占领台湾南北地区各要点、要线，并控置各重要港岸，以监督日军集中及我方各种命令之彻底执行。

二、开进及部署情形

（一）台北地区指挥官，第七十军军长陈孔达中将，以主力于卅四年十月十三日由宁波乘船出发，十七日十一时在基隆港登陆，先以一团兵力占领滩头阵地掩护，登陆而后，逐次向宜兰、台北、淡水、新竹各要点推进，并向敌监视警戒。另以一部续由宁波乘船，于廿六日十六时在基隆港登陆完毕后，即向新竹附近地区推进。

（二）台南地区指挥官，第六十二军军长黄涛中将，以主力于卅四年十一月十八日十四时，在左营军港登陆，一部于廿二日十二时续由高雄港登陆，另一部于二十六日在高雄港登陆，逐次向屏东、台南、嘉义、台中等附近地区推进，向敌监视警戒。

（三）本部特务团朱团长率领该团暨海军第二舰队司令部李司令率领海军陆战队第四团之一部，由福州乘船于十月廿三日分在淡水、基隆两港登陆，向台北、高雄附近地区推进。

（四）空军第廿二、廿三两地区司令部，早于九月十四日及廿六日由司令张延孟率领各级人员飞台，并分驻台北、台南两地区。

（五）宪兵第四团（欠第二营）高团长维民，先以一连（第五连）于十月八日在淡水登陆，团部及第一连于十月廿四日登陆，其余陆续由各港登陆后，并分驻全省各要地，对敌监视并协助警察维持治安。

（六）配属本部之军政部无线电第五区台，先随本部前进指挥所，由空运到台，开始通信。本部通信连连长彭寿鹤，率领全连于十二月十二日在基隆港登陆后，向台北市推进，担任本部通信。

（七）第二〇八师、二〇九师为总预备队，位置于福州附近地区，集中待命。

（八）本总部官佐及长官公署人员二百〇七员，由柯参谋长远芬率领于十月九日由渝飞沪，十一日转乘美轮经宁波、镇海于十月十七日十五时在基隆港登陆完毕后，即进驻台北市本部（前台北州厅）。

第五章　受降经过

卅四年十月廿五日上午十时，在台北市中山堂（前公会堂）举行中国战区台湾省受降典礼。九时起，参加人员即陆续入场，礼堂布置至为庄严。到我方代表：陈长官、葛秘书长、柯参谋长、陈军长、李舰队司令、张空军司令、范副参谋长、黄师长、省党部主任委员李翼中、中央各部特派员、长官公署暨本部各处处长、盟军代表顾德里上校、柏克上校、和礼上校等十九人，以及台湾人民代表林献堂、陈炘、杜聪明、罗万俥、林茂生等三十余人，新闻记者李万居、叶明勋等十余人，日方代表台湾总督兼第十方面军司令官安藤利吉等五人，参加典礼人员共有一百八十余人。九时三十五分，本部派第三处上校课长朱嘉宾前往日台湾总督府，率同日方投降代表至公会堂。九时五十分，引导日方投降代表入会场休息室。九时五十五分，各受降代表暨参加人员入席。本部兼总司令入席后，全体肃立奏乐。九时五十七分，派本部高级参谋陈汉平至休息室引导日方投降代表台湾总督兼第十方面军司令官安藤利吉大将，台湾军参谋长谏山春树中将、总务长官代理农商局长须田一二三、高雄海军警备府参谋长中泽佑少将一行入场，向兼总司令行礼，由引导官报告兼总司令后，始令日方投降代表就坐。十时正，鸣炮，开始典礼，首由兼总司令宣布自己身份及所负任务。(略谓：台湾日军业于中华民国三十四年九月九日在南京投降，本官奉中国陆军总司令何转奉中国战区最高统帅蒋之命令，为台湾受降主官，兹以第一号命令交与日本台湾总督兼第十方面军司令官安藤利吉将军受领，希即遵照办理。)语毕，即以是项命令及命令受领证交本部柯参谋长远芬转交安藤利吉将军，于受领证签字盖章后，由谏山春树趋向兼总司令前呈上降书，兼总司令审阅无误后，命日方代表退席，仍由引导官引导离场。签字典礼完毕后，兼总司令即席广播，正式宣布台湾日军投降，其词于如后：

"本人奉中国陆军总司令何转奉中国战区最高统帅蒋之命令，为台湾受降主官。此次受降典礼，经于中华民国三十四年十月廿五日上午十时在台北中山堂举行，均已顺利完成。从今天起，台湾及澎湖列岛已正式重入中国版图，所有一切土地、人民、政事皆已置于中华民国国民政府主权之下，这种具有历史意义的事实，本人特报告给中国全体同胞及全世界周知。现在台湾业已光复，我们应该感谢历来为光复台湾而牺牲的革命先烈及此次抗战的将士，并应感谢协助我们光复台湾的同盟国家，而尤其应该教我衷心铭感不忘的是创导中国国民革命运动的国父孙先生及继承国父遗志完成革命大业的蒋主席。"

广播完毕，兼总司令退席，全体肃立，奏乐。礼成，参加人员离场，此具有历史价值之典礼遂告完成。我方与盟方代表及本部全体参加人员并在会场大门前摄影以留纪念。从此，全台湾数十年来桎梏一旦解除，重投祖国怀抱。其空前欢跃，实难以言语笔墨形容。即台北四十余万市民，庆祝此具有重大历史意义之日,老幼俱易新装,家家遍悬灯彩,相逢道贺,如迎新岁,鞭炮锣鼓之声,响彻云霄,狮龙遍舞于全市,途为之塞。下午三时,台湾各界在中山堂举行庆祝台湾光复大会,到各界人民代表,兼总司令曾亲临致训,勉励全台同胞为建设三民主义的新台湾而努力迈进。六时,散会。

第六章 军事接收委员会之组成及工作

甲、军事接收委员会之组成

一、台湾省警备总司令部(以下简称本部),为统一台湾地区军事接收步骤,俾接收实施顺利起见,特组织台湾地区军事接收委员会(以下简称本会),于民国卅四年十一月一日正式成立,并拟订台湾地区军事接收委员会组织规程(如附件第一)令颁实施。

二、接收委员会办公处组织(如附表一)。

三、本会以下设陆军第一、第二、第三及海军、空军、军政宪兵等共七个接收组分担接收业务,其组织系统如附表一。

乙、工作概况

一、各接收组接收业务划分暨起止日期(如附表三)。

二、本会为使接收业务迅确实施起见,经先后组织接收军品点验组两组,第一组以本部第一处处长苏绍文兼组长,于卅五年二月十四日出发,点验台北、基隆、淡水、宜兰、花莲、新竹等地区陆军第三组及宪兵军政等接收组接收之军品,于三月十八日点验完毕,第二组以本部高级参议周镜澄兼组长,于卅五年二月五日出发点验台中、嘉义、台南、高雄、马公、屏东等地区、陆军第二及军政宪兵海军等接收组接收之军品,于三月十日点验完毕。

三、各点验组点验经过详见第六篇第一章。

附件第一

台湾地区军事接收委员会组织规程草案

第一条　台湾省警备总司令部,遵照委员长蒋申鱼令一亨代电,及陆军总司令何颁发接收委员会通则,统一台湾地区军事接收步骤,俾接收妥善起见,组设台湾地区军事接收委员会(以下简称本会)。

第二条　本会之任务如左:

一、关于接收法令之执行事项。

二、关于接收手续及相互有关事项之商讨,拟议审核事项。

三、关于统一发给接收证件及封条事项。

四、关于接收表册之查核汇报事项。

五、关于接收营建物资之运输保管事项。

六、关于接收人员部队之考核纠正事项。

七、其他有关接收事项。

第三条　本会设主任委员一人,由警备总司令兼任,副主任委员一人,由警备总司令部参谋长兼任。

第四条　本会置委员若干人,由六十二军军长、七十军军长、海军第二舰队司令,空军第二十二、第二十三地区司令,警备总司令部副参谋长及各处长,宪兵第四团团长兼充之。

第五条　本会设办公处,置处长一人,由警备总司令部范副参谋长兼任负责处理一切经常业务,下置专门委员及秘书参谋副官军需书记司书各若干人,由警备总司令部接收组,调派人员兼任,分担业务,务常驻处办公。

第六条　本会下设左列各组分担接收执行任务。

一、陆军组三组,由警备总司令部及直辖部队,并六十二军、七十军,派员组成之。

二、军政组一组,由军政部特派组组成之。

三、海军组一组,由第二舰队人员组成之。

四、空军组二组,由空军第二十二、第二十三地区人员组成之。

五、宪兵组一组,由宪兵第四团人员组成之。

第七条　前条各组由警备总司令部参谋长及各部队长为组长,承主任委员之命,处理本组业务。

第八条　本会各组接收业务之划分,依附表之规定。

第九条　本会每周在警备总司令部总司令办公室,开会一次,必要时得由主任委员或副主任委员召集临事会议,开会时由主任委员为主席、主任委员缺席时由副主任委员主席。

第十条　本会开会有必要时,得请行政长官公署及其他有关人员参加商讨。

第十一条　本会职员,概为无给职,但必要时得酌支舟车费,派赴台北市以外地区办理接收之人员,并得按规定支给旅费。

第十二条　本会议事规则及办事细则另定。

第十三条　本规程草案呈报军事委员会核准后改为规程。

第十四条　本规程自公布之日起先行实施。

附表一

接收委员会办公处组织表

区别职分	官佐阶级	员额	上兵阶级	名额	备考
处长	少将	1			兼任
专门委员	上(少将)校	2~3			兼任
秘书	军荐二阶	1			兼任
参谋	上(中)校 中(少)校	6 4			陆海空军宪兵军政共八组每组事务由参谋一人负责办理计需八人外,杂务二人,共八人
副官	上(中)尉	2			兼任(一能台语日语者)
军需	三等正 (一等佐)	1			兼任
书记	军委一(二)阶	1			兼任
司书	军委三(四)阶	1			兼任
传达军士			上(中)上	1	由传达排调派
传达兵			上一等兵	46	同上
合计		19		11	

附表二

台湾省军事接收委员会组织系统表

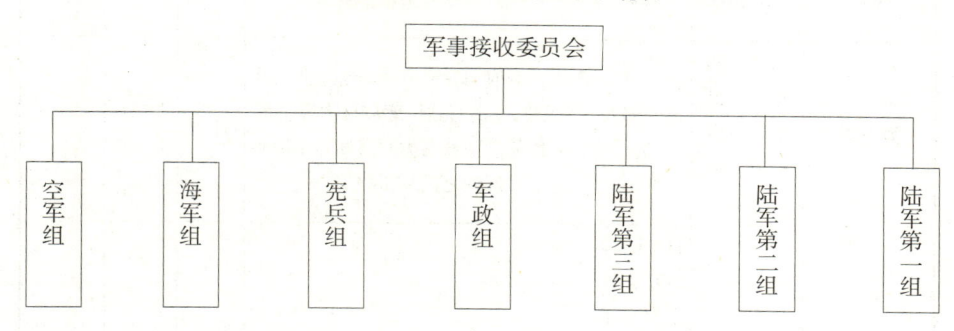

```
                    军事接收委员会
    ┌────┬────┬────┬────┬────┬────┬────┐
   空军  海军  宪兵  军政  陆军  陆军  陆军
    组    组    组    组   第三  第二  第一
                            组    组    组
```

附表三

军事接收经过概况表

组别	主持人	组成	接收单位	接收起止日 起	接收起止日 止	备考
陆军第一组	警备总司令部参谋长柯远芬	警备总司令部各处室人员及直辖部队长	日军10AA 台管区34TL,213 教育队之一切军品及全台湾日军通信鸽通信犬后复补接收及台湾日本兵事部之军品161AA,162AA	十一月一日	元月廿二日	TL代表通信兵团
陆军第二组	六十二军军长黄涛	六十二军及所属师司令部人员	12D,50D,71D,75BS,100BS,42RS,16SAR,64PRS,30SEP354 中队 第九铁道大队 33电信联队及台南台中高雄台东各部宪兵一切军品	十二月四日	十二月底	
陆军第三组	七十军军长陈孔达（现升副总司令）	七十军及所属师司令部人员	9D,66D,42PRS,214,308 中队，76BS,28SEP,1野筑城大队，102BS,112BS及台北新竹两区宪兵队之军品	十一月一日	十二月十六日	
军政组	军政部特派员李进德兼后勤总部台湾供应局	特派组人员	1. 陆军货物厂，本分厂各一、支厂二、出张所八、连络所五、农耕队二 2. 陆军兵器补给厂，修理厂二弹药地区库九 3. 陆军病院本分院共四十九个内空军病院（一个） 4. 营建等	十二月一日	二月十四日	

续表

组别	主持人	组成	接收单位	接收起止日 起	接收起止日 止	备考
海军组	第二舰队军令李世甲后改台南要塞军令部	司令部人员	高雄警备府司令部所属海军部队之武装舰艇、军港营建厂库器材物资及军警公用船舶文卷书类并澎湖陆军泼剌部队之武装器材等	十一月一日	十二月十一日	
空军一组	空军第廿三地区司令林文奎	日本陆军8FD及海军航空部队及民用航空之武装飞机场厂仓库营建设备器材物品文卷书类等之在台北地区者		十一月一日	元月卅日	十二月一日取消并入第廿二地区司令部共为一组
空军第二组	空军第二十二地区司令张柏寿	司令部人员	同第一组之在台南地区者			
宪兵组	宪兵第四团团长高维民	团营部人员	台湾台北台中台南高雄台东花莲港六市日本宪兵队武器等军品	十一月一日	十二月十八日	卅五年二月十五由张团长接办
附记	一、军令部派接收委员接收测量器材经查册列所有材料均属炮工兵器材附件 二、军政部派要塞视察组三组分别视察高雄、马公、基隆三个要塞区 三、航委会派台空军第三飞机制造厂接收空军修造器材统由空军第二十二地区司令部代接移交					

第二篇　台湾地区降敌之概况

序　言

　　查台湾地区之降敌,在敌前仅有若干守备部队及要塞部队,陆海军总兵力不过万余人,中日战争间,仅以守备部队编成台湾混成旅团,开往中国参战,亦并无若何变化,太平洋战争初期,台湾固已成为日本内地与南洋群岛连络之枢纽,但除空防部队及后方勤务机构与人员增多外,其战斗兵力并无剧变,而后乃随战况之推移,战略形势之变化,尤其盟军越岛攻击之成功,台湾乃深感威胁,遂于塞班岛作战前后(民国卅三年夏),编成第五○及六六两师团,并由日本增来第八飞行师团,及成立第十方面军,迄菲律宾群岛作战后(民国卅三年末),复由冲绳岛及我国东北先后增援开来台湾第九、第一二、第七一等三个师团,同时改编各要塞部为独立混成第七五、七六、一○○、一○二、一○三及一一二等六个旅团,至投降时台湾地区日本第十方面军兵力,计有陆军五个师团、六个独立混成旅团、空军一个飞行师团及海军各部队等,竟达十八万余人之多,兹将本地区降敌概况分述于下:

第一章　指挥系统及兵力部署

　　台湾日本陆海军指挥系统及主管官姓名表:

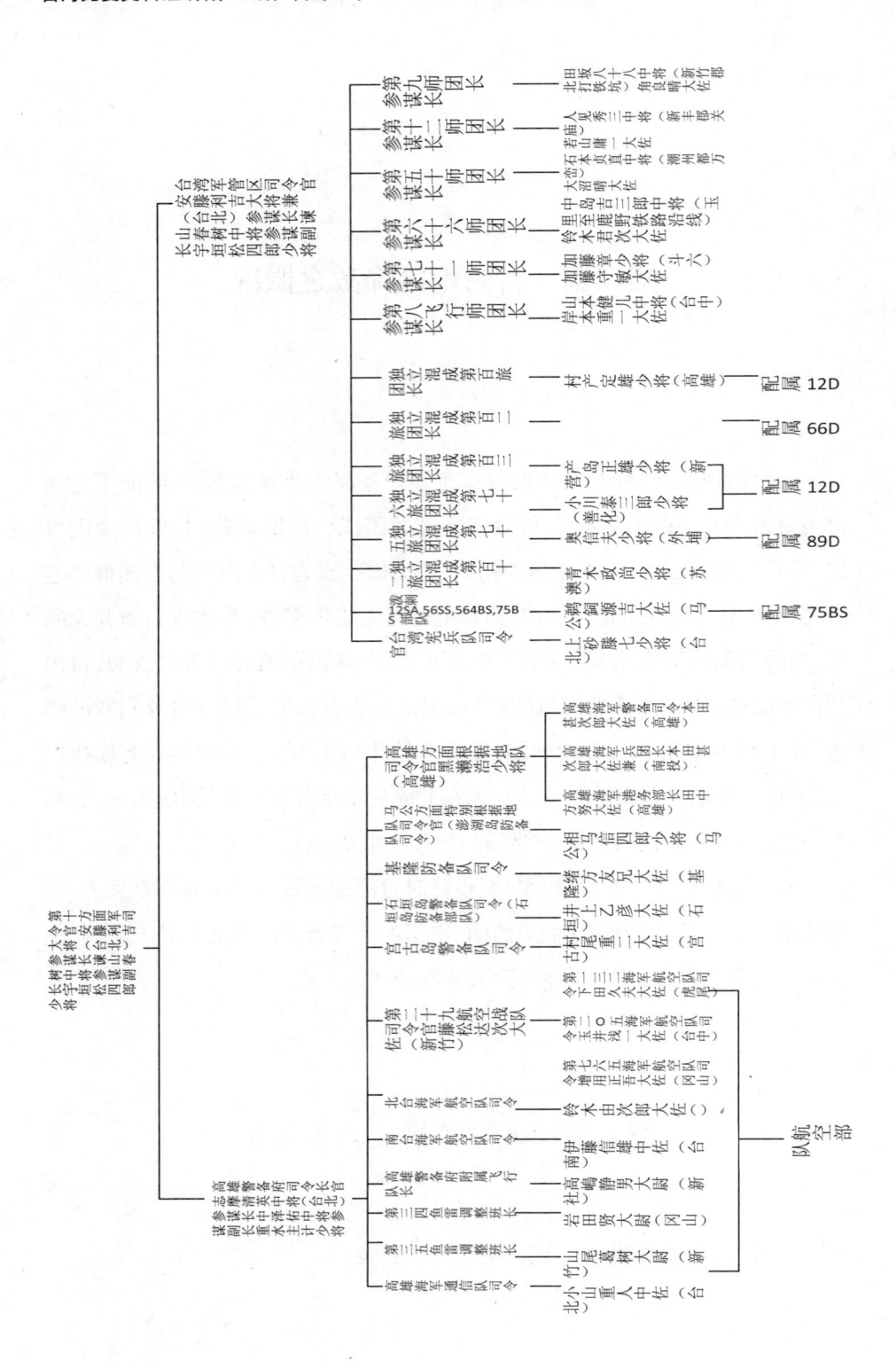

```
台灣軍管區                            ┌ 第九師團長 ─── 北田打坂八角良晴大佐（新竹）
司令官兼                              ├ 第十二師團長 ─── 若林見秀三中將（新豐郡）
參謀長安藤利吉大將                     ├ 第五十師團長 ─── 石本貞直中將（潮州郡方）
台灣軍管區                            ├ 第六十六師團長 ─── 中島吉三郎中將（玉里）
長官安藤利吉大將                       ├ 第七十一師團長 ─── 鈴木君松次大佐線六
參謀長諫山春樹中將                     ├ 第八飛行師團長 ─── 加藤守敏少將（斗六）
副參謀長松山良政少將兼                 ├ 獨立混成第一〇〇旅團長 ─── 岸本重一大佐（台中）
四郎少將                              ├ 獨立混成第一〇二旅團長 ─── 村定雄少將（高雄） ── 配屬 12D
                                      ├ 獨立混成第一〇三旅團長 ─── （空白） ── 配屬 66D
                                      ├ 獨立混成第七十六旅團長 ─── 小川正雄少將（新營） ── 配屬 12D
                                      ├ 獨立混成第七十五旅團長 ─── 小菅泰三郎少將 ── 配屬 89D
                                      ├ 獨立混成第一〇一旅團長 ─── 奥信夫少將（外埔） 
                                      ├ 獨立混成第一一二旅團長 ─── 瀬青木政尚少將（蘇澳）
                                      ├ 12SS, 56SS, 564BS, 75B 調 ─── 鵜銅源吉大佐（馬公） ── 配屬 75BS
                                      └ 台灣憲兵隊司令官 ─── 上砂藤七少將（台北）

第十方面軍司令官安藤利吉大將           ┌ 高雄方面根據地司令官 ─── 志摩清英中將（高雄）
參謀長諫山春樹中將                     │   ├ 高雄海軍警備司令 ─── 本田次郎大佐（高雄）
副參謀長松山良佐中將                   │   ├ 高雄海軍兵團長兼 ─── 次郎大佐（南投）
副參謀長水津重一郎少將                 │   └ 高雄海軍港務部長 ─── 田中少將（高雄）
                                      ├ 馬公方面特別根據地隊司令官兼澎湖島防備 ─── 相馬信四郎少將（馬公）
                                      ├ 基隆防備隊司令 ─── 隆緒方友六大佐（基隆）
                                      ├ 石垣島防備部隊司令 ─── 垣井上乙彥大佐（石垣）
                                      ├ 宮古島警備隊司令 ─── 古尾重三大佐（宮古）
                                      ├ 第一三三海軍航空隊司令 ─── 下田久夫大佐（虎尾） ┐
                                      ├ 第二十九航空戰鬥大隊司令 ─── 第一〇五海軍航空司令（新竹松山）─ 玉井浅一大佐 │
                                      ├ 北台海軍航空隊司令 ─── 鈴木由次郎大佐（岡山）│ 航
                                      ├ 南台海軍航空隊司令 ─── 伊藤信雄中佐（台南）  │ 空
                                      │                                               │ 部
高雄警備府司令長官                     ├ 高雄警備府附屬飛行隊長 ─── 嶋靜男大尉（新社）│ 隊
參謀長志摩清英中將（台北）             ├ 第三四魚雷調整班長 ─── 岩田賢大尉（岡山）    │
副參謀長水津佑中將                     ├ 第五魚雷調整班長 ─── 山尾葛樹大尉（新）      │
計少將參謀                             └ 高雄海軍通信隊司令 ─── 北小竹山重人中佐（台）┘
```

台湾日宪兵部队及宪兵分(遣)队位置要图(三十四年十一月二十七日)
(略)

第二章　人马武器弹药及舰船之调查

附表　台湾日军兵力番号人马武器舰艇飞机数量总表

区分	台湾第十方面军		附记
部队番号	第十方面军司令部 第九师团 第十二师团 第五十师团 第六十六师团 第七十一师团 第八飞行师团 独立混成第七十五旅团	独立混成第七十六旅团 独立混成第百旅团 独立混成第百零二旅团 独立混成第百零三旅团 独立混成第百十二旅团 泼刺部队 军直辖部队 独立混成第七十五旅团	本表系根据卅四年十月二十四日日方所呈之台湾日本陆军各部队之编制定员及实有人员一览表,卅四年十月廿三日所呈台湾日本海军部队人员一览表暨十月七日所呈之台湾日本陆海军队人员武器等文件对照调制而成
人员	183,079		
马匹	2,732		
步枪	84,390		
重掷弹筒	2,645		
轻重机枪	3,113		
野炮	1,585		
要塞炮	88		
汽车	829		
火焰发射器	214		
舟艇	190		
舰艇	14(1,185吨)艘		
飞机	983		
战车	76辆		
备考			

台湾日陆军各部队之编制定员及实有人员一览表

部队名称		编制定员	投降当时之实有人员	九月下旬之实有人员
台湾军管区司令部		1,625	2,145	1,814
第九师团		15,549	16,335	10,959
第十二师团		14,062	14,941	10,529
第五十师团		15,730	16,490	8,166
第六十六师团		12,665	13,815	9,451
第七十一师团		9,644	13,309	7,809
独立混成第七五旅团		7,757	5,500	3,594
独立混成第七六旅团		3,852	3,997	2,809
独立混成第一〇〇旅团		3,893	4,632	3,808
独立混成第一〇二旅团		3,834	3,782	1,582
独立混成第一〇三旅团		3,709	3,164	2,683
独立混成第一一二旅团		4,931	5,119	3,525
第八飞行师团		16,958	16,754	27,727
小计		114,209	119,983	94,452
军直辖部队	直辖队	38,174	43,843	22,492
	宪兵队	1,883	1,393	16,367
	小计	40,057	45,236	38,859
合计		154,266	165,219	133,311
备考		本表人员中包含左列各项 一、台湾人约2600名（军属为主）。 二、朝鲜人约900名（军人）。 三、冲绳岛人约1500名（其中约百名为军属面企）（图归还内地者约有350名）。 四、军属约6000名。		
说明		关于编制定员与实有人员之关系 一、各部队之编制定员如本表所列，但由原驻地（日本、内地东北等地）至台湾船舶输送时，因船舶容量不定，故到达台湾之定员数，减少至1/5乃至1/3。 二、此等之缺员到台湾后，再由台湾岛内征集或召集之，并预料战及各种损耗十分之一人员而同时补足之，遂成为投降当时之兵力数量。 三、随战争之终止，为复兴台湾产业及行政机构所需之人员计，乃将台湾征集召集人员之大部退伍。 四、表内所列下栏之人数，即现在残余之实有人数。		
附记		本表系根据日方卅四年十月廿四日所呈各部队之编制定员，及实有人员一览表整理调制而成。		

台湾日本海军部队人员一览表：

中华民国三十四年十月二十四日台湾省警备总司令部第二处

地区区分	部队(厅)名	军人 员数	军人 各地区计	军属 员数	军属 地区员数	总计
台北	高雄警备府司令部	127		60		
	高雄海军通信队	50		5		
	北台海军航空队台北派遣队	400		70		
	高雄海军经理部	25		70		
	高雄海军军需部	30	717	150	2,155	2,872
	第六十一海军航空队	10		1,200		
	高雄海军病院草山分院	50		80		
	高雄海军人事部	10		10		
	高雄海军施设部	15		580		
淡水	北台海军航空队淡水派遣队	120	120	0	0	120
基隆	基隆防备队	516		10		
	基隆在勤海军武官府	80	601	250	280	881
	高雄海军军需部基隆支部	50		20		
新竹	第六十一海军航空队	25		1,001		
	北台海军航空队	2,997		0		
	第三五鱼雷调整班	92	3,172	0	1,420	4,592
	高雄海军施设部	14		105		
	第六海军燃料厂	44		314		
宜兰	北台海军航空队宜兰派遣队	466	724	1	1	725
	基隆防备队宜兰派遣队	258		1		
公馆	第二九航空战队司令部	232		1		
	第二〇五海军航空队	90		0		
	北台海军航空队台中派遣队	3,112	3,965	3	160	4,125
	高雄海军施设部	14		156		
	第六海军补充部	32		0		
	基隆防备队	485		0		
新高	第六海军燃料厂	10	2,004	286	286	2,290
	北台海军航空队新高派遣队	1,994				
新社	北台海军航空队新社派遣队	788		1		
	高雄警备府附属飞行队	123	932	0	514	1,446
	第六十一海军航空队	21		513		
南投	高雄海军警备队南投派遣队	291	945	0	0	945
	高雄海兵团	654				

续表

地区区分		部队(厅)名	军人 员数	各地区计	军属 员数	地区员数	总计
虎尾	虎尾	第一三二海军航空队	194	3,359	0	3	3,362
		南台海军航空队虎尾派遣队	2,182		2		
	大林	南台海军航空队大林派遣队	983		1		
台南	台南归仁	南台海军航空队	2,719	2,733	8	89	2,822
	仁德	高雄海军施设部	14		81		
冈山		第七六五海军航空队	277	3,835	0	1561	5,396
		南台海军航空队高雄派遣队	3,322		10		
		第三十四鱼雷调整班	189		0		
		第六十一海军航空厂	46		1,551		
高雄		高雄方面根据地队司令部	147	7,779	7	3,396	12,175
		高雄海军警备队	6,297		0		
		高雄海军港务部	116		7		
		高雄海军通信队	580		4		
		高雄海军施设部	61		884		
		高雄海军设营部	222		0		
		高雄海军军需部	90		628		
		高雄海军病院	135		100		
		第六海军燃料厂	36		637		
		高雄海军工作部	18		978		
		高雄海军经理部	17		60		
		基隆海军运输部高雄支部	39		92		
		高雄海军人事部	27		0		
东港		南台海军航空队东港派遣队	573	969	0	0	969
		马公方面特别根据地队东港派遣队	396		0		
		马公方面特别根据地队春派遣队	219	234	0	2	234
		南台海军航空队春派遣队	15		2		
台东		马公方面特别根据地队台东派遣队	454	671	0	0	671
		基隆防备队台东派遣队	154		0		
		南台海军航空队台东派遣队	63		0		

续表

地区区分	部队(厅)名	军人 员数	军人 各地区计	军属 员数	军属 地区员数	总计
花莲港	马公方面特别根据地队花莲港派遣队 北台空高警队基防	184 55	239	0 0 2	0	239
马公	马公方面特别根据地队 高雄海军工作部马公支部 高雄海军施设部马公出张所 高雄海军军部马公出张所	865 3 4 9	881	113 771 28 28	940	1,821
石垣	石垣海军警备队 北台海军航空队石垣派遣队	2,279 288	2,567	11 0	2	2,578
宫古	宫古海军警备队 北台海军航空队宫古派遣队	1,441 494	1,935	61 0	61	1,996
员林	第六十一海军航空厂	15	15	494	494	509
合计			38,397		11,371	49,768
附记	本表系根据卅四年十月二十三日，日本高雄警备府参谋安延多计夫海军大佐，所呈之台湾海军部队人员一览表调制而成。					

台湾日本商船统计一览表

船重	船名	吨数	可用吨数	修理吨数	马力	所在地	备考
机械船	二八日之出船	108	108		81	基隆	可航行
机械船	一〇二梅丸	112		112	63	基隆	需修理
机械船	八三梅丸	112	112		63	基隆	可行航
机械船	八三与国丸	112		112	63	基隆	修理中
机械船	五梅丸	106	106		63	花莲港	可航行
机械船	一九垂水丸	101	101		63	苏澳	可航行
机械船	九八梅丸	112		112	63	苏澳	需修理
机械船	八八梅丸	101	101		63	基隆	可航行
机械船	一五垂水丸	108	108		63	基隆	可航行
机械船	一〇六梅丸	106		106	63	基隆	需修理
机械船	九河内丸	107	107		95	基隆	可航行
机械船	四七须磨丸	145	145		95	基隆	可航行

续表

船重	船名	吨数	可用吨数	修理吨数	马力	所在地	备考
机械船	二七河内丸	121	121		63	基隆	可航行
机械船	一〇一梅丸	112		112	63	基隆	打捞中
机械船	一二须磨丸	146	146		115	基隆	可航行
机械船	二八护国丸	166	166		115	基隆	可航行
机械船	大荣丸	146	146		130	高雄	可航行
机械船	八代丸	202		202	150	高雄	需修理
渔船	台北丸	140		140	250	基隆	需修理（钢制船）
渔船	八弥生丸	123	123		160	基隆	可航行
渔船	高知丸	199	199		220	高雄	可航行
运油船	二南水丸	194		194	200	基隆	需修理（本制船）
运油船	福德丸	142		142	140	高雄	需修理（本制船）
运油船	二南进丸	830	830	750	750	高雄	可航行（铁制船）
运油船	二日祐丸	6,859	124	6,659	3,600	高雄	大破搁浅
汽船	隼丸	124			270	基隆	可航行
汽船	岛羽丸	6,995		6,995	3,600	基隆	中破
汽船	大雅丸	6,923		6,923	3,300	基隆	小破搁浅
汽船	三大和丸	595		595	330	基隆	搁浅（船员颠覆）
汽船	国华丸	5,396		5,396		基隆	中破搁浅
汽船	米寿丸	539		539		基隆	大破搁浅
汽船	海王丸	108		108	330	高雄	需修理
汽船	大鹏丸	110		100		高雄	修理中
汽船	贵州丸	2,548		2,548	1,600	高雄	中破搁浅
汽船	帝枫丸	7,100		7,100	4,500	高雄	中破（半沉半搁）
汽船	江善丸	2,000		2,000		高雄	中破
汽船	荣邦丸	5,068		5,068		高雄	大破

续表

船重	船名	吨数	可用吨数	修理吨数	马力	所在地	备考
汽船	山泽丸	6,888		6,888	3,600	高雄	中破（半沉半搁）
汽船	昭南丸	417		417	1,000	高雄	中破
汽船	新高丸	2,482		2,482	160	高雄	中破（半沉半搁）
汽船	黑潮丸	10,518		10,518		高雄	大破搁浅
汽船	浅香丸	7,300		7,300	7,400	马公	中破搁浅
合计		75,821	2,742	73,078			
备考	一、本表所记载系100吨以上之船舶，100吨未满之船舶因现况不明未予列入。 二、已沉没之实岭丸（教护船）1,500吨及六幸进丸（机械船）195吨，共计1,965吨未计入内。 三、本表记载之大型船，仅全部可能修理之船舶。 四、本表系根据日方卅四年十月廿四日所呈之文件调制而成。							

台湾日陆海军飞机场一览图 三十四年十一月一日（略）

第三章 航空部队飞机数量及设施情形

台湾日陆军飞机种类及堪用程度一览表

区分 机种	堪用程度 甲	乙	丙	计	摘要
九七式重轰炸机二型	15	8	5	28	
四式重轰炸机	3	7	9	19	
百式输送机			2	2	
二式复座战斗机	7	6	8	121	
百式司令部侦察机	3	4	12	19	
九九式双轻轰炸机	9	19	6	34	
一式双发高等练飞机		4	11	15	
四式袭击机			2	2	
一式战斗机	33	59	44	136	
三式战斗机	19	20	20	59	
四式战斗机	26	37	15	78	
五式战斗机	8	3		11	
九七式战斗机	13	14	22	49	
九九式军侦察机	27	18	12	57	
九八式直协侦察机	1	1	5	7	
九九式高等练习机	10	4	8	22	
二式高等练习机	8	8	18	34	
百式重轰炸机		1		1	
总计	182	213	199	594	
备考	一、台东之部分有若干之变更。 二、修理厂有若干之修理机。 三、堪用程度系十月十日现在所调查者甲程度者无。 四、十月二十五日所呈之台湾日军兵力统计表栏内所列陆军飞机为五五三架，系仅据第八飞行师团呈报之调查统计数量，现本表总计所列之五九四架，系综合派往各机场之军官调查所得之正确数目。 甲、经一至二日修理后可能飞行。 乙、须经短时日（十日以内）之修理方能使用。 丙、须经长时日（十日以上）之修理方能使用。 本表系根据十一月二日日方官兵善后连络部所呈之湾连涉第四二号岛内陆军飞机现况表调制而成。					

台湾日海军飞机种类及完备机修理机数量调查表

机种	完备机数	修理机数	计	记事
舰上战斗机(九六战)	8	3	11	
同(零战)	39	39	78	
局地战斗机(雷电)	2		2	
同(紫电)	6	3	9	
双发夜间战斗机(月光)	3		3	
陆上侦察机(彩云)	8		8	
舰上爆击机(九六爆)	8	3	11	
同(九六爆)	4	3	7	
同(彗星)		8	8	
舰上攻击机(九六舰攻)	7	2	9	
同(天山)	4	3	7	
双发陆上爆击机(银河)	20	2	22	
双发陆上攻击机(九六陆攻)	1		1	
双发陆上攻击机(一式陆攻)	4	8	12	
水上弹着观测机(零观)	8		8	
水上侦察机(九四水侦)		4	4	
同(零水)		3	3	
输送机(零输)	3	2	5	
练习机(九三中练)	164	17	181	
合计	289	100	389	
附记	本表系根据日方安延海军大佐,于卅四年十月三十日所呈之第二部海军航空资料调制而成。			

第四章　仓库调查

台湾日陆军武器仓库数量调查统计一览表

厂名	地区	位置	既设仓库及（民房）栋数	临时构筑物及（野战集积）栋数	贮藏弹药数量(吨)	备考
台北本厂	台北	台北市	7		120	警备兵力9名
		富田町	(2)		40	
		六张犁	6	4	706	警备兵力18名
		青群		2	70	警备兵力13名
		小粗坑	(4)	2	450	警备兵力16名
		土崎头	(2)		110	警备兵力9名
		三城		『8』	150	警备兵力9名
		三峡		3	130	警备兵力24名
		小计	13 『8』 21栋	11 『8』 19栋	1,766	98名
基隆分厂	基隆	基隆西町隧道	1		300	
新竹分厂	西关	关西街北方约一公里之牛栏河村庄	(十数栋)		步兵弹药288	以弹药为主，但该分厂自九月十七日以后为第九师团指挥，其以后变化状况不明，细部已命现地师团调查中
	北埔	北埔庄附近之小山	(数栋)	(数栋)	炮兵弹药456	
		水磔子				
		北埔庄内				
		太平林部落			机关枪药285	
		小计			1,029	

续表

厂名	地区	位置	既设仓库及(民房)栋数	临时构筑物及(野战集积)栋数	贮藏弹药数量(吨)	备考
台中分厂	埔里军切寮	卧龙洞隧道(埔里街街)			步兵弹药90	该分厂自九月十七日以后为第八飞行师团指挥,其以后变更情况不明,细部已命现地师团调查中
		东方约四公里军切寮			炮兵弹药133	
		部落附近(台中市北方约五公里)	1(武器)	十数栋	机枪弹药50	
		小计			273	
嘉义分厂	嘉义	嘉义市新国民学校	数栋(武器)			该分厂自九月十七日以后为第七十一师团指挥,其以后变更情况不明,细部已命现地师团调查中
		竹崎庄		数栋(武器)		
		朴子和乐团			步兵弹药115 炮兵弹药348 机枪弹药330	
		小计			593	
高雄分厂	旗山	木栅			步兵弹药771	该分厂自九月十七日以后为第十二师团指挥,其以后变更情况不明,细部已命现地师团调查中
		磅礴坑		数十栋(弹药)	炮兵弹药2,100	
		深水			机枪弹药1,665	
		溪州	(3)武器		4,536 (含凤山地区)	
	凤山	仁武庄	数十栋(弹药)			
		考潭				
		凤山街	数十栋(兵器)			
		湾仔头				
		小计			4,536	
		合计			8,499	

续表

厂名	地区	位置	既设仓库及(民房)栋数	临时构筑物及(野战集积)栋数	贮藏弹药数量(吨)	备考
附记	一、本表系根据日方官兵善后连络部卅四年十月二十九日所呈之兵器仓库分布要图调制而成。 二、( )示借用民房之栋数。 三、『 』示野战积集所之栋数。 四、由新竹分厂、迄高雄分厂所列既设仓库及借用民房暨临时构筑物栋数等栏内均属概略数目未便统计。						

台湾日军军需工厂及仓库位置要图（三十四年十一月三日）（略）

台湾地区日本陆军工厂仓库财产调查统计一览表（略）

台湾交通网状况图（略）

台湾公路网图（略）

台湾日军有线通信网要图（略）

台湾日军无线通信网要图（略）

台湾日本籍侨民分布图（略）

台湾日本籍侨民(除军人军属)统计表			
地方名称	男子数	女子数	合计
全岛总数	148,233	171,575	319,808
台北州	58,783	72,335	131,118
新竹州	8,649	9,515	18,164
台中州	19,015	21,227	40,242
台南州	22,421	25,276	47,697
高雄州	26,938	29,390	56,328
台东厅	3,072	3,195	6,267
花莲港厅	8,433	9,477	17,910
澎湖厅	922	1,160	2,082

第三篇　台湾军事接收经过概况

第一章　接收命令及规定

甲、命令

1. 署部字第一号命令"为令日本官兵善后连络部候命交代由"
2. 军字第一号命令"为指定各部队接收范围仰遵照由"
3. 军字第七号命令"饬日军解除武装由"
4. 军事第一六号命令"为令仰禁止将军品焚毁或盗卖由"
5. 军字第二〇号命令"为规定日军接收后之无线电台数量由"
6. 军字第二一号命令"为我军登陆指定日军撤退地区由"
7. 军字第三七号命令"饬填缴军品数量统计表由"
8. 军字第四二号命令"为日军战灾复旧部建筑资料由本部经理处接收由"
9. 军字第四九号命令"为规定第六十二军接收范围由"
10. 战字第七五号命令"为指示六十二军接收日期由"
11. 军字第五三号命令"为令列表具报练兵场等各种产业由"
12. 军字第八二号命令"为严饬禁止盗卖武器弹药及一切军品由"
13. 总战字第〇五七七号命令"为规定接物品统计数量表式仰遵照填报由"

乙、规定

1. 战字第五号代电"为台北接收日期变更仰知照由"

2. 战字第五十二号代电"检发日10AA缴械规定事项由"

3. 战一字第六号代电"为关于接收事宜重新规定二项饬知各部及日方遵照由"

4. 军字第六号代电"为饬日方缴交物资清册加缮副本二份由"

5. 接参字第三二号代电"为转发收缴武器器材办法表式仰遵照由"

6. 军字第十三号代电"为日方各陆军医院派本部顾问陈方之统一接收由"

7. 军字第三五号代电"饬日方缴交关防印信由"

8. 秦二字第四〇号代电"为电复韩国籍军人军属之军刀愿缴呈本部由"

9. 军字第七九号代电"饬日方将所有自活农场等军用财产迅即具报以凭接收由"

10. 军字第八六号代电"饬补报畜牧场财产目录由"

11. 军字第一〇六号代电"为规定学校训练用武器由六十二及七十军接收由"

12. 战一字第四八号代电"为转何兼总司令补行规定接收事项由"

中国台湾省行政长官公署警备总司令部命令　署部字第一号

命令中华民国三十四年十月　　日

于台湾省台北市行政长官公署兼警备总司令官邸

一、日本驻华派遣军总司令官冈村宁次大将，已遵日本帝国政府及日本帝国大本营之命令，率领在中国（东三省除外）越南北纬十六度以北及台湾澎湖列岛之日本陆海空军，于中华民国卅五年九月九日在南京签具降书，向中国战区最高统帅特级上将蒋中正特派代表中国陆军总司令一级上将何应钦，无条件投降。

二、遵照中国战区最高统帅兼中华民国国民政府主席蒋及何总司令命令及何总司令致冈村宁次大将中字各号备忘录，指定本官所指定之部队，接收台湾澎湖列岛地区日本陆海空军及其补助部队之投降，并全权统一接收台湾澎湖列岛之领土人民治权军政设施及资产。

三、贵官自接奉本命令之时起,即改称台湾地区日本官兵善后连络部长,受本官之指挥,对所属除传达本官之命令、训令、规定、指示外,不得发布任何命令、告属,对本官所指定之部队长官及接收官员亦同此。

四、自受令之日起,贵官本身并通饬所属一切机关部队人员,立即开始迅确准备随时候令交代,倘发现有报告不实及盗卖隐匿损毁沉灭应移交之物资文件者,予究办治罪。

五、以前发致贵官之各号备忘录及葛主任所发之文件,统作为本官之命令,须确实遵行,并饬属一体确实遵行。

右令

台湾地区日军官兵善后连络部长安藤利吉将军

中国台湾省行政长官兼警备总司令二级上将 陈仪

于受降式中面交本人受领

中国台湾省警备总司令部命令 军字第一号

命令中华民国三十四年十月三十日

于台北市台湾省警备总司令部

一、贵官已于中华民国三十四年十月二十五日,在台北市公会堂接受本官署部字第一号命令,率所属各军事机关部队向本官投降。

二、为实施前项命令,兹规定贵官所属各军事机关部队解除武装及移交之部署如下:

1. 日本第十方面军司令部,及台湾军管区司令部,及所属独立第三十四通信联队、独立第二一三自动车中队、前教育队之武器装备车辆、马匹、器材、营建、设备、文卷、图表、书类及全军之通信犬,着即由十一月一日开始移交与本总司令部参谋长柯远芬所指定之人员部队接收。交接后,日军人员集中留住于其指定之地点,受我军之保护,除准许外,不得擅自行动。

2. 日本第六十六师团之武器、装备、车辆、马匹、器材、文书,即着缴集于台北市附近各场库,自十一月一日开始移交与陈军长孔达所指定人员接收。交接后,日军第六十六师团部队即集中于台东市附近,受我军保护,听候处理。

3. 日军独立第二一四及第三〇八自动车中队之武器、车辆、器材、油料等,自十一月一日开始,缴集于陈军长所指定台北市地点,移交于陈军长所指定之人员,然后集中于士林附近,受其派队保护,听候处理。

4. 日本独立第四十二工兵联队之武器、装备、车马、器材等,自十一月一日开始,缴集于陈军长指定台北市地点,移交与其所指定之人员后,集中于东西园町附近,受其派队保护,听候处理。

5. 日本第七十六独立旅团之武器、装备、车马、器材、文书,缴集于基隆附近各场库,十一月三日开始,移交与陈军长指定之人员接收后,我暂集中于善化附近,受军保护,听候处理。

6. 日本第一〇三独立旅团之武器、装备、车马、器材、文书,缴集于淡水附近各场库,十一月五日开始,移交与陈军长指定之人员接收后,集中于新营附近,受我军保护,听候处理。

7. 日本第二二独立旅团之武器、装备、车马、器材、文书,缴集于宜兰及罗东附近各场库,十一月八日开始,移交与陈军长指定之人员接收后,集中于苏澳市区外陈军长指定地点,受其派队保护,听候处理。

8. 日本第二十八船舶工兵联队之武器、装备、车马、器材、文书,自十一月六日起,送缴于八堵火车站附近,移交与陈军长指定之人员后,集中于基隆附近陈军长指定之地点,受其派队保护,听候处理。

9. 日本第一〇二独立旅团之武器、装备、车马、器材、文书,自受命之时起,开始迅确送缴于苏澳火车站附近,移交与陈军长指定之人员后,集中于花莲港市区外陈军长指定地点,受其派队保护,听候处理。

10. 日本第九师团之武器、装备、车马、器材、文书,送缴于新竹车站附近场库,并务求集结,准备于十一月十一日开始,移交与陈军长指定之人员,然后,以大部于新竹、一部于桃园附近陈军长指定地点集中,受其派队保护,听候处理。

11. 日本在台北、新竹二州及花莲港厅之要塞部队、武器、装备、车马、器材、图表等,各就原地随时移交与陈军长所指定人员,接收后,集中于其指定地点,受其派队保护,听候处理。

12. 日本下列各部队之武器、装备、车辆、马匹、器材、文书、图表,自十一月一日开始,自行送缴于下列地点分类集存于少数场库,候令移交及集中。

12D,30SLP,305,自动车中队,台南市区内。

50D,100BS,42RS,16SAR,高雄市区内。

71D,33TZ,嘉义市火车站附近。

75BS,64PRS,354,自动车中队,第九铁道兵大队,台中市火车站附近。

泼剌部队,马公市附近。

台中、台南、高雄三州,台东、澎湖二厅要塞部队所在原地。

13. 台湾日本陆军之工厂、货物厂、病院、兵事部、俘虏收容所及一切营建、仓库、设备,并所存之武器、装备、车马、被服、粮秣、器材、药品、军用物资、文卷等,除别有指定外,统归中国军政部特派员李进德指定人员接收,其有关日本人员亦受其区处。

14. 日本高雄警备府司令长官所属台湾澎湖海军部队(欠海军航空部队及台湾要塞部队)及泼剌部队之武装舰艇、装备、车马、军港、营建、厂库、设备、器材、物资,并台湾澎湖所有军警公用船舶、文卷、书类,分别集中台北、基隆、高雄、马公、北港,自十一月十一日由台北开始,向中国海军第二舰队司令李世甲所指定之人员移交,受其区处。

15. 日本陆军第八飞行师团及现在台湾澎湖之日本海军航空部队,并民用航空之飞机武器、装备、基地、场厂、仓库、营建、设备、器材、物资、文书等统就现态势在大港口至南浊水溪之线以北者,自十一月一日开始,移交与中国空军23地区司令林文奎所指定或委托之人员接收,受其区处,其在上述之线以南及澎湖区域者准备移交与中国空军22地区司令张柏寿指定或委托人员接收,受其区处。

16. 台湾澎湖日本宪兵队,除准暂留千八百人特用手枪,由贵官分配于日军各部队担任内部军风纪之维持外,其余概依现态势,其武装、文书等,在台北、花莲港、台南、高雄、台中、台东六市者由中国宪兵团长高维民派员接收,在台北州、花莲港厅、新竹州者由陈军长派员接收,在澎湖列岛者由海军李司令派员接收，其他地区另行规定，并自十一月一日起，由台北州开始实施。

17. 日军应缴武器等包含军刀、小手枪在内（私人所有财物不含）送缴物品之生锈及可能生锈者，须擦拭清洁，涂施防锈油，分类集积，依部队及地区位置、要图及种类表册二份，从速呈报本官。在我方未接收前，酌派必要少数武装下士官兵负责监护保管，倘有损失，应由贵方负责。我方接收时，即连同监护人员之武装，一并点交我方持有上开各指定主管接收证件之接收人员（无证者应拒绝移交否则其损失由贵方负责），倘有短少损坏，由贵方所派负责移交人员注记、签章于表册上，证明责任之所在。

18. 台湾日军之归国日期，另令规定。移交时，准保留三个月份之粮食、随身防塞被服及兵站辎重人员输送工具之一部。及日军缴械后之工作，应以打捞沉船修造船舶、清扫水雷地雷等障碍、修建作一般营建房屋恢复陆上交通、努力工矿生产为主，以制造鞋袜、种菜、饲养家畜为副，凡上项工作所必须之工具，准予暂缓接收，但本项工具及前所准保留宪兵一千八百人之手枪子弹，均须向本部出具表册借据，俟还国时交还我方，关于日军工作日军武装解除完了后另令规定。

三、为加强贵我两方之交接工作效率计，除我方已成立台湾地区军事接收委员会由本部柯参谋长、范副参谋长主持外，贵官亦应饬贵部涉外委员会会长谏山委员长率所属必要人员，归本部柯参谋长指挥，并与本部径行连络处理次要事项。

右令

台湾地区日本官兵善后连络部部长安藤利吉将军

中国台湾省警备总司令陆军上将 陈仪

本命令派专员连同受领证送交安藤大将签证受领，将受领证带回备案。

中国台湾省警备总司令部命令　（34）军字第七号

中华民国三十四年十一月四日

于台北市本部

　　一、根据本总司令军字第一号命令，第二条第十六款之规定，关于台北市区附近，日军宪兵部队，应自十一月一日起如下解除武装。

　　（一）日于台湾宪兵队司令部，即移往连络部集中办公。

　　（二）台北市区宪兵队，除按规定应保留之宪兵外，余均须解除武装。

　　（三）台北市区应解除武装，日宪兵部队之武器、弹药、被服、装具、文卷、器材、车辆等，除规定保留之手枪，每支准留子弹二十发，及乘车一辆，与自转车若干辆、油量若干加仑（由高团长规定），须向高团长出具借据于回国时交还外，其余自十一月一日起，尽速送往台北市陆军医院东门分院（十字医院旧址）移交高团长所指定之人员接收。

　　（四）台北市区日本宪兵队，除依前三款之规定解除武装，后即集中于中和庄，受中国宪兵之保护。

　　二、依同命令之规定，台湾日军可保留武装士兵一千八百人，兹特增加至三千六百名，其配布如附表（根据小林少佐所呈者加倍之）。此外须待我军到达时在台中、台南、高雄、台东、花莲港五市区者，依高团长之命令分散于台北州、新竹州、花莲厅者，依陈军长之规定缴械集中受我军之保护。

　　三、准保留武装之宪兵如同附表，配属于各部队者，仅服日本部队军风纪维持之责，非经我军许可，不准改着便服出外服务。

　　右令

　　台湾地区日本宪兵善后连络部队长安藤利吉将军

　　中国台湾省警备总司令陆军上将　陈仪

　　传达法

　　本命令交付日军连络部所派命令受领者具领

台湾地区日军解除武装后残留宪兵之分配规定表

配属部队	兵力概数	应配留武装宪兵数目	（派）差出地区宪兵队	摘要
军管司令部（台北市）	1,814	40	台湾宪兵队司令部	
军直辖部队（台北区）	9,000	200	台北地区宪兵队	第一野战筑城队 独立铁道第九大队 第百三十三四十六飞行功设空队[①] 第五野战航空修理补给厂 独立自动车第二百十三四、第三百五八、第三百五十四中队 台湾陆军货物厂 台湾陆军兵器补给厂 台北陆军医院 台北陆军兵事部
第九师团（新竹）	11,320	250	新竹地区宪兵队	
飞行第八师团（台中）	25,500	560	台中地区宪兵队	
第七十一师团（台南）	8,920	200	台南地区宪兵队	
第十二师团（高雄）	13,480	280	高雄地区宪兵队	
第五十师团（屏东）	9,100	200	高雄地区宪兵队	
第六十六师团（台东）	10,030	220	台东地区宪兵队	
第七十五旅团（台中大甲）	1,850	40	台中地区宪兵队	
第七十六旅团（嘉义）	2,810	60	台南地区宪兵队	
第百旅团（旗山）	4,810	80	高雄地区宪兵队	
第百二旅团（花莲港）	1,580	40	花莲港地区宪兵队	
第百三旅团（新营）	2,680	60	台南地区宪兵队	
第百十二旅团	3,540	70	台北地区宪兵队	
独混第四十二联队（由草埔）	1,100	30	高雄地区宪兵队	
高射炮第百六十一联队（台中）	650	20	台中地区宪兵队	
高射炮第百六十二联队（台中）	1,420	30	台中地区宪兵队	

①原文如此。

续表

配属部队	兵力概数	应配留武装宪兵数目	(派)差出地区宪兵队	摘要
独立工兵第四十二联队(桃园)	540	20	新竹地区宪兵队	
独立工兵第六十四大队(彰化)	690	20	台中地区宪兵队	
电信兵三十三联队(嘉义)	1,210	20	台南地区宪兵队	
电信兵三十四联队( )	1,320	30	台中地区宪兵队	
船舶工兵第二十八联队(花莲港及苏澳)	2,050	50	花莲港地区宪兵队	
船舶工兵第三十联队(台南)	1,510	30	台南地区宪兵队	
重炮兵第十二联队(七五澎湖岛)	2,800	60	澎湖岛地区宪兵队	
台湾宪兵队	14,599	290	各地区队	
海军部队	33,901	700	各地区队	
计	167,222	3,600		
备考	一、本表之配留数系根据日宪兵小林少佐所呈送之表加倍计算。 二、本表第二项军直辖部9000人内计含左列各单位。			

中国台湾省警备总司令部命令 (35)军字第一六号

命令中华民国卅五年元月八日

于台北市台湾省警备总司令部

　　查贵官所属各部队官兵,近于集中各港口待船返国时,竟违反本总司令署字第一号命令第四项之规定,有擅将未缴交之军需物品私行烧毁或盗卖等情,殊属不合,仰即克日严令制止,嗣后不得再有此项行为,致干法办,为要。

　　右令

　　台湾地区日本官兵善后连络部部长安藤利吉将军

　　中国台湾省警备总司令陆军上将　陈仪

中国台湾省警备总司令部命令　（三十四）军字第二十号

命令中华民国三十四年十一月十三日

于台北市台湾警备总司令部

　　一、台湾日军原有战斗序列，兹为解除武装便利起见，着即一律取消，仍以各师团旅团之原建制为单位实施移缴。

　　二、尔后贵官所属各部队，即改称为原番号之日本官兵善后连络分部，其部队长亦改称为各该部队连络分部分部长，仍受贵官指挥。

　　三、在台日军接收后之无线电信，规定如左。

　　台湾地区日本官兵善后连络部，在台北准用2kW无线电机壹部与南京及东京联络，另以九四式二号乙无线电机贰部与50D，马公102B，66D，102B，9D，12b，嘉义74D连络，上列各单位除112B准用船艇甲无线电机外，余各准用九四式二号乙无线电机电壹部。

　　右令

　　台湾地区日本官兵善后连络部部长安藤利吉将军

　　中国台湾省警备总司令陆军上将　陈仪

　　传达法本命令交付日军连络部所派命令受领者具领

中国台湾省警备总司令部命令（34）军字第二十一号

命令中华民国三十四年十一月十五日

于台北市本总司令部

　　一、我军将于本（十一）月十八日定高雄附近登陆，进驻高雄凤山及台南附近各地区。

　　二、现在高雄市、台南市、凤山街及连接上开三地之交通线附近之日本军部队，除残留交待监护外，统限十一月十七日一律撤退，于距离上开地线以东二十公里以外之地区。

　　三、高雄离子内仓库、凤山第七部队兵舍、台南第四部队兵舍、安平第八四部队兵舍及其他经我方指定之兵舍等，由贵方预行所要之设备，随时移交我军接住。

四、原驻高雄、凤山、台南地区日本陆军各部队（缺第八飞行师团）解除之火器、弹药、车马、器材等装备及文书图表军用电线等，准军字第一号命令之规定，先行移交于我黄涛军长及其指定之人员接收。

命令

台湾地区日本官兵善后连络部部长安藤利吉将军

中国台湾省警备总司令陆军上将　陈仪

传达法以书面交连络部所派命令受领者

中国台湾省警备总司令部命令（35）军字第三十七号

命令中华民国卅五年元月十七日

于台北市本部

一、兹为确实统计台湾地区日军已经缴出军用物品总数量，特规定台湾地区日本官兵善后连络部所缴（各类物品名称）数量统计表一种，随令颁发，希即依式填报。

二、造报统计表时应注意事项规定如左：

1. 台湾地区日本陆海空军各部门均须按照：（一）武器（含飞机舰艇等）及附件（观测测量器在内），（二）弹药，（三）工兵器材，（四）通信器材，（五）车辆及保养工具油料，（六）化学战器材，（七）被服装具，（八）骡马装具，（九）医药器材，（一〇）粮秣（含糖盐罐头等），（一一）营建（含兵营官舍家具及建筑材料等），（一二）其他（兵器厂机器工具材料及文书图表并教育器材等类），分别造册，每类须报三份。

2. 统计表内所填报物品名称均须以中文详细记载之（必要时并附日名数目字可用阿剌伯字）。

3. 凡不同种类之火炮武器不准混合登记须详将各类名称制式口径倍数分别登记之。

三、统计表须于命令到达后十日内送呈本总司令部备查。

右令

台湾地区日本官兵善后连络部部长安藤利吉将军

台湾省警备总司令陆军上将　陈仪

台湾地区日本官兵善后连络部所缴　数量统计表　中华民国卅五年 月 日填报人　盖章

数量　　区分 部队或机关	接收人员姓名	物品名称及单位				备考
合计						

一、本表应按所缴物分为：1.武器（含飞机舰艇）及附件（观测器材在内），2.弹药，3.工兵器材，4.通信器材，5.车辆及保养工具，6.化学战器材，7.被服装具，8.骡马，9.医药器材，10.粮秣，11.营建（兵营官舍及建筑材料等），12.其他（兵器厂机器工具材料及文书图表并教育器材等）等十二类，以每一类之标题填入本表标题空白中，每类均须造具三份清册。

二、表内各项均须以中文填列（必要时并附日名数目字可用阿剌伯字母）。

三、表内部队或机关一栏应以师团及独立旅团、独立联队、独立大队、独立中队为单位，机关以部院厂所库为单位。

四、本表须于令到后十日内送呈台湾省警备总司令部备查。

中国台湾省警备总司令部命令（34）军字第四十二号

命令中华民国三十四年十一月廿三日

于台北市台湾省警备总司令部

　　台湾地区日本官兵善后连络部战灾复旧部建筑资料着由本部经理处接收

　　右令

　　台湾地区日本官兵善后连络部部长安藤利吉将军

　　经理处陈处长

　　中国台湾省警备总司令陆军上将　陈仪

　　传达法：以书面交连络部所派命令受领者具领

中国台湾省警备总司令部命令　（34）军字第四十九号

命令中华民国三十四年十一月廿八日

于台北市本总司令部

　　一、我黄军长涛已率所部主力于高雄附近登陆完毕,进驻台南市、高雄市、凤山街、屏东街,各附近其后续部队亦将逐次到达。

　　二、前颁军字第一号命令第二项第十二款规定,日军各部队除泼剌部队已经向我海军李司令缴械外,其余着自十二月一日起,准同命令之要领,按下列程序向我黄军长及其指定人员移交,兵器、弹药、车船、马匹、被服、装具、器材、粮秣、文书、图表,并由其派队保护监督工作。

　　1. 第十二师团第三○九五自动车中队全部、第三○船舶工兵联队之在台南市安平附近者,自十二月一日开始。

　　2. 高雄要塞部队第三○船舶工兵联队及第九铁道兵大队之在高雄市附近者,自十二月四日开始。

　　3. 第三十三电信联队及第七十一师团之在嘉义市附近者,自十二月七日开始。

　　4. 第六十四独立工兵联队第三五四自动车中队、第七十五混成旅团及第七十一师团第九铁道兵大队在台中彰化等地者,自十二月十一日开始。

　　5. 第五十师团第一百混成旅团第四十二独立联队、第十六独立炮兵联队,自十二月十六日开始。

　　6. 台中州、台南州、高雄州、台东厅地区,除台中市、台南市、高雄市、台东市以外,散在各地日军宪兵部队之武装解除程序由黄军长规定施行(参照军字第一号命令第二项第十六款)。

　　以上程序特准黄军长依实施情形伸缩变更。

　　三、为受领传达黄军长之命令,台湾地区日本兵善后连络部及前项各日军连络支分部,应派员集合于台南市黄军长指定地点,受其指定人员之指挥。

　　四、现驻台东厅之日军第六十六师团,即归黄军长派队保护。现驻善化斯营之日军第七十六混成旅团及第一○三混成旅团,即开始准备候命北部,担任复旧工作。

五、日军第五十、第六十六师团,厅即派队从速修复由屏东至台东之各公路,限十二月二十日以前完成具报。

右令

台湾地区日本官兵善后连络部安藤部长

中国台湾省警备总司令陆军上将　陈仪

台湾省警备总司令部命令 (34)战字第七十五号

命令中华民国三十四年十一月廿八日

于台北市

　　一、台南地区日军各部队,业遵本总司令致安藤连络部长命令,部署缴械。其应缴军品,除第五十师团仍改向凤山仓库,第七十一师团大林部分续向嘉义集中,及七十一师团存集台中彰化军品准予就地移交外,余均准备完了。

　　二、第六十二军应即参照前颁台湾地区军事接收委员会组织规程,及致安藤利吉军字第一号命令副稿并本命令副件之规定组织接收组(必要时得请军政部李特派员参加),自十二月一日起,概依下列程序开始接收。台南、台中、高雄各州及台东厅日陆军各部队之武装等,并依一与三之比,派队监护日军从事复旧工作。

　　1. 台南区日12D,305MC全部,30SEP一部,十二月一日。

　　2. 高雄区日要塞部队全部,第九铁道大队及30SEP各一部,十二月四日。

　　3. 嘉义区日33TL全部,71D一部,十二月七日。

　　4. 台中区日55BS,64PBS,364MC全部,71D及第九铁道大队各一部。

　　5. 凤山屏东区日50DS,100BS,42R,16ARS,十二月十六日。

　　6. 台中、台南、高雄、台东各市区以外之日宪兵部队之缴械及防务接替,由黄军长统筹施行。

　　以上程序接收实施情形,得行所要之变更,但须呈报本部核备。

　　三、随接收之进展第六十二军逐次就以下之筹备部署。

台湾省练兵场演习场射击场等所属之各种产业调查表

产业名称	附属单位	所在地	面积(或数量)	现(含附属物)况	备考

台湾省警备总司令部命令　（34）军字第八十二号

命令中华民国卅四年十二月廿一日

于台北市台湾省警备总司令部

　　查贵官所属各部队,于投降后,擅将大批武器弹药化学兵器及军用物资等,盗卖毁损或藏匿不报,经调查属实者计有：

　　（一）台湾第四五八七部队（高射炮第一六二联队）,将武器物资藏匿于台北州桃园郡龟山庄塔寮坑字坑底附近,业经该部队陆军少尉笠仓秀彦填据证实。

　　（二）台第一二八〇五部队,（台湾陆军货物厂）佐藤少佐,将大批军用物资藏匿台北文山郡乌来龟山及哈门一带,业经查明属实。

　　（三）高雄州方面

　　1. 旗山郡内门庄木栅附近,有洞窟三十六处、仓库八十余所,埋藏多量之武器弹药、化学兵器及军用物资。

　　2. 旗山郡内门庄内埔附近有仓库九所,藏有武器弹药及军用品等。

　　3. 旗山郡山旗街溪州附近有仓库四十二所洞窟八处,藏有武器弹药、军用物资等。

　　4. 高雄郡燕巢庄深水附近,有燃料四十三处,仓库六所,洞窟二十三处藏有大量弹药。

　　5. 高雄郡仁武庄考潭附近,有仓库百余所,藏有弹药军品甚多。

　　6. 凤山郡、凤山街、湾子头附近,有仓库二十七所,藏匿各种兵器甚多。

　　以上藏匿未报之武器弹药、化学兵器及军用物资业经本部派员,会同台湾第一二八〇〇部队陆军技术大尉吉田龙前往发掘，经证明属实，并有该部队集积所略图及查获毒气六桶为据。

（四）晓第一九〇八部队，饭村中佐将台北州基隆郡六堵间仓库四所内藏之全部物资，不法移转与南日本汽船株式会社，并将一部重油盗卖，经本部派员查获并逮捕看守者九名，供证属实。

（五）新竹州新竹郡新埔街照门字石门埋藏有九二式持久性瓦斯液及大批军用品等。

以上各项均系证据确鉴，事实昭彰，核与本总司令署部字第一号命令第四项之规定不符，殊属非是，希贵官克日将所有一切藏埋之武器、弹药、化学兵器及军用物资等，迅行造册补报，听候本部派员接收，并严饬所属嗣后不得再有此项藏埋盗卖，或不法移转武器弹药军用物资等之行为，致干法办为要。

此令

台湾地区日本官兵善后连络部部长安藤利吉将军

中国台湾省警备总司令部陆军上将　陈仪

本命令派员送往台湾地区日本官兵善后连络部

台湾省警备总司令部命令（35）总战字第〇五七七号

命令中华民国卅五年元月十七日

于台北市本部

一、兹为确实统计台湾地区日军已经缴出之军用物品总数量，随令颁发接收物品数量表及统计表式二种，仰即按照规定确实填报。

二、造报接收物品数量表及统计表时应注意事项规定如左：

1. 凡接收台湾地区日本陆海空军各部门之物品均须按照：(一)武器(含飞机舰艇等)及附件(观测测量器材在内)，(二)弹药，(三)工兵器材，(四)通信器材，(五)车辆及保养工具油料，(六)化学战器材，(七)被服装具，(八)骡马装具，(九)医药器材，(十)粮秣(含糖盐罐头等)，(十一)营建(兵营官舍家具及建筑材料等)，(十二)其他(兵器厂机器工具材料及文书图表并教育器材等)分别造册，每类须报三份。

2.各项表册内均须以中文详细填列(必要时并附日名数目字可用阿剌伯字母)。

3.凡不同种类之火炮武器不准混合登记,须详将各类名称制式口径及口径倍数分别登记之。

三、各接收组之接收物品数量表及统计表,凡接收完了,各组均须于命令到达后十日内送呈本总司令部备查汇转。

右令

附接收物品数量及统计表式一份

兼总司令　陈仪

台湾地区　　接收组接收　　数量统计表　　中华民国卅五年　月　日 填报人 盖章				
单位 物品名称	日方部队或机关			合计
附记	一、本表应按放物品之种类分别填列于本表标题并分装成册。 二、表内接收部队或机关栏应以师团及独立旅团、独立联队、独立大队、独立中队为单位,机关以部、院、厂、所、库、为单位。 三、表内各项均须以中文填列(数目字可用阿剌伯字母)。			

缴收降敌＿＿＿＿数量表＿＿＿＿中华民国＿＿＿＿年＿＿＿＿月＿＿＿＿日

降敌部队番号＿＿＿＿驻地＿＿＿＿缴收长官＿＿＿＿第＿＿＿＿页＿＿＿＿共＿＿＿＿页

区分　　品名				
单位				
数量				
存放地点				
备考				

代电 （34）号字第五号

　　台湾地区日本官兵善后连络部涉外委员会谏山委员长鉴,现因军字第一号命令中所定台北区接收日程略有变更,兹将修正日程表随电附发。希即转饬遵照,中国台湾省警备总司令部参谋长柯远芬代总戢附表一件。

　　　　台湾省警备总司令部接收日程表　　总部第三处调制

接收地区	开始接收日报	受缴日军部队	我方接收部队
台北市	十一月一日	台湾第十方面军及军管区司令部 独立第三十四通信联队 独立第二一三自动车中队 前日军教育队	警备总司令部及特务团
	十一月一日	第六十六师团 独立第二一四及三〇八自动车中队 独立第四十二工兵联队	第七十军
基隆	十一月四日	独立第七十六旅团 第二十八船舶工兵联队 （十一月六日开始接收）	
淡水	十一月五日	独立第一〇三旅团	
宜兰及苏澳 （花莲港）	十一月十一日	独立第一一二旅团 独立第一〇二旅团	
新竹	十一月十六日	第九师团	
附记	一、接收细目如军字第一号命令所规定。 二、陆军要塞部队由七十军队军长适宜规定接收时间。 三、海空军宪兵及军政部宜准此表协同陆军部队实施接收。		

代电（酉卅）（34）战字第五十二号

　　台湾地区日本官兵善后连络部涉外委员会谏山委员长勋鉴,中国台湾省警备总司令陆军上将陈致安藤将军军字第一号命令计达,兹为实施该命令第二条第一款之规定,本官时制定日本第十方面军司令部、台湾军管区司令部及所属一部部队之缴械规定事项十条,除令本官所属遵照实施外合行检发上开规定事项一份希即遵照,转饬所属与该规定有关人员遵照,执行为要。中国台湾省警备总司令部参谋长柯远芬印中华民国三十四年十月三十日,由台北市本总司令部发附日本第十方面军司令部台湾军管区司令部及所属一部部队缴械规定事项一份。

　　日本第十方面军司令部台湾军管区司令部及所属一部部队缴械规定事项。

　　一、日本第十方面军及台湾军管司令官兵,并独立三十四通信兵联队、三〇八自动车中队、教育队之武器、零件、弹药、工兵器材,分类送积陆军兵器补给厂,交本部陈课长训明点收。

　　二、前记各部队之车辆、零件、油料及修理厂,除将贵部留用乘车五辆、卡车三辆及油料若干加仑(由接收人规定)外,余均就所在地集中,交本部王课长善征接收。

　　三、前记各部队马匹(附全鞍具)及饲养洗刷用具等,送集第五部队营房,交本部特务团朱团长瑞祥接收。

　　四、前记部队通信器材、油料及被服,除将贵部留用五〇瓦时无线电机两部及附属人员器材以一部架设桦山小学,受指定人员之监督,所有电文须经该监督人员检查许可,并不得使用密码及规定以外之波长周率外其余器材、油料均送桦山陆军仓库,交本部林课长文光及翁课长重源(被服)接收。

　　五、前纪部队之营建、设备、家具及所存军用物资(含纪念配给品),除将留一部使用(由接收人规定)外,均交本部王处长民宁(营建、设备、家具)交陈处长绍咸接收。

　　六、前记部队之所有文卷、图表书、类密电本等,统送交台北州厅黄主任俊卿接收。

　　七、日本驻台湾澎湖全部陆军部队所有通信鸽、通信犬及附带器材,送台北市市桦山仓库,交林课长文光接收。

　　八、以上所将贵部留用之各件,须向本部出具借据,待回国时交还。

　　九、原日本第十方面军及台湾军管区司令部人员,其分往各部队者,须造表呈报,现留住台北市者,除安藤将军仍可留住原官邸外,其余均须集中移往高等法院地方法院连络部内(原法院人员可移出)俾增加工作效率,便受我军之保护。

　　十、日本独立三十四通信联队及三〇八自动车队人员,须集中台北市内本部朱课长嘉宾指定地点,受我军之保护。

附接收证一份

中国台湾省警备总司令部参谋长

地区军事接收委员会陆军第　组　接收证字第　号

　　接收证

　　前派　　负责

　　所缴之接收此证

　　中国台湾省警备总司令部参谋长

　　关防

　　中华民国三十四年　月　日

　　代用

代电（一）　（34）战一字第六号

　　台湾地区日本官兵善后连络部涉外委员会谏山委员长鉴,兹补行规定：(一)贵方缴械时,准予保留必需数目之炊爨器、具,但须向我方出具借据,俟回国时再行交还。(二)贵方医药器材库存者,由我方接收,病院及部队之药品,准留用三个月份,器具准原数借用,俟回国时交还我方。以上两项除分令我方各部队外,希即知照并转饬遵照为要,台湾省警备总司令部参谋长柯远芬中华民国三十四年十一月三日战一。

代电　军字第陆号

　　台湾地区日本官兵善后连络部安藤部长奉本国总司令何酉径未补余电开。关于接收日降军物资手续,前往以中巧补裕电规定在案。兹据冈村宁次大将呈称,仙军补字第八号命令第一项,规定缴交物资军品清册,应制成两部。现因中日双方检对便利起见,拟增缮副本两份,为按规定呈报之用,正本仍由富地交接代为保留,请备案等情,核尚可行。除批复亚分电外,特电知照,等因特电转知遵照,陈仪戌冬战三印。

代电 （34）接参字○三二号

各处室

各接收组勋鉴奉总司令何酉效诚真代电略开。收缴日方移交之武器器材册报办法宜照本部规定办理。兹随电附发该项办法一份，希饬遵照等因，除分电外，兹随电检发该办法表式乙份，仰遵照，台湾省警备总司令部戍齐军接参附件如文。

特务团。

收缴日军武器装具骡马表册

1. 缴收降敌各种武器装具数量表
2. 缴收降敌骡马数量表
3. 降敌舰船缴收表（两种格式）

缴收降敌　　　数量表　　　中华民国　年　月　日

降敌部队番号　　驻地　　缴收长官　　第　页共　页

区分＼品名				
单位				
数量				
存放地点				
备考				

说明：

一、本表由受降地区主官依据降敌点交清册区分为以下各类分别统计填制。

1. 武器及附件（观测器材在内）
2. 弹药
3. 工作器材
4. 通信器材
5. 车辆及工具

6. 化学战器材

7. 被服装具

8. 骡马装具

9. 医药器材

二、上列各类题填入本表标题空白中。

三、如缴收物品中如属一种而程序有别者得分别填写之。

四、缴收物品中如属一种而程序有别者得分别填写之。

五、本表限于缴收后一个月内制就，以其三份连同降敌点交原清册用最速交通方式送呈陆总部查核。

六、原始清册于各受降主管派员点验后应由点收人签名盖章。

缴收降敌马匹数量表

降敌部队番号　　　　驻地　　　　缴收长官　　　　中华民国　年　月　日

数量\种类区分				注： 1. 本表由各地区受降主官依据降敌点交清册统计填表。 2. 种类栏按马种或产地分别填写，例如：日本改良马、中国蒙古马、中国骡等。 3. 本表限开始缴收后一个月制就，以其三份连同降敌点交原始清册用最速交通方法送呈陆总部查核。
乘马				
驮马（骡）				
合计				
备考				

降敌舰船缴收表（一）　　　　中华民国　年　月　日

种别　　　舰船名　　　舰船长姓名　　　停泊地点　　　缴收员

性能	吨位	马力(匹)	速率(节)	吃水(呎)	员长人数 员工人数	机器类	备考

武器弹药	武器种类							
	口径							
	数量							
	弹种							
	药别							
	信管种类							
	备考							

说明：一、本表由各地区受降主官依据降敌点收清册区分为以下各类分别统计填制。

1. 性能

2. 武器弹药（机电水电在内）

3. 器材被服制具

二、1. 性能表机器种额项下：填推进机种类系往复机汽旋机或其他。

2. 武器弹种额项下：填被甲弹信号弹或其弹药表他。药别项下：填黄色药包或其他。信管项下：填瞬发信管、弹底信管或其他。

3. 器材被服装具表（观通器材表册在内）、帆具、航海器具。

三、如缴收物品不属于上列任何一类，另拟定标题填制。

四、缴收本船可于备考栏内填具船长　量、有无帆具。

五、接收物品如属一种而程序有别者分别填写之。

六、本表应于缴械后一个月内制就，以三份连同原始降敌所缴清册用最速方式送呈总部查核。

七、即始清册于各受降主官派员点验后应由点收人签字盖章。

降敌舰船缴收表（二）

	名称					
	种类					
	单位					
	数量					
器材被服装具	备考					
	名称					
	种类					
	单位					
	数量					
	备考					

台湾省警备总司令部代电　（34）军字拾叁号

台湾地区日本官兵善后连络部安藤部长鉴，查台湾各陆军医院原规定由军政部特派员办处接收，现以该处人员尚未到达，兹改派本部顾问陈方之统一接收，并派咨议俞元方协助之。希知照并转饬各陆军医院遵照为要，中国台湾省警备总司令陈仪戌佳战。

台湾省警备总司令部代电　（35）军字第三五号

台湾地区日本官兵善后连络部安藤部长，查贵方业经解除武装部队之印信，应于登轮回国前，缴交我方港口运输司令部接收，希即转饬遵照为要。中国台湾省警备总司令陆军上将陈仪中华民国卅五年元月廿八日总战二印。

台湾省警备总司令部代电　（34）秦二字第四十号

台湾地区日本官兵善后连络部涉外委员会谏山委员长鉴，台湾连涉第一三六号申请书及附表均悉当派员前往韩籍官兵集中训练队查覆，据金学淳

1. 军部直属部队步兵一个团,台南市附近。

2. 一个师直属部队及步兵一个团,嘉义市附近。

3. 一个师,台中彰化二水一带。

4. 一个师加一个团,高雄凤山屏东台东一带。

台东一团可于接收将毕时,派往任日军第六十六师团之监护。

四、为便于第六十二军之输送,长官公署交通处、铁道管理委员会应于十一月底派出所要人员于台南市,协商办理军运事宜,俟调动完毕时撤回,调运实施情形随时会报本部备查。

五、关于陆军仓库厂之监护,集中,军政部特派员办公处,应即派员与第六十二军协商办理具报。

六、宪兵第四团着派兵一连归第十六二军黄军长指挥,任军风纪之纠察、维持,附致安藤利吉军字第四十九号命令一份。

右令

军政部李特派员

宪四团高团长

交通处严处长

六十二军黄军长

兼总司令　陈仪

台湾省警备司令部命令　(35)军字第五十三号

命令中华民国卅五年元月十九日

于台北市台湾省警备总部

着将前日本台湾军区所有练兵场、演习场、射击场、农场及自活队所垦田地等,全部各种产业,于令到十日内列表附图检证具报为要此令。

右令

日本官兵善后连络部长安藤利吉

中国台湾省警备总司令陆军上将　陈仪

附产业调查表格式一份

（金海淳）、尹炳誓（北村寅雄）、郑秉俊（岩本秉俊）、玄龙瑞（黑川忠一）等四人声称，军刀均系公物，愿缴呈我方等情，附呈军刀奉还书乙纸前来，除饬收缴该项军刀之宪警连，将原件呈缴本部接收外，特复知照，台湾省警备总司令部参谋长柯远芬真秉二印。

台湾省警备总司令部代电　（35）军字第七十九号

台湾地区日本官兵善后连络部安藤部长鉴，顷据贵部安藤少佐参谋等二员，送来贵部自活部接收引继目录一份，除令我方军政部李特派员进德派员接收外希照前（35）军字第五十三号命令规定，将贵方所有各部队自活用品及全部自活农场等军用财产，迅即具报图表目录，以便接收为要，中国台湾省总备总司令陆军上将陈仪中华民国卅五年一月廿九日总战二。

台湾省警备总司令部代电　（35）军字第八十六号

台地区日本官兵善后连络部安藤部长，查贵部前所举办之畜牧场所，本总司令亟待明了，希速将所有是项场所财产，详细填列目录报部，以凭接收为要，中国台湾省警备总司令陆军上将陈仪中华民国三十年元月三十一日总战二。

台湾省警备总司令部代电　（34）军字第一〇六号

台湾地区日本官兵善后连络部安藤部长鉴，十一月廿九日湾连涉第二〇〇号报告悉，各地区学校（青年学校在内）训练用武器，兹再行规定在台北州新竹州花莲港厅辖区内，由我第七十军陈军长指派之人员收缴，在湾中州台南州高雄州台东厅辖区内者，由我第六十二军黄军长指派之人员收缴，除分令各接收部除外，希遵办中国台湾省警备总司令陆军上将陈仪中华民国卅四年十二月廿六日。

台湾省警备总司令部代电　（34）战一字第四十八号

号台湾地区日本官兵善后连络部涉外委员会谏山委员长，奉南京兼总司令何,亥齐性梦及亥阳未裕饷两电,饬开:(一)凡已缴之日军其私人军刀厅即就地收缴,未缴者尔后随其他武器于港口集中时同时收缴,造册交当地军政部特派员并具报;(二)日军留用之武器弹药可于集中港口时,悉数交还,由港口运输司令负责收缴,转交当地军政部特派员并具报;(三)日方留用之车辆、马匹、通信器材等一概在原地收缴,不得携行等因,奉此,除已分令日方及我各有关单位遵照外,仰即遵照为要台湾警备总司令部参谋长柯远芬中华民国卅四年十二月廿日总战一发。

第二章　陆军第一组接收经过

甲、接收准备

一、计划策定

接收计划之策定,基于署部字第一号命令第二项及军字第一号命令第二项第一款,限令台湾地区日本全军,于卅四年十一月一日起将武器装备车辆马匹器材营建设备文卷图书及全军之通信犬鸽等,列册移交,为达成迅确接收计,于卅四年十月卅日设立军事接收委员会依业务之区分本组为第一组。

二、接收组之编成

本组系由警备司令部柯参谋长远芬主持,以部属各处室人员及直辖部队长组成之。

三、接收工作概要

继之接收工作事项,十月卅日经柯参谋长致谏山涉外委员长代电规定后,其业务范围划(分)如附表十一月一日起即依照规定分别进行,迄卅五年二月十二日工作完成其经过如附表(二)。

乙、接收经过

一、各种接收下达之命令文电及规定，各项有关接收下达文书摘略如附表（三）

二、接收日军仓库位置要图如附图（一）

三、接收军用物资统计表

1. 武器及附件数量统计如附表（四）

2. 弹药数量统计如附表（五）

3. 工兵器材数量统计如附表（六）

4. 化学器材数量统计如附表（七）

5. 粮秣数量统计如附表（八）

6. 被服装具数量统计如附表（九）

7. 车辆燃料零件数量统计如附表（十）

8. 通信器材数量统计如附表（十一）

9. 卫生器材药品数量统计如附表（十二）

10. 马匹数量统计如附表（十三）

11. 马粮数量统计如附表（十四）

12. 挽具数量统计如附表（十五）

13. 马匹装具数量统计如附表（十六）

14. 兵舍营建数量统计如附表（十七）

15. 图书数量统计如附表（十八）

16. 地图数量统计如附表（十九）

17. 乐谱及军乐器材数量统计如附表（二十）

附表(一)

军事接收委员会第一组接收业务分配表

降敌番号	接收业务区分			附记
	主管部门	事项	地点	
日本第十方面军管区司令部官兵并独立34通信兵联队、213自动车队、教育队	经理处陈课长训明	武器零件、弹药、粮秣、工兵器材(含飞机舰艇及附件观测测量器材)	陆军兵器补给厂	
	第四处王课长善征	车辆零件及修理厂并养工具油料等	就其所在地	准留用者除外
	特务团朱团长瑞祥	马骡装具及饲养洗刷用具	第五部队营房	
	第四处林课长文光、经理处翁课长重源	通讯器材、油料及被服装具	桦山陆军仓库	准留用者除外
	副官处王处长民宁	营建设备、兵营、官舍、家具及建筑材料		
	机要室黄主任俊卿	文卷、图表、书类、密电本、教育器材	台北州厅	
	交响乐团蔡团长继琨	军乐器材		
日本驻在台湾澎湖全部陆军部队	第四处林课长文光	通信鸽、通信犬及附带器材	桦山仓库	
备考	本表系依据十月三十日参座致谏山涉外委员长代电规定事项调制			

附表（二）

军事接收委员会第一组工作一览表

降敌番号	物资名称	接收主管部门及姓名	接收时间 开始	接收时间 终止	接收地点	备考
日本第十方面军及台湾军管区司令部官兵并独立34通信兵联队、213自动车队、教育队	械弹（包括工兵防毒化学器材及各种兵器附件）	第一处吕课长常,第三处朱课长嘉宾,经理处陈课长训明	34,12,28 34,12,15 34,11,1	35,1,22 34,12,23 34,11,26	台中、草屯、高雄等地,台北桃园各地,桦山陆军仓库及北投松山等地	
	粮秣（包括一切军用食物）	第四处罗课长远芳	34,11,1	34,11,11	桦山陆军仓库	
	被服装具及配给品	经理处翁处长重源	34,11,2	35,2,12	桦山陆军仓	
	运输工具器材燃料及附属油料	第四处王课长善征	34,11,3	34,11,26	自动车修理工厂及台湾军管区经理部台北出张所	
	通讯器材及军用犬鸽	第四处林课长文光	34,11,1	34,11,16	桦山陆军仓库	
	卫生器材药品、救护车装备	副官处检诊所林军医其全	34,11,6	34,11,23	富田地区及电信34联队医务室	
	马骡及乘驮挽具、饲养洗刷用具	特务团朱团瑞祥	34,11,3	34,11,6	台湾军管区兽医部	
	营房及营建设备、家具	副官处王处长民宁	34,11,1	34,11,21	台北官舍所在地	
	文卷、图籍及密电本	机要室黄主任俊卿	34,11,10	34,12,25	台北州厅	
	军乐器材	交响乐团蔡团长继琨	34,11,8	34,12,8	台湾日本第十方面军司令部	

附表(三)

有关陆军第一组接收下达之命令文电简明表

日期	文别	文号	内容摘要	备考
卅四年十月卅日	命令	军字第一号	(上略)第二项第一款日本第十方面军司令部及台湾军管区司令部及所属独立第三十四通信联队、独立第二一三自动车中队、前教育队之武器装备、车辆、马匹、器材、营建、设备、文卷、图表书类及全军之通信鸽犬着即由十一月一日开始移交与本总司令部参谋长柯远芬所指定人员部队接收……(中略)第一七项日军应缴武器等包军刀小手枪在内(私人所有财物不含)送缴物品之生锈及可能生锈者,须擦拭清洁,施涂防锈油,分类集积依部队及地区位置要图及种类表册二份,从速呈报本官。在我方未接收前,酌派必要小数武装下士官兵负责监护保管,倘有损失,应由贵方负责。我方接收时,即连同监护人员武装一并点交我方持有上开各指定主官接收证件之接收人员(无证者应拒绝移交否则其损失由贵方负责),倘有短少、损坏由贵方所派负责移交人员注记签章于表册上证明责任之所在。(下略)	
十一、一	代电	战字第二号	派本部高级参谋陈汉平少将暂驻连络部,专任军事方面连络及警备事宜希即知照。	
十一、六	代电	军字第九号	派本部参谋李祝三上校代理陈汉平少将之战务驻贵部负连络责希即查照。	
十一、九	代电	军字第十三号	查台湾各陆军医院原规定由军政部特派员办事处接收,现以该处人员尚未到达改派本部顾问陈方三统一接收,并派咨议俞元方协助之希知照,并转饬各陆军医院遵照为要。	
十一、十	代电	军字第十四号	希将台湾地区日军所有战车数量吨位现在地暨附属武器数目及种类与其堪用程度限于电到二日内列表送部查备。	
十一、十五	代电	军字第廿五号	兹规定台湾原有日本兵事部所存之文卷规守书籍等改由本部第一处处长苏绍文少将派员接收希即知照并转饬遵照为要。	
十一、廿三	命令	军字第四十二号	台湾地区日本官兵善后连络部战灾复旧部建筑资料着由本部经理处接收。	

续表

日期	文别	文号	内容摘要	备考
十一、廿九	代电	军字第五十号	军字第四十二号命令更定由军政部李特派员派员接收,仰即转饬遵照,并希将该项建筑材料一览表补呈乙份为要。	
十二、廿三	代电	(34)战一字第五十一号	查前野战高射炮第一六一联队已命令规定由本部派员接收在案,希将贵部所用该联队之车辆即予归还原队俾得缴交接收为要。	
十一、廿七	代电	(34)军字第五十二号	查本总令戍铣勤二代电饬查台湾地区内现有油池并存油(含酒精)数量及所在地,于本(十一)月十九日前册报来部一案,迄逾多日未据遵办,特再电催限于本(十一)月底前报部勿延为要。	
十二、三	代电	(34)军字第五十四号	查前准该部借留各种车辆壹百部在案故凡连络视察及其他业务所需车辆应在上项控制数内统筹运用,其余应一律缴交,希即遵照。	

陆军第一组接收日军物资仓库位置要图(略)　中华民国三十五年一月二十二日制

附表(四)

台湾省警备总司令部接收降敌武器及附件 数量统计表

中华民国三十五年　月　日

填报人　盖章

物品 \ 单位 \ 数量 \ 降敌番号		台湾军管区司令部	电信第34联队	独立自动车第213中队	高射炮第161联队	高射炮第162联队	合计	备考
99式军刀	把	53					53	
95式军刀	把	156	28	1		26	211	
32式军刀	把	22	13				35	
军刀	把	348	50	6		88	492	
指挥刀	把	14			4		18	
99式小铳	枝	476		169		47	692	
38式小铳	枝	23	714		137		874	
99式短小铳	枝		534			2	536	
铳剑剑	把	1,310					1,310	
30式铳剑	把	34	1,419	149	2,203	2,237	6,087	

续表

物品 \ 数量单位 \ 降敌番号	单位	台湾军管区司令部	电信第34联队	独立自动车第213中队	高射炮第161联队	高射炮第162联队	合计	备考
白郎林拳铳	枝	23				2	25	
鲁尔阿拳铳	枝	4				1	5	
美国制回转式拳铳	枝	3					3	
アスタ丨拳铳	枝	1					1	
14式拳铳	枝	21	1	16		8	46	
26式拳铳	枝	22		4		1	27	
94式拳铳	枝	82	2	1	3	5	93	
南部式拳铳	枝	7				1	8	
毛瑟拳铳	枝	8					8	
可儿特拳铳	枝	1					1	
独逸志式拳铳	枝	3					3	
TPSACFRSOHNSOHL式拳铳	枝	1					1	
ストツク拳铳	枝						1	
碌架式拳铳	枝	1					1	
763自动拳铳	枝	2					2	
左回转式拳铳	枝	1					1	
バ丨カ拳铳	枝		1				1	
比造六寸白郎林拳铳	枝			1			1	
99式轻机关铳	挺	13	6				19	
96式轻机关铳身	个		2				2	
96式轻机关枪弹仓	个		16				16	
92式重机关枪	挺	2			16	2	20	
89式重掷弹筒	具	3					3	
10式轻掷弹筒	具	1					1	

续表

物品 \ 单位 \ 数量 \ 降敌番号	单位	台湾军管区司令部	电信第34联队	独立自动车第213中队	高射炮第161联队	高射炮第162联队	合计	备考
75糎高射炮（游动式）	门				21		21	
75糎丸射炮（固定式）	门				5		5	
88糎高射炮（固定式）	门				4		4	
21糎高射机关炮（固定式）	门				22		22	
77粍高射机关铳	挺				4		4	
92式重机炮（空炮铳身）	个				14		14	
20粍高射机关炮预备铳身	个				6		6	
89式固定机关枪	挺				1		1	
88式七粍野战高射炮	门					27	27	
二式多连高射机关炮	门					6	6	
掷弹器	具					1	1	
20粍高射机关炮（弹仓）	个					34	34	
93式130糎探照灯	座				16	22	38	
马具	具					2	2	
耐热板	个					5	5	
疑暗眼镜	个					25	25	
测板罗针	个					1	1	
测板脚	个					5	5	
爆炮打场筒	个					9	9	
角差修正器	具					36	36	

续表

物品 \ 数量单位 \ 降敌番号		台湾军管区司令部	电信第34联队	独立自动车第213中队	高射炮第161联队	高射炮第162联队	合计	备考
标杆	枝					38	38	
30年式铳剑带革	条		1,346			1,905	3,251	
带革	条	1,272				24	1,295	
剑差	个	1,238		192			1,530	
刀带	个	167					167	
小铳弹入	个		1,238				1,407	
前弹入	个	746					746	
后弹入	个	355					355	
油壶	个	361	853	159			1,373	
喇叭	只	2					2	
炮带镜	具	1					1	
野外手入具	套	38					38	
95式军刀钓革	个		34				34	
95式军刀刀绪	个		8				8	
30年式铳剑剑差	个		1,419			1,996	3,415	
手旗	把	3					3	
芽头	把	1					1	
99式小铳手入用洗洗	个					4	4	
99式小铳手入用洗洗头	个					2	2	
99式小铳手入用毛洗头	个					3	3	
发射时机决定补助线圈	个					3	3	
30年式铳剑部品	个					3	3	
短刀	把	2					2	
薙刀	把	1					1	

续表

物品 \ 降敌番号 数量 单位	单位	台湾军管区司令部	电信第34联队	独立自动车第213中队	高射炮第161联队	高射炮第162联队	合计	备考
小警报器	个	2				2	4	
面	个	55					55	
胴	付	52				28	134	
垂	付	54					54	
笼手	个	57					57	
竹刀	把	35					35	
面	个	53				84	137	
胴(垂共)	个	50					50	
笼手	个	29					29	
同布团	个	46					46	
肩	个	49				75	124	
木铳	枝	40					40	
90式喇叭	只		10	2			20	
携行铳工具	具		2		1		3	
私物眼镜	个		3				3	
小铳补足杖	根		334				334	
小铳洗管	根		599				599	
小铳属品袋	个		215				215	
小铳药室手入棒	枝		222				222	
小铳保心筒	个		634			4	638	
小铳负革	条		558				558	
小铳铳口盖	个		896			2	898	
简易澜候具	具			1			1	
95测候检知器	具			2			2	
95物料检知器	具			1			1	
小铳圆筒手入棒	支		21				21	
小铳洗矢	支					8	8	
航速测定机	个				3		3	

续表

物品\数量\单位\降敌番号		台湾军管区司令部	电信第34联队	独立自动车第213中队	高射炮第161联队	高射炮第162联队	合计	备考
微光灯	个					7	7	
发动发电机	个					2	2	
90式小空中听音机喇叭	个					3	3	
97式高射算定具电池箱	个					2	2	
88式七高弹敷	枚					8	8	
93式百五糎探照灯(部品)	个					2	2	
88式七糎野战高射炮(部品)	个					13	13	
92式重机关铳(部品)	组					1	1	
98式高射机关炮(部品)	组					1	1	
20糎高射机关炮预备照空器	个				6		6	
8875高驻退分解器	个				1		1	
8875高弹药筒检查器	个				11		11	
8875高火工具	具				3		3	
97式高射算定具	具				4		4	
90式三米测高机	具				7		7	
92式二米测高机	具				3		3	
94式高射观测具	具				5		5	
要地高射炮弹道风测定具	具				1	1	2	

续表

物品 \ 数量单位 \ 降敌番号	单位	台湾军管区司令部	电信第34联队	独立自动车第213中队	高射炮第161联队	高射炮第162联队	合计	备考
8875高射射击板	个				4		4	
90式航速测定机	个				14		14	
89式十糎双眼镜	个				16		16	
94式一米对空测远机	个				16		16	
模造照空灯	座					2	2	
照明具部品	个					2	2	
94式六糎对空双眼镜	具				8		8	
机关炮队观测具	具				2		2	
13年式双眼镜	个				13		13	
95式大空中听音机	个				1		1	
90式小空中听音机	个				24	22	46	
超短波标定定机（电达）	座				3		3	
96式照空观测具	个				4		4	
无线平行诱道装置	具				1		1	
四回线转换器	个					1	1	
携带灯	个					2	2	
88式七高射照准眼镜	个					1	1	
防音覆	个					1	1	
牵引钢索	条					2	2	

续表

物品\数量\单位\降敌番号		台湾军管区司令部	电信第34联队	独立自动车第213中队	高射炮第161联队	高射炮第162联队	合计	备考
踏板	个					10	10	
防滑锁	个					18	18	
侧板支杆	根					17	17	
机关炮车轴固定机	个					2	2	
94式一号高射观测具	具					6	6	
高射射击盘	个					6	6	
97式高射算定具	个					4	4	
十三年式双眼镜	个					34	34	
余切板	个					9	9	
89十糎对空双眼镜	个					11	11	
90式航速测定机	个					8	8	
88七糎高射炮用火工具	个					5	5	
00式三米测高器	个					7	7	
93式二米测高机	个					3	3	
测器箱	个					1	1	
杂器箱	个					1	1	
大革乱胴箱	个					10	10	
风向风速计	个					2	2	
三年式双眼镜	付					4	4	
眼镜	付					28	28	
比重机	个					1	1	

续表

物品 \ 数量单位 \ 降敌番号		台湾军管区司令部	电信第34联队	独立自动车第213中队	高射炮第161联队	高射炮第162联队	合计	备考
射光机メｌタｌ匡	个					1	1	
炮车内轮胎	条					1	1	
炮车外轮胎	条					6	6	
ボイｌル	个					3	3	
炭素棒罐	个					7	7	
炭素棒	个					3	3	
托架	个					1	1	
第一接续筐	个					1	1	
第二接续筐	个					1	1	
属品箱	个					3	3	
担棍	条					4	4	
发电机	架					1	1	
光电用配电盘	个					1	1	
悬吊	个					1	1	
一号属品箱	个					19	19	
二号属品箱	个					19	19	
三号属品箱	个					19	19	
四号属品箱	个					19	19	
驻杭	个					161	161	
驻杭板	个					9	9	
中间接续筐	个					1	1	
合式洗杆	枝					4	4	
照明具匣	个					4	4	
电池匣	个					8	8	
炮口保护器	个					4	4	
刷毛付帽	个					4	4	
洗杆头	个					4	4	
水囊	个					30	30	
弹敷	个					12	12	

续表

物品\单位\数量\降敌番号	单位	台湾军管区司令部	电信第34联队	独立自动车第213中队	高射炮第161联队	高射炮第162联队	合计	备考
补助棒	根					2	2	
炮身覆	个					4	4	
弹药匣	个					16	16	
气蓄罐	个					37	37	
弹丸拔	个					1	1	
九五军刀刀吊	个					19	19	
九五军刀带革	个					3	3	
弹丸入	个					17	17	
96式照空观测具	具					6	6	
八八七高驻退机分解工具	具					1	1	
九四式六糎对空双眼镜	个					3	3	
三年式复动信管回子	个					33	33	
94式一米对空测远机	个					4	4	
反视眼镜	个					2	2	
反视枠	个					3	3	
炮测测高机	个					1	1	
96式照空观测具经纬仪箱	个					3	3	
96式照空观测具听测计算箱	个					3	3	
96式照空观察具测地箱	个					3	3	
96式照空观测具回光机箱	个					7	7	
观测箱	个					3	3	

续表

物品\单位\数量\降敌番号		台湾军管区司令部	电信第34联队	独立自动车第213中队	高射炮第161联队	高射炮第162联队	合计	备考
木工具箱	个					1	1	
89式对空双眼镜箱	个					3	3	
同托架箱	个					3	3	
90式大听音机	个					1	1	
95式大听音机	个					2	2	
ホール	个					1	1	
三脚	个					1	1	
牛方式轻便三脚	个					1	1	
眼镜格纳瓶	个					1	1	
脚	个					1	1	
一号测器箱	个					3	3	
二号测器箱	个					3	3	
什品箱	个					3	3	
灯器箱	个					3	3	
洗杆	条					9	9	
洗杆帽	个					19	19	
三式多连高射机关炮发电车属品箱	个					1	1	
三式多连高射机关炮发电预备箱	个					1	1	
三式多连高射机关炮电第一、二、三预备品箱	个					3	3	

续表

物品 \ 数量单位 \ 降敌番号		台湾军管区司令部	电信第34联队	独立自动车第213中队	高射炮第161联队	高射炮第162联队	合计	备考
三式多连高射机关炮指挥具照准具箱（一至三号）	个					1	1	
观测箱	个					3	3	
弹仓箱	个					12	12	
照准具	具					6	6	
炮车预备品箱	个					12	12	
同属品箱	个					12	12	
指挥具属品箱	个					1	1	
弹药筐	个					34	34	
照明具箱	个					36	36	
扛起螺杆转杷	把					40	40	
炮身托架	架					12	12	
壳帽	个					24	24	
油罐（刷毛附）	个					12	12	
油差	个					9	9	
炮口补动具	个					13	13	

附表（五）

台湾省警备总司令部接收降敌弹药数量统计表

中华民国三十五年　月　日

填报人　盖章

物品 \ 数量单位 \ 降敌番号		台湾军管区司令部	电信第34联队	独立自动车第213中队	高射炮第161联队	高射炮第162联队	合计	备考
99式小铳普通实包	粒	21,050	44,947	9,564		1,192	76,753	
38式小铳普通实包	粒	135	51,920		2,645		54,700	

续表

物品\单位\数量\降敌番号	单位	台湾军管区司令部	电信第34联队	独立自动车第213中队	高射炮第161联队	高射炮第162联队	合计	备考
99式小铳空包	粒		100				1,000	
38式小铳狭窄实包	粒		2,520				2,520	
38式小铳空包	粒		2,520				2,520	
38式铳伪制弹	粒		25				25	
99式小铳拟制弹	粒					64	64	
99式发射发烟筒	粒					60	60	
14式拳铳实包	粒	1,011	40	505			1,556	
26式拳铳实包	粒	385		60		73	518	
94式拳铳实包	粒					39	39	
765拳铳实包	粒	864					864	
635拳铳实包	粒	291					291	
8m拳铳实包	粒	291					269	
763自动拳铳实包	粒	45					45	
南部式拳铳实包	粒	117					117	
32号左回转式拳铳包	粒	26					26	
38号左回转式拳铳包	粒	6					6	
九粍拳铳实包	粒		23				23	
勃即林拳铳实包	粒					15	15	
鲁尔阿拳铳实包	粒					13	13	
又トワタ拳铳实包	粒					10	10	
信号弹（绿吊星）	颗	20					20	

续表

物品	单位	降敌番号数量 台湾军管区司令部	电信第34联队	独立自动车第213中队	高射炮第161联队	高射炮第162联队	合计	备考
练习弹	粒		500				500	
十一年式轻机枪空包	粒		1,260				1,260	
92式重机实包	粒	2,889			95,286	2,0000	118,175	
97式重机普通实包	粒	9,660					9,660	
97式重机铁甲实包	粒	4,140					4,140	
97式曳火手榴弹	粒	207					207	
试制手榴弹	颗		470	200			670	
圆锥爆雷(甲)	颗			11			11	
手榴弹	颗				1,300	997	2,297	
圆锥爆雷	颗				56	35	91	
八八七高90尖锐弹	粒				8,015		8,015	
八八七高11目标弹	粒				56		56	
八八七高38榴霰弹	粒				640		640	
九九八高尖锐弹	粒				953		953	
二〇耗高机炮弹	粒				17,606		17,606	
三重机三普实包	粒				7,980		7,980	
92式重机关铳（拟制弹）	粒				10		10	
75耗九〇式高射尖锐弹	颗					11,503	11,503	
75耗九〇式高射代用弹	头					279	279	

续表

物品\单位\数量\降敌番号		台湾军管区司令部	电信第34联队	独立自动车第213中队	高射炮第161联队	高射炮第162联队	合计	备考
20一〇〇式曳光自爆榴弹	头					5,284	5,284	
75三八式榴霰弹	头					860	860	
89式尖锐信管	个					5,171	5,171	
二式瞬曳信管	个					6,594	6,594	
三年式复动信管	个					960	960	
五年式复动信管	个					275	275	
高射起爆筒	个					217	217	
98式机炮一〇〇式曳光自榴弹	个					5	5	
拟炮火用爆药	个					88	88	
98式机炮一〇〇式曳光自爆榴弹	个					278	278	
发烟筒	个					76	76	
八八七高操炮用弹信管	个					39	39	
练习用手榴弹	个					32	32	
88七高操炮用弹药筒	个					177	177	
三式瞬曳信管	个					603	603	
75耗八八七高榴霰弹药筒	个					100	100	
75耗90高尖弹弹药体	个					18	18	
同弹夹	个					12	12	
爆管	个					13	13	
铁制拟制弹	个					6	6	

续表

物品\数量\单位\降敌番号		台湾军管区司令部	电信第34联队	独立自动车第213中队	高射炮第161联队	高射炮第162联队	合计	备考
射谷药夹	个					43	43	
88式七高射谷药夹	个					47	47	
88式机关炮射谷药夹	个					247	247	
信管空罐	个					150	150	
起爆筒	个					20	20	

附表(六)

台湾省警备总司令部接收降敌工兵器材数量统计表

中华民国三十五年 月 日

填报人 盖章

物品\数量\单位\降敌番号		台湾军管区司令部	电信第34联队	独立自动车第213中队	高射炮第161联队	高射炮第162联队	合计	备考
十字镐	把					1	1	
圆匙	把					2	2	
镰刀	把					1	1	
两头锑	把					61	61	
拟制纲	把					5	5	
简易计算尺	把					1	1	
油刷品	个					1	1	
黑色炸药	包			2,253		1,457	3,710	
工业用炸药	个					140	140	
导火索	卷	·				248	248	
导火线	卷			3			3	
电管	个			333		799	1,132	

附表（七）

台湾省警备总司令部接收降敌化学器材数量统计表

中华民国三十五年　月　日

填表人　盖章

物品\单位\数量\降敌番号	台湾军管区司令部	电信第34联队	独立自动车第213中队	高射炮第161联队	高射炮第162联队	合计	备考
毒瓦斯标本	个					2	2
96式瓦斯试臭器	个					1	1
95滔函	个			12			12
96有毒包（除晒粉）	个			193			193
96式消毒包	个					2	2

附表（八）

台湾省警备总司令部接收降敌粮秣数量统计表

中华民国三十五年　月　日

填表人　盖章

物品名称\单位\数量\日方部队或机关	军区司令部	军区司令部自动车课	电信第34联队	独立自动车第213中队	合计	备考
玉蜀黍	捆	8				8	每捆重50瓩
キヤサバ淀粉	捆	59				59	每捆重60瓩
食盐	捆	122		213	21	356	每捆重50瓩（内21捆每捆重60瓩）
砂糖	捆	283		73	12	368	每捆重90瓩
干パン（面包）	捆			260	97	347	每捆重1518瓩
干甘	捆			140	40	180	每捆重22瓩（内19捆每捆重30瓩）
味噌	樽				4	4	每捆重75瓩

附表(九)
台湾省警备总司令部接收降敌被服装具数量统计表

中华民国三十五年　月　日

填表人　盖章

物品名称	数量单位	日方部队或机关 军区司令部	军区司令部自动车课	电信第34联队	独立自动车第213中队	台湾临时自动车厂	合计	备考
略帽	顶	110	8	344	118	523	1,103	
防暑帽	顶	1,003	11	43	60	358	1,475	
作业帽	顶			26			26	
铁帽	顶	2,134		1,763	262		4,159	
略帽垂布	块			274			274	
铁帽覆	件	28					28	
雨外套	件	219	1	143	44	84	491	
冬外套(黄呢大衣)	件	60		120			180	
航空浮衣	件	6					6	
作业衣	件	24					24	
作业裤	件	40					40	
第一种作业衣裤	套			32			32	
第二种作业衣裤	套			46			46	
军衣	件	25					25	
冬衣	件			102	21		123	
冬裤	件			106	21		127	
冬裤下	件			313	105		418	
冬襦袢	件			389	103		392	
夏衣	件				130		130	
夏裤	件				124		124	
防暑衣	件		3	266	63		332	
防暑裤	件		3	166	87		256	
防暑略衣	件		22	500	37		559	

续表

物品名称	单位	军区司令部	军区司令部自动车课	电信第34联队	独立自动车第213中队	台湾临时自动车厂	合计	备考
防暑略袴	件		22	551	37		610	
防暑袴下	件			1,439	664	58	2,161	
防暑襦袢	件			1,272	63		1,335	
防暑襦袢袴下	件		1				1	
夏襦袢	件				154		154	
夏袴下	件				162		162	
ナヲフキ背心	件			14			14	
编上靴（黄皮靴）	双	1,170	2	1,493	405	193	3,263	
长靴	双	92	2			10	104	
营内靴	双				39		39	
绵人衣	件	5					5	
卷脚袢	付	455	17	427	100		999	
地下足袋（黑胶布鞋）	双	50		415	450	107	1,022	
手袋	付	208		17		460	685	
防蚊手袋	付	731		584	293	28	1,636	
靴下（袜子）	双					1,280	1,280	
上靴（拖靴）	双					61	61	
防蚊覆面	具	829		952	296	28	2,105	
雨覆	块			15			15	
枕覆	块			232			232	
枕皮	块			234			234	
九六式靴覆甲	付				24		24	
九六式靴覆乙	付				24		24	
被甲	床			1,704			1,704	
被丁	床			1,177			1,177	

续表

物品名称	单位	军区司令部	军区司令部自动车课	电信第34联队	独立自动车第213中队	台湾临时自动车厂	合计	备考
被覆丁	块				230		230	
挽驮马被丁	块			4			4	
九九式被观组	块					5	5	
九〇式被手	付				3		3	
敷布	块			85			85	
毛布(军毯)	块	1,420	36	40	40		1,536	
绵毛布	块	300		890			1,190	
系卷	个			187			187	
杂乃(干粮袋)	个	220	3	765	39	219	1,246	
背乃(背囊)	个	96		184			280	
背负袋	个	145		97	100	28	370	
布制背囊	个			200			200	
铗	个					600	600	
伪装纲	件	3,165		1,370	225		4,760	
伪装纲(铁帽用)	件	948		1,300	250		2,498	
饭包布	块			189			189	
天幕(布)	块		5			350	355	
八锥形天幕	块			12			12	
携带天幕	块			72	57		129	
幕布(热地用天幕)	块			40			40	
蒲团皮	块			231			231	
防毒面	具	1,958			255		2,213	
马用防毒面	具	21					21	
马用防毒覆	具	9					9	
全防毒具	付	29		16			45	
轻防毒具	付	35		371			406	
九九式轻防	付				10		10	

续表

物品名称\日方部队或机关 单位 数量	单位	军区司令部	军区司令部自动车课	电信第34联队	独立自动车第213中队	台湾临时自动车厂	合计	备考
九六式全防	付				14		14	
防尘眼镜	具			33	175		208	
蚊帐（一人用）	床	4			1	5	10	
蚊帐（二人用）	床		1	4			5	
蚊帐（三人用）	床		2		3		5	
骨柳纲	件				54		54	
蚊帐（四人用）	床	118	2	5	21	10	156	
蚊帐（五人用）	床	67	2	24	4	61	158	
蚊帐（六人用）	床	79	3	37	9	10	138	
蚊帐（八人用）	床		2		1	4	7	
腰蚊帐	块			76			76	
褛蚊帐	块			38			38	
张纲（天篷线）	个	240			59		299	
控（天篷钩）	个	155			8		163	
支柱甲	根	228			6		234	
支柱乙	根	228					228	
竹制水筒	个	250				26	276	
菜骨柳	个	606		48	48		702	
饭骨柳	个	746	12	93	48	120	1,019	
代用饭骨柳	个			14			14	
保革油罐	个			140			143	
吸收罐	个			56			56	
九九式吸收管	枝				19		19	

续表

物品名称	单位	日方部队或机关数量 军区司令部	军区司令部自动车课	电信第34联队	独立自动车第213中队	台湾临时自动车厂	合计	备考
小刀	柄		3	184		40	227	
水筒	个	24	7	391	40	51	513	
饭盒	个	443		54	49	40	586	
洗濯刷毛	个					251	251	
九九式不冻液	件					1	1	
认识票	个					63	63	
襟章曹长	面		2				2	
襟章伍长	面		3				3	
襟章兵长	面		9				9	
襟章上等兵	面		1				1	
襟章一等兵	面		9				9	
襟章二等兵	面		101				101	
胸章经理部	面		6				6	
修理具（战具防毒）	具			2			2	
修理具（防毒被服）	具				1		1	
沸水器（车载用）	具				2		2	
九〇式布滤水器	具				1		1	
被服修理具（防毒用）	具					1	1	
ゴム糊	瓶					10	10	
三角鋏	瓶					25	25	
フランス鋏含リコガネ	瓶					150	150	
ナフタリン粉	瓶					100	100	

附表（十·一）

台湾省警备总司令部接收降敌车辆数量统计表

中华民国三十五年　月　日

填表人　盖章

物品名称	日方部队或机关 数量 单位	临时台湾自动车厂	独立第213自动车中队	日军连络部	通讯第34联队	日军连络部经理部	日军高射炮第161联队	日军高射炮第162联队	日军连络部经理部台北出张所	合计	备考
装甲战车	辆	2								2	
牵引卡车	辆	1					1	1		3	
指挥官车	辆	5								5	
卡车	辆	31	46	73	9	6	10	11	2	188	
乘车	辆	11		51		2		1	2	67	
小型车	辆	7		14						21	
三轮车	辆	8		9			1			18	
轻修理车	辆	4	2							6	
重修理车	辆	2								2	
150高压发电车	辆						1			1	
自动车	辆							22		22	
附记		本表系根据各接收人原册数量表而统计者									

附表（十·二）

台湾省警备总司令部接收降敌汽车材料数量统计表

中华民国三十五年　月　日

填表人　盖章

物品名称	日方部队或机关 数量 单位	临时台湾自动车厂	独立自动车第213中队	日军连络部	日军连络经理部	日军高射炮第161联队	日军高射炮第162联队	合计	备考
各种修甲材料	件组	10,801						10,801	
各种战车材料	箱	719						719	
各种牵引车材料	箱	417						417	

续表

物品名称\数量\单位\日方部队或机关	单位	临时台湾自动车厂	独立自动车第213中队	日军连络部	日军连络经理部	日军高射炮第161联队	日军高射炮第162联队	合计	备考
各种修理材料（日产）	件	1,522	3,171	39				4,732	
各种修理材料（丰田）	件	2,469						2,469	
各种修理材料（袖特）	件	3,220						3,220	
各种修理材料（雪佛兰）	件	1,957						1,957	
九四货车材料	件	258						258	
三轮车及九五小型车材料	件	354						354	
宪兵队保管材料	件	8,428						8,428	
修理工具	件组	479						479	
修理用材料	件	379						379	
修理用材料（日产）	件	94						94	
修理用材料（袖特）	件	259						259	
修理用材料（丰田）	件	25						25	
轻修理车四辆内工具	件	36						36	
重修理车二辆内工具	件	37						37	
九四货车材料	个	248						248	
九五四轮风扇	个	1						1	
车胎	个						7	7	
自动车部品工具	箱						9	9	
熔接用酸素瓶	只						2	2	

续表

物品名称 \ 日方部队或机关 \ 数量单位	临时台湾自动车厂	独立自动车第213中队	日军连络部	日军连络经理部	日军高射炮第161联队	日军高射炮第162联队	合计	备考
比重计 个						1	1	
牵引铜索 条						2	2	
踏板 块						10	10	
防滑锁 把						18	18	
喇叭囊 个						8	8	
九六式携行自动车工具 式						1	1	
预备轮带 条						2	2	
活塞环 个						1	1	
活塞 个						54	54	
活塞梢子 个						28	28	
蓄电池 只	21						21	
风扇 只	1						1	
同调带 本	7						7	
空气警笛 组	1						1	
尾灯 个	1						1	
二次电线 本	14						14	
紧塞 枚	1						1	
水气筒 个	1						1	
马达 个	1						1	
同齿合齿车 个	1						1	
配电刷子 个	2						2	
配电盘 个	1						1	
前照灯电球 个	1						1	
排气辨 个	1						1	
办压棒 本	3						3	
连络挥 个	1						1	
可挠油管 本	1						1	
别动带 个	4						4	

续表

物品名称\数量单位\日方部队或机关	单位	临时台湾自动车厂	独立自动车第213中队	日军连络部	日军连络经理部	日军高射炮第161联队	日军高射炮第162联队	合计	备考
联动机摩擦板	组	1						1	
变速箱副轴	本	1						1	
轮带空气用金具	个	1						1	
扇蝶番	个	1						1	
万力	个	1						1	
手万力	个	2						2	
水管	个	5						5	
锁活动机丝	组	2						2	
断续钢板	个	1						1	
办用钢条	个	14						14	
马达开关	组	12						12	
大小合钢	组	6						6	
刹车皮腕	个	1						1	
前车轴子	本	1						1	
汽油筒	个	4						4	

附表(十·三)

台湾省警备总司令部接收降敌燃料数量统计表

中华民国三十五年　月　日

填表人　盖章

物品名称\数量单位\日方部队或机关	单位	临时台湾自动车厂	独立自动车第213中队	日军连络部	日军连络部经理部	日军高射炮第162联队	合计	备考
汽油	桶	771	200			1	972	
酒精	桶	115		54		35	204	
机油	桶		16			6	22	
机油	小桶	160	28	3		1	192	

续表

物品名称 \ 日方部队或机关 单位 数量	单位	临时台湾自动车厂	独立自动车第213中队	日军连络部	日军连络部经理部	日军高射炮第162联队	合计	备考
度油	桶	71				3	74	
浮矿油	桶	150					150	
混合机油	桶	175					175	
再制机油	桶	35					35	
轻油	桶	256					256	
齿车油	小桶	9	3			3	15	
空桶	个	600	176	217		73	1,066	
黄油	小桶	1,006	75				1,081	
战车机油	桶	169					369	
机械油	桶	18				1	19	
火水油	小桶		6		260		266	
重油	桶			42			42	
飞机油	桶			33			33	
墨大老奴	桶		18				18	
不太老奴	桶		31				31	
白蜡	小桶					1	1	
腔中油	桶					2	2	
硫酸	瓶					2	2	
刹车油	桶					1	1	
格纳油	桶					4	4	
亚麻仁油	桶					2	2	
附记	本表系根据接收人之数量表而统计							

附表(十一)

台湾省警备总司令部接收降敌通信器材数量统计表

中华民国三十五年　月　日

填表人　盖章

物品名称	单位	台湾军管区司令部	电信第34联队	高射炮第161联队	高射炮第162联队	合计	备考
九五式电信机	部		17			17	
九八式双信机	部		18			18	
九二式携带电话机	部		105	33	109	247	
一式二〇回线交换机	部		3	1	1	5	
电柱	本		1,963			1,963	
舰柱	本		745			745	
直柄碍子	个		229			229	
曲柄碍子	个		291			291	
挂碍子	个		1,780			1,780	
隔碍子	个		69			69	
大被覆线	卷		118			118	
接续管	个		164			164	
九二式小被覆线	卷		63			63	
小被覆线	卷		30			30	
铁地凿	个		10			10	
一〇〇式折梯子	个		18			18	
鹿足槌	个		14			14	
九四式大络车	个		7			7	
九九式升柱器	个		39			39	
九九式五〇回线交换机	部		2			2	
张线器	个		38			38	
中碍子螺锥	本		14			14	
哨子	个		16			16	
柱上带	个		31			31	
厂绳	本		35			35	
角型张线器	个		32			32	

续表

物品名称 \ 日方部队或机关 \ 单位数量	单位	台湾军管区司令部	电信第34联队	高射炮第161联队	高射炮第162联队	合计	备考
九二式小线卷	个		4		169	173	
九二式小络车	个		40		68	108	
九二式延线器	个		6		3	9	
中工具袋	个		120			120	
一〇〇V绝缘计	个		2			2	
九七式怀中电压电流计	个		4			4	
手旗	组		18		14	32	
九八式夜光罗针	个		59			59	
携带圆匙	个		47			47	
片鹤嘴	个		14			14	
铊	个		8			8	
一寸平凿	个		5			5	
钎	个		3			3	
九五式标灯	个		16			16	
短麻绳	根		322			322	
线杆	根		12			12	
切枝镰	根		10			10	
调线杆	个		11			11	
大被覆线袋	个		20			20	
放线台	个		8			8	
油壶	个		11			11	
工具箱	个		4			4	
九二式隐显灯	本		52	19		71	
无线池式携带电灯	本		9	28		37	
小油壶	个		4			4	
中藤笼	个		1			1	
小藤笼	个		42			42	
箕盘	个		10			10	
水囊	个		60			60	
受话器	个		22	6		28	

续表

物品名称 \ 日方部队或机关 \ 单位 数量	单位	台湾军管区司令部	电信第34联队	高射炮第161联队	高射炮第162联队	合计	备考
一号t型受话器	个		37			37	
电键	个		149			149	
九二式二心水底线	个		4			4	
五〇瓩圆铁床砧	个		2			2	
小圆钳	个		2			2	
九九式二〇门交换机	部			1		1	
十门交换机	部			1		1	
桌上电话机	部			3		3	
壁挂电话机	部			15		15	
电话机箱	只			2		2	
四回线转换机	部			1		1	
九二式电话机	部			9		9	
九二式一二回交换机	部			1		1	
九三式一二回交换机	部			1		1	
铜线	卷		160	3		163	
铁线	卷		145			145	
钢线	卷			1		1	
钢线	卷			0,3		0,3	
送话线	只			6		6	
四心线	卷			2		2	
二心线	卷			35		35	
BA电池	只		40/1,850			40/1,850	
九四式空一号无线机	部		4			4	
九四式一号无线机	部		4			4	
九四式二号乙无线机	部		11			11	
九四式三号甲无线机	部		16			16	
九四式五号甲无线机	部		6	4	8	18	
九六式七号甲无线机	部		15			15	
船艇甲无线机	部		3			3	
车辆甲无线机	部		1			1	

续表

物品名称 \ 日方部队或机关 \ 单位 数量	单位	台湾军管区司令部	电信第34联队	高射炮第161联队	高射炮第162联队	合计	备考
二kW短波无线机	部		2			2	
一kW短波无线机	部		1			1	
五〇〇短波无线机	部		2			2	
一kW舶用无线送信机	部		1			1	
五〇〇W短波无线送信机	部		1			1	
五〇〇W舶用短波无线送信机	部		1			1	
五〇〇W长波无线送信机	部		1			1	
二五〇W短波无线送信机	部		2			2	
KS短波受信机	部		1			1	
短波受信机	部		1			1	
半固定特殊受信机	部		1			1	
中长短波无线电信电话	部		1			1	
全波受信机	部		1			1	
舶用中长波受信机	部		1			1	
舶用长波受信机	部		1			1	
师团通信队用副受信机	部	4	13			18	
九四式三号甲发电机	部		1			1	
九八式多重电话机	部		4			4	
特续电波发振器	部		10			10	
五kW水银整流器	部		1			1	
九四式一号型充电器	部		2			2	
一〇kW发动发电机	部		1			1	
三kVA电动交流发电机	部		2			2	
九四式无线修理车	部		1			1	

续表

物品名称 \ 日方部队或机关 \ 单位数量	单位	台湾军管区司令部	电信第34联队	高射炮第161联队	高射炮第162联队	合计	备考
九四式三号特殊信机	部	2				2	
九四式二号U受信机	部	1				1	
特殊信机甲短波受信机	部	1				1	
地二号无线机发动发动机	部	1				1	
同上配电盘	个	1				1	
同上电囊	个	1				1	
电压电流抵抗计	个	1				1	
九四式六无线号电机	架			20		20	
一型超短波标定机	架			1		1	
三型超短波标定机	架			2	1	3	
无线电平衡诱导机	组			1	1	2	
九二式小接续器	组				10	10	
真空管	组			223	60	503	
大真空管	组			30		30	

附表(十二)

台湾省警备总司令部接收降敌卫生器材数量统计表

中华民国三十五年 月　日

填表人　盖章

物品名称 \ 日方部队或机关 \ 单位数量	单位	台湾军管区军医部	电信第34联队	高射炮第162联队	合计	备考
携带食盐水注射器	具			3	3	
药壶	个	3	4	5	12	
药瓶	个			12	12	
肺劳素注射器	个			3	4	
尿道注射器	个			3	3	
甘油肠器	个			3	3	

续表

物品名称 \ 单位 \ 数量 \ 日方部队或机关	单位	台湾军管区军医部	电信第34联队	高射炮第162联队	合计	备考
皮下注射器1CC	个			8	8	
皮下注射器2CC	个	5		4	9	
大注射器5CC	个			4	4	
大注射器20CC	个	2		7	9	
大注射器50CC	个			4	4	
大注射器100CC	个			3	3	
点眼箱	具			1	1	
洗眼盘	个			2	2	
蒸气吸入器	具	3		2	2	
血压计	具	2	1	3	6	
煮沸灭菌器	具	2	1	2	5	
耳鼻咽喉器机	具		1	2	3	
试视力表	个			1	1	
板付レンズ	个			1	1	
コルベン玻璃皿	个	4		5	9	
洗眼瓶	个	5		3	8	
滴瓶	个			4	4	
作格衣	枚			4	4	
止血带	枚			31	31	
水枕	枚	4	1	10	15	
搜索灯	个			1	1	
耳鼻卷绵子	个	13		142	155	
压舌子	个	10	1	3	14	
洗球子	个			7	7	
匙	个	1	3	11	15	
杆秤	个		2	1	3	
长镊子	个	6	1	12	19	
毒蛇治疗器	个			4	4	
杂用铗	个	1	2	12	15	
小刀	个			3	3	

续表

物品名称 \ 单位数量 \ 日方部队或机关	单位	台湾军管区军医部	电信第34联队	高射炮第162联队	合计	备考
寒暖计	个			1	1	
温度计	个			3	3	
液量器	个	2	2	4	8	
漏斗	个	2	1	4	7	
种痘器机	具			2	2	
检眼镜	具			2	2	
怀中电灯	个			3	3	
体温计	个	12	5	24	41	
血球计	个	1		2	3	
上血天平	具	2		2	4	
丹匀刀	个			5	5	
尖匀刀	个			2	2	
リステル钳子	个			3	3	
镊子	个	5	1	2	8	
消息子	个			2	2	
代用兰科囊	具			2	2	
外科囊	具		1	1	2	
コフヘル钳子止血	个			10	10	
ベアン钳子兼持针器	个			4	4	
直铗	个			1	1	
耳用镊子	个			3	3	
箎	个			4	4	
筋钩	组			6	6	
四乐钩	组			1	1	
二爪钩	组			1	1	
开腹钩	组			1	1	
欧氏管カテーテル	个			3	3	
音叉	个			2	2	
钝匙	个			1	1	
卷尺(小)	个			1	1	

续表

物品名称＼日方部队或机关单位数量		台湾军管区军医部	电信第34联队	高射炮第162联队	合计	备考
耳漏斗	个			3	3	
肛门镜	个			1	1	
鼻镜	个			1	1	
鼻洗涤器	个			1	1	
拔拴子	个			1	1	
咽头卷绵子	个	8	1	3	12	
金属ブ丨ジ	个			2	2	
点眼瓶	个			6	6	
喉头反射镜	个			3	3	
听诊器	个			1	1	
锭	个			1	1	
メスビベツト	个			3	3	
メ(血沈用)	个	3		35	38	
检尿器机	个	1			1	
脓盘	个	4	2	5	11	
消毒盘	个	3		2	5	
乳钵	个	4	1	3	8	
乳棒	个		2		2	
瓶洗子	个			6	6	
灌水器	个	2	1	1	4	
螺旋钉拔器	个			1	1	
ベンチ铁铫子	个			2	2	
手斧	个			1	1	
金锤	个			2	2	
腹带	个			2		
手术用帽子	个			3		
手术用覆布	个			2		
电气灭菌器	具			1		
显微镜	具	1	1	1		
胃洗涤器	具			1		

续表

物品名称 \ 单位 \ 数量 \ 日方部队或机关	单位	台湾军管区军医部	电信第34联队	高射炮第162联队	合计	备考
纱布灭菌槽	个	4	2			
纱布灭菌台	个		1			
手洗器	个		1			
军医携带囊	具	4				
担架	具	411				
治疗箱	具	3				
药箱	个	1				
洗眼受	个	2	3			
血沈台	具		2			
血沈用注射器	个		1			
剃刀箱	具		1			
医疗囊	具	4				
远心沉降器	具	1			1	
瓦斯医扱	具	1			1	
救必箱	具	1			1	
瓦斯治疗囊	具	1			1	
试验管立	具	2			2	
视力检查器	具	1			1	
队用灭菌器	具	1			1	
队医扱一号/三号	具	1			1	
体重计	具	1			1	
打诊器	个	1				
大注射器大中小	个	8			8	
トラホ―ム镊子	个	1			1	
身体检查器	具	1			1	
バツト	个	1			1	
水囊	个	2			2	
绷带囊	具	1			1	
药材行李	具	1			1	
滤水器（丙）	具	3			3	

续表

物品名称 \ 单位 \ 数量 \ 日方部队或机关	单位	台湾军管区军医部	电信第34联队	高射炮第162联队	合计	备考
同丁	个	2			2	
亚铅华创膏	个		20	157	177	
アボモルヒネ液亚保啡	个			8	8	
亚铅华	瓦		650	1,000	1,650	
亚铅华淀粉	瓦			2,000	2,000	
阿片锭	个			500	500	
アクリノール锭（外）外用黄色素锭	个		250		1,550	
アミノビリン锭披拉米洞锭	个		50	2,000	2,050	
アミノビリン披拉米洞	瓦		75		75	
安ナカ液安那加	个		150	500	650	
安ナカ液安那锭	个		160	330	490	
アンモンア水安邦尼阿水	瓦			1,000	1,000	
イヒチオール维威非祝儿	瓦	500	400	500	1,400	
インシユリン胰素	个			16	16	
エビレナミン液肾上素	个			30	30	
奎宁丸盐规锭	个			20,000	20,000	
盐规奎宁	瓦			10,000	10,000	
盐剥	瓦			1,000	1,000	
过满剥	瓦		25	1,000	1,025	
黄色リセリン瓦士林	瓦		50	2,000	2,050	
カルシツム液气化	个	60	100	160	320	
カスフル液樟脑	个		50	1,650	1,700	
肝末	瓦	1,000	20,000	8,000	29,000	
肝油	瓦		500	500	1,000	
肝油球	个		500	600	1,100	

续表

日方部队或机关 物品名称　单位　数量		台湾军管区军医部	电信第34联队	高射炮第162联队	合计	备考
甘汞锭	个			500	500	
キニｌネ液规宁	个		30	20	50	
クエン酸ソｌダ液绿酸	个		10	65	75	
クレオソｌト丸乌色药丸	个		1,000	200	1,200	
グリセリン甘油	瓦		650	1,500	2,150	
クレゾル石碱液	瓦			1,000	1,000	
クロｌルアミン锭	个		100	600	200	
健胃散	瓦		1,100	1,000	2,100	
健胃锭	个		2,500	31,000	33,500	
五ヨｌドカリ液	个			260	260	
皓矾锭	个		22	2,200	2,222	
コカイン锭古卡因锭	个		20	500	520	
コラミン液古拉眼	个			170	170	
サリチル散柳酸	瓦		300	1,000	1,300	
サントニン锭腹虫素锭	个		60	200	260	
撒曾锭	个		500	3,200	3,700	
撒曾末	瓦		50		50	
重曾	瓦		1,000		10,000	
重曾锭	个		1,000	1,000	2,000	
重曾液	个			10	10	
酒精	瓦	1,000	2,800	10,000	12,800	
车前浸末	瓦		370		1,370	
车前浸锭	个			125	125	
消炎膏	瓦			3,000	3,000	
升汞锭	个		100	2,000	3,100	
升汞盐	瓦			1,000	1,000	
硝苍锭	个		1,000	8,500	9,500	
ホブロｌル精消毒精	个		30	15	45	

续表

物品名称 \ 日方部队或机关 \ 单位数量	单位	台湾军管区军医部	电信第34联队	高射炮第162联队	合计	备考
四盐化炭素球	个			500	500	
スルフオナール	瓦			300	300	
弱ナルスコ液	个			30	30	
ストロフアンチン液	个			83	83	
星秘膏	个		250	350	600	
石炭酸	瓦		400	2,000	2,400	
脏器止血	个	40	30	225	295	
苍铅驱梅	个			20	20	
タンナルビン	瓦			2,500	2,500	
ヂギタミン液	个		40	140	180	
ヂギタリス丁几	瓦			500	500	
次亚硫酸ソーダ液	个			15	15	
爹硫膏	瓦		150	500	650	
淀粉	瓦	400		2,000	2,400	
ヂシン	瓦			500	500	
ナルコボンババベリン液	个			40	40	
软膏リゾール	瓦			13,000	13,000	
ニバ软膏	瓦			4,000	4,000	
ノヴオカイン液（强）	个		30	213	243	
ノヴオカイン液（弱）	个		10	38	48	
バビナール巴微那儿	个			189	189	
巴布	瓦			1,000	1,000	
冻伤膏	个			38	38	
ビタカンフル液微塔樟脑	个		150	840	990	
ビタミン液维他眼乙	个		70	609	679	
ビタミン液维他眼末	瓦	500	250	5,000	5,750	
ビタミン液维他眼锭	个	400	250		650	
ビタミン液维他命丙	个		100	400	500	

续表

物品名称 \ 单位 \ 数量 \ 日方部队或机关	单位	台湾军管区军医部	电信第34联队	高射炮第162联队	合计	备考
ビツク膏披故硬膏	个			17	17	
硼酸	瓦			1,000	1,000	
硼锭	瓦			450	450	
硼软膏	瓦		500	2,500	3,000	
ブロ―液未武露液未	瓦			100	100	
ブロチンブスチン液祛痰精（液）	瓦	300	500	500	1,300	
マ―キユロクロ―ム红卡末	瓦		50		50	
マ―キユロクロ―ム红卡锭	个			1,800	1,800	
明矾	瓦			2,000	2,000	
水虫液	瓶			174	174	
灭菌溜水	个		100	50	150	
モヒ液吗啡瓿	个		30	150	180	
モヒ液吗啡锭	个		60	300	360	
泽丁哄酒	瓦	300		500	800	
泽丁哄酒大管入	个			200	200	
泽丁哄酒小管入	个			200	200	
ヨ―ドホルム哄粉	瓦		10		10	
泽剥哄钾	瓦			1,000	1,000	
愈创膏	瓦		200	120	320	
阳性石崦	瓦			3,000	3,000	
リチネ蓖么油	瓦		200	1,000	1,200	
硫化加里	瓦			1,000	1,000	
リンゲル液	个			84	84	
ヒ―ト锭莨菪锭	个	250	25	500	785	
ロ―トエキス散十倍莨菪末	瓦		60		60	
ビベリン液（アトムラチン液）	个		10	10	20	

续表

物品名称 \ 日方部队或机关 \ 单位 \ 数量	单位	台湾军管区军医部	电信第34联队	高射炮第162联队	合计	备考
キクエキ	瓶			19	19	
ミケゾール	瓶		10		10	
海人草	瓦		1,000		1,000	
硫规锭	个		4,800		4,800	
ヂアスタービ糖化素	瓦		450		450	
煅麻	瓦		150		150	
アスピリン柳ー醋酸锭	个		120		120	
スルノアミン末	瓦		200		200	
スルノアミン锭	个		40		40	
叶用炭	瓦	1,000	2,000		3,000	
ザビール末	瓦		120		120	
ザビール锭	个		200		200	
食盐锭	个	2,500	200		2,700	
アドソルビン	瓦		60		60	
アドソルビン锭	个		75		75	
ヒノラミン锭非奴拉命锭	个	1,000			1,000	
アクリナミン锭阿的平锭	个		1,000		1,000	
ツヨール球治淋球	个		200		200	
内用アクリノール内用黄色素锭	个		300		300	
枸橼酸ソーダ	瓦		10		10	
枸橼酸ソーダ液	个	56	10		66	
ヒンナ叶	瓦		100		100	
重酒石酸钾	个		150		150	
ドーフル锭	个		40		40	
臭剥	瓦		150		150	
臭锭	个		100		100	
ブロテン银蛋白银	瓦		50		50	

续表

物品名称 \ 日方部队或机关 \ 单位 \ 数量	单位	台湾军管区军医部	电信第34联队	高射炮第162联队	合计	备考
フエバリン锭	个		50		50	
保健锭	个		250		250	
内用リマオン锭	个		100		100	
委油	瓦		5		5	
イスラン液	个		10		10	
十倍用コデイン	瓦		150		150	
コデイン锭	个	50	120		170	
苛性ソーダ	瓦	500	500		1,000	
ヴエロナール锭	个		100		100	
オキシドール双气水	瓦		400		400	
み号剂美号剂	瓶		80		80	
破伤风血意	瓶		69		69	
战力增强锭	个		900		900	
ナンシン	瓶		40		40	
イスラビン液	个		180		180	
サルワルン剂	个		15		15	
ノメチレン青液	个		5		5	
毒蛇血清	瓶		1		1	
ギームザ液	瓦		100		100	
ツエーデル油	瓦		25		25	
チギタリス锭	个		200		200	
硝酸银	瓦		20		20	
高张糖液	个	500	400		900	
石炭酸	瓦		400		400	
苦味チキ	瓦		400		400	
エーテル	瓦	150			150	
クロロホルム	瓦	150			150	
胡么油	瓦	500			500	
ガービ纱布	反		26	30	56	
灭菌ガービ布	个		700	14	714	

续表

物品名称 \ 日方部队或机关 \ 单位 \ 数量	单位	台湾军管区军医部	电信第34联队	高射炮第162联队	合计	备考
卷轴带一号	卷		20	130	150	
卷轴带二号	卷		150	220	370	
卷轴带三号	卷		20	290	310	
脱脂棉	瓦	2,000	5,000	4,400	11,400	
下棉	瓦		2,500	500	3,000	
セロフアン纸玻璃纸	枚		20	59	79	
外用笔	支		6	17	23	
药包纸	枚		2,000		2,000	
药袋	枚		160		160	
ゴム布象皮布	枚			10	10	
ゴム布象皮帽	个			11	11	
三角巾	枚			195	195	
试验管	个			200	200	
玻璃皿ミセトレ	个			70	70	
除毒包	个			240	240	
脱脂棉板	个			30	30	
水囊	个			21	21	
ホルマリン绢丝二号	个			38	38	
ホルマリン绢丝四号	个			65	65	
ホルマリン绢丝六号	个			97	97	
ホルマリン绢丝七号	个			64	64	
燃料バラフイン	瓦			150	150	
缝合针	个			37	37	
大注射管针	个			32	32	
皮下注射管针	个			36	36	
绷带包	个			282	282	
胡麻油	瓦	500			500	
脱水ラノリン	瓦	200			200	
デルマトール	瓦	400			400	

续表

物品名称 \ 日方部队或机关 单位 数量	台湾军管区军医部	电信第34联队	高射炮第162联队	合计	备考
ホルマリン液	瓦	2,000			2,000	
防蚊液	瓦	2,000			2,000	
附记	一、一部分破损或缺损者因运搬中之故。 二、第一页至第七页(卫生器械)百二十七件(缺损三件)。 三、第八页至第十七页(药品)缺五十件(一六七件)。 四、第十八页至第十九页(消耗品)二十八件(缺十二件)。					

附表(十三)

台湾省警备总司令部接收降敌马匹数量统计表

中华民国三十五年　月　日

填报人　盖章

物品名称 \ 日方部队或机关 单位 数量	台湾军管区兽医部	合计	备考
乘马	匹	30	30	
附记				

附表(十四)

台湾省警备总司令部接收降敌马粮数量统计表

中华民国三十五年　月　日

填报人　盖章

物品名称 \ 日方部队或机关 单位 数量	台湾军管区兽医部	合计	备考
大麦	公斤	6,640	6,640	
藁	公斤	4,600	4,600	
附记	一、右项马粮已于接收马匹日始用,业已用罄。			

附表(十五)
台湾省警备总司令部接收降敌挽具数量统计表

中华民国三十五年　月　日

填报人　盖章

物品名称	单位	台湾军管处管理部	合计	备考
车轮	个	40	40	
车台	个	20	20	
ユクボ	个	42	42	
抽辖	个	42	42	
游动棍	本	20	20	
支杆	本	22	22	
榇木	本	38	38	
锹	本	20	20	
袴革	枚	20	20	
褥	个	40	40	
腹带	本	40	40	
颈上革	枚	20	20	
鞍下毛布	枚	20	20	
环行革	枚	25	25	
板体	个	20	20	
榇木受金控革	本	20	20	
榇木受金	个	37	37	
挽马勒	本	19	19	
挽马衔	个	19	19	
挽索	本	40	40	
雨覆	枚	20	20	
油罐	个	10	10	
スバナ	丁	3	3	
荷纲	本	16	16	
缔纲	本	24	24	
榇木托革	本	20	20	

续表

物品名称 \ 日方部队或机关 \ 单位 \ 数量		台湾军管处管理部	合计	备考
链	个	65	65	
手入具	组	24	24	
麻水勒	组	23	23	
附记	一、车轮及车台六辆损坏。 二、日用洗刷用具因经常使用，一部已成废品。			

附表(十六)

台湾省警备总司令部接收降敌马匹装具数量统计表

中华民国三十五年　月　日

填报人　盖章

物品名称 \ 日方部队或机关 \ 单位 \ 数量		台湾军管处管理部	合计	备考
鞍	背	37	37	
褥	背	37	37	
马毡	枚	30	30	
头络	组	39	39	
大勒缰	本	37	37	
小勒缰	本	37	37	
镫革	本	70	70	
旅囊	个	30	30	
鞍囊	个	32	32	
缚囊草条	本	64	64	
缚具草条	本	123	123	
野击头络	组	25	25	
留革	本	43	43	
鞍下毛布	枚	37	37	
腹带	本	38	38	
马粮囊	枚	47	47	

续表

物品名称 \ 日方部队或机关 单位 数量	单位	台湾军管处管理部	合计	备考
麦袋	枚	39	39	
野击缰	本	79	79	
蹄铁囊	枚	39	39	
钉袋	枚	36	36	
膝覆	枚	26	26	
大勒衔	个	36	36	
小勒衔	个	36	36	
灯	个	50	50	
辔锁	本	38	38	
辔锁钩砦	个	84	84	

附表(十七)

台湾地区军事第一接收组兵舍营建数量统计表

中华民国三十五年　月　日

填报人　盖章

物品名称 \ 日方部队或机关 单位 数量	单位	台湾军管区司令部	电信第34联队	独立自动车第213中队	台湾第一铁道输送司令部	临时台湾自动车厂	军管区司令部教育队	经理部教育队	经理部台北练兵场	经理部台北小铳射击场	合计
收音机	架	1	2								3
电影机	架	3									3
发动机	架	1									1
变压机	架	3									3
邦文打字机	架	21				1					22
欧文打字机	架	3									3
电扇机	架	49									49
时钟	个	48	11	1			2				62

续表

物品名称	数量单位	日方部队或机关 台湾军管区司令部	电信第34联队	独立自动车第213中队	台湾第一铁道输送司令部	临时台湾自动车厂	军管区司令部教育队	经理部教育队	经理部台北练兵场	经理部台北小铳射击场	合计
棉被	床	142									142
毛毯	床	30									30
皮箱	个	5									5
脚踏车	架	54	33	9	11						107
沙发大	张	2									2
沙发小	张	7						9			16
屏风	个	35	1		1	2	1				40
办公桌	张	828	58	15	70	65	3				1,039
圆桌	张	9									9
长桌	张	162	39	11							202
椅子	张	1,210	106	24	8	89	183				1,620
长椅	张	3	34	7			2				46
公文箱	个	178	9		8	2	34				231
橱	架	299	21	1	10	7					318
床铺	架	24	97	6			63	37			227
大笼	个	4									4
镜	个	3									3
镜框	个	10									10
挂架台	个	59									59
木架	个	60	7		2	2					71
衣刀架	个	36	2				2				40
梯子	架	1									1
面盆	个	27									27
桌巾	条	14									14
窗门布	条	27									27
衣服	件	1,156									1,156
榫工电灯	个	2									2

续表

物品名称 \ 数量单位 \ 日方部队或机关	单位	台湾军管区司令部	电信第34联队	独立自动车第213中队	台湾第一铁道输送司令部	临时台湾自动车厂	军管区司令部教育队	经理部教育队	经理部台北练兵场	经理部台北小铳射击场	合计
行李笼	个		15	1							16
浴桶	个		5								5
洋柜	个			4							4
肥皂	块					46					46
秤	把		6	1	2						9
锁	把					31					31
冷藏库	个	4	3			1					8
釜	个	34	14	2							50
锅大	个	24	39	1	5	11					80
锅小	个	8									8
碗柜	个	17									17
陶碗	个	574									574
木碗	个	46		99	170						162
饭桶	个	5									5
粪箕	个		20								20
桝	个		1	2							3
计算尺	个	8									8
地图板	个	47									47
雨量机	架	1									1
打器	架	1									1
日照机	架	2									2
温度计	个	8	9								17
度量器	个	1									1
蒸发器	个	1									1
晴雨器	个	2									2
视写器	个	1									1
测风器	架	6									6

续表

物品名称 \ 数量单位 \ 日方部队或机关		台湾军管区司令部	电信第34联队	独立自动车第213中队	台湾第一铁道输送司令部	临时台湾自动车厂	军管区司令部教育队	经理部教育队	经理部台北练兵场	经理部台北小铳射击场	合计
罗针器	个	1									1
卷尺	个	16									16
计算机	个	3									3
测量板	个	2									2
测定器	个	1									1
砥石	个	955									955
定规	个	136									136
コンパス	个	4									4
フイルタ丨	个	1									1
ホインチ	个	2,000									2,000
トランシツト	个	4									4
フラニメ丨タ	个	4									4
オフセツトレンチ	个	2									2
寻常ブ丨スル	个	2									2
火炉	个	2									8
菜刀	把	58	18	4							80
茶罐	个	72		1							73
茶盘	个	127	12								139
洋铁桶	个		82								82
消火器	架	17	5	1							23
锥	枝	1									1
沙把	把	101									101
チヨンナ	个	1									1
铁槌	把	3	8								11
铇	把	11	8								19
锯	把	8	81								89

续表

物品名称 \ 数量单位 \ 日方部队或机关	单位	台湾军管区司令部	电信第34联队	独立自动车第213中队	台湾第一铁道输送司令部	临时台湾自动车厂	军管区司令部教育队	经理部教育队	经理部台北练兵场	经理部台北小铳射击场	合计
螺旋回	个	5									5
凿	把	5	13			10					28
凿	把	3	2								5
货运车	把	10	20		1	10					41
锹	把	1,647	278	40							1,965
水桶	个	262	160	3							422
斧	把	3	8								11
取草器	架	2									2
洋锹	把	681	66	30							777
熊手	把	2									2
熊手	把	716	359								1,075
草笼	个	14									14
便器	个	25									25
肥柄	把	209									209
吸水器	架	1									1
油印印刷机	架	45	5	1	2						53
番号机	架	3									3
铁柜	个	24	1	1	1						27
手提铁柜	个	5	4	1	2						12
蜡纸铁板	块	73	11		7						91
黑板	块	58	9		5						72
印箱	个	43									43
秤量台	个	1									1
灯火		14	27								41
算盘	个		28								28
理发剪	个		5								5
打风机	个		6								6

续表

物品名称 \ 数量单位 \ 日方部队或机关		台湾军管区司令部	电信第34联队	独立自动车第213中队	台湾第一铁道输送司令部	临时台湾自动车厂	军管区司令部教育队	经理部教育队	经理部台北练兵场	经理部台北小铳射击场	合计
麻绳	条					49					49
麻	条					40					40
罫纸	张					1,600					1,600
白纸	张					2,000					2,000
更纸	张					5,000					5,000
杀虫粉	包					11					11
土制壶	个	20									20
ベルト		2									2
ホース		29									29
ボール		7									7
ヘベル		7									7
卓上ハイス		1									1
オトフレス		1									1
タウク	瓩										343
ボールト	山										10
リベット	袋							343			3[①]
屑铁类	山								10		1[②]
机						122					
茶入						4					
自动印刷机						1					
自动铁造机						1					
活字箱						530					
制本机						1					
文撰箱						250					
石印用亚铅版						697					
活字箱受枠						11					

---

①②原表如此,该表编制有误,使用时请参它处。

续表

物品名称 \ 数量单位 \ 日方部队或机关	数量单位	台湾军管区司令部	电信第34联队	独立自动车第213中队	台湾第一铁道输送司令部	临时台湾自动车厂	军管区司令部教育队	经理部教育队	经理部台北练兵场	经理部台北小铳射击场	合计
活字用组盆						15					
消火器						1					
手回用母型						42					
制本用缔板						170					
切纸台						1					
込物用盒						770					
ベルト						11					
ホインソル						2,000					
表纸						15					
印刷用纸						150					
ハトロン版未用纸						81					
敷地	坪							2,2137	25,1844	4,0728	31,4709
建物	坪							6023			6023
事务所建	坪							1367	1600		2967
工场	坪							1846			1846
工场建	坪							394	6,1800		6,2194
仓库建	坪							896	6,7600		6,8496
杂屋建	坪							156	3200	4200	7558
工作物	坪							100	1	1	12
建物计	坪								14,8600	4200	15,2800

附表（十八）

台湾地区军事第一接收组图书数量统计表

中华民国三十五年三月三十日

填报人　盖章

物品名称 \ 单位 \ 数量 \ 日方部队或机关	单位	台湾军管区司令部	电信第34联队	台南兵事部	台中兵事部	台北兵事部	高雄兵事部		合计
一般图书	本	360				1			361
日文兵要地志关系图书	本	329							329
英文兵要地志关系图书	本	232							232
军事关系图书	本	249	14	1	1	1	12		278
暗号书	本	38							38
兵事表册杂类	册			176	170	114	74		534
兵事杂书	部			49					49
兵事杂件	叶			26,208	8,093	27,280			61,581

附表（十九）

台湾省警备总司令部接收降敌地图数量统计表

中华民国三十五年　月　日

填报人　盖章

物品名称 \ 单位 \ 数量 \ 日方部队或机关	单位	台湾军管区	第50师团司令部	台南兵事部	台中兵事部	高雄兵事部	海军接收组	空军接收组	合计	备考
一万五千分之一台北市街图	份	20							20	
二万五千分之一台北市图	份	30							30	
一万分之一台北都市计划图	份	49							49	
二万五千分之一台湾地图（台北地区）	份	82							82	

续表

物品名称\日方部队或机关\数量\单位	单位	台湾军管区	第50师团司令部	台南兵事部	台中兵事部	高雄兵事部	海军接收组	空军接收组	合计	备考
五万分之一台湾地图（东北地区）	份	50							50	
二万五千分之一台湾地形图	份	101	5	246		44			396	
五万分之一台湾地形图	份	255	10	71	86	73			485	
十万分之一台湾素图	份	434							434	
二十万分之一台湾地图	份	73		38	38	26			175	
五十万分之一台湾地形图	份	84							84	
五十万分之一台湾地图	份	10							10	
二万五分之一高雄州地形图	份		20						20	
五万分之一高雄州地形图	份		20						20	
五万分之一南西诸岛地形图	捆	3							3	
二十万分之一南西诸岛地形图	份	14							14	
五十万分之一东亚舆地图	份	14							14	
十万分之一南支图	箱	38							38	
十万分之一比岛图	份	18							18	
二十万分之一比岛图	份	41							41	
五十万分之一比岛图	份	9							9	
百万分之一航空图	份	49							49	
二百分之一航空图	份	56							56	

续表

物品名称	单位	日方部队或机关数量	台湾军管区	第50师团司令部	台南兵事部	台中兵事部	高雄兵事部	海军接收组	空军接收组	合计	备考
三百万分之一航空图	份		21							21	
六百万分之一南方舆地图	份		1							1	
三十万分之一台湾全图	份				1					1	
附记	一、本表应按接收物品之种类分别填列于本表标题并分装成册。 二、表内部队或机关应以师团及独立联队、独立大队、独立中队为单位，机关以部院厂所库为单位。 三、表内各项均须以中文填列（数目字可用阿剌伯字母）。 四、本表所列数量关系根据各图份数之最少幅数列入。 五、日军第五十师团司令部缴交之地图系由陆军第六十二军接收后呈报者台南兵事部、台中兵事部、高雄兵事部三处地图现存张参议望胜处。										

附表（二十）

台湾省警备总司令部接收降敌军乐器材乐谱数量统计表

中华民国三十五年　月　日

填报人　盖章

物品名称	单位	日方部队或机关数量	日本官兵善后连络部	陆军第二接收组	陆军第三接收组	军政接收组	宪兵接收组	海军接收组	空军接收组	合计	备考
黑笛E号B号亚律多出品	个		2							2	
横长笛	个		1							1	
笃伦伯小号	个		2							2	
巴礼敦中号	个		2							2	
指押的笃伦伯长号	个		1							1	
三角型钢钟	个		1							1	
大小鼓和脚踏打鼓器	付		1							1	
亚律多小型中号	个		1							1	
小巴斯小型低音号	个		1							1	

续表

物品名称 \ 日方部队或机关单位数量	单位	数量	日本官兵善后连络部	陆军第二接收组	陆军第三接收组	军政接收组	宪兵接收组	海军接收组	空军接收组	合计	备考
大巴斯卑的巴斯	个	1								1	
亚律多撒沙枋	个	1								1	
打拍器	付	1								1	
铜钹	付	1								1	
指挥谱台	个	1								1	
乐谱各种歌曲	本	55								55	

第三章　陆军第二组接收经过

甲、接收前准备

1. 计划策定
2. 工作准备
3. 接收组之组织
4. 接收工作概要

乙、接收经过

1. 接收前降敌概况（如要图一）
2. 接收前我军部署（如要图一）
3. 解除降敌实施计划
4. 接收组组织办法
5. 接收仓库位置要图（第一次、第二次接收）（如要图三、四，附表一、二）
6. 日军缴械后集中位置要图（如要图五）
7. 日军解除武装后官兵人数统计表

(一)计划策定

第一　方针

一、本接收组基于台湾省警备总部接收台湾地区降敌所示之要领，逐次接收台南—高雄—凤山屏东—嘉义—台中各地区日军之武装及所有军用物资，斯于最短时间内迅即接收完成。

第二　要领

二、指定日军集中地区：各地区日军除准留少数人员在我接收期间办理缴交事宜外，其余日官兵一律集中，不得擅自外出。第十二师团及所属集中于新化—关庙以东地区，五十师团集中于潮洲—溪州东南地区，七十一师团集中于斗六—斗南以东地区，七十五混成旅团集中于苗栗附近各地区。日宪兵队仍应维持日军之风纪，但日军所有武器应全部集中仓库，随同收缴，不准私自留用。其日宪兵队借用之武器遵照总部司令规定办理之（参照附图一）。

三、仓库位置力求集中，各师团之物品积集以不超过三个仓库为原则，其仓库位置应选择于交通便利之地点，以便接收及取运。

四、掩护警戒措施：预防日军于解除武装时可能发生之骚扰，乃划分台南区由六十二军直属部队及九五师二八五团负责警备，高雄凤山屏东区由一五一师负责警备，嘉义区由九五师（缺一部）负责警备，台中区由一五七师负责警备之（参照附图二）。

五、接收地区划分——依照总部命令所示，分为台南高雄凤山屏东嘉义台中五地区本组。为求接收事实便利起见，乃将凤山屏东区归并高雄区同时接收。

六、接收单位区分：本组奉命接收各地区日军计大小十七单位。但为接收容易及便利统计起见，乃将日军分为五大单位接收。其第一百混成旅团独立步兵四十二联队、独立重炮兵十六联队、三〇船舶工兵联队、三〇五自动车中队均归并第十二师团同时收缴，三十三电信联队归并第七十一师团同时收缴，独立工兵六十四大队、铁道第九大队、三五四自动车中队均归并第七十五旅团同时收缴之。

七、预定接收起止日期：依照总部命令系自三十四年十二月一日即行开始接收,并至同月十六日接收完毕。但因本组成立时间仓促,为准备完善及接收确实起见,乃延至三十四年十二月四日开始接收,预定同月杪接收完毕。

(二)工作准备

八、规定日方造缴表册:十二月一日由本组参谋室召集日方各部队参谋人员会议,限于三日内造缴如左之图表册各四份:1.兵力驻地位置要图。2.军需品积集位置要图。3.通讯网构成要图。4.教育场所设备要图。5.兵舍要图。6.官兵姓名册。7.马骡清册。8.机密文件图书册。9.韩台籍官兵名册。10.技术人员名册。11.武器、弹药、交通、通信、工兵器材、学校教育用器材、化学兵器、被服装具、粮秣、卫生、兽医等十一种清册(并各附统计表)。12.日军正规与现行编制装备表。

九、人员任务分配:由各室股主任、股长分别将各该室股工作人员妥为编配,按其学识、经验、能力与特长各赋予其任务。

十、三十四年十二月二日,本组全体官兵举行宣誓,由黄兼组长亲临监誓,其要意为接收人员在接收期间如有擅取军用物品及私自掉换或变卖、受贿及其他不法情事,甘愿受最严厉之处分。其他应注意事项,则详列于解除降敌实施计划中。

会议:召集日方参谋长及各部门负责人员来本组举行会议,并介绍各有关人员互相认识,及听取日方报告,各种物资积集情形尔后分别审核。日方表册若发现错漏之处,随即饬其更正之。

(三)接收组之组成

十一、组奉命定名为台湾地区军事接收委员会陆军第二组,组长由六十二军黄军长兼任,副组长由练副军长、张参谋长,各师师长兼任之,组内设办公处,其处长由侯副师长梅调兼,副处长由杨副师长建调兼,专为主持接收一切事宜,并设参谋、事务、外事三室,管理马骡、军械、交通、通信器材、粮服、卫生等八股,另附有特务队、通信队(附无电班)、传达班、输送队等,统计官兵二百余员名,所期人员均由各部队挑选优秀及专长人员兼任之(详组织办法及附表第一、二)。

(四)接收工作概要

十二、仓库位置侦察：每一地区接收之先一日，由日方各部门负责人引导本组全体人员巡视各仓库之实际积集状况，如该仓库之容量、储存、位置良否、仓库地点是否适当，守护有无困难，水火预防程度等。如发现上项有未尽妥善之处，即饬日方星夜赶办一切认为完妥后，即行开始接收之。

十三、接收方法及要领：本组接收地区辽阔，物资数量极巨，且接收时间短促。如每一细微物品详密点验，为事实所不许。乃采用逐一点验与抽查法，如查觉数目不符或内中虚伪，除严予纠正外，并于册内注明，由日方负责人加盖印章，以资证明。

十四、接收顺序与日期。

1.台南区：三十四年十二月四日开始接收，至同月八日接收完了。

2.高雄凤山区：三十四年十二月十一日开始接收，至同月十八日接收完了。

3.嘉义区：三十四年十二月廿一日开始接收，至同月二十四日接收完了。

4.台中区：三十四年十二月廿七日开始接收，至同月三十日接收完了。

综计：第一次接收时日，除本组因住地移勤搬迁费时四日及巡视各地区仓库计时五日外，实得接收时间为十八日，第二次接收日军留借用物品因日军返国急迫，所有物资均散在各地，无法集中，本组乃派两小组分赴各地接收，三十五年一月一日开始，至同月十八日接收完了，惟尚有一部系当地机关接收者。

十五、接收时应备手续。

1.封订班之编成。专司每一仓库接收完毕后统一严密封订，并编定仓库号数及封条起讫号数。

2.仓库封订后如无兼组长命令不准任何人启封，如各部队奉准必需提取物品时，则必先由本组通知守护部队知照，各股再派有关人员会同守护部队开封，并将提取物品数量由提取人给予守护部队证据，以资查考。

3.工作人员会报。每日接收工作人员须于当晚七时参加会报一次，检讨是日接收缺点改进之。

4.遂日呈报。每日接收清填具日报表呈兼组长核阅，并将每日接收物品数量记载之。

5. 地区分报。每一地区接收完毕后，即将物品数量造具数量统计表，分报警备总部、军政部特派员办公处、六十二军军部歧备之。

6. 核对表册与盖印式。每一单位（师团）接收完毕后，即召集日方各部门负责人携带该单位主管之印章来本组举行盖印式，先将经已接收各项清册双方负责人认为符合随即双方盖章，即以一份面交日方参谋长具领转报之。

十六、仓库位置数量。

第一次接收仓库计二十七所，均位置于各部队附近，交通运输颇为便利（如附图三）。第二次接收仓库七十八所，均属零星分散各地，其交通运输甚感不便，且七十八所中内有四十二所由所方机关代为接收保管之（如附图四）。

十七、日军所有留借用武器（宪兵）及私人手枪均于接收期间同时收缴，但日军私人手枪多系什色，并有中国土造之左轮。

十八、民间学校训练之武器均系木竹制造，而非真实军用之武器，但亦遵令同时缴收之。

十九、守护兵力统计。

1. 军直属队一营及一排。

2. 九五师一营及一排。

3. 一五一师纳三营。

4. 一五七师两营及一连。

右列兵力系概计数，并各部队派员守护政部接收物资仓库之兵力本组未列统计。

台湾地区军事接收委员会陆军第二组接收降敌实施计划

（甲）方针

组遵照台湾省警备总司令部职字第075号命令所示要领按予接收台南地区（含台中高雄等）日军所有武器弹药车马器材等装备及文书图表军需物资等以期迅速接收完毕为目的。

(乙)指导概要

(1)组为接收进行便利特设参谋外事,事务三室管理马骡军械交通器材粮服卫生等八股分别办理接收一切事宜。

(2)接收时按现在日军兵力驻地与军需品集中地点分别前往严密详细逐一验收(如要图一所示)。

(3)接收时应先以必要兵力开驻豫定接收日军武装地区之外围集给以防接收前后应付意外之事(如附表)。

(4)严禁没收日官兵之有财物。

(5)装备物资绝对不准藏有私有或更换损坏。

台中以南日军各部队军需品集积位置要图(卅四年十二月廿日)(略)

附图一,台中以南接收前降敌位置要图(略)

附图二,台中以南接收前我军部署要图(三十五年三日)(略)

(6)凡在接收期间指派员负责,接收人员绝对实行阶级服从,层层节制、层层负责。

(7)接收后各库厂之看守极须严密官戒不得有所疏忽。

(8)接收期间统对严禁将表册数季坠改。

(9)接收械弹车辆器材时须极细密,尤其对重武器细微部分之检查及是否堪用,宜特别注意,登记注明。

(10)接收械弹粮秣被服等须注重其数字确实,须亲自查验。

(丙)接收地区及程序

(11)台南区日第十二师团第三〇五自动车中队全部(定十二月四日开始接收)。

(12)高雄区日军要塞部队及三〇船舶工兵。

(13)嘉义区日第三十三电信联队及第七十一师团之一部(接收日有另定)。

(14)台中区日第六十四独立工兵联队、第三五四自动车中队、第七十五混成旅团、第七十一师团、第九铁道兵大队各一部(接收日期另定)。

(15)凤山区日第五十师团第一百混成旅团第四十二独立联队、第十六独立炮兵联队之全部(接收日期另定)。

(16)台中台南高雄各市区以外之日宪兵部队之缴械及防务接收另定之。

(丁)接收人员应注意事项

(17)各室股于接收先必须准备封条及一切接收手续,凡经确实清查点收后,各库厂则加以严密封存,并即指派部队担任严密警戒与保管。

(18)各室股接收完毕后,应将表册加以查核整理,呈报本处,以便汇转。

(19)接收时应会同军政部特派员及宪兵派员参加点收。

(20)点收时由日军第十方面指挥下之台南区投降日军各单位派员引导前往各指定区点收。

(21)点收时按日军册报数核实点验接收后不予收据有缺损时,则由日方注记于表册上,签名盖章,以资证明。

(22)各库厂所在地应先侦察库厂容量、库厂之适宜储藏各种军品、库厂之位置适当与否、关于水火危险之防护。

(23)军品接收以原日军所集积之库厂分别点验存储。如未积集之装备,即由本处各室股指定库厂地点,令其限期积集先毕,并按性质分类集中验收后,候军政部派员接管。但在未交以前,由担任监护部队主管负责严密警戒,并分别登记呈报备查。

(24)日军中应分日人、台人、韩人分别指定地点集中管理,并令日方连络部负责造列名册,呈报办理。

(25)日军中之技术人员如饲养员兵、兽医技术员、汽车司机等,按日方所报名册人数字予编队呈报台湾地区军事接收委员会处理。

(26)日军官兵仕飞由警备总部统筹管理其集中营地点,可由本处商同军政部特派员依状况指定之,并派队监护。

(27)关于各室股接收后之日军档案文件办图密码电本等项,缴由本处参谋室负责办理之。

(28)所有收缴日军马匹车辆械弹及一切军需物护必先呈请组长转报警备总部核准后,方可拨用。

台湾地区军事接收委员会第二组组织办法

第一　总则

一、军基于台湾省警备总司令部台湾占领计划及台湾区军事接收委员会组织规程拟定台湾地区军事接收委员会第二组(下称本组),分别接收投降官兵马骡军辆武器器材文书图表厂库等一切军需物资。

二、本组直属台湾地区军事接收委员会,办理接收管理台湾地区投降日本官兵装备事宜接收完毕后,转交军政部验收。

三、本组十二月一日在台南市成立,尔后随收进展分向各接收地区。

第二　组织及职掌

四、本组人员由本部及军师政治部暨各师师部主管处,各部队副团长、副营长(调用),特务队通信队由本部调用,传达炊事班由本部调用,勤务兵各调用官佐自行带用。

五、本组调用官兵一律兼任,临时必需雇员由组长以品令委派之,其待遇另定。

六、为接收管理便利起见,呈请兼总司令陈授予组长得命令接收地区内各日军部队长之权。

七、组长以下及各室股队职掌如附表第三。

第三　接收之掩护及实施

八、军依台南占领计划之部署各部应担任各该地区内接收之掩护及监视。

九、接收时由本组会同有关各方面逐次点收各地日军军品其接收之次序另令规定之。

十、械弹及军需物之接收应依左列各项办理之。

1. 接收前应饬日军各单位将人员车辆马骡械弹器材文书表册等一切军需物资及集积仓库地点分类造册二份并造副本二份呈报。

2. 点收时按日军册报数量核实逐步点验接收不予收据有缺损时,则由日方注记于表册上签名盖章,以资证明。

3. 械弹军需物资接收后以备存原仓库为主,如未缴集仓库之装备或原库不合使用，可另由本组指定仓库分类备存，并先派员侦察仓库地区。

4. 关于马匹械弹军需品物资等项接收完毕后，应即根据日军所报表册照军政部规定接管表册格式呈报，另造一份，交军政部特派员，并附缴日军所报原表。

5. 每一接收完毕后，即移交军政部特派员验收。

第四　经费

十一、关于车辆燃料军服蚊帐等项接收后，按本军之需用数量，报请总司令部先行核拨使用。

十二、所有收缴军品非经报请总司令部核拨用后，概不能擅自取用。

十三、接收前以至接收后，应详密侦查日本官兵有无焚毁藏械弹及一切军需物资，并详查战争罪犯。

十四、文书图表及机要等件由本组参谋室接收分类整理呈报。

十五、投降日本官兵处理按后项实施。

1. 投降日本官兵区分日韩台人依然照总司令部指定地点集中，集中时以不分割其原部队建制为原则，并令日方连络部造具名册二份。

2. 投降日本官中之技术人员另行集中编队列造册呈报台湾地区军事接收委员会处理，必要时由组长命令暂行抽用。

3. 战争罪犯应另行拘系，呈请总司令部处理。

4. 投降日（含台韩）官兵食住由总司令部统筹办理其集中地点由各该地区监护部队负责保护。

十六、关于投降日（含台韩）官兵主副食薪给请由总司令部统筹办理。

十七、本组办公费临时费与什费等项另行规定之。

十八、临时雇员另定之。

十九、本组兼任各官兵副（付）予津贴并由本组壎（筹）发主副食费。

二〇、本组开始接收时间为十二月一日，其接程序另定之。

二一、本办法如有未尽事宜得随时以命令修正之并呈总司令部核备。

二二、本组应另刊关防报请总司令部备案。

附表（一）

台湾地区军事接收委员会陆军第一组组织系统表

- 组长 军长 黄涛
- 副组长 副军长 练惕生
- 参谋长 张志岳
- 第九五师师长 黄涛
- 第一五七师师长 李志达
- 第一五一师师长 林伟俦
- 第二师师长 段沄

办公处
- 副处长 处长

- 特务队 步兵一排
- 通信队
  - 有线电一排
  - 无线电一班
- 卫生接收股：股长一、股员五
- 粮服接收股：股长一、股员七
- 器材接收股：股长一、股员五
- 通信接收股：股长一、股员五
- 交通接收股：股长一、股员五
- 军械接收股：股长一、股员九
- 马骡接收股：股长一、股员五
- 投降日军管理股：股长一、股员二
- 外事室
  - 翻译员
  - 联络员二
  - 主任一
- 事务室
  - 军需二
  - 副官二
  - 主任一
- 参谋室
  - 译电员二
  - 参谋六
  - 主任一
- 书记司

附表(二)

台湾地区军事接收委员会第二组编制表

区分	职别	官佐 阶级	官佐 员额	备考
	组长	中将	1	
	副组长	少(中)将	5	
	办公处处长	少将	1	
	办公处副处长	少将(上校)	1	
参谋室	主任	上(中)校	1	
	参谋	少校	3	
	参谋	上尉	3	
	译电员	中尉	1	
		少尉	1	
事务室	主任		1	
	副官	上(中)校	1(1)	
	军需	上(中)尉	1(1)	
	书记	少校(中尉)	1(1)	
	司书	中尉(少尉)	2	
	文书	准尉	2	
事务室	传达班			
	炊事班			
外事室	主任	中校	1	
	连络员	少校(上尉)	1(1)	
	翻译员		10	
降军查调管理股	股长	上(中)校	1	
	股员	上(中)校	1	
	股员	少校	1	
	股员	上尉	2	
	股员	中尉	1	
马骡接收股	股长	中校	1	
	股员	少校	1	
	股员	上(中)尉	2(2)	
军械接收股	股长	中校	1	
	股员	少(上)校	2(3)	
	股员	中(少)尉	3(1)	

续表

区分	职别	官佐 阶级	官佐 员额	备考
交通接收股	股长	中校	1	
	股员	少校 上尉	2 3	
通信接收股	股长	中(少)校	1	
	股员	上(中)尉	2(3)	
器材接收股	股长	中(少)校	1	
	股员	少校 上尉 中尉	1 1 3	
粮食接收股	股长	中校	1	
	股员	少校 上(中)尉	1 3(3)	
卫生接收股	股长	中校	1	
	股员	少校 上尉	2 3	
通信队	有线电排	少尉	1	
	无线电排	上尉	1	
特务队		中尉	1	编足一排官兵武器
合计		中尉 上尉 上(中)校 中校 少校 上尉 中尉 少尉 准尉	1 6 4 8 15 26 19 6 2	另翻译员十员及通信特务队官未列入
总计			88	
附记	调用校官以上每人使用勤务兵一名,由各员自行带备;尉官三人,共享勤务兵一名,由本部辎重营调兵十名充任。			

附表(三)

台湾地区军事接收委员会陆军第二组职掌表

区分	职掌	备考
组长	承警备总司令部之指示主持本组接收管理全部事宜	
副组长	协助组长办理接管事宜	
办公处处长	承组长之命副组长之指导综理本组全部接管事宜及对各股室业务方面之指导与管理	
办公处副处长	协助处长办理接收一切事宜	
参谋室	办理本组有关作战情报后勤人事事宜	
事务室	办理本组有关经理及员兵给养与临时派遣事宜	
外事室	对外交邻连络翻译事宜	
军械接管股	有关军械接管事宜	
俘房管理股	关于俘房之集中管理及技术人员调查登记事宜	
军马接管股	关于军马接管事宜	
交通接管股	关于各种车辆及其他交通工具管理事宜	
通信器材接管股	关于有无线通及其辅助器材之接管事宜	
器材接管股	关于工兵器材及防毒器材之接管事宜	
粮服接管股	关于粮食被服装具之接管事宜	
卫生接管股	有关卫生材料之接管事宜	
特务股	担任本组警卫	
通信股	担任本组通信联络	

附表（四）
台湾地区军事接收委员会陆军第二组官佐姓名一览表

区别	组职	姓名	区别	级职	姓名
	中将兼组长	黄涛			
	少将副组长	练场生 林伟俦	参谋室	中尉参谋 少尉译电员	邓廉 温宗谋 陈腾祥
	少将副组长	张志岳 李宏达 段沄		中校主任 上尉副官	陈旭明 黄惠清 李屏
办公处	少将处长 少将副处长 上校秘书	侯梅 杨建 王章全	事务室	上尉军需 中尉书记 少尉书记 少尉司书 准尉司书	陈伟民 侯甫明 钟少英 侯修才 萧询盛 郑豫华 李之春
参谋室	中校主任 少校参谋 上尉参谋	朱传周 余克烈 谢怀禹 易乃英 梁秀鹏			
外事室	中校主任 少校连络员 上尉连络员 翻译员	黄天赐 黄镇昌 丘凤麟 古传发 严振福 郭功铨 郭功火 黄文生 游长庚 卢益林 高尊新 邱垂安 邱垂周 邱旺财	马骡股	中校股长 少校股员 上尉股员 中尉股员	陈干才 陈思贤 李华 李伯芳 徐法义
降军查调管理股	少将兼股长 中校股员 少校股员 上尉股员	杨建 赖中坚 钟超元 张书泰 张汉亭 徐任田	军械股	中校股长 少校股员 上尉股员 中尉股员 少尉股员 准尉股员	曾会奇 梁朝赞 陈均轼 张克庸 吴杰 谢实树 李荣 林忠 梁雄 俸文彬

续表

区别	组职	姓名		区别	级职	姓名
交通股	少校股长 少校股员 上尉股员 少尉股员	卢福义 李云龙 陈克明 陈国进 陈建业		粮服股	上校股长 少校股员 上尉股员 中尉股员 准尉股员	陈伯成 陈仲朝 苏鲲 郑志持 李作岑 李宗成 温秋耀
通信股	少校股长 中尉股员 少尉股员	谢志明 刘树中 彭伯良 曾育 黎宗汉 叶雁鸣		卫生股	中校股长 少校股员 上尉股员	刘志明 杨承裘 刘玉球 欧阳杰 李廷云 黄文光 阳光简
器材股	中校股长 少校股员 中尉股员	刘榴华 谢志松 陈公瑜 丘相华 叶萌 王明章		通信队	少尉排长	李立夫
				无线电班	中尉班长 准尉班附	苏现权 李浩
无线电班		黄华卓		特务队	准尉排长	陆杰

附表(五)

台湾地区军事接收委员会陆军第二组第二次接收台中以南地区日军借留用军需物资仓库位置及守护兵力一览表

仓库位置	仓库号数	品种	数量	缴交部队	守护部队	守护兵力	备考
台南	(一)三分子 (二)赛马厂	(一)兵器材料 (二)被服卫生		十二师团	军部教导营	二连	
台南	安平仓库	车辆油料		十二师团	军部教导营	二连	
台南	安平仓库	车辆油料		十二师团	军部工兵营	一连	
台南	六甲仓库	飞机炸弹		十二师团	军部教导营	一排	
高雄	(一)西子湾 (二)寿山 (三)戏狮甲 (四)川口	兵器炮台		十二师团	一五一师 四五一师	一营	

续表

仓库位置	仓库号数	品种	数量	缴交部队	守护部队	守护兵力	备考
高雄	凤山仓库	被服卫生材料		十二师团	一五一师团四五一师	一营	
高雄	九曲	兵器		十二师团	一五一师四五三团	一连	
高雄	新庄子凤鼻头	兵器		十二师团	一五一师四五一团	一连	
高雄	凤山东部(兵房)	兵器		十二师团	一五一师四五二团	二连	
高雄	五块厝	兵器		五十师团	一五一师四五一团	一营	
高雄	石头营要塞	兵器		五十师团	一五一师四五三团	一排	
嘉义	(一)若叶学校 (二)家政女校 (三)事校 (四)玉川校 (五)白川校	械弹器材被服车辆		七十一师团	九五师	一营	
彰化	旭国民学校	兵器		七十一师团	九五师	一连	
台中	(一)台中第八部队 (二)台中火车站库 (三)干城学校	军品		七十五旅团	一五七师	一营	
台中	丰原	军品		七十五旅团	一五七师	一连	
台中	烟草公司	兵器弹药		七十五旅团	一五七师	一排	
台中	农业学校	工兵兵器		七十五旅团	一五七师	一排	
附记	(一)本表表列地名可与附图对照。 (二)本表表列品种仅系主要数量其详细可参照附册。						

苗栗街以南日军各部队借留用军需物资保积位置要图(卅五年元月卅日)附图四(略)

台湾地区苗栗以南日军缴械后集中位置要图三十五年三月廿日调制(略)

附表(六)

台湾地区军事接收委员会陆军第二组第二次接收台中以南地区日军借留用军需物资仓库位置及守护兵力一览表

仓库位置	仓库号数	品种	数量	缴交部队	守护部队	备考
高雄	六龟仓库	粮秣被服物品		第十二师团	第一五一师(一班)	
高雄	月眉仓库	粮秣被服物品		第十二师团	第一五一师(一班)	
高雄	岭江仓库	粮秣被服物品		第十二师团	第一五一师(一班)	
高雄	岛材林仓库	粮秣被服物品		第十二师团	第一五一师(一班)	
高雄	保舍田仓库	粮秣被服物品		第十二师团	第一五一师(一班)	
高雄	圆潭子仓库	粮秣被服物品		第十二师团	第一五一师(一班)	
高雄	凤山仓库	粮秣被服物品		第十二师团	第一五一师(一班)	
高雄	大寮仓库	粮秣被服物品		第十二师团	第一五一师(一班)	
冈山	大庄一至六号仓库	器材被服交通粮秣农具物品		第十二师团	第一五一师(一连)	
路竹新农郡	归仁庄	物品被服(废)		第十二师团	庄长	
潮州	火车站一至六号仓库	器材农具交通通信被服粮秣卫生物品		第五十师团	第一五一师(一连)	
潮州	溪州国民学校	器材农具交通物品		第五十师团	第一五一师(一连)	
潮州	新埤仓库	农具被服物品		第五十师团	庄长	
潮州	四林762,773,341番地	被服粮秣物品		第五十师团	庄长	
潮州	一、枋寮庄 二、水底寮国民学校	器材农具物品粮秣被服		第五十师团	枋寮庄长	
潮州	一、林巴庄内埔庄 二、万峦庄赤山庄	器材被服粮秣物品		第五十师团	庄长	
潮州	一、七里溪 二、样子脚 三、万丹	被服粮秣物品		第五十师团	庄长	
潮州	专卖局	物品		第五十师团	庄长	
潮州	溪州农业会	粮秣		第五十师团	东港郡守	

续表

仓库位置	仓库号数	品种	数量	缴交部队	守护部队	备考
潮州	一、旗山观音停 二、佳冬庄 三、新圆庄	被服物品		第五十师团	庄长	
潮州	一、东港 二、七里溪	物品		第五十师团	枋寮庄长	
屏东	火车站	器材农具交通通信被服粮秣物品		第五十师团	第一五一师(一排)	
东石	东石街	粮秣		第七十一师团	郡守	
斗南	农业仓库	器材农具交通通信粮秣卫生物品		第七十一师团	第九五师(一排)	
彰化	第一幼儿园	器材农具交通通信粮秣卫生物品		第七十一师团	第一五七师(一连)	
嘉义	一、农业会 二、玉川小学	被服粮秣交通通信物品		第七十一师团	第九五师(一连)	
新营	新营街	粮秣		第七十一师团	郡守	
新高	新高街	粮秣		第七十一师团	郡守	
台中	一、后里 二、大甲 三、后垅	农具		独立混成第七十五旅团	第一五七师(一连)	
台中	田中	器材农具		独立铁道第九大队	第一五七师(一连)	
台中	东势	器材农具被服物品		七十一师团	民政机关守护	
台中	雾峰	器材农具被服物品		七十一师团	民政机关守护	
台中	打铁	器材农具被服物品		七十一师团	民政机关守护	
台中	福与	器材农具被服物品		七十一师团	民政机关守护	
台中	双冬	器材农具被服物品		七十一师团	民政机关守护	
台中	草屯	器材农具被服物品		七十一师团	民政机关守护	
台中	员林	器材农具被服物品		七十一师团	民政机关守护	
台中	中寮	器材农具被服物品		七十一师团	民政机关守护	
台中	水里坑	器材农具被服物品		七十一师团	民政机关守护	
台中	集集	器材农具被服物品		七十一师团	民政机关守护	
台中	道场	器材农具被服物品		七十一师团	民政机关守护	

续表

仓库位置	仓库号数	品种	数量	缴交部队	守护部队	备考
台中	北斗	器材农具被服物品		七十一师团	民政机关守护	
台中	后寮	器材农具被服物品		七十一师团	民政机关守护	
台中	九块厝	器材农具被服物品		七十一师团	民政机关守护	
台中	竹由	器材农具被服物品		七十一师团	民政机关守护	
嘉义	古坑庄	器材农具被服物品		七十一师团	民政机关守护	
嘉义	斗六	器材农具被服物品		七十一师团	民政机关守护	
嘉义	土库	器材农具被服物品		七十一师团	民政机关守护	
嘉义	四湖	器材农具被服物品		七十一师团	民政机关守护	
嘉义	北港	器材农具被服物品		七十一师团	民政机关守护	
嘉义	民雄	器材农具被服物品		七十一师团	民政机关守护	
嘉义	朴子	器材农具被服物品		七十一师团	民政机关守护	
嘉义	二美坪	器材农具被服物品		七十一师团	民政机关守护	
嘉义	中埔	器材农具被服物品		七十一师团	民政机关守护	
嘉义	官田	器材农具被服物品		七十一师团	民政机关守护	
台中	草屯	器材农具被服物品		工兵六十四大队	民政机关守护	
台中	南投	器材农具被服物品		工兵六十四大队	民政机关守护	
台中	名间	器材农具被服物品		工兵六十四大队	民政机关守护	
台中	集集	器材农具被服物品		工兵六十四大队	民政机关守护	
附记	（一）本表表列地名可与附图对照。 （二）本表表列品种仅系主要数量其详细者可参照清册。					

附表（七）

日军第十二师团所辖（隶下指挥）各部队兵力统计表

部别	将校	准下	兵	小计	备考
第十二师团	552	2,069	8,173	10,794	该数系师团所辖部队兵力
独立混成一百旅团	184	723	2,795	3,702	该数系隶下兵力
独立混成第四十二联队	119	314	662	1,095	以下各部队系十二师团指挥兵力

续表

部别	将校	准下	兵	小计	备考
野战重炮兵第十六联队	66	172	1001	1,239	
船舶工兵第三三联队	62	27	1,171	1,403	
陆军兵器厂高雄支厂	13	35	40	88	
陆军货物厂高雄支厂	17	23	16	56	
陆军货物厂台南出张所	4	5	5	14	
台南陆军医院	51	61	252	364	
高雄陆军医院	76	111	316	503	
合计	1,144	3,783	14,431	19,358	

附表（八）

日军第五十师团所辖各部队兵力统计表

区分	将校	准下	兵	军属	小计	备考
隶下	398	1,489	5,513	31	7,431	
指挥下	97	159	378	29	753	
合计	495	1,648	5,891	150	8,184	

附表（九）

日军第七十一师团所辖兵力统计表

区分	将校	准下	兵	军属	小计	备考
隶下	463	1,669	6,061	3	8,151	
指挥下	78	238	748	150	1,214	
合计	514	1,907	1,764	153	9,362	

附表（十）

日军电信第三十三联队兵力统计表

区分	将校	准下兵	合计	备考
电信第三十三联队	38	1,378	1,417	

附表(十一)

日军独立混成第七十五旅团兵力统计表

部别	将校	准下	兵	小计	备考
独立混成第七十五旅团	84	397	1,476	1,865	

附表(十二)

日军独立工兵六十四大队兵力统计表

部别	将校	准下	兵	合计	备考
独立工兵六十四大队	31	143	418	529	

附表(十三)

日军第九铁道大队兵力统计表

部别	将校	准下	兵	军属	合计	备考
第九铁道大队	51	129	750	1	921	

附表(十四)

日军台中独立自动车第三五四中队兵力统计表

部别	将校	准下	兵	小计	备考
台中独立自动车第三五四中队	6	25	20	141	

附表(十五)

日军台中地区宪兵队兵力统计表

部别	官兵数	备考
台中地区宪兵队	2,636	该宪兵队分驻台中员林埔里等地

第四章 陆军第三组接收经过

甲、接收准备

(一)计划策定

接收计划之策定,基于台湾省警备总司令陈十月三十日战字第四十四号命令要旨如下:日军第六六师团、第四二独立工兵联队、第二一四自动车中队、第三〇八自动车中队、第七六独立旅团、第二八船舶工兵联队、第一一二独立旅团、第一〇二独立旅团、第一〇三独立旅团、第九师团及台北州(台北市不含)、新竹州、花莲港厅日军宪兵与要塞部队之武器、装备、车马、器材,着自十一月一日开始移交与七十军陈军长孔达所指定之人员接收等因军遵照上项要旨,当即策定《解除台北区日军武装实施计划(如附件第一)》,决先解除台北市、基隆、淡水、宜兰、花莲港地区日军之武装,尔后再解除新竹日军第九师团及台北州(除台北市)、花莲港厅、新竹州之宪兵及台北、新竹二州、花莲港厅之要塞部队等之武装,遵于十一月一日开始实施。

(二)接收组之编成

基于台湾省警备总司令部颁发台湾省占领计划第五项及所颁台湾地区军事接收委员会组织规程所示要旨,策定台湾地区军事接收委员会陆军第三组组织办法(如附件第二),本组下辖参谋、机要、事务、外事五室及军械、俘虏、军马、交通、通信、器材、粮服、卫生八接管股,于十一月一日正式成立;其主要人员均系内本部各课室人员兼任,以期业务推行之便利。

乙、接收经过

一、接收经过如附表第二

二、接收日军仓库位置要图如附件第四六一

三、日军缴械后官兵集中区位置要图如附件第四三二

四、日军解除武装后之官兵人数统计表如附件第四三三

五、接收日军军械军马车辆数字统计表如附件第四三四

六、接收日军各种主要弹药统计表如附件第四三五

七、接收日军部队主要工兵器材数字统计表如附件第四三六

八、接收日军部队主要通信器材数字统计表如附件第四三七

九、接收日军部队主要兽医器材数字统计表如附件四三八

十、接收日军部队主要被服装具数字统计表如附件第四三九

十一、接收后我军部署要图如附件第五

附件第一

陆军第七十军解除台北区日军武装实施计划

第一　方针

一、我军以分期逐次解除台北区日军武装之目的,决先解除台北市基隆(含万里)、宜兰、苏澳、花莲港、淡水地区之日军武装,尔后再解除新竹日军第九师团及台北州、花莲港厅、新竹州(除台北市)之宪兵及台北、新竹二州花莲港厅之要塞部队等之武装,预定于十二月一日开始实施。

第二　指导要领

二、先以必要之兵力开驻预定日军武装解除地区之外围集结,作缴械前日军可能发生暴动时之应战准备及作缴械后之镇压与监护。

三、实施解除日军武装时,请警备总司令部指派一部宪兵部队随接收组进入各缴械地区,协助接收之进行。

四、军械车辆马匹以及军需物资之接收,由接收组负责办理,部队专任日军缴械前之警戒及缴械后日俘与车品之监护。

第三　部署

五、第七五师附第一〇七师之第三二〇团,即以主力开驻宜兰附近地区集结,并各以一部分置基隆淡水各附近地区担任交通要点之警戒及对各该地

日军武装之解除。

六、第一七师（缺三二〇团）暂分置台北市桃园及新店间地区担任警备，并负责解除台北市日军之武装。

七、第七五师苏澳花莲港方面之日军武装解除后，第三二〇团即归还第一〇七师建制，第七五师即以一个团留置于苏澳花莲港担任警备并以一部日俘集中区之监护，主力开回基隆担四基隆淡水松山间地区之警备。此时第一〇七师之主力即向桃园新竹附近地区推进，解除各该地区之日军武装。

第四　解除日军武装

八、第一区

1. 日军66D之军械马匹车辆器材文书（以下统称军品）等项由该师团缴集台北市仓库于十一月一日开始接收后，该部日军即向台东集中，归总部派队监护。

2. 日军42PRS四十二独立联队之军品由该联队缴集台北市仓库（详细位置由我军侦察），于十二月一日开始接收后，该部日军在东四园町附近集中，由本军派队监护。

3. 日军214、308自动车中队之军品，由该中队送缴台北市（详细位置由我军侦察），于十一月一日开始接收，接收后该部日军即向士林集中，由本军派队监护。

以上日军部队武装之解除及军品接收时之警戒，与接收后军品及俘虏之监护（除另有指定外）统由第一〇七师负责担任，关于军品接收，由接收组负责办理。

九、第二区

1. 日军76BS之军品，由该旅团缴集基隆，于十一月三日开始接收，接收后，该部日军即开善化集中，另候总部派队监护。

2. 日军103BS之军品，由该旅团缴集淡水，于十一月三日开始接收，接收后，该部日军集中新营，由总部派队监护。

3. 日军29PLS（廿八独立船舶工兵联队）之军品，由该联队送缴八堵火车站附近，于十一月六日开始接收，接收后该部日军集中基隆，由本军派队监护，另候分配工作，以上日军部队武装之解除及军品接收时之警戒，与接收后附品及俘虏之监护（除另有指定外）统由第七五师负责担任，关于军品接收，由接收组负责办理。

十、第三区

1. 日军112BS之军品，由该旅团缴集宜兰罗东各仓库，于十一月八日开始接收，接收后，该部日军在苏澳市区外集中，由本军派队监护。

2. 日军102BS之军品，由该旅团送缴苏澳火车站附近，于十一月八日开始接收，接收后，该部日军在花莲港市区外集中，由本军派队监护。

3. 台北州、花莲港厅日宪兵之武装解除，日期另定，预定台北州宪兵（台北市除外）武装解除后在苏澳市区外集中，花莲港厅宪兵武装解除后在花莲港市区外集中，均由本军派队监护。

以上日军部队武装之解除及军品接收时之警戒，与接收后军品及俘虏之监护，统由第七五师负责担任，关于军品接收由接收组负责办理。

十一、第四区

1. 日军9D之军品，由该师团送缴新竹车站附近场库，于十一月十一日开始接收，接收后，该部日军之主力，在新竹市区外集中，一部在桃源附近集中，均由本军派队监护。

2. 新竹州日宪兵队于十一月十一日开始解除武装，解除后，在新竹市区外集中由本军派队监护。

以上日军部队武装之解除，及军品接收时之警戒，与接收后军品及俘虏之监护，统由第一〇七师负责担任，关于军品接收，由接收组负责办理。

十二、台北（包括基隆）州及花莲港厅之日军要塞部队武装，由第七五师解除并接收其防务，该部日军武装解除后，即在原地集中，由七五师派队监护，军品接收，归接收组办理，该要塞部队武装解除日期另定。

十三、新竹州日军要塞部队武装，由第一〇七师解除，并接收其防务，该部日军武装解除后，即在原地集中，由一〇七师派队监护，军品接收，归接收组负责办理，该要塞部队武装解除日期另定。

十四、各师对解除日军武装所使用之警戒部队应视日军部队之大小而适当决其兵力,尽可能应局部采取优势,赐予日军兵力驻地及装备详细护料,由本部丞二课另行通知。

十五、解除日军武装,对日方所下达之命令或备忘录,应与接收组切实协同办理。

十六、解除日军武装,除不得已时,采取适当之防卫措置外,应以和平手段为主,不得妄开衅端,遗(贻)误整个接收之进行。

第五　交通通信

十七、部队调动与接收物资之转运,均以铁道输送为主,依状况以汽车输送或步行军为辅。

十八、台北区陆上之地雷等障碍物,限令日方清除铁道公路车辆电线之破坏部分,责令日方遵限修复,并适时于基隆、台北各地区集中,所要之车辆备用。

十九、军部与各部军之通信以然线电为主,并尽量利用各地区内之既设有线电话线路,俾部队间连络灵活。

第六　补给卫生

二十、各部队于移动时,应携带原配定粮弹携行基数。到达新驻地后由军部军需处会请警备总司令部,协办补给之。

二一、为预防染患各地区之时疫病,各部队应于出发前派设营司令官率领卫生人员前往新驻地附近地区,从事检查消毒,尤须注意饮水之检查与厕所之开设,以保健康。

第七　附则

二二、关于解除日军武装之军品接收方面全由接收组专责办理,其组织办法另行拟订。

二三、武器之接收含手枪、军刀均在内。

二四、关于各区开始解除日军武装日期视当时实施状况得由本部命令酌予变更。

附件第二

中国战区台湾地区军事接收委员会陆军第三组组织办法

第一章　总则

第一条：基于台湾省警备总司令部颁发台湾省占领计划之第五项，及所颁台湾地区军事接收委员会组织规程所示要旨，为使办理接收管理投降日军人马、车辆、武器、器材、文书、营建、厂库，以及军需物资诸般业务，推行便利，事权划一起见，特拟定台湾地区军事接收委员会陆军第三组组织办法（以下简称本办法及本组）。

第二条：本组直隶台湾地区军事接收委员会，办理接收管理台北区投降日军人员装备事宜接办完毕后，即转交军政部特派员接收，本组得应其要求而协助之。

第三条：粮食接收事宜由警备总司令部统筹办理。

第四条：本组成立时期预定为三十四年十一月一日。

第五条：本组办公地点暂设台北市第七十军司令部内，尔后随部队之占领部署分股随同跟进。

第二章　编组

第六条：本组设组长一人，副组长若干人，组长由军长兼，副组长由本部参谋长及第一〇七师黄师长、第七十五师罗师长兼允之，其组织系统如附表一。

第七条：本组设办公处处长一人由　兼任，负责处理一切经常业务与事务。下置参谋、机要、事务、外事四室，及军械、俘虏、军马、交通、通信、器材、粮服、卫生八接管股常用驻处办公。特务队、通信队各一常随处驻，分别担任勤务，其编制如附表二。

第八条：本组自组长以下人员由本部及各师政治部、第一〇七师师部、第七十五师师部，各主管处名同调派之各部队副团长（团附）副营长及特科部长亦在调用人员之列。

第九条：本组直辖之特务通信队，由军部调派传令，炊事各班亦由军部就现有调用之各官佐之，勤务兵由各调用官已自行带用。

第十条：本组官兵概以调兼为原则，不另支给薪津，并视需要时，得用雇员若干，以组长之命令临时委派之。

第十一条：日语(台语)译员由各师师部、各团团部自行雇用二至三员，各接管股之译员由本组统筹雇用分配，其待遇之主副官由各部队供给薪津，由本部军需处拟订之。

第三章　职掌

第十二条：为处理接收事务之便利，请兼总司令授权本组组长关于人马及军需物资之接收管理之细部规定，对投降日军可以命令行之，并分令日军代表转令所展遵照。

第十三条：本组组长以下之职掌如附表三。

第四章　接管实施

第十四条：接收时，会同军政部特派员办公处马主任及宪兵第四团高团长参加军品之点收。

第十五条：械弹及军需物资之接管应依左列各项办理。

甲、在接收前，应饬投降日军各单位将人员车辆马匹械弹文书以及军需物资及集积仓库地点分类造册，呈报每种表册须报三份。

乙、点收时，按日军册报械弹军需物资数量核实点验接收，不予收担，有缺损时，则由日方注记于表册上签名盖章以资证明。

丙、仓库侦察为便于军品存储俾利保管起见，应先侦察仓库，侦察时特应注意事项如下：A. 仓库之容量，B. 仓库之适宜各种军品储藏，C. 仓库位置之适当与良好，D. 关于水火危险之防护。

丁、军品接收以原来日军所缴集之仓库分别点验存储，如未缴集仓库之装备即由本组指定场库令其分类送缴，并按性质分类集中验收接收后，听候军政部派员接收，但在未交前由担任监护之部队主策将监护厂库军品分别登记呈报备查。

第十六条：俘虏管理

甲、区分日人、台人、韩人分别集中管理并令日方连络部造册二份呈报。

乙、俘虏中之技术人员如饲养员兵、兽医技术员兵、汽车司机等按册报人数予以接收集中编队，并呈报台湾地区军事接收委员会处理。

丙、日（含台韩）俘食住由警备总司令部统筹办理，其集中营地点由本组依状况指定并派队保护之。

第十七条：马匹接收后，即集中基隆、台北市附近地区管理，按乘马驮马之类别分配马厩集中饲养另候分配部队使用。

第十八条：车辆接收暂由本组接管，并按本军需用车辆数量报请警备总司令部先行核拨使用。

第十九条：所有收缴日军马匹械弹以及军需物资，于接收前或在接收间与接收后，概不准擅自取用，如须取用时须先呈请组长转报警备总司令部核准后方可拨用。

第二十条：关于马匹以及械弹军需物资等项接收完毕后，应即根担（据）日军所报表册照军政部规定接管表册，格式呈报并附日军所报原表。

第二十一条：关于接收军品以及马匹等项，为策安全及节省监护兵力计，每接收一匹完毕后即接续移交军政部特派员接收。

第五章　经费

第二十二条：关于日（台韩）俘主副食薪给，请由警备总司令部统筹办理。

第二十三条：本组员兵旅费照军政部所颁现行新给与规定，呈请警备总司令部实报实销。

第二十四条：本组办公费呈请警备总司令部暂照军司令部现行给与比率发给。

第二十五条：临时费与杂支费等项呈请警备总司令部实报实销。

第二十六条：雇用人员按照国军一般待遇支给在本组临时费下开支。

第二十七条：以上二十二至二十六条所列经临各费由本组事务室编造豫算负责请领转发。

第二十八条：本组兼职人员一律不另文薪给其薪俸与主副食品概由原属机关发给。

第二十九条：本组所需经临各费先请警备总司令部先行执发一部尔后统

筹销。

第六章　附则

第三十条：关于日军档案文件地图密码电本等项之接收由本组参谋机要两室负责办理。

第三十一条：本组不另请刊关防暂以本军结之关防借用之。

第三十二条：本组为办理接管束事宜依状况得在日军缴械地点临时设立办事处，其人员由组长临时酌情指派。

第三十三条：本办法如有未尽事宜得随时以命令修正之。

第三十四条：本办法经呈请警备司令部核定后以命令实施。

附表（一）

台北区军事接收委员会陆军第三组编制表

区分	职别	官佐		士兵		备考
		阶级	员额	阶级	名额	
	组长	中将	1	上(中士)士		军部参谋长第一〇七师师长第七五师师长
	副组长	少将	3	上(中士)士		
	办公处处长	少(上校)将	1	中(下)士	1	
参谋处	主任					
		中校	1			
	参谋	少(中)校	3	上(一)等兵	5	
		上尉	4			
机要室	主任	上(中)校	1	下士	1	
	译电员	上(中少)尉	3			
	书记	上(中)尉	1	上(一)等兵	4	
	司书	准尉	2			
	文书军士			上士	1	

续表

区分	职别	官佐 阶级	官佐 员额	士兵 阶级	士兵 名额	备考
事务室	团任 军需	上(中)校 上校 上尉 中尉	1 1 1 1	下士	各一 （对应领导配置共四人）	
	副官	上尉 中(少)尉	2 1			
	传达班			中(下)士 上(一)等兵	1 12	
	炊事班			中(下)士 上(一)等兵	1 9	
外事室	翻译员 盟方连络员					
军械接受股	股长	上(中)校	1	下士	1	
	股员	少校 上尉	2 3	上(一)等兵	3	
俘虏接受股	股长 股员	中(少)校 上(中)尉	1 4	上(一)等兵 上(一)等兵	1 2	
军马接受股	股长 股员	中(少)校 上(中少)尉	1 3	上(一)等兵 上(一)等兵	1 2	
交通接受股	股长	上(中)校	1	下士	1	
	股员	少校 上(中)尉	1 2	上(一)等兵	2	
通信器材接受股	股长 股员	中(少)校 上(中少)尉	1 3	上(一)等兵 上(一)等兵	1 2	
器材接受股	股长 股员	中(少)校 上(中少)尉	1 2	上(一)等兵 上(一)等兵	1 1	
粮服接收股	股长	中(少)校	1	上(一)等兵	1	
	股员	少校 上(中少)尉	1 2	上(一)等兵	2	
卫生接受股	股长 股员	中(少)校 上尉	1 3	上(一)等兵 上(一)等兵	1 2	
特务队通信队						

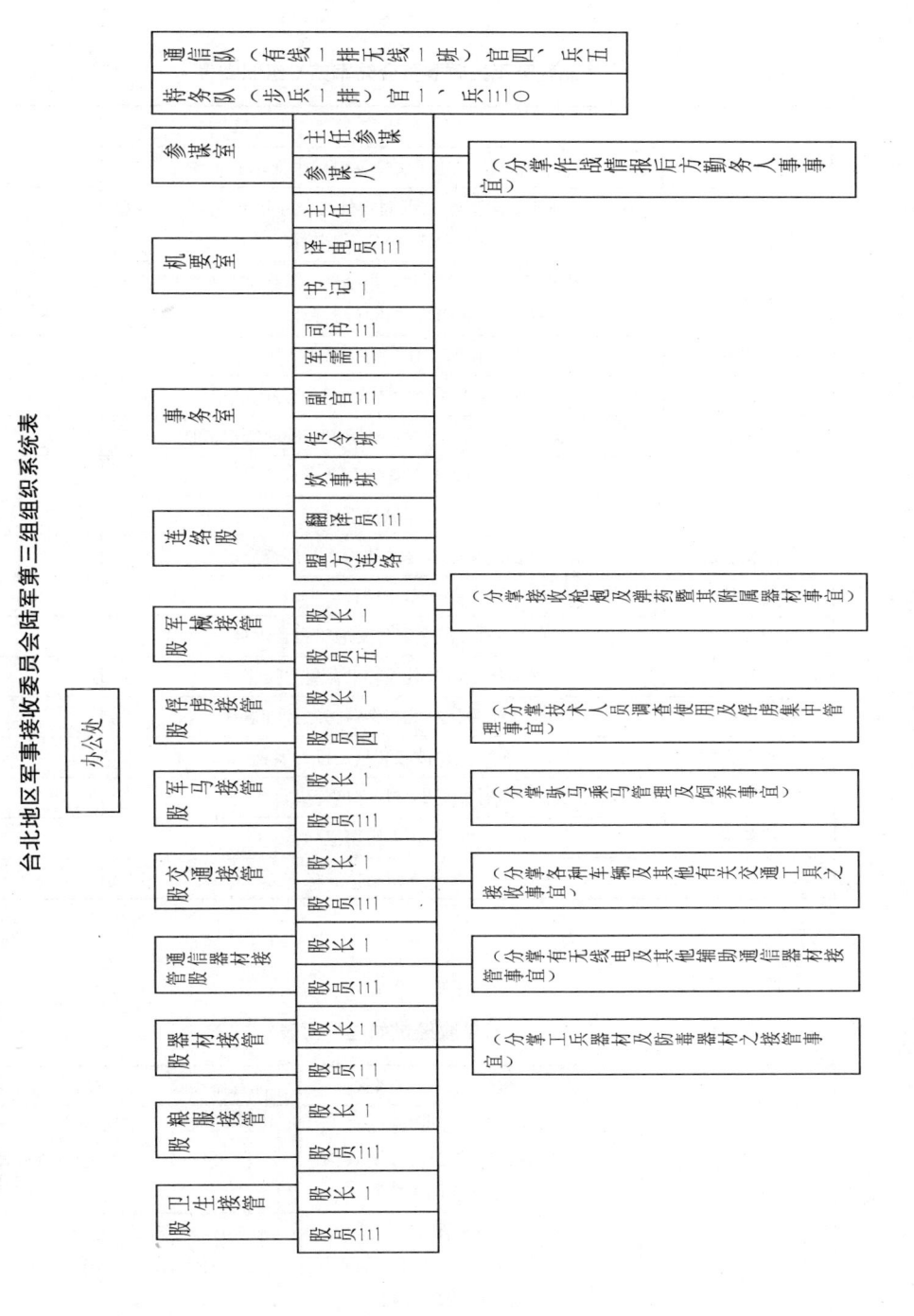

附表(二) 台北地区军事接收委员会陆军第三组组织系统表

```
办公处
├── 参谋室
│   ├── 通信队（有线1排 无线1班）官四、兵五
│   ├── 特务队（步兵1排）官1、兵110
│   ├── 主任参谋
│   └── 参谋八 ──（分掌作战 情报 后方勤务 人事 事宜）
├── 机要室
│   ├── 主任 1
│   ├── 译电员 11
│   └── 书记 1
├── 事务室
│   ├── 司书 11
│   ├── 军需 11
│   ├── 副官 11
│   ├── 传令班
│   └── 炊事班
├── 连络股
│   ├── 翻译员 11
│   └── 盟方连络
├── 军械接管股
│   ├── 股长 1
│   └── 股员 五 ──（分掌接收枪炮及弹药暨其附属器材事宜）
├── 厂房接管股
│   ├── 股长 1
│   └── 股员 四 ──（分掌技术人员调查使用及厂房集中管理事宜）
├── 军马接管股
│   ├── 股长 1
│   └── 股员 11 ──（分掌驮马乘马管理及饲养事宜）
├── 交通接管股
│   ├── 股长 1
│   └── 股员 11 ──（分掌各种车辆及其他有关交通工具之接收事宜）
├── 通信器材接管股
│   ├── 股长 1
│   └── 股员 11 ──（分掌有无线电及其他辅助通信器材接管事宜）
├── 器材接管股
│   ├── 股长 11
│   └── 股员 11 ──（分掌工兵器材及防毒器材之接管事宜）
├── 粮服接管股
│   ├── 股长 1
│   └── 股员 11
└── 卫生接管股
    ├── 股长 1
    └── 股员 11
```

附表(三)

台北区陆军接收委员会陆军第三组职掌表

区分	职掌	备考
组长	承警备总司令之指示主持本组接收管理全部事宜	
副组长	协助组长办理接管事宜，必要时得代其职务并指导监督各接管股办理接管一切事宜	
办公处处长	承组长及副组长之命令综理本组全部接管事宜及对各股室业务方面之指导与管理	
参谋室	办理本组有关作战意报后勤人事宜	
机要室	办理本组有关文牍收发缮写及译电事宜	
事务室	办理本组有关经理及员兵给养与临时派遣事宜	
外事室	对外交际连络翻译事宜	
军械接管股	有关军械接管事宜	
俘虏接管股	关于俘虏之集中管理及技术人员调查登记事宜	
军马接管股	关于军马接管事宜	
交通接管股	关于各种车辆及其他交通工具管理事宜	
通信器材接管股	关于有无线电及其他辅助器材之接管事宜	
器材接管股	关于工兵器材及防毒器材之接管事宜	
粮服接管股	关于粮食被服装具之接管事宜	
卫生接管股	有关卫生材料之接管事宜	
特务队	担任本组警卫	
通信队	担任本组通信连络	

附表(四)

(一)接收经过如左(下)表

地区		被解除武装日军部队	军品开始接收日期	接收完了日期
第一区	台北市及桃园各附近地区	第六六师团、第四二独立工兵联队、第二一四自动车中队、第三〇八自动车中队	十一月一日	十一月五日
第二区	基隆、淡水各附近地区	第七六独立旅团、第一〇三独立旅团、第二八船舶工兵联队、第一野战筑城大队	十一月六日	十一月十日
第三区	宜兰、罗东各附近地区	第一〇二独立旅团 第一一二独立旅团	十二月五日 十一月十一日	十二月十六日 十一月十四日

续表

地区		被解除武装日军部队	军品开始接收日期	接收完了日期
第四区	新竹附近地区	第九师团	十一月十六日	十一月二十日
	台北州地区	宪兵队	十一月九日	十一月十五日
	新竹州地区	宪兵队	十一月二十二日	当日接收完毕

附表（五）

日军解除武装后之官兵人数统计表

番号	指挥官姓名	人员 将校士官	人员 兵卒	集中地	备考
第九师团 步兵第七联队 步兵第十九联队 步兵第卅五联队 山炮兵第九联队 工兵第九联队 辎重兵第九联队	中将师团长田坂八十八 大佐联队长朝生平四郎 大佐联队长露员十四郎 大佐联队长三好喜平 大佐联队长前村中一 大佐联队长宫内五郎 大佐联队长铃木幸一	3052人	8189人	竹南庄（主力） 竹东庄（一部）	内韩籍士官3名
第六十六师团 步兵第二四九联队 步兵第三〇四联队 步兵第三〇五联队	中将师团长中岛吉三郎 大佐联队长高木环 大佐联队长柳泽启造 大佐联队长贤玉切一	2393人	7859人	台东	
独混第七六旅团 独步第五六五大队 独步第五六六大队 独步第五六七大队 重炮兵第十三联队	少将旅团长小川秦三郎 少佐大队长春见保则 少佐大队长大浦治一 少佐大队长芦谷良一 大佐联队长木下滋	687人	2165人	善化	
独混第一〇二旅团 独步第四六四大队 独步第四六五大队 独步第四六六大队 独步第四六七大队	少将旅团长小林忠雄 少佐大队长驹井忠光 少佐大队长三岛武季 大尉大队长深迫晋平 大尉大队长佐久间定男	572人	1596人	花莲港	
独混第一〇三旅团 独步第四六八大队 独步第四六九大队 独步第四七〇大队	少将旅团长田岛正男 少佐大队长守田武 少佐大队长和田手代 少佐大队长木元机四	683人	1512人	新营	内韩籍士官14人

续表

番号	指挥官姓名	人员 将校士官	人员 兵卒	集中地	备考
独混第一一二旅团 独混第卅二联队 独混第卅三联队	少将旅团长青木政尚 大佐联队长工藤井二 中佐联队长铃木伟一郎	782人	2843人	罗东安顺	
独立工兵第四二联队	中佐联队长渊野雅男	132人	373人	中仑一部 台北市主力	
独立工兵第廿八船舶联队	中佐联队长井上暹	420人	1327人	苏沃主力 基隆市一部 淡水一部	
独立自动车二一四中队	大尉中队长森谷扬一郎	27人	136人	士林庄一部 丹山町一部	
临时第三自动车队 （即三〇八自动车队）	大尉队长西却一天	34人	119人	士林庄一部 丹山町一部	
第一野战筑城队	少佐队长东与三	115人	251人	基隆市	
台北地区宪兵队	宪兵中佐伊藤三郎	131人	615人	苏沃	台北市区日宪兵解除武装故未列入
新竹地区宪兵队	宪兵少佐午山晴登	266人	1916人	新竹	
花莲港宪兵队	宪兵少佐言原正善	48人	626人	花莲港	
合计		9340人	29527人		
总计		官兵38867人（内韩籍士官17名）			
附记	一、本表根据实地解除武装之日籍官兵统计之。 二、本军所解除之台韩籍兵卒均未列入。				

主要卫生器材	医疗器材	115		73		91	18	297
	药品	135	96	45	72	101	3	452
	消耗品	60	21	4	22	28		135
附记	表内仅列其主要物品							

附表(六)
陆军第七十军接收日军部队主要被服装具数字统计表

陈秉经呈　三十四年　月　日

品名	番号 数量	第九师团	第六六师团	第七六独立旅团	第一〇二独立旅团	第一〇三独立旅团	第一一二独立旅团	台北地区宪兵队	独立工兵四二联队	第二一四自动车中队	第一野战筑城队	合计
主要被服装具	防暑衣	2,500									100	2,600
	防暑裤	2,500									100	2,600
	防暑略衣	7,000				10		300			88	7,398
	防暑略裤	7,000				45		3,150			80	10,275
	防暑襦绊	10,000				370			525		468	11,363
	防暑裤下	10,000		1,059		3,664			530		464	15,717
	夏衣	2,000	200			1,105					235	3,540
	夏裤	2,000	248			690					235	3,173
	冬衣	1,000				186		200		115	120	1,621
	冬裤	900				262		150		117	120	1,549
	冬襦绊	2,000						200			222	2,422
	冬裤下	2,000						300			222	2,522
	冬大衣							130			25	155
	雨衣	6,420				684	820	866	447	209	380	9,826
	佣人雨衣					220		28				248
	作业衣裤					29		900				929
	天幕布	2,000		778		12	83	999		15	98	3,985
	蚊帐	2,033				675	703	325		115		3,851
	编上靴	5,000				4,101	420	1,736	413		835	12,505
	长靴					29		963				992
	胶底鞋	2,000				655		3,932	285			6,873
	白手套					177		9,070				9,742
	白袜子					1,347		200				22,547
	饭盒	1,500		1,226		176	410	986			88	4,386
	水壶	1,000		1,161		106		1,247	155		105	3,776

续表

品名 \ 番号数量	第九师团	第六六师团	第七六独立旅团	第一〇二独立旅团	第一〇三独立旅团	第一一二独立旅团	台北地区宪兵队	独立工兵四二联队	第二一四自动车中队	第一野战筑城队	合计
背囊	1,000		1,874		96	200	119	712	160	100	7,261
背负袋	2,000		570			590	1,000				4,160
敷布	130		40				55				225
运转手袋									102		102
防尘眼镜	2,500				88		299				2,887
帽垂布	500										500
茶褐云齐布	250										250

附记　1. 本表仅列其主要物品，破旧废品悉减去未列入。
2. 第一〇二旅团尚未报缴。

第五章　军政组接收经过

第一节　接收准备

一、计划策定

1.接收工作以适应事实分直接接收与间接接收，凡台湾地区各陆军工厂、货物厂、病院、仓库、军事营建等，由军政组直接接收，其他由海陆空军各组接收之军品、物资，集中处理完竣后，由该组间接接收之。

2.依据接收各项物资之性质及配合接收人员之专长，区分"兵器"、"经理"、"交通"、"通信"、"医务"、"营建"六部门，各编成接收班二班，依台湾警备区域之划分及各该部门物资散布地区实际情形，采用光线式之接收。

二、接收组之编成

1.接收日军之人马、车辆、武器、弹药、品材、军事、营建、厂库以及军需物资诸般业务，推行便利、事权统一，计由台湾地区军政部特派员办公处编组该处之接收委员会。

2.分台北、台南（以卓兰大小雪以南为台南区，北为台北区）为两接收区，特派员办公处之各组及粮秣、仓库、军械库等人员混合编成，各区设主任委员一人，组员若干人，下设兵器、医务（人兽）、经理、交通、通信、营建等六班，各设班长一人，班员三人至五人。

三、接收经费

1.出差旅费照章给予，其余开支，视实际需要实报实销，但在五千元以上者，应先报准。

2.酌配属汽车为实际运输工作之用。

第二节　接收经过

一、工作概要

三十四年十一月十九日，特派员办公处工作人员到达台北，依当时情况及工作计划完成各项准备。十二月一日分向各地照本部规定开始接收工作，直接接收工作于三十五年元月底完毕。详细接收经过详附表及附图。

附表(一)
军政部台湾区特派员办公处兵器接收概况报告表

三十五年二月二十日呈

名称	分库名称地点或堆积所地点及散布位置	移交人员	接收人员	交接月日	现时保管单位及负责人姓名与驻地	监护番号	监护主管及驻地	监护兵力	物资概况	备考
兵器补给厂本厂	旭町 六张犁 小粗坑 青潭 土崎头 三城 三峡 基隆	厂长林田仙过大佐	周达民、钱绍武及第三军械库人员	十二月四日至十三日	第三军械库现改为十五军械库库长王世兴驻旭町	七十军一〇七师三一九团	董团长驻大安坑	各地区一排	武器弹药	旭町、六张犁库房虽系仓库,建设惟设,惟破漏,须修理。小粗坑、上崎头、青潭皆民房或草屋,不合用。三城、三峡皆露积,已集中。六张犁、基隆系洞库,甚湿,基隆洞库乃由七十军七十五师罗师长派兵先行接收,本处因工作繁忙尚未向接。
兵器补给厂新竹分厂	一、北埔 1.大分林 2.秀恋山 3.水(石奈)子 4.クトチ 二、关西 1.沙坑 2.牛栏河 3.铜罗圈	分厂长杉山淳大尉	周达民、钱绍武暨第三军械库员	十二月十五日	第三军械库即现改编之第十五军械供应库之库员二人分住关西及北埔	七十军一〇七师三二〇团	团长周觉	北埔关西各一连	弹药	管民房及临时木板库均破漏不堪,尚有油料系屯在土洞内,塌坏堪虞。
兵器补给厂高雄分厂	凤山库		萧锡章	十二月十一日	丘桂源	一五一师四五三团		一连		

续表

名称	分库名称地点或堆积所地点及散布位置	移交人员	接收人员	交接月日	现时保管单位及负责人姓名与驻地	监护 番号	监护 主管及驻地	监护 兵力	物资概况	备考
	考潭库		萧锡章	十二月十一日	李中平	一五一师四五三团		一连		
	深水库		萧锡章	十二月十六日	刘思勉	一五一师四五三团		一排		
	溪州库		萧锡章	十二月十六日	刘思勉	一五一师四五三团		一排		
	北势库		萧锡章	十二月十六日	罗戾麒	一五一师四五三团		一排		
	内埔库		萧锡章	十二月十六日	陈烱光	一五一师四五三团		一排		
	木栅库		萧锡章	十二月十六日	蔡英斌	一五一师四五三团		一排		
	关庙库		萧锡章	十二月十七日	李再和	一五一师四五三团		一排		
高雄兵事连络分部	致潭库		萧锡章	十二月十三日	李中平	一五一师四五三团		一排		移考潭分库保管
日军货物厂连络分部高雄出张所			萧锡章	十二月十三日		一五一师四五三团		一排		

续表

名称	分库名称地点或堆积所地点及散布位置	移交人员	接收人员	交接月日	现时保管单位及负责人姓名与驻地	监护 番号	监护 主管及驻地	兵力	物资概况	备考
兵器补给厂台中分厂	军功寮库	萧锡章		十二月十八日	练剑锋	一五七师四六九师二连	连长丘钦	一排		
	埔里库	萧锡章		十二月十八日	戴驱	一五七师四六九团二连	连长丘钦	一排		
兵器补给厂嘉义分厂	嘉义库	萧锡章		元月一日	陈国	九五师六三团一营三连	黄明武	一排		
	阿里山库	萧锡章		元月一日	罗福相	九五师六三团一营三连	黄明武			
附记	本厂分厂连络所共计七个分库、廿七个面，每一分库之库房尚有若干分散者未计入表内。											

附表(二)

军政部台湾区特派员办公处交通接收概况报告表

三十五年二月二十日呈

名称	分库名称地点或堆积所地点及散布位置	移交人员	接收人员	交接日期	现时保管单位及负责人姓名与驻地	监护番号	监护主管及驻地	兵力	物资概计	备考
自动车厂新竹出张所	关西街		王意平	十二月十五日	油料程震伦器材陈德浩	七十军三二〇团四连	连长袁道三	一连		
	铜罗巷		王意平	十二月十五日	油料程震伦器材陈德浩	七十军三二〇团四连	连长袁道三	一连		
	高桥坑		王意平	十二月十五日	油料程震伦器材陈德浩	七十军三二〇团四连	连长袁道三	一连		
	街头		王意平	十二月十五日	油料程震伦器材陈德浩	七十军三二〇团四连	连长袁道三	一连		
新店酒精工场	小粗坑		王意平	元月七日	甲长周火生			无		
	新店火车站		王意平	元月七日	保正沈昆玉			无		
	圆山公园		王意平	元月七日	地下埋设			无		
	马场町		王意平	元月七日	株式会社小川组专务取缔役远藤友志					
	青潭溪		王意平	元月七日	(无人)					
	土城		王意平	元月七日	货物厂		刘恒州			

续表

名称	分库名称地点或堆积所地点及散布位置	移交人员	接收人员	交接日期	现时保管单位及负责人姓名与驻地	监护 番号	监护 主管及驻地	监护 兵力	物资概计	备考
台湾临时自动车厂旗山支厂	凤山第五营房玉井旗山圆潭子遂道		刘剑雄	十二月十二日至十八日	刘剑雄	六十二军一五师第六连		一连	接收员全	接收时全部散布山野现已集中凤山圆潭子二库
台湾临时自动车厂嘉义分厂	嘉义市新高国民学校湾桥二地		刘建雄	十二月十八日至二十四日	邓翼敏	六十二军九五师	龙排长	一排		集中凤山
台湾临时自动车厂铜罗出张所	台中军功寮大坑国民学校附近三公里		刘建雄	十二月廿四日至廿八日	姜鹏举	六十二军一五七师		一排		集中台北
附记	全部接收共计五厂（所）表列分库及散布位置总计十七个，而每一散布区尚有若干之库房未列入表内。									

附表（三）

军政部台湾区特派员办公处经理接收概况报告表

三十五年二月二十日呈

名称	分库名称地点或堆积所地点及散布位置	移交人员	接收人员	交接月日	现时保管单位及负责人姓名与驻地	监护 番号	监护 主管及驻兵	监护 兵力	物资概计	备考
日本台湾陆军货物厂（台北松山）	第一号库	日本台湾陆军货物厂主大佐厂长佐藤正行	中校科员丁仲绂赵寿春陈元锋	一月四日至一月十九日	中校科员（兼保管员）丁仲绂	后方勤务总司令部台湾供应局监护营第一连	上尉连长钟灵现驻本厂	官兵二十九员名	二分之一碾米机件二分之一麻袋废品	库房完整惟门窗已有损坏
	第二号库								全部粮秣	库房完整门窗须加小修
	第三号库								卫生材料及少数需品	库房完整惟屋面及门窗须加修理
	第四号库								全部轻工材料	库房尚好惟全部门窗须修理
	第五号库								全部粮秣	库房完整门窗须加小修
	第六号库								全部粮秣	库房尚完整门窗须小修
	第七号库								全部需品（文具纸张）	库房尚完整门窗须加小修

续表

名称	分库名称地点或堆积所地点及散布位置	移交人员	接收人员	交接月日	现时保管单位及负责人姓名与驻地	监护 番号	监护 主管及驻兵	监护 兵力	物资概计	备考
	第八号库								全部需品及印刷机纸张	库房完整门窗须加修理
	第九号库								现无存品	库房屋面及门窗已全部损坏
	第十号库								全部需品	库房屋面四分之三损坏缺少门上下窗均须修理
	第十一十二号库								现无存品	全部损坏
	第十三号库								农场种子	三分之一已损坏
	第十六号库								现无存品	屋面窗门全部炸坏
	第十八号库								现存姜葱薯榔	库房全部炸坏
	第廿二号库								被服	库房尚完整惟门窗均损坏
	第廿四号库								被服	库房完整惟门窗均损坏须加修理

续表

名称	分库名称地点或堆积所地点及散布位置	移交人员	接收人员	交接月日	现时保管单位及负责人姓名与驻地	监护 番号	监护 主管及驻兵	监护 兵力	物资概计	备考
	第廿五号库								全部被服	库房完整
	第廿七号库								全部被服	二分之一库房炸坏
	第廿八号库								全部被服	库房完整门窗须修理
	第三十号库								卫生材料及少数需品	库房尚完整屋面须修理
	第卅一号库								卫生材料及少数需品	库房尚完整门窗须小修
	第卅二号库								全部粮秣	库房完整门窗须修理
	第卅三号库								粮秣包装品	库房尚完整门窗须修
	第卅九号库								全部轻工材料	库房完整
	缝衣工场								全部缝衣机器	房屋完整
	会计科仓房								需品及参考品	房屋尚完整
	大安养鸡场								全部养鸡设备及鸡一百七十余只	房屋完整

续表

名称	分库名称地点或堆积所地点及散布位置	移交人员	接收人员	交接月日	现时保管单位及负责人姓名与驻地	监护 番号	监护 主管及驻兵	兵力	物资概计	备考
台北陆军货物厂乌来农耕队	乌来第一库	陆军兽医少佐佐藤七三郎	姜鹏举康嘉猷杨杰汤奇中	一月十日	后方勤务总司令部台湾供应局康嘉猷刘秉如杨杰	后方勤务总司令部监护营第一连	少尉排长夏旭初驻乌来	共十八名驻乌来十名南势寮四名西罗安四名	一、粮秣以米谷豆为大宗 二、被服以军服雨覆军毯为大宗 三、其余多属农工铁器	房上一处漏水
	乌来第二库									地板破坏甚巨
	乌来第四库									房屋倾斜欲倒
	乌来第五库									地板破坏甚巨
	乌来第六库									草木房无地板
	乌来电仓库									二处无门
	南势寮仓库									各库房地板多已破坏
	西罗安仓库									草房无地板
台北陆军货物厂新店连络所	第一地区一号仓库	渡边一郎等四员	谢旭等五员	三十五年一月九日至十一日	军政部台湾区特派员办公处大尉科员周璧章驻新店	八木大队第十中队	清水俊一驻青潭	三十名	粮秣四分之二	系本工厂库房尚好
	第一地区（三）仓库								被服四分之一	系运输仓库库房尚好
	第四地区仓库计六座								需品四分之一	各仓库皆以茅草结成可暂用
	第五地区仓库计十一座									各仓库皆以茅草结成可暂用

续表

名称	分库名称地点或堆积所地点及散布位置	移交人员	接收人员	交接月日	现时保管单位及负责人姓名与驻地	监护 番号	监护 主管及驻兵	监护 兵力	物资概计	备考
	第六地区仓库计四座									各仓库皆以茅草结成可暂用
	第七地区仓库计十座									各仓库皆以茅草结成可暂用
台北陆军货物厂木栅连络所	本栅仓库	内藤文男等四员	谢旭等五员	三十四年十二月廿六日至廿八日	军政部台湾区特派员办公处郑清魁	陆军一〇七师三一九团三连	连长向正泉	约一排分驻	三分之二系被服三分之一系需品及粮秣三分之一系卫生材料及兵器等器材	该库房系利用国民学校——木栅国民学校
	深坑仓库									该库房系利用国民学校讲堂破漏
	景尾仓库									该库房系国民学校可利用
台湾陆军货物厂连络分部安坑连络所	安坑柴埕茶工场仓库	野村重喜男	谢旭等五员	三十五年一月十日	兵站第三十七分站中尉站员陈炳炎				被服需品约占三分之一五	
	公馆仓国民学校仓库									

续表

名称	分库名称地点或堆积所地点及散布位置	移交人员	接收人员	交接月日	现时保管单位及负责人姓名与驻地	监护 番号	监护 主管及驻兵	监护 兵力	物资概计	备考
货物厂基隆出张所	十四岸壁仓库	出张所长山本大尉	陈元锋	十一月二十日	后勤部第一粮秣库大尉库员庞大中	七五师二二三团三营九连	班长周连波	兵六	贮有被服粮秣需品轻工等物资	库房除门窗外余损坏尚微
	泷川仓库	出张所长山本大尉	陈元锋	十一月二十日	后勤部第一粮秣库大尉库员庞大中	七五师二二五团巡视连	班长马顺	兵四	贮有被服粮秣需品轻工等物资	库房程度约十分之一二被炸坏
	暖暖仓库	出张所长山本大尉	陈元锋	十一月二十日	后勤部第一粮秣库大尉库员庞大中	七五师二二五团输送连	班长林理旺	兵四	贮有被服粮秣需品轻工等物资	库房程度被炸,部分漏雨
货物厂宜兰出张所	捣精仓库	出张所长近藤少尉	陈元锋	十二月卅一日	后勤部第一粮秣补给库上尉库员吴超群	七五师二二团		一班	贮有被服粮秣需品等物资	库房程度损坏极微
	枕头山仓库	出张所长近藤少尉	陈元锋	十二月卅一日	后勤部第一粮秣补给库上尉库员吴超群	七五师二二五团二营六连	连长林超群	二排	贮藏粮秣需品等	库房时期已久将近毁坏
	大礁溪仓库	出张所长近藤少尉	陈元锋	十二月卅一日	后勤部第一粮秣补给库上尉库员吴超群	七五师二二五团二营六连	连长林超群	二排	贮藏粮秣需品等	单房已将倾毁

续表

名称	分库名称地点或堆积所地点及散布位置	移交人员	接收人员	交接月日	现时保管单位及负责人姓名与驻地	监护 番号	监护 主管及驻兵	监护 兵力	物资概计	备考
	苏澳仓库	出张所长近藤少尉	陈元锋	十二月卅一日	后勤部第一粮秣补给库上尉库员吴超群	七五师二二四团一营一连	排长陶建章	一班	贮藏粮秣需品等	部分炸坏
日军陆军货物厂新竹出张所	新竹市大安商事南雅本社 山力商会 福美酱油 富国食品 大献渍物店 台湾味噌工业组合 新竹高等女校	主计大尉大谷一雄	云大造汪憬	三十四年十二月二十四日接收	由第二粮秣补给库少尉库员贺福瑞委托民间保管				焙米一四七袋 黄豆一〇七袋 干八〇〇袋 酱油 味噌 ドテム 罐 贮藏壶	库房颇好可作暂用
	竹北第二粮秣补给所	主计大尉大谷一雄	云大造汪憬	三十四年十二月二十四日接收	由该库负责保管	一〇七师	竹北	一排	各种家具及粮秣被服军需品等四千吨	库房程度可作永久用
	新埔第二粮库分堆所	主计大尉大谷一雄	云大造汪憬	三十四年十二月二十四日接收	由该库中尉库员周玉成负责保管	一〇七师	新埔	六名	粮秣被服及各项军需品卫生材料兽医材料	库房程度可作永久用

续表

名称	分库名称地点或堆积所地点及散布位置	移交人员	接收人员	交接月日	现时保管单位及负责人姓名与驻地	监护 番号	监护 主管及驻兵	监护 兵力	物资概计	备考
	关西第二粮库分堆所	主计大尉大谷一雄	云大造汪憬	三十四年十二月二十四日接收	由该库中尉库员何健飞负责保管	一〇七师	关西	一班	粮秣被服各项军需品等物	库房程度可作永久用
	桃源区第一粮秣补给库分堆所	主计大尉大谷一雄	云大造汪憬	十二月二十四日起	第二补给库上尉库员张云峯驻桃源农业会	一〇七师		一排	粮秣被服及各项军需品约有五百吨	库房程度可作永久用
	若林国民学校	主计大尉大谷一雄	云大造汪憬	十二月二十四日起	等第二补给库周处长委托该校长保管	一〇七师		一排	各项亚麻等品约有百余吨	库房可作暂时用
台湾陆军货物厂三峡连络所	大寮茶工厂	原久香等五员	谢旭等五员	十二月廿九日	临时雇员邱凤祥	一〇七师三二一团四连	扬松龄三峡公园	一班	三分之二粮秣	库房可作暂时用
	成福国民学校	原久香等五员	谢旭等五员	十二月卅日	陈金朝	一〇七师三二一团四连		一班	三分之一被服需品以上共物品计一〇〇〇余吨	库房可作暂时用
	成福山上草舍	原久香等五员	谢旭等五员	十二月卅日	陈金朝	一〇七师三二一团四连		一班		库房不堪用
	横溪仓库	原久香等五员	谢旭等五员	十二月卅日	林金水	一〇七师三二一团四连		一班		库房可作暂时用

续表

分库名称地点或堆积所地点及散布位置	移交人员	接收人员	交接月日	现时保管单位及负责人姓名与驻地	监护 番号	监护 主管及驻兵	兵力	物资概计	备考
大埔国民学校	原久香等五员	谢旭等五员	十二月卅一日	蔡儒礼	一〇七师三二一团四连		一班		库房可作暂时用
溪干寮茶工厂	原久香等五员	谢旭等五员	一月三日	刘恒洲	一〇七师三二一团四连		一班		库房可作暂时用
清水坑国民学校	原久香等五员	谢旭等五员	一月三日	林璞山	一〇七师三二一团四连		一班		库房可作暂时用
三峡礁溪茶工厂	原久香等五员	谢旭等五员	一月八日	吴玉卿	一〇七师三二一团四连		一班		库房可作暂时用
土城茶工厂	原久香等五员	谢旭等五员	一月八日	蔡儒礼	一〇七师三二一团四连		一班	三分之一粮秣三分之二需品被服以上物品计七〇〇余吨	库房可作暂时用
莺歌国民学校	原久香等五员		一月二日	临时雇用库员黄刚亮周万发	一〇七师三二一团六连	叶楚卿桃园武陵国民学校	一班		库房可作暂时用
江子翠国民学校	原久香等五员		一月三日	徐三益	一〇七师三二一团六连		一班		库房可作暂时用
山子脚国民学校			一月四日	林兴旺	一〇七师三二一团六连		一班		库房可作暂时用
山子脚隧道			一月四日		一〇七师三二一团六连		一班		库房可作暂时用
桃园一二三号统制仓库			一月五日		一〇七师三二一团六连		一班		库房可作永久用

续表

名称	分库名称地点或堆积所地点及散布位置	移交人员	接收人员	交接月日	现时保管单位及负责人姓名与驻地	监护 番号	监护 主管及驻兵	兵力	物资概计	备考
	大溪统制仓库			一月六日		一〇七师三二一团六连		一班		库房可作永久用
	内栅国民学校			一月六日	黄阿坤	一〇七师三二一团六连		一班		库房可作暂时用
	水流东茶工厂				张继恒					库房可作暂时用
	角板山农场				朱金堂					
台湾陆军货物厂台南出张所	台南市区北门町仓库	陈泰峦		三十四年十二月	第五前进仓库库员梁士桑	陆军第九五师		一班		
	台南市区老松町仓库	陈泰峦		三十四年十二月	第五前进仓库库员张屏	陆军第九五师		一班		
	台南市区运河仓库	陈泰峦		三十四年十二月	第五前进仓库库员黄安仁	陆军第九五师		一班		
	台南郊外永康国民学校	陈泰峦		三十四年十二月	第五前进仓库库员钟冠文	陆军第九五师		一班		
	台南郊外新化国民学校	陈泰峦		三十四年十二月	第五前进仓库库员韦天永	陆军第九五师		二排		
	台南郊外左镇国民学校	陈泰峦		三十四年十二月	第五前进仓库库员陈海科	陆军第九五师		一排		

续表

名称	分库名称地点或堆积所地点及散布位置	移交人员	接收人员	交接月日	现时保管单位及负责人姓名与驻地	监护 番号	监护 主管及驻兵	兵力	物资概计	备考
	台南郊外龟丹堆积所		陈泰峦	三十四年十二月	第五前进仓库库员蒋志明黄潮 第五前进仓库库员吴远程	陆军第九五师		一排		该处所存物件一部系露天堆积,但仓库不堪,据此即搬迁
	台南郊外山上庄		陈泰峦	三十四年十二月	军政部特派员办公处中尉库员薛崎	陆军第九五师		一排		
野战炮兵第十六联队	新庄小份尾		黄正连	三十五年元月	准尉附员吴杰斌	一五一师四五一团第二营		兵二民力协助		
台湾陆军货物厂屏东出张所	屏东农业仓库		黄正连	卅四年十二月	中尉库员曾想英	一五一师四五三团		一排		
	里港国民学校		黄正连	卅四年十二月	上尉库员梁达爵			一排		
	里港青果仓库		黄正连	卅四年十二月	上尉库员梁达爵					
	里港茄冬脚		黄正连	卅四年十二月	上尉库员梁达爵					
	里港新仓库		黄正连	卅四年十二月	上尉库员梁达爵					

续表

名称	分库名称地点或堆积所地点及散布位置	移交人员	接收人员	交接月日	现时保管单位及负责人姓名与驻地	监护 番号	监护 主管及驻兵	兵力	物资概计	备考
台湾陆军货物厂嘉义出张所	嘉义市区农林学校		陈泰峦	卅四年十二月	第四前进仓库库员廖义范	第九五师		一班		
	嘉义市区玉川国民学校		陈泰峦	卅四年十二月	第四前进仓库库员廖义范	第九五师		一班		
	嘉义市区帝国粮食局仓库		陈泰峦	卅四年十二月	第四前进仓库库员廖义范	第九五师		一班		
台湾陆军货物厂嘉义出张所	嘉义市区新高国民学校		陈泰峦	卅四年十二月	第四前进仓库库员廖义范	第九五师		一班		
	嘉义市区朝日市场		陈泰峦	卅四年十二月	第四前进仓库库员钟锦荣	第九五师		一班		该处仓库屋顶破坏贮存物件据此搬迁以免损失
台湾陆军货物厂台中出张所	台中市区曙国民学校		谢潭湘	卅四年十二月	第四前进仓库库员杨迪修	第一七五师		一排		
	台中市区九一仓库		谢潭湘	卅四年十二月	第四前进仓库库员杨迪修					

续表

名称	分库名称地点或堆积所地点及散布位置	移交人员	接收人员	交接月日	现时保管单位及负责人姓名与驻地	监护 番号	监护 主管及驻兵	监护 兵力	物资概计	备考
	台中市区驿前仓库		谢潭湘	卅四年十二月	第四前进仓库库员杨迪修					
	台中市区中山制钢所		谢潭湘	卅四年十二月	第四前进仓库库员杨迪修					
	台中市区若叶国民学校		谢潭湘	卅四年十二月	第四前进仓库库员黎禹昌	第一七五师		一排		
	台中市区村上国民学校		谢潭湘	卅四年十二月	第四前进仓库库员黎禹昌					
	台中市区北屯国民学校		谢潭湘	卅四年十二月	第四前进仓库库员黎禹昌					
	台中市区北屯农业会		谢潭湘	卅四年十二月	第四前进仓库库员黎禹昌					
	乌日台湾纺织株式会社		谢潭湘	卅四年十二月	委托该厂工场长天野岩雄					
	东势地区市场		谢潭湘	卅四年十二月	第四前进仓库库员张耀洲	第一七五师		一连		

续表

名称	分库名称地点或堆积所地点及散布位置	移交人员	接收人员	交接月日	现时保管单位及负责人姓名与驻地	监护 番号	监护 主管及驻兵	兵力	物资概计	备考
	东势地区东国民学校		谢潭湘	卅四年十二月	第四前进仓库库员张耀洲					
	东势地区东势公会堂		谢潭湘	卅四年十二月	第四前进仓库库员张耀洲					
	彰化地区宾国民学校		谢潭湘	卅四年十二月	第四前进仓库库员梁须铸	第一七五师		一排		
	彰化地区富田国民学校		谢潭湘	卅四年十二月	第四前进仓库库员梁须铸					
	彰化地区须雅国民学校		谢潭湘	卅四年十二月	第四前进仓库库员叶梁材					
	员林地区二水街		谢潭湘	卅四年十二月	第四前进仓库库员叶梁材					
台湾陆军货物厂台中出张所	草屯地区草屯农业会		谢潭湘	卅四年十二月	第四前进仓库库员洪毅辉					
	集集地区集集役场会议室		谢潭湘	卅四年十二月	雇用库员陆崇霖	第一五七师		一连		

续表

名称	分库名称地点或堆积所地点及散布位置	移交人员	接收人员	交接月日	现时保管单位及负责人姓名与驻地	监护 番号	监护 主管及驻兵	兵力	物资概计	备考
	集集地区集集郡役所会议室		谢潭湘	卅四年十二月	雇用库员陆崇霖					
	浊水地区浊水农业会		谢潭湘	卅四年十二月	雇用库员陆崇霖					
	竹山地区社寮国民学校		谢潭湘	卅四年十二月	第四前进仓库库员丘伟中	第九五师		一连		
	竹山地区社寮青果检查所		谢潭湘	卅四年十二月	第四前进仓库库员丘伟中					
	竹山地区竹山若竹国民学校		谢潭湘	卅四年十二月	第四前进仓库库员丘伟中					
	竹山地区竹山烟草检查所		谢潭湘	卅四年十二月	第四前进仓库库员丘伟中					
	竹山地区竹山林建勋宅		谢潭湘	卅四年十二月	第四前进仓库库员丘伟中					
	埔里地区埔里教化会馆		谢潭湘	卅四年十二月	雇用库员陈学雁	第一七五师		一连		
	埔里地区埔里家政女学校		谢潭湘	卅四年十二月	雇用库员陈学雁					

续表

名称	分库名称地点或堆积所地点及散布位置	移交人员	接收人员	交接月日	现时保管单位及负责人姓名与驻地	监护 番号	监护 主管及驻兵	监护 兵力	物资概计	备考
	埔里地区水源地		谢潭湘	卅四年十二月	雇用库员陈学雁					
	埔里地区乌牛栏国民学校		谢潭湘	卅四年十二月	雇用库员陈学雁					
台中兵事部连络分部陆军兵器补给厂台中分厂	台中地区曙国民学校		谢潭湘	卅四年十二月	第四前进仓库库员杨迪修					
	台中郊外军功寮国民学校		谢潭湘	卅四年十二月	第四前进仓库库员练剑锋					
第八飞行师团草屯航空地区司令部	台中大屯万斗六国民学校		谢潭湘	卅五年元月	委托当地保甲长赖平逢曾锦灯保管					
	草屯农业会仓库		谢潭湘	卅五年元月	第四前进仓库库员洪毅辉					
	草屯街青果检查所		谢潭湘	卅五年元月	委托当地民人简俊					
第八飞行师团经理部	台中市干城町商业学校		谢潭湘	卅五年元月	委托原地保长林贯世					
	台中市第八步队原址		谢潭湘	卅五年元月	委托原地保长林贯世					

续表

名称	分库名称地点或堆积所地点及散布位置	移交人员	接收人员	交接月日	现时保管单位及负责人姓名与驻地	监护 番号	监护 主管及驻兵	监护 兵力	物资概计	备考
第八飞行师团第五十二航空地区司令部	台中市区输送部		谢潭湘	卅五年元月	委托当地保甲长廖德隐					
	台中市区曙国民学校		谢潭湘	卅五年元月	张金傅郎钦林春山刘捷烺等五人					
	台中市西屯庄水堀头农场		谢潭湘	卅五年元月	库员杨迪修黎禹昌等保管					
	台中市公馆庄上横山		谢潭湘	卅五年元月	库员杨迪修黎禹昌等保管					
	台中市西屯庄农业分仓库		谢潭湘	卅五年元月	库员杨迪修黎禹昌等保管					
	台中市潭子庄驻兵		谢潭湘	卅五年元月	库员杨迪修黎禹昌等保管					
第八飞行师团第五十二航空地区司令部	台中市大平庄农业分仓库		谢泽湘	卅五年元月	库员杨界修黎禹昌保管					
	台中市老松町高桥方宅		谢泽湘	卅五年元月	库员杨界修黎禹昌保管					

续表

名称	分库名称地点或堆积所地点及散布位置	移交人员	接收人员	交接月日	现时保管单位及负责人姓名与驻地	监护 番号	监护 主管及驻兵	监护 兵力	物资概计	备考
	台中市若叶国民学校		谢泽湘	卅五年元月	库员杨界修黎禹昌保管					
	台中市梅枝町台中师范附属国民学校		谢泽湘	卅五年元月	库员杨界修黎禹昌保管					
第八飞行师团第百八战队	台中市北斗郡二林街万合明糖仓库		谢泽湘	卅五年元月	委托原地保陈起保管					
第八飞行师团第九航测队	台中市埔里街梅子脚		谢泽湘	卅五年元月	委托当地民人邱全旺保管					
第八飞行师团第十三自活队	台中市埔里街乾溪		谢泽湘	卅五年元月	委托当地民人张阿德					
第八飞行师团埔里现地自活队	台中市埔里街中眼山		谢泽湘	卅五年元月	委托当地民人林有财保管					
	台中市能高郡蕃地本部溪		谢泽湘	卅五年元月	委托当地民人吴兴旺保管					

续表

名称	分库名称地点或堆积所地点及散布位置	移交人员	接收人员	交接月日	现时保管单位及负责人姓名与驻地	监护 番号	监护 主管及驻兵	监护 兵力	物资概计	备考
第八飞行师团埔里出张所	台中市埔里街鲤鱼窟		谢泽湘	卅五年元月	委托当地民人张阿德保管					
	台中市埔里史港公学校		谢泽湘	卅五年元月	委托当地民人吴瑞麟保管					
	台中市埔里街中相触		谢泽湘	卅五年元月	委托当地民人黄树池保管					
	台中市埔里北公学校东侧		谢泽湘	卅五年元月	雇用库员陈学雍					
第八飞行师团桃园地区队连络分部	台中市埔里街牛眠山		谢泽湘	卅五年元月	委托当地民人林有财保管					
	台中市埔里街史港农业会仓库		谢泽湘	卅五年元月	委托当地民人张援春保管					
第八飞行师团第六十二对空无线队	台中市郊番子寮日糖兴业仓库		谢泽湘	卅五年元月	委托当地民人刘森林保管					

续表

名称	分库名称地点或堆积所地点及散布位置	移交人员	接收人员	交接月日	现时保管单位及负责人姓名与驻地	监护 番号	监护 主管及驻兵	监护 兵力	物资概计	备考
第八飞行师团第三十八航空地区司令部	台中市埔里街牛相触仓库		谢泽湘	卅五年元月	委托当地民人吴瑞麟保管					
	设中市埔里街上桃木坑仓库		谢泽湘	卅五年元月	委托当地民人黄福秀保管					
第八飞行师团第十六航空通信联队	台中市埔里制糖会社		谢泽湘	卅五年元月	委托当地民人前原三男保管					
第八飞行师团独立第二十五飞行团	台中州丰原郡内埔庄后里产马牧场		谢泽湘	卅五年元月	委托当地民人张师尧保管					
第八飞行师团第十野战气象队	台中市北斗郡二林街万兴旺制糖会社农场		谢泽湘	卅五年元月	委托当地民人保长陈和尚保管					
第八飞行师团城补充飞行团	台中市北斗郡二林街源成农场		谢泽湘	卅五年元月	委托番地保长曾隆具保管					
	台中市北斗郡头埤庄考工铺		谢泽湘	卅五年元月	委托番地保长曾元保管					

续表

名称	分库名称地点或堆积所地点及散布位置	移交人员	接收人员	交接月日	现时保管单位及负责人姓名与驻地	监护 番号	监护 主管及驻兵	监护 兵力	物资概计	备考
中央航空路部台湾航空管区连络分部	台中市北斗郡潹州庄热水制糖会社		谢泽湘	卅五年元月	委托当地民人许福来保管					
台湾陆军货物厂高雄出张所	凤山五块厝本库		黄正迖	卅五年元月	上尉库员陈上坤	一五一师四五一团第三营	营长黄安辉	一营欠第二连		
	前镇仓库		黄正迖	卅五年元月	上尉库员陈上坤	一五一师四五一团第三营		一排		
	大树堆积所		黄正迖	卅五年元月	上尉库员陈上坤			一排		
	旗山农民学校		黄正迖	卅五年元月	少尉库员叶越虎	一五一师四五三团第二营		一连		
	圆潭子堆积所		黄正迖	卅五年元月	少尉库员叶越虎					
	旗山驿前仓库		黄正迖	卅五年元月	少尉库员叶越虎					
	旗山街役场		黄正迖	卅五年元月	少尉库员叶越虎					
	木梱堆积所		黄正迖	卅四年十二月	少尉库员叶越虎					

续表

名称	分库名称地点或堆积所地点及散布位置	移交人员	接收人员	交接月日	现时保管单位及负责人姓名与驻地	监护 番号	监护 主管及驻兵	监护 兵力	物资概计	备考
台湾陆军货物厂高雄出张所	美浓国民学校		黄正逵	卅五年元月	准尉库员徐剑鸣			机枪连		
	美浓农业仓库		黄正逵	卅五年元月	准尉库员徐剑鸣					
	美浓运送店		黄正逵	卅五年元月	准尉库员徐剑鸣					
	美浓堆积所		黄正逵	卅五年元月	准尉库员徐剑鸣					
	龙肚堆积所		黄正逵	卅五年元月	准尉库员徐剑鸣					
	中坑国民学校		黄正逵	卅五年元月	准尉库员徐剑鸣					
	月眉国民学校		黄正逵	卅五年元月	准尉库员吴杰斌			一排		
	新庄公馆		黄正逵	卅五年元月	准尉库员吴杰斌					
	新庄堆积所		黄正逵	卅五年元月	准尉库员吴杰斌					
	杉林国民学校		黄正逵	卅五年元月	准尉库员吴杰斌					

续表

名称	分库名称地点或堆积所地点及散布位置	移交人员	接收人员	交接月日	现时保管单位及负责人姓名与驻地	监护 番号	监护 主管及驻兵	监护 兵力	物资概计	备考
	沟坪国民学校		黄正逵	卅五年元月	中尉库员曾译			一连		
	头社堆积所		黄正逵	卅五年元月						
	顶庄堆积所		黄正逵	卅五年元月						
	尾庄堆积所		黄正逵	卅五年元月						
	石门坑堆积所		黄正逵	卅五年元月						

附表(四)

1.军政部台湾区特派员办公处经理接收概况报告表

三十五年二月二十日呈

名称	分库名称地点或堆积所地点及散布位置	移交人员	接收人员	交接月日	现时保管单位及负责人姓名及驻地	监护 番号	监护 主管及驻兵	监护 兵力	物资概况	备考
台湾陆军货物厂连络支部台东出张所	厅前街总库	所长松崎	蒋洪海马尧年	一月十日	台东接收班冯允昌	九五师二八三团二营五连	台东厅前街连长郑治	官兵一六〇员名	全部粮秣约重一八〇吨	1.该车所存粮食均系卑南运来 2.库房程度可作永久用
	马兰第一分库	所长松崎	上尉站员唐占禄	一月十日	台东接收班冯允昌	九五师二八三团二营五连	台东厅前街连长郑治	官兵一六〇员名	粮秣一〇七吨物品一吨	可作永久用

续表

名称	分库名称地点或堆积所地点及散布位置	移交人员	接收人员	交接月日	现时保管单位及负责人姓名及驻地	监护 番号	监护 主管及驻地	监护 兵力	物资概况	备考
	马兰第二库	所长松崎	上尉站员唐占禄	一月十日	台东接收班冯允昌	九五师二八三团二营五连	台东厅前街连长郑治	官兵一六〇员名	百分之三八服装约重三四〇〇吨百分三七粮秣约重三一二〇吨百分之一七兽医材料约重一七吨百分之五物品约重二千斤	可作永久用
	车站分库	少尉主运员赵寿昌中尉经理员吴仲林	一月十七日及二十六日	台东接收班易有乔	九五师二八三团二营五连	台东厅前街连长郑治	官兵一六〇员名	全部粮秣计米类一五九七袋糖一四九袋	该分库所存米糖原系设东宪兵队接收单位未详现经转交
第六十六师团	新港—临时堆积所		上尉站员唐占禄	一月十四日	台东接收班唐占禄				全部粮米计重三七吨又九九斤	1.该所有存米原系设湾粮食局台东办事处缴收现经移交本站 2.该所存米原数九八六包现已运台东五〇〇包

续表

名称	分库名称地点或堆积所地点及散布位置	移交人员	接收人员	交接月日	现时保管单位及负责人姓名及驻地	监护 番号	监护 主管及驻地	监护 兵力	物资概况	备考
六十六师团三百五联队	新港二临时堆积所	联队长儿玉勘一	上尉站员唐占禄	一月十六日	新港成功镇公所镇长马荣通				百分之五五粮秣约重二〇五吨百分之四五物品工具约重八五吨	
	旭村临时镇公所	联队长儿玉勘一	少尉押运员赵寿昌	一月二十日	设东接收班冯克昌				百分之八六粮秣约重三七吨百分十三物品约重五吨百分之一服装约重一吨	程度可作暂时用
六十六师团三百五联队	卑南临时堆积所	联队长儿玉勘一	上尉经理员蒋洪海	一月十六日	卑南乡公所乡长王登科				百分之六四物品约重一〇五吨百分之二〇服装约重四吨百分之一二粮秣约重二五吨	库房程度可作暂时用
六十六师团三百五联队	知本临时堆积所	联队长儿玉勘一	上尉经理员蒋洪海	一月十九日	卑南乡公所乡长王登科				百分之八三粮秣约重一九吨百分之一五物品约重三五吨百分之二服装约重九百斤	库房程度可作暂时用

续表

名称	分库名称地点或堆积所地点及散布位置	移交人员	接收人员	交接月日	现时保管单位及负责人姓名及驻地	监护 番号	监护 主管及驻地	监护 兵力	物资概况	备考
第六十六师团连络部管理部	里垅临时堆积所	部长加藤友记	上尉经理员蒋洪海	一月二十五日	里垅镇公所镇长黄栢荣				百分之七八粮秣约重二〇吨 百分之一七物品约重四五吨 百分之五服装及卫生材料约重一五吨	库房程度可作暂时用
步兵第二〇四九联队	鹿野临时堆积所	高永木井环稔	中尉特务员马尧年	一月二十日	鹿野乡公所乡长米新京				百分之九五粮秣约重二〇吨 百分之五物品工具约重一吨	库房程度可作暂时用
步兵第三百四联队	池上临时堆积所	柳泽造启	中尉站员易有乔	一月十八日	池上乡公所乡长曾贵春				百分之七二粮秣约重一六吨 百分之二〇物品约重四五百分之八服装约重一五吨	库房程度可作暂时用
陆军第百二旅团	美和临时堆积所		中尉特务员马尧年	一月十一日	台东接收班冯克昌				全部兵器弹药	1.库房程度露天 2.露天 3.山洞
	射马临时堆积所									
	鲤鱼山临时堆积所									

续表

名称	分库名称地点或堆积所地点及散布位置	移交人员	接收人员	交接月日	现时保管单位及负责人姓名及驻地	监护 番号	监护 主管及驻地	监护 兵力	物资概况	备考
台湾陆军货物厂花莲港支厂	榕树堆积所	广濑正记	丁本衡	元月七日至十五日	彭思鹏住铜门	陆军第六十二军九五师二八三团一营	劳谦住花莲港	一班	粮秣四一〇吨,占百分之六四五;被服一四吨,占百分之二二;需品四一吨,占百分之〇六;卫生材料七吨,占百分之二;兽医材料二百吨,占百分之三一六;粮秣三分之二、服装需品三分之一;共约九十吨	可作永久用四
	榕树堆积所	广濑正记	丁本衡	元月七日至十五日						可作暂时用二四
	榕树堆积所	广濑正记	丁本衡	元月七日至十五日						露天四
	铜门堆积所	广濑正记	丁本衡	元月七日至十五日						可作暂时用四
	铜文兰堆积所	广濑正记	丁本衡	元月七日至十五日						可作暂时用四
	沙婆磑堆积所	广濑正记	丁本衡	元月七日至十五日	汪自昆住沙婆磑			一班		可作暂时用十一
	沙婆磑堆积所	广濑正记	丁本衡	元月七日至十五日						不堪用
	宜兰堆积所	广濑正记	丁本衡	元月七日至十五日	刘建奎住宜兰	陆军第六十二军九五师二八三团一营	劳谦住花莲港	无	粮秣约三百吨、被服约四十吨、需品约四十五吨	可作永久用二
	宜兰堆积所	广濑正记	丁本衡	元月七日至十五日						可作暂时用一
	宜兰堆积所	广濑正记	丁本衡	元月七日至十五日						露天一

续表

名称	分库名称地点或堆积所地点及散布位置	移交人员	接收人员	交接月日	现时保管单位及负责人姓名及驻地	监护 番号	监护 主管及驻地	监护 兵力	物资概况	备考
台湾军营区经理部花莲港出张所	吉野堆积所	二川次夫	丁本衡	元月七日至十五日	许业农住吉野	陆军第六十二军九五师二八三团一营	劳谦住花莲港	二名	粮秣约十一吨、被服需品约十吨	可暂时用二
	千石堆积所	二川次夫	丁本衡	元月七日至十五日	毛孟常住千石	陆军第六十二军九五师二八三团一营	劳谦住花莲港	五名	建筑材料、通信材料共一百吨	可暂时用五
	千石堆积所	二川次夫	丁本衡	元月七日至十五日						露天一
台湾日本第八飞行师团第24航地司令部	花莲港南飞行场	握时弘	丁本衡	元月七日至十五日	张治新住南飞行场	陆军第六十二军九五师二八三团一营	劳谦住花莲港	二名	武器弹药约三十吨	借用
	花莲港南飞行场	握时弘	丁本衡	元月七日至十五日		陆军第六十二军九五师二八三团一营	劳谦住花莲港			
附记	经理部门全台已接货物厂及降敌部队缴纳单位总计四十五个列表,仓库共二十七个,而分散集积之堆积处所尚未计入。									

2.军政部台湾区特派员办公处卫生接收概况报告书

三十五年二月二十日呈

名称	分库名称地点或堆积所地点及散布位置	移交人员	接收人员	交接月日	现时保管单位及负责人名姓与驻地	监护 番号	监护 主管及驻地	监护 兵力	物资概况	备考
	基隆市	高桥哲次	吴国兴	卅四年十二月三日	一等佐司药陈桐润	七十军				
同上大坑埔分室	基隆郡大坑埔	南和嘉男	吴国兴	卅四年十二月三日	三等佐司药李隆兴	七十军				
台湾区第二医院（台北陆军病院）	文山郡新店街	田崎贞吉	吴国兴	卅四年十二月八日	一等佐军医周海祥	七十军				
同上南门分室	台北市南门町	差我亮司	吴国兴	卅四年十二月十日	三等正军医夏霖	七十军				
同上屈尺分室	文山郡屈尺	宫崎思一	吴国兴	卅四年十二月八日	二等佐军医许振铮	七十军				
同上中和分院	海山郡中和庄	宫崎少佐	吴国兴	卅四年十二月十日	二等佐军医高武兴	七十军				
同上新店溪分院	文山郡直潭	木乙雄	吴国兴	卅四年十二月九日	一等佐军医王达礼	七十军				
同上乌来分院	乌来蕃社	北畑金治	吴国兴	卅四年十二月八日	一等佐军医彭仁孝	七十军				
同上宜兰分院	宜兰市	池田正男	吴国兴	卅四年十二月十三日	三等佐军医李德清	七十军				

续表

名称	分库名称地点或堆积所地点及散布位置	移交人员	接收人员	交接月日	现时保管单位及负责人名姓与驻地	监护 番号	监护 主管及驻地	监护 兵力	物资概况	备考
同上三星分室	罗东郡三星庄	杉浦武郎	吴国兴	卅四年十二月十四日	三等佐军医李德清	七十军				合并宜兰
大溪分院	大溪郡大溪			卅四年十二月十六日	三等佐军医李德清	七十军				
同上中坜分院	中坜郡中坜街	川田少佐	吴国兴	卅四年十二月十六日	一等佐军医李品狮	七十军				
同上坪林分院	新竹郡关西庄	秦诚	吴国兴	卅四年十二月十七日	二等佐军医胡树棡	七十军				
同上新竹分院	新竹市埔顶	北村请太郎	吴国兴	卅四年十二月十七日	二等佐军医正文	七十军				
同上冶水坑分院	新庄郡五股庄	佐藤鸣海	吴国兴	卅四年十二月十一日	二等佐军医胡树栅					合并南门
同上北投分院	七星郡新北投	冈高和	吴国兴	卅五年元月三日						
台湾区第三医院大湖分院	大湖郡大湖庄	冈田忠一	吴国兴	卅四年十二月十八日	一等佐军医潘安良					北院系由空军接收台中陆军病院之分院
台湾区第四医院嘉义陆军病院	嘉义市	井上中佐	吴国兴	卅四年十二月廿三日	三等佐军医徐德明	六二军				

续表

名称	分库名称地点或堆积所地点及散布位置	移交人员	接收人员	交接月日	现时保管单位及负责人名姓与驻地	监护 番号	监护 主管及驻地	监护 兵力	物资概况	备考
同上关子岭分院	新店郡白河庄	龚敏郎	吴国兴	卅四年十二月廿三日	三等佐军医徐德明					合并嘉义
同上小梅分院	嘉义郡小梅	寺岩哲雄	吴国兴	卅四年十二月廿二日	三等佐军医徐德明					合并嘉义
同上溪边厝分院	斗六郡斗六	伊藤滨	吴国兴	卅四年十二月廿二日	一等佐军医吴价夫					
台湾区第五医院台南陆军病院	新化郡新化街	稻叶安雄	吴国兴	卅四年十二月廿四日	三等正军医颜寿凯					
同上察技分室	新化郡楠西庄	森吉猛	吴国兴	卅四年十二月廿五日	一等佐军医张卓勋	六二军				
同上玉井分院	新化郡玉井街	中岛正三	吴国兴	卅四年十二月廿五日	一等佐军医张卓勋	六二军				
同上楠西仓库	新化郡楠庄	樱井胜马	吴国兴	卅四年十二月廿五日	三等正军医颜寿凯	六二军				
同上太子庙分院	新来郡太子庙	二并俊雄	吴国兴	卅四年十二月廿五日	二等佐军医张维泽	六二军				
同上永康分院	新来郡永康庄大湾	佐藤义美	吴国兴	卅四年十二月廿五日	三等佐军医钟志宜	六二军				
下坑分院	新丰郡下坑		吴国兴	卅四年十二月廿五日		六二军				

续表

名称	分库名称地点或堆积所地点及散布位置	移交人员	接收人员	交接月日	现时保管单位及负责人名姓与驻地	监护 番号	监护 主管及驻地	监护 兵力	物资概况	备考
台湾区第六医院高雄陆军病院	高雄市大港埔	渡边稔	吴国兴	卅四年十二月廿六日	二等佐军医欧阳杰	六二军				
同上溪边分院	旗山郡溪洲	佐藤世雄	吴国兴	卅四年十二月廿七日	一等佐军医何明设	六二军				
旗山分室	旗山郡旗山街		吴国兴	卅四年十二月廿八日		六二军				
木栅分室	旗山郡木栅		吴国兴	卅四年十二月廿八日		六二军				
北隘寮分院	旗山郡隘寮		吴国兴	卅四年十二月廿五日		六二军				
同上和尚分院	旗山郡旁责坑		吴国兴	卅四年十二月廿七日	一等佐军医蒋松担	六二军				
大寮分室	凤山郡大寮		吴国兴	卅四年十二月廿六日		六二军				
台湾区第八医院屏东陆军病院	旗山郡	渡边茂雄	吴国兴	卅四年十二月廿八日	一等军医温世铨	六二军				
大津分室	屏东郡高树庄		吴国兴	卅四年十二月廿七日		六二军				

续表

名称	分库名称地点或堆积所地点及散布位置	移交人员	接收人员	交接月日	现时保管单位及负责人名姓与驻地	监护 番号	监护 主管及驻地	监护 兵力	物资概况	备考
同上后庄分院	屏东郡后庄	平野民人	吴国兴	卅四年十二月廿七日		六二军				
同上竹田分院	潮洲郡竹田庄	池上一郎	吴国兴	卅四年十二月廿七日	一等佐军医曾少怡	六二军				
同上佳冬分院	东港郡佳冬庄	伊藤新右卫门	吴国兴	卅四年十二月廿六日	一等佐军医林祥	六二军				
恒春分室	恒春郡恒春		吴国兴	卅四年十二月廿八日		六二军				
新庄分院	旗山郡杉林		吴国兴	卅四年十二月廿八日		六二军				
台湾区第九医院台东陆军病院	台东郡福鹿	原善一	吴国兴	卅四年十二月廿四日	一等佐军医林日铭	六二军				
台湾区第十医院花莲港陆军病院	花莲港郡池南	横山孝一	吴国兴	卅四年十二月廿二日	一等佐军医张正魄	七十军				
同上福住町分院	花莲港市福住町		吴国兴	卅四年十二月廿二日	三等佐司药杨明启	七十军				
附记	一、全台日方医院共计四十四所，除空军接收二所、海军接收一所外，本处共接收四十六所。 二、卫生资材除集积各院所外，其余各货物厂均有此项资材。									

接收日军仓库位置，三十四年十二月（略）

接收日军兵器厂库位置要图，三十四年十二月（略）

接收日军自动车厂酒精工场修理工厂位置要图，三十四年十二月（略）

接收日军货物厂位置要图，三十四年十二月（略）

接收日军医院位置要图，三十四年十二月（略）

接收日军卫生材料兽医资材仓库位置要图，三十四年十二月（略）

第六章　海军组接收经过

甲、接收准备

（一）计划策定

海军台澎要港司令部奉令接收台澎日海军后，该部李司令当准备一切。先是，在未奉明令来台接收前，李司令原以海军第二舰队司令名义奉派接收厦门日海军，经抽调海军闽江江防司令部暨陆战队第二旅司令部人员并二旅之第一营队伍离榕赴厦。抵厦后，旋复奉令来台接收，当将所带随员队伍留厦，交刘司令德浦遣用。李司令折回福州，重行抽调人员，并报请收容旧海军官佐士兵，准备来台，并调二旅之第四团及所属之第二、第三两营暨海军扫雷队、特务队官兵分乘帆船二十艘，李司令则率同高级职员乘海平炮艇，先后于本省预定接收日期（三十四年十月二十五日）前到达基隆，以次向台北、高雄、马公推进，人员并特务队等由李司令亲率，而陆战队则归团长戴锡余指挥，其计划详见（四）《解除日军武装实施计划》节。

（二）接收组之组成

接收台澎日海军系分地区办理，以人员缺乏分配为难，经就事务之简繁，人员之多少暂为划分。计台北地区由该部参谋长澎瀛总其成。在李司令指挥下，督率各员分任接收点接收工作，下分三组：(1)武器舰艇组，由海军少校郑能培等担任。(2)物资器材组,由海军中校陈拔等担任。(3)通信器材组,由一等电信佐陈传淘等担任。

高雄地区由该部中校参谋陈秉清总其成,在李司令指挥下,督率各员分任接收点收工作,下分五组:(1)武器组,由团长戴锡余等担任;(2)机械组,由轮机少将韩玉衡等担任;(3)军需组,由轮机上尉周谨崧、一等造舰佐李崇杰等担任;(4)舰艇组,由海军上尉刘杙等担任;(5)车辆组,由轮机上尉冯辉等担任。

澎湖地区,由该部李司令亲自督率各员分别办理,下设三组:(1)武器组,由陆战队二营营长陈昌同、陆军少校林鸿荃担任;(2)器材组,由二等造舰正陈长钧、一等电信佐陈传淘等担任;(3)物资组,由轮机上尉罗孝武、一等造械佐罗智莹等担任。

(三)接收工作概要

(1)台北地区

台北地区接收工作系于三十四年十一月一日开始,因人员不敷分配,以致点收工作不能如期完毕。兹将接收点收情形分述如左:

十一月一日接收台北、高雄警备府司令部,高雄海军经理部台北支部,高雄海军军需部台北支部三处。台北、高雄警备府司令部系于十二月四日由陈中校拔率员兵前往点收,当日完毕,该部并无重要武器,故仍着其保管。高雄海军经理部台北支部于十二月七日点收,十一日完毕,该部为会计机关,武器而各种资材正多,点收颇费时间。高雄海军军需部台北支部十二月七日点收,该部为补给军品机关,仅有少数步枪手枪等,而军用品则颇多,因系与经理部同时点收,该两部费时五日,亦于十一日完毕,先将各仓库标封点交其暂行责保管,现已派兵防护。

十二月二日接收台北在勤海军武官府、高雄海军人事部、台北地方海军人事部。台北在勤海军武官府十二月四日由郑少校能培率员兵前往点收,当日完毕。该府存有通信器材,由通信组点收,移存本处及基隆仓库。高雄海军人事部由郑少校能培同日点收,该部仅有家俱及防毒面具数具,故仍着其负责看管。台北地方海军人事部同日由郑少校能培点收,该部系人事调动机关,仅有军刀及家俱,除将军刀缴存本处外,余仍暂着保管。

十一月三日接收高雄海军病院草山分院、高雄警备府军法会议、第三三四海军设营队、淡水震洋队、草山分院于十二月五日由陈中校拔点收,当日完毕。该院除自活用物品外,均系药品及医疗器械等,因该院仍继续诊治军人,故各项医药器械未予迁移,仍着其负责保管并使用。军法会议同日点收,仅有长刀短剑等,仍着其保管。三三四设营队十二月五日点收,六日完毕。该队所有枪械除运回本处外,仍有一部留存该处仓库,派队防护。淡水震洋队十二月五日由郑少校能培前往点收,当日完毕。该队本为第一〇二、第一〇五两震洋队合称,计有自杀艇五〇艘,仅存船壳,并无机器,且均损害不堪使用,登陆艇三艘,仅有坏机器二副,亦须修理后方可使用。

十一月四日接收基隆在勤海军武官府、高雄海军军需部基隆支部、基隆海军运输部,基隆武官府、基隆运输部均于十二月五日由郑少校能培点收,该府并无武器,运输部武器之机枪、手枪均移存临时仓库。基隆军需支部于十二月六日点收,八日完毕,其可移动之枪炮均移存基隆临时仓库,大炮等不能移动者则仍存该处,派兵看护(以上冠有台北者,驻地即在台北;冠有基隆者,驻地即在基隆,淡水、新竹亦然,惟三三四设营队则在台北士林)。

(2)高雄地区

高雄地区接收工作系于三十四年十一月六日开始。是日,派本部中校参谋陈秉清等接收高雄日海军司令部,李司令率海军官兵并陆战队即就该司令部前行升〔旗〕礼。礼成。继续接收日海军通信队高雄港务部并船艇之一部。七日,派陈秉清等接收高雄日军警备队及海兵团并鱼雷艇六艘、敷设艇一艘、驱潜特务艇二艘、潜水艇二艘、震洋艇二〇八艘,内有几(机)器者一六〇艘。同日,并令陆战队第四团团长戴锡余派队伍一连进占寿山,掩护接收。八日,派陈秉清等法收高雄日海军军需部、经理部及军法会议等处。

九日,派陈秉清等接收高雄商港内日军设施及船舶救难修理部、基隆运输部高雄出张所、高雄工作部等处。

十日,派陈秉清等接收高雄新庄通讯队及海军病院并左营冈山地区炮台等。

十一日，派陈秉清等接收高雄日海军施设部、凤山海军通信队等。

十二日，派陈秉清等接收高雄日海军第六燃料厂、高雄日海军病院、左营分院及深水施设部等。惟第六燃料厂，本部于十二月十二日准台省长官公署工矿处代电，以奉经济部令派接收专员金开英接办日海军第六燃料厂，先派接收专员郭乃雄接洽接收事宜等，由旋经派员会同郭专员乃雄前往该厂办理交接手续，并函复包鱼特派员可永查照。

以上为高雄地区接收情形。截至是日，接收工作已告完毕。并规定东西海兵团并新庄通信队旧址为日海军官兵集中营。此外则为台中、台南两处，附列如下：

十三日，派上尉吴懋州接收台中州东势郡石冈村日军官兵家属住宅。

二十三日，派上尉参谋陈镜良率士兵前往台南接收该处日海军防卫所。

二十六日派陈秉清等前往南投接收该处高雄海军派遣队，该队计分南北两地区及二林、龙眼林等处，每处各设三四科或六科不等，共有房屋及仓库二十余所，至二十七日接收完毕。以上为接收高雄及其附属地区之日海军大略情形。接收后，经将重要武器即予收缴存库保管，至其他物资器材，因搬运需时，又以员兵缺乏，经暂着日俘照常负责保管，自三十四年十一月十一日起逐日派员点收，点收后或予集中，或派兵守护。兹将点收工作分述如左：

十一月十一日派陆战队第四团少校团附郑崇濂点收高雄日海军军法会议，又派第四团团长戴锡余点收寿山日海军军需部山洞武器，又派上尉副官陈吉亮点收高雄日海军经理部。

十三日，派团长戴锡余点收高雄日海军警备队寿山洞窟。

十五日，派上尉参谋镜良点收高雄日海军运输部高雄出张所。

十二月三日，派上尉参谋陈镜良点收日海军病院旗尾仓库。

十五日，派三等造械正姚英华点收高雄日海军工作部。

十六日，派一等造舰佐李崇杰点收高雄日海军经理部。

十八日，派李崇杰点收高雄日海军港务部。

廿二日，派李崇杰点收高雄日海军部船舶救难修理部。

二十七日，派三等军医正胡贺京点收冈山日海军病院。

三十五年一月二日,派上尉刘杙点收日海军各项舰艇。

六日,派中尉伍岳前往斗南等处点收高雄日海军军需部仓库。

十二日,派一等电信佐陈传淘前往北门庄日海军防备营点收通信器材。

十四日,派陈传淘点收寿山日海军通讯器材。

三十日,派轮机上尉周谨崧前往水蛙潭、燕巢等处点收日海仓库。

以上为点收情形点收后,仍交日俘会同本部所派员兵共同守卫。其应行集中者,则陆续集中。其情形详下另节。

(3)澎湖地区

澎湖地区之接收点收事宜,分海军与陆军两项,兹分述如下:

海军:本部接收澎湖日海军,后于三十四年十一月十五日开始,惟本部先于十一月八日派陆战四团第二营营长陈昌同、步机各一连(机连欠一排),又二等造舰正陈长钧率工匠十五名分乘74、190两特务艇并高知九先赴马公本部,李司令则于十四日率随员乘海平炮艇前往,当晚到达,旋澎湖地区前日本海军主官相马信四郎少将来降,本部当令将驻澎湖列岛之日海官兵名册、船艇、武器、弹药、装备、厂坞、营舍、仓库、车辆、粮秣、文卷、书类、图表以及其他军用物资等造具详细目录各四份即日呈部,并告以定期接收等项。十五日上午八时,李司令率在澎各官兵齐集本部马公办事处大门前举行接收升旗典礼。礼成,李司令率陈长钧、陈昌同、林鸣莖、陈传淘等开始接收日海军马公特别根据地队司令部、工作部、军需部、施设部、大案山火药库、电探台、莱园送信所、贮水池、凸角防卫所等处。十六日,率陈昌同、林鸿莖等接收渔翁岛、虎牛屿、测天岛、马公等海岸防海防空各炮台,于是,澎湖日海军接收工作遂告完毕。十七日以后,分派各员开始点收,至十九日,点收完毕。所有该处日海军官兵、工匠共一千四百人,除本部马公办事处所留技术人员暨台籍工匠七百余人经予遣散外,其余日官兵缴械后,经导十九日天黑前分别集中于(甲)妈宫海仁会二百人,(乙)测天岛兵舍二百余人,(丙)石泉兵舍三百余人,候轮遣送回国。又台南之北门有日军防卫所,系马特根司令所管辖,该防卫所置有二式磁气水中探知器一组、发电机一台、人员三名,经于二十二日电左营本部派员前往接收,将机件运左,日官兵饬赴东港集中。

陆军:驻澎湖列岛之日本陆军系泼剌部队,其主官为鸠饲源吉大佐,并附有宪兵队。本部命该部代为接收,亦经于三十四年十一月二十日上午八时开始接收该泼剌部队及宪兵队,及宪兵队并派陈昌同、林鸿荃、陈传淘等随同办理,至二十一日下午五时完毕。计而泼剌部队长鸠饲源吉大佐以下校尉九十六人,准士官五人,下士官二百五十五人,兵一千三十八人,统共官兵一千六百九十四人。缴械后,经饬限二十二日天黑前分别集中于(甲)马公兵舍四百人,(乙)牛心湾兵舍六百人,(丙)拱北兵舍三百五十人,(丁)鸡母坞兵舍三百五十人,并依酌留宪兵九十名,暂准随带武器,由日本宪兵队长志苦昂大尉率带,归本军陆战队二营营长陈昌同节判指挥,其分驻如下。

（甲）马公兵舍十五名,（乙）牛心湾兵舍三十五名,（丙）拱北兵舍二十名,（丁）鸡母坞兵舍二十名。在各该集中营维持内部纪律秩序,各集中营日海陆军官兵每日上午六时以前下午六时以后非有特别事故报经核准者,不得外出,又各仓库点收后未动前,仍旧着照常负责看守。

(四)解除日军武装实施计划

本部为使尔后诸种接收顺利及预防日军意外起见,拟定解除日军武装之实施计划如下:

(1)实施时须作战备,以防万一。

(2)解除武装以收缴日海军警备队之轻重兵器及海岸要塞炮台、高射炮等为主要目标。

(3)为适应本军状况,分基隆、高雄、马公三地区,按上列顺序,以陆战队及特务队次第解除其武装。其分驻于各该地区以外者,限期着日方自行解除武装,以待我方另行派员率队前往收缴。

(4)解除各地区日海军部队番号武装之日期预定如左:

十一月一日至四日,基隆地区(基隆防备队及其派遣队,基隆区海岸要塞各炮台)。

十一月六日至九日,高雄地区(高雄海军警备队,高雄区海岸要塞各炮台)。

十一月十一日至十五日,马公地区(马公地区特别根据地队、马公区海岸要塞各炮台)。

(5)本军各部队任务及行动部署如下：

(子)陆战队第四团按照第四项规定,逐次解除日军武装,并注意左列所示事项。

1. 基隆区武装解除完毕,以步一连机一排留驻该地,归办事处严主任指挥；准备服行其他任务。

2. 该团主力于四日由基隆乘火车赴旧城,续行解除高雄区方面日军武装之解除,尔后该团即驻紫左营要港附近,准备服行其他任务。

3. 十日,再由该团派出一营(欠步二连、机一排)由左营要港乘特务艇赴马公,续行解除该地区日军武装之解除。

(丑)特务队按照第四项规定除以一部协助陆战队逐次收缴日军武器外,并担任各港舰艇上武装之解除,并注意左列所示事项：

1. 基隆区武装解除完毕,留置一部归严主任指挥,准备服行其他任务。

2. 主力随接收组配合陆战队于六日由基隆乘火车赴旧城,尔后该队归接收组指挥,即驻紫要港附近,准备服行其他任务。

3. 十日,再派一部配合陆战队乘特务艇赴马公,继续服行任务。

(6)各地区日军武装解除后,应即收缴其械弹,并派队押运,搬存各地区仓库集中保管之。惟对要塞各炮台,则先收缴各炮台之炮闩、瞄准器等,交由接收组保管之。

(7)解除武装后之日俘,除必须在原地令其服行劳役外,应就各该地区所指定之集中营力求使其集结,以免分散而利管理。

(8)派遣所需通译人员到达陆战队团部及特务队部服务。

(9)命令日海军中将志摩清英,告以本军队伍可能到达各地区之日期,并令其作如左之准备。

(子)派出各地区日海军部队所需要之连络员,于本军队伍出发前一日到达本军接收组候令。

(丑)三日十八时于基隆火车站准备火车一列直达旧城。

五日七时于台北火车站准备火车一列直达旧城。以上计划即定,经于三十四年十月三十日由台北台澎要备司令部分饬遵办。

(五)接收组组织办法

我方海军原以第二舰队司令部名义奉令来台接收既如上述,嗣复奉令组织海军台澎要港司令部,继续办理接收事宜,于是,设海军台澎要港司令部于高雄之左营,分设办事处于台北、基隆、马公等处。基隆办事处接收事务较简,人员较少,故全部接收事宜仅分三区,所有基隆方面接收任务则附隶于台北地区,现除左营本部参秘副需及机械军法等处组织规模粗具外,其台北、马公两办事处则尚未就绪,故各接收分组之组织只能就各员之性能酌为分派,兹分述如下:

(子)台北地区接收组,组长上校彭瀛

1. 武器舰艇组以少校郑培为接收组长,其余组员系由台北办事处之参谋副官调充。

2. 物资器材组以中校陈拔为组长,其余组员亦由台北办事处之参副调充。

(丑)高雄地区接收组,组长中校陈秉清

1. 武器组以团长戴锡余任组长,其余组员系由陆战队四团团部调员充任。

2. 机械组以轮机少将韩玉衡为组长,其余组员由本部机械处调员充任。

3. 军需组以轮机上尉周谨崧、一等造舰佐李崇杰分任正副组长,其余组员由本部参谋处及军需处调员充任。

4. 舰艇组以上尉刘代为组长,其余组员由本部副官处调员充任。

5. 车辆组以轮机上尉冯辉为组长,其余组员由本部副官处调员充任。

(寅)澎湖地区接收组,组长由李司令自兼。

1. 武器组以陆战队第二营营长陈昌同为组长,陆军少校林鸿荃为副组长,其余组员由陆战队第二营调员充任。

2. 器材组以二等造舰正陈长钧为组长,其余组员由马公造船所中派员充任。

3. 物资组以轮机上尉罗孝武、一等造械佐罗智莹分任正副组长,其余组

(六)各种接收组下达命令文电及规定

海军台澎要港司令部来台伊始,以人员缺乏,机构组织未能健全,下达命令,除关系重要外,间或以手示及条示行之,其属于临时紧急处分,或由口谕交办,或用电话传知厥后分派士兵看守接收品等所发手令,要皆无关宏旨,不复详录兹录,其含有普遍惟之重要,命令等件如下:

接收降敌各机关经过情形简要报告表

原机关部队名称	开始接收时期	完毕时期	武器资材概况	临时处置及保管办法	备考
高雄警备府司令部	卅四年十一月一日	十二月四日	该府武器手枪其他物资亦多存该部内	因员兵缺少关系除便于移动者嘱另集中封存点验	
高雄海军经理部台北支部	仝	十二月十一日	该部仅有自动车及少数自活物品	交其负责保管	自活用物品多属器械及纸张
高雄海军军需部台北支部	仝	仝	均系军品自活用物品,在未遣回前类多仰给于此	除集中派管外,其余分散各处亦有仍交其保管者	
台北在勤武官府	十一月二日	十二月四日			
高雄海军人事部	仝	仝			
台北地方海军人事部	仝	仝			
高雄海军病院草山分院	十月三日	十二月五日	医药品甚多		
高雄警备府军法会议	仝	十二月四日			
第三三四设营队	仝	十二月五日	除海岸炮外,机枪步枪而已		
淡水震洋队	仝	仝	只震洋艇一项		
基隆在勤海军武官府	十一月四日	十二月七日			

续表

原机关部队名称	开始接收时期	完毕时期	武器资材概况	临时处置及保管办法	备考
高雄海军军需部基隆支部	全	十二月六日			
基隆海军运输部及士林事务所	全	十二月五日	资材分置之处颇多		
高雄海军通讯队	十二月六日	十二月七日	通信器材可能移动均已移集		
高雄海军施设部台北支部	十二月八日	十二月十一日	该部资材最多	分遣点验分别保管	
基隆防备队	十二月四日	十二月七日	该队系救难工作居多		
高雄海军军需部基隆支部	十二月六日	十二月九日			
高雄海军运输部基隆支部	十二月十日	十二月十一日			

接收前日海军概况位置要图(海军航空队除外)(略)

接收前海军组军队部署概要图，卅四年十月二十九日(略)

日本海军官兵驻地人数统计表

原部队	指挥官	原驻地点	官兵人数
高雄警备府司令部	中将志摩清英	台北市圆山	260
高雄海军通信队台北分遣队	中将志摩清英	台北市圆山	53
高雄海军人事部	大佐远藤宾	台北市下内埔	21
台北地方海军人事部	大佐藤崎照	台北市水道町	12
高雄海军施设部台北支部	技大佐上野长三郎	台北市圆山	572
军法仑(会)议台北出张所	法大佐山田龟之助	台北市圆山	9
高雄海军军需部台北事务所	少将长野昌敏	台北市圆山	104
高雄海军经理部台北事务所	少将长野昌敏	台北市圆山	55
台北在勤海军武官府	大佐菊地嘉一郎	台北市下内埔	40

续表

原部队	指挥官	原驻地点	官兵人数
高雄海军病院同草山分院	医少将黑木盛秀	冈山	182
		草山	110
基隆防备队基隆防备队公馆派遣队	大佐绪方友兄	基隆	645
		公馆	640
基隆防备队见荷所		士林淡水苏澳三貂角富贵角等	99
基隆防备队花莲港派遣队		花莲港	35
高雄海军工作部基隆出张所		基隆	124
高雄海军军需部基隆支部			26
基隆海军运输部	大佐藤尾胜夫		313
基隆在勤海军武官府	大佐藤尾胜夫		37
高雄方面根据地队司令部	少将黑濑浩	高雄(左营)	139
高雄海军警备队	大佐本田甚次郎		5819
高雄海军港务部	大佐本田甚次郎		117
高雄海军工作部	大佐松元泰		323
高雄海军施设部	技大佐上野长三郎		683
高雄海军军需部	少将长野昌敏		283
高雄海军经理部	少将长野昌敏		72
高雄海军人事部高雄出张所	大佐远藤宾		16
高雄警备府军法会议	法大佐山田龟之助		16
高雄海军刑务所	法大尉高梨好雄		30
高雄海军病院左营分院			59
高雄海军工作部台北出张所		台北(士林)	17
第六海军补充部	大佐远藤宾	公馆	23
高雄海军警备队南投派遣队		南投	303
高雄海兵团	大佐本田甚次熊		459
高雄海军通信队	中佐小山重人	高雄(左营新庄)	531
高雄海军施设部教导班设营班	技大佐上野长三郎	高雄(深水)	172
马公方面特别根据地队司令部	少将相马信四郎		822
高雄海军工作部马公分工场		马公	62
高雄海军施设部马公地区			26

续表

原部队	指挥官	原驻地点	官兵人数
高雄海军军需部马公出张所	少将相马信四郎		19
东港派遣队		东港	383
恒春派遣队	少将相马信四郎	恒春	220
台东含新港派遣队		台东(含新港)	633
第六海军燃料厂		新竹	281
同高雄施设	少将小林淳	高雄	596
同新高施设		新高	112
总计			15552
附记	查第六燃料厂非海军接收但原有海军官兵在内特此声明。		

第七章 空军组接收经过(含第三飞机制造厂)

甲、接收准备

(一)计划策定

该组基于本部军字第一号命令第十五条所规定,为使接收工作迅速确实进行,特考虑降敌当时状况及我空军业已到达台湾兵力之全般态势,以策定本接收计划及办法实施之。

(二)接收部署要领

一、依据降敌陆军第八飞行师团及现在台湾澎湖之日本海军航空队并民用之航空飞机、武器、装备、基地、场所、厂库、常建设备、器材、物资、文书等,统就现态势,在大港口至南浊文溪之线以北者,自三十四年十一月一日开始由空军第二十二地区司令林文奎所指定或委托之人员接收,受其区处。在上述之线以南及澎湖区域者,由空军第二十三地司令张寿柏指定或委托之人员接收，受其区处。

二、规定降敌人员、兵器与资财等集中地区，并颁发各兵器资财等处理办法，限期完成，以备点收。

三、在开始接收之初期，先行接收空中运输上必要之基地，并接管场站勤务，以便我空军之运输及监视指挥降敌之行动而利全盘之接收。

(三)接收组之编成

空军部队遣派来台担任接收台湾区降敌陆海军航空部队及民间航空者为空军第二十二、二十三两组地区司令部及所辖四个地勤中队、两个无线电区台及其他厂库等十余单位。自空军第二十三地区于三十四年十二月奉航空委员会命令撤并，二十二地区司令部及接收组之番号及其编成时期如左：

一、第一组，空军第二十三地区司令部所属(兵力略)，自三十四年十一月一日至十二月三十一日。

二、第二组，空军第二十二地区司令部所属(兵力略)，自三十四年十一月一日迄今。鉴于业务之繁重，兵力有限，并将各集中区划分为十三个接管组，每组设组长一人，组员若干人，配以电台组成之，其人员虽较少，但一般工作尚称顺利。

(四)接收工作概要

一、准备接收时期

1. 三十四年九月中旬，空军第二十二、二十三两地区司令部先遣人员前后飞抵台南、台北，即依计划分别接管台北、台南两基地以利空运，迨十月二十五日，台湾区日军正式签降后，两地区遂于十一月一日起以南浊水溪迄秀姑峦溪之线为地境展开接收工作，同时，着日方呈出其投降前之战斗序列、指挥系统、部队编组、兵力位置及军品物资资料等，研究接收处理之方案。

2. 派员视察台湾各空军基地降敌之兵器物资分布状况，考虑军事上之价值与交通状况等，以备实施各集中区内一切接收业务。

3. 为便于空运并监视降敌，特先接收台北、台南两基地，同时于重要基地派遣少数人员，配以电台，担任监视。

4. 命令日本陆海军航空部队遵照划定之区域及接收初步办法受各接管

组之指导，将全区散置之武器、物资整理并集中于指定地点，同时造具清册，听候点收。

二、实施接收时期

接收之实施，事实上在准备时期即已开始，除由准备时期已派出之接管理人员监视外，并着日方代为保管，直至物资集中整理以及警卫布置完毕，方宣布实施接收。此时之工作概况如左：

1. 按计划充实各接管组，便能担当任务，并限期将各该区内应接收之兵器物资等，分别检验点收，分类装箱，标识保管，同时收缴日方陆海军航空部队各种图表书类，研究参考。

2. 将接收完毕、装箱妥善之物资整理入库或集中一定场所分别封存并标识之。

3. 将各储存物资之库房及机场营舍等坚立界址牌，张贴布告，点交所派之警卫部队警戒。

4. 自三十四年十月二十五日台湾区日军签降后，两地区同于十一月一日以南浊水溪迄秀姑、峦溪之线为地境展开接收工作以来，第二十二地区以六个集中区限期着降敌将一切兵器及资财集中整理而点收，截至三十五年元月十日止，点收处理完毕。

5. 第二十三地区则先行点收，再着降敌就七个集中区集中，截至三十五年元月底止，由二十二地区继续集中点收，处理完毕。

6. 接收工作最重要之阶段，日俘即将遣送，而接收尚未完成之时，于三十四年十二月十六日接航委会命令将空军第二十三地区司令部撤并归空军第二十二地区司令部，当即接管其一切业务。该二十二地区司令部于三十四年十二月底由台南移驻台北，由三十五年元月一日起主持全台湾省日本陆海军航空部队及民航之接收工作。

三、物资处理时期

1. 物资之处理在接收实施之同时分别检验，分类装箱归库保管，除将损坏处轻堪以修理使用之飞机及有关兵器等尽量利用日俘予以修理保管，并着日方将使用保管要领分别介绍我空军人员。

2. 检查油料、械弹,将油桶渗漏或锈蚀者换桶或并装存放,将枪械洗擦涂脂,如已过保险时期之炸弹,按典令规定处之。

3. 将易燃及危险品分别迁移,使与其他物资隔离,以防灾害。

4. 将各基地附近之废料(金属及木材等)集中以备利用。

5. 召集纯台籍之航空技工,予以相当训练,以备接替日俘离台及对各种兵器物资之保管及使用工作,而补人力之不足。

乙、接收经过

(一)接收前降敌概况

1. 前日本台湾第十方面军系由陆军若干师团及第八飞行师团并海军第一航空军(即日前所设之高雄警备部)编成。

2. 第十方面军由安藤利吉大将统率,其军制上并无空军军种,仅于陆海军中分设航空部队(另有民间航空公司亦参与空运及其他任务)。

3. 第十方面军之航空部队分隶陆海军,番号、编组、数量、人员、兵力人员及其主要飞机场位置等如统计附表一。

(二)接收前降敌驻地

接收前隆敌之驻地概况依原态势如附表二。

(三)接收前我军之部署

1. 空军之接收部署及依原计划所定,在未接收前已停止日俘使用航空及有关兵器。

2. 空军第二十二、二十三两地区司令部已在台南、台北完成全般之准备工作。

3. 各接管组之接管区位置及全般布置如附图三所示。

(四)解除敌武装实施计划

空军解除降敌武装之实施计划如附件一所示,实施经过尚属良好,其阶段如左:

1. 三十四年九月中旬至十月上旬,逐次停止日俘使用连络飞机。

2. 三十四年十旬迄今,虽整备中之飞机未经许可亦不得在地上试车。

3. 其他兵器等之使用自三十四年九月中旬即已停止。

4. 除停止使用任何兵器外,并饬日俘遵限整备一切可能整备之武器及人员,在指定之集中地区缴械完毕,其人员集中位置如附图四。

5. 附空军第二十二地区解除台湾区日本陆海军航空部队武装实施计如附件一。

(五)接收组组织办法

1. 台湾区日本陆海军航空部队及民航之接收,原分由空军第二十二、二十三两个地区司令部及其所属部队机关担任,并指定第二十二地区司令部为台湾区降敌空军接收第二组,第二十三地区为第一组,各就地境编组所属,成立接收组。

2. 空军地区司令部为接收业务指挥之单位,所属地勤中队等之编成,原为航行接收管理等勤务之重要单位,而中队内各分队复可分割使用,使独力担当一定基地范围内之诸般勤务,但因空军未能于接收开始时使必要兵力到达台湾,故特将辖区划分为十三个集中区,每区设接一收管理组,任接收诸勤务。

3. 接收管理组(简称接管组)之组织办法如后空军:

A. 第二十二地区司令部以辖区辽阔,应接收之兵器、物资繁多,为使接收管理工作能迅速确实进行,特依兵器、物资分布状况,交通情形以及军事上之价值等,划定十三个集中区,使降敌兵器物资等得以集中整理而接收之。

B. 各区之区分及名称(从略)。每区派遣一个接管组,担任接收管理各该区内日本陆海军航空部队及民航等工作。

C. 接管组由组长一员、组员若干员各配以必要装备编成之。组长负有该区内全般接管事宜之总责,组员受组长之指挥,分担各部门接收管理之责。

D. 各接管组之编成系以空军第二十二、二十三地区司令部所属之第二十五、二十六地勤中队已到台湾人员为基干,并配属电台,其不敷人员则由空军各该地区抽调,依状况并增派必要人员协力工作。

E. 各组之电台除担任通信连外,并负有该区内通信器材接管之全责。

F. 各该地区司令部随时派督导官赴该区视察,并督导接收管理事宜,负有代表处理紧急事情之权。

(六)各种接收下达之命令文电及规定

空军二十二、二十三地区司令部到台湾,及遵照台湾区受降主管台湾省警备总司令陈发,交台湾地区日本官兵善后连络部长安藤利吉之军字第一号命令第十五条之规定及台湾省警备总司令(34)战字第(四十四)号命令之所定,而以空军接收组之名而展开接收工作。各该地区司令部在接收各期间有发布必要之命令文电之规定。

丙、接收军品集中实施情形

一、该组将空军第二十二、二十三两地区司令部所辖区内应接收之日本陆海军航空部队之兵器资财等划定十三个集中区,限期集中。

二、原空军第二十二地区司令部所辖台南区南部之六个集中区,自三十四年十一月上旬开始集中,至十二月中旬完成,同时实施点收,于本(卅五)年元月十日前点收完毕。

三、原空军第二十三地区司令部所辖台湾北部之七个集中区,自本(卅五)年元月上旬由现空军第二十二地区司令实施集中并点收,同月底完毕。

四、关于以上十三个集中区之集中实施情形,按各种兵器及物资等数量,依当地交通工具情形,尽量利用日俘之人力、兽力、车辆等,以全力作初步集中,并限期完成。

五、按各种兵器物资之特性、机能、好坏之程度分别分类集中一切物资,尽可能搁置室内为原则,以便保管防险。

六、飞机及炸弹因形体重大,不便搬运,且交通工具不敷调派,一部暂以原地保管或就地归并存储。

七、封存库房,张贴布告,竖立界牌,编列仓库号数,交接警卫兵力,以明责任。

丁、接收军品等处理实施情形

一、本组对所接收军品等之处理,系遵照空军典令及有关之命令规定之旨趣使军品能早日交部队使用或完成必要之整理而实施之。

二、规定日方整备各种飞机及兵器与油料、弹药，以备使用。自接收开始迄今，本部已将飞机一部飞回内地，同时，油料、弹药等亦内运一部，以应急需。

三、规定日方未经呈准对一切整备中之飞机不得在地上试车，对器材、油料等不得取用。

四、规定所有飞机车辆均须停放避风雨之适当处所，飞机须停放棚厂掩体内，车辆则利用剩余之棚厂或房舍存放之。

五、全部飞机利用日俘人力及所缴得之物力组织修理，分头尽力机修保管，并定期视察指导之。

六、各种车辆择定好者集中管理，以之搬运各项物资，集中其可修者利用日俘检修使用之。

七、各种飞机车辆均按规定涂漆标识，编列号码，惟飞机因缺乏油漆致尚有一部分未能涂漆。

八、各种航空、军械、车辆、通讯等器材一律洗擦涂油，装箱封存，放置室内或掩体保管。

九、各种油料、弹药尽量运集基地附近，分类分区隔离存储。

十、严格管制各种飞机车辆使用油料，以节省消耗，保存物力。

十一、被服装具及航空食品选择较妥善之仓库就地或转移予以封存，并规定非经该空军地区司令核准不得动用。

十二、粮秣大部分由军政部特派员办公处接收，接收其由空军地区司令部所接收之日俘原部队保存之自活余粮，为数甚少，亦拟于最短期内移交该处。

十三、医药器械及药品均集中封存于台北空军第二十二地区司令部及台中医院、台南二十五地勤队，并核准提出少数为空军人员治疗之用。

十四、营产、仓库、棚厂、掩体等建筑物在接管区附近能利用集中物资者，一律予以利用，不在基地附近无法利用者一律由乡镇长代管。

十五、军马暂请当地驻防之我方陆军部队代养，听处置。田地拟订统一租佃办法,通饬该空军地区司令部所属各区接管组会同各该区街区、乡镇机关及承租人民协同办理之。

十六、日俘之自活农具、水牛、房屋有利用价值者,留待利用,无利用价值者,已遵令拟订办法,通饬各接管组遵照分别租借或拍卖,现在尚进行中。

戊、点验经过

一、各接管组指派人员于接收时即依清册作初步清点并检验。

二、各接管组初步点验时,发现各种油桶渗漏、枪械锈等情况,已饬日俘换桶并装洗擦涂油,封存完毕。

三、各接管组全部接收完毕后,仍继续整理清点核对所收清册,听候上级点验,现正赶办中。

四、由该地区司令部平均每隔一星期率员出发,视察或抽点全区一次,随时指示改进要点。

五、截至本(卅五)年二月二十二日止,尚未受接收委员会之点验,现正整理听候点验中。

己、破获敌军藏匿物资之统计

一、各该地区司令部自三十四年九月间到台以后,即由台省民众之协力,先后破获降敌对兵器资材等之藏匿案件多起。

二、对所有破获之藏匿案,在我国主管司法机关未到达前,为争取时效,均由空军各地区司令部指示处理,尔后按手续逐一移交我主管机关继续办理。

三、所有破获案件均经分报台湾省警备总司令部请示处理办法。

四、兹将空军所破获之降敌藏匿兵器资财等案件之经过及处理调制统计表,如附件四。

庚、其他

一、本组对此次之接收工作,承上级命令规定及指导,虽在我兵力短少情况困难之下幸已达成任务,空军各部门工作同志,基于此情况之下获得厂有价值之磨练机会,故数月以来虽昼夜工作且废除星期例假,而精神上均极快愉。

二、本组对于接收工作之概念为：

1. 接收。

2. 整理保管。

3. 报告状况。

4. 使一切兵器资财及早提供我空军各队使用。

三、目前上已完成第一阶段接收之工作,今后之工作将侧重整理保管故此次之接收报告,仅可视为本组工作之初步,俟详细整理后当提出专门性之报告。

空军组对台湾地区日本陆海军航空部队（含民航）之接收计划大纲（附件一）

甲、方针

本组基于敌我空军之全般态势,欲使接收工作展开时,能迅速确实达成任务为目的,特为部署使已到达台湾之少数空军官兵督导及发挥日俘（航空部队）全部物力与人力,以处理我空军应接收之全般兵器及资财而争取时效。

乙、部署要领

一、本组对我空军所属人员到台时即策定本计划,使日俘早日停止使用航空器及有关航空兵器以备解除武装（计划如附件三）。

二、划定以左十三地区为日俘人员兵器及资财之集中区,于缴械开始之日实施（地境如附图一）。

（一）空军第二十二地区所辖六个集中区

1. 虎尾区,2. 嘉义区,3. 台南区,4. 冈山区,5. 屏东区,6. 台东区。

（二）空军第二十三地区所辖七个集中区

1. 宜兰区,2. 花莲港,3. 台北区,4. 桃园区,5. 新竹区,6. 台中区,7. 公馆区。

三、每一集中区由空军地区司令部派遣一接收管理组（以下简称接管组）任接收整理保管之全责，其派遣之时机依情况决定之。

四、空军各该地区司令部所属人员到台时即先行接收，台北各附近基地以便开始挥接收工作之全般工作。

五、开始缴械之前，即颁发所应日方兵器与物资及财产之初步办法，使各接管组于开始缴械之日督导日俘遵照限期完成。

六、接收初步办法预期在三十四年十一月下旬完成，开始统一点收之时期另定之。

七、点收完毕后再全力整理接收报告。

八、对日俘之遣送则遵照台湾省警备总司令部之所定统一办理，如当时人不足，则请求免设收容所。

九、对工作厂之接收系由航空委员会派员，接收之本组暨各该地区司令部只有协力之义务。

十、本组全般接收工作应依照本大纲策定行动及办法实施之。

空军组解除台湾区日本陆海军航空部队武装实施计划（附件二）

一、方针

本组为求能迅速确实解除台湾区日本陆海军航空部队之武装，特于受降签约前逐次停止集中及地面之活动，并作必要准备而策本计划。

二、实施要领

除酌留少数飞机在一定之时间与范围内担任通信连络外，其所有飞机一律拆卸其螺旋柴（桨）或取其汽化器，非有命令不得装配。

所有飞机上之机炮及子弹一律拆卸存库候命处置。

作通信连络之飞机非经空军各该地区司令部核准，不准起飞，而奉命整备中之飞机非经核准，不得在地上试车。

不论公私武器一律不准携带，并须集中存放指定专人负责看管。

甲、接收准备

本厂奉航委航委会工计乙渝一一八三号真代电,命令接收在台日本航空工厂,命令到达太迟(卅四年十二月十一日)复以国内交通困难,现有人员自卅五年一月七日起,迄一月卅日止,方陆续分批到台,故自一月七日起迄今仅一个月零十四天,以全部官佐三十三人将日本陆军第五野战航空修理厂总厂一、分厂四,独立整备队十三,日本第六十一航空修理厂一、分厂四,派遣队三共计大小二十六个单位,全部接收完毕详报如下:

1. 计划策定

接收初期,全部到台人员仅十五人,乃采用分区控制办法,先饬日方交出各部门详细清册,研究以后划分地区派遣各地负责人员前往工作,第一阶段审度物资分散情形,就地形之便利,油料之存量,车辆之有无外少,物资之重要性、危险性及易被盗窃性等,厘定集中地点,但以各地物资较多,无巨大仓库可以全部集中,逼于情势,乃就由繁化简舍轻就重之原则,总分厂各地,每地由数十处集中为一二处至十处不等,独立整备队及派遣队,则全部集中并各地区分厂,第二阶段为集中以后申请本国陆军警卫,物资并按册清点,正式盖章接收,第三阶段为整理物资,以便处理应用。

2. 接收组之组成

在台北市设立本厂驻台湾办事总处,控制十三个单位,并分为台北、台中、台南三个地区,为调济各该地区内分厂业务需要之用。工作系统及分配表如下:

地区	地点	接收对象	负责人	工作人员	译员	雇用台籍技术军士	备考
台北	总办事处	指挥全部工作与日本方面总连络	中校厂长云铎	陆履坦、胡旭光、吴启泰、曾伯初	舒宝云		
	台北大安仓库	台北区物资集中地点	少尉蒋君宏	石荆璞	钟金松		

续表

地区	地点	接收对象	负责人	工作人员	译员	雇用台籍技术军士	备考
台北	台北新店	日本陆军第五野战航空修理总厂	上尉张登寿	袁友忠、梁北云、颜宾祥	胡钰麟		陆军第一、二分厂不在本省放缺
	台北士林	日本第六十一海军航空厂总厂	中尉汤兰第	张定邦	许家福		
	新竹	海军新竹分厂	少尉高昌夏	程椿荫、陈常华	黄远林		
	宜兰	陆军307独立整备队	中尉方登鑫				
	花莲港	陆军第五分厂	少尉常泽		郑兆湘		陆军143、159独立整备队属之
台中	台中	陆军第五分厂	中尉尚进	程荣乔	高约翰		陆军115、142、145、149、151、158独立整备队属之
	新社	海军新社分厂	少尉胡传泰	祁开德、王宗墉	卢永华		
	员林	海军员林分厂	中尉徐宗华	杨美成	谢铭铭		
台南	台南	海军台南分厂	上尉吴达荣	姚国煊	陈乃经		虎尾东港冈山三派遣队属之
	嘉义	陆军第三分厂	少尉王仁	陈良勋	丁国峰		陆军113、193独立整备队属之
	冈山	海军派遣队	上尉梁炳文	胡渭滨	杨显祥		原六十一海军总厂所在地原陆军第五总厂所在地
屏东	屏东	陆军第六分厂	中尉卞华年	杨名新			陆军125、192独立整备队属之

以上各处自一月七日起迄一月二十日止，分别组织就绪，招考译员，并雇用原厂台籍技工，暂予技术军士名义开始接收。

3. 接收工作概要

重要性程序——航空品主要、非航空品次要，机器材料列为第一要件，其次工具与有用零件，再其次废机残骸及废料军械，食品、被服、易滋盗窃者，尽量搬入城内集中。

警卫方面，第一向陆军申请，不足时请地方协助，另由本厂技术军士看守，以不依赖日军为原则。

点收之后，即分别清理检查，予以工程上应有之处理，然后分类装箱，作装箱单及每项物资个别登记卡片。

乙、接收经过

1. 接收前降敌概况

日空军组织，并非独立兵种，乃配属于陆海军组织之下，故空军本身分陆军、海军两个系统，航空工厂亦然。

A. 陆军第五野战航空修理厂

自陆军第五野战航空修理厂在属航空第八师团部队，总厂原址在屏东，自民国三十三年十月因不堪盟军轰炸，乃迁台北南郊新店地方，下设分厂四个，分配嘉义、台中、花莲港、屏东等地，各分厂之下，并配属独立整备队若干，分驻主要基地范围内之各航空站，其指挥系统如下：

台湾军司令部第八师团　　战队

总厂　分厂　独立整备队

B. 海军第六十一航空厂

日海军第六十一航空厂，总厂原址在冈山，规模宏大，经营迄今，业已七载，原计划制造小型飞机，战事起后，首遭轰炸，故成者仅教练机数十架而已，炸后于匆忙之中迁台北士林，工作力大损，总厂之下设分厂四所，分驻新竹、新社、员林、台南等地，其中台南地区另配属派遣队三队，分驻冈山、虎尾、东港等地，该厂除修理海军飞机外，并兼制简单兵器，如炸弹、手榴弹等。以上敌海陆军两个修理工厂系统，其位置要图情本条第7项附件。

2. 接收前降敌驻地一览表

A. 敌陆军第五野战航空修理厂

总分厂番号	驻地	配属独立整备队番号	备考
总厂	台北新店	307	总厂直辖整备队驻宜兰
第三分厂	嘉义	113、193	
第四分厂	台中	115、142、145、149、151、158	
第五分厂	花莲港	143、159	
第六分厂	屏东	125、192	

B. 敌海军第六十一航空厂

名称	仓库工场疏散地	派遣队驻在地	备考
台北总厂	士林北投草山		
新竹分厂	三湾头分关西新埔		
新社分厂	丰原神冈台中		
员林分厂	福兴田尾浊水		
台南分厂	虎头牌白河街	虎尾东港冈山	

3. 接收前我军部署要图

工厂性质与部队不同，除针对敌工厂组织，分组派往指定地点接收外，事前无其他部署。

4. 解除降敌武装实施计划

日航空工厂非第一线兵种配备武装，仅系本身武装如步枪、手枪、军刀等，已列入清册，于接收时首先接收，其属于官佐员工私工所有之手枪、军刀等，则另列追加清册，于接收时一并命令解除造册呈缴。

5. 接收组组织办法

日航空工厂仓库工场遍及全台，本厂先成立总处于台北，指挥全台各分组接收业务，并总厂人事经理会计暨器材统计，另在台北、台中、台南成立三个地区，分别指导各分组业务，其地区分组与接收对象列表如下：

名称		接收对象	备考
台北地区	士林组	海军第六十一航空总厂	
	新店组	陆军第五野战修理总厂	
	宜兰组	陆军第三〇七独立整备队	
	新竹组	海军第六十一航空厂新竹分厂	
	花莲港组	陆军第五野战修理厂第五分厂	148、159独立整备队属之
台中地区	台中组	陆军第五野战修理厂第四分厂	
	新社组	海军第六十一航空厂新社分厂	115、142、149、145、151、158独立整备队属之
	员林组	海军第六十一航空厂员林分厂	
台南地区	台南组	海军第六十一航空厂台南分厂	兼接收虎尾东港派遣队
	嘉义组	陆军第五野等(战)修理厂第三分厂	113、193独立整备队属之
	冈山组	台南分厂冈山派遣队	
	屏东组	陆军第五野战修理厂第六分厂	125、192独立整备队属之

以上共分三个地区十二组，台北地区业务由总处兼办，台中、台南地区则由各该所在地接收组兼之，各组业务均直属总处指挥，行文不经地区承转，各地区仅负就近督导与紧急时协助处理之责任。

各接收组设专员一名，另配属译员一名，组员若干名，暨军士若干名，均就现有人数，视各该地需要情形妥为配置。

6. 各种接收下达命令文书及规定

A. 本厂接收人员应行注意事项——训令

工作务求刻苦耐劳。

注意服装整齐清洁。

注意军人礼节。

严守时刻，排定工作时间及计划表。

对接收工作应取主动地位。

各处建立旗杆、每日照规定升降旗。

不准接受日方招待或任何馈赠物品。

接收时一切情报等，须按军机防护法保守机密。

初期接收工作，应注意集中，即集中后各库房门窗加木条固封，出口处加贴对条。

航空器材分类照航委会颁布者为准。

各接收人员须住宿于器材集中地点，以资镇压，而免盗窃。

火警须特别注意易燃品设置专库，各处有消灭设备者即整备用。

各地学校会堂等公家建筑，一律公家主管机关接收，前征租日及台民私产，待日产处理委员会公布办法后实施。

所有车辆，一律编空军号码用五位数字，第一位用3字，俾与司令部之2字区别。

根据航委会命令，为因紧急动用接收之器材，可以照准，但颁报总处转呈航委会备案，并按月呈报总处一次，另立动用物品登记簿，总处随时派人查核。

每周呈述业务报告一次，包括现款动支情形。

其余细节，共计四十九条，兹不赘报。

B. 公文上达下达，一律用复写三份，传事笺，留空白半张，一文事以一份留存，二份寄出，备收文处，以一份存查一份答复，发文处，其纸张规定为16×25公分。

C. 总处收文已至433号，发文已至534号。

D. 台省交通便利，公文用、传事笺外，不发电报，紧急事件各分处均有电话与台北总处随时可以接谈。

7. 接收日军仓库配置要图

各地日军仓库工场之配置如附图，一至二十五图中有红色符号之处为接收后集中存放之地。

8. 接收马匹军用自活品等统计表（照总战二577号命令规定）如附表一所载。

9. 日军缴械后集中位置要图

海陆军航空厂之日官兵缴械后均就原驻地集中，其在台湾各地之地点，如附图中红色符号所示。

10. 日军解除武装后官兵人数统计表

A. 海军第六十一航空工厂

台北总厂　一一八七人

新竹分厂　一七三八人

新社分厂　一三六六人

员林分厂　一七五八人

台南分厂　二八三〇人

共计　八八七九人

B. 陆军第五野战航空修理厂

台北总厂　一〇三八人

宜兰第三〇七独立整备队　二五〇人

嘉义第三厂　三三四人

嘉义第一一三独立整备队　一五九人

嘉义第一九三独立整备队　四〇六人

台中第四分厂　七六〇人

台中第一五八独立整备队　二八六人

台中第一四九独立整备队　一二三人

台中第一四五独立整备队　一五五人

台中第一四二独立整备队　一三〇人

台中第一一五独立整备队　一三七人

台中第一五一独立整备队　三四二人

花莲港第五分厂　一〇四人

花莲港第一四三独立整备队　一一一人

花莲港第一五九独立整备队　二七四人

屏东第六分厂　五三〇人

屏东第一九二独立整备队　二七五人

屏东第一二五独立整备队　一二六人

共计　五五四〇人

丙、接收军品集中实施情形

日航空队因遭盟机猛力轰炸，故匆忙之中疏散各地，漫无目标。战时既无工作效率可言，既接收后，限于人力保管为难，故在接收前，已一再指令作初步集中。接收后，亦以集中为第一要目，并利用日军人力努力进行，迄今各地集中工作业已完成，集中地点详附图一至(漏字①)中红色符号。

丁、接收军品等处理实施情形

1. 整理

接收军品既集中后，整编工作随即开始。日航空工厂器材众多、种类尤繁，本厂均遵照航委员会航空器材分类法，分门别类装箱整理，并参照现实情况，分别缓急，其认为急要处理者如：

航空器材为制造所必需者。

普通器材为市场所需求者。

物品之体轻积小较易遗失者。

遵此原则整理装箱保管工作业已完成十分之五。

2. 车辆修理

交通工具乃一切活动之本。日军投降后，失于保管，接收后，复忙于运输集中，故车辆虽多，情况日下。如不预为准备，结果必不可收拾，故自集中工作完毕后，各地均配置汽车修理班一所，拟定计划，积极修复车辆，以备将来需要时之用。

戊、点验经过

本厂在台接收工作已全部于二月二十日完毕，一切清册均已准备就绪，随时准备点验复核。

己、破获敌军藏匿物资统计表

日期	地点	破获物资	所属机械	报告者	备考
十一月五日	新竹	货卡车(新四三号)	海军厂	军士萧清彰	
十一月十日	新竹	丰田货物车二B八二九三九号	海军厂	军士萧清彰	新三四号
十一月十日	新竹	丰田货物车四B一二八四〇九号	海军厂	军士萧清彰	新四二号
十一月	新竹	丰田货卡车	海军厂	军士萧清彰	钟进昌向久保诚换取一月廿五日缉获
二月二日	冈山	滑油壹桶	海军厂	乡民	

---

①括号中文字为编者注。

续表

日期	地点	破获物资	所属机械	报告者	备考
二月六日	冈山	滑油七桶、汽油七桶、滑油六桶	海军厂	乡民	共十七桶[1]
二月十三日	冈山	汽油十六桶	海军厂	乡民	内四桶系半桶
二月十三日	冈山	空桶三个	海军厂	乡民	
二月十三日	冈山	铁拖车一部	海军厂	军士王坤煌	
二月十四日	冈山	三轮车一辆	海军厂	军士王坤煌	冈山修理厂缉获犯人
二月十七日	士林	生腿十吨	海军厂	军士张永芳	
十一月份	台北	铅块一百十一吨	海军厂	町田治雄	由日本厂合金株式会社缴交

庚、其他

(一)工作之困难

1.警卫不足,接收各处虽已尽量集中,然而多处地区辽阔,警卫问题颇感不便,以致屡次发生盗窃,追为难,希望警备力量能加以充实。

2.运输力不足,本厂接收车辆类多老旧,在各地分别集中物资时,勉能应付,目下各地搬运工作已因运输油料及搬运人力之缺乏,而入停顿状态,日后集中一地之工作必将不能胜任矣。

(二)各地接收物资之大约吨位如下:

台北陆军总厂　一五〇〇〇吨

台北海军总厂　五〇〇〇吨

新竹区　一〇〇〇〇吨

宜兰区　一〇〇吨

花莲港区　四〇〇吨

台中区　三〇〇吨

新社区　一〇〇〇〇吨

---

[1]该处数据疑有误。

员林区　五〇〇〇吨

台南区　一〇〇〇吨

嘉义区　二〇〇〇吨

冈山区　三〇〇〇吨

屏东区　一五〇〇吨

总计　　五六〇〇〇吨

(三)附接收清册一份

台湾地区空军接收自活品数量统计表

中华民国卅五年二月二十日

填表人　盖章

物品名称	日方部队或机关 单位	海军六十一厂	陆军第五厂	物品名称	日方部队或机关 单位	海军六十一厂	陆军第五厂
米	吨	80	40	蚊帐	顶	430	100
糖	吨	20	15	军服(冬)	套	900	700
盐	吨	15	10	军服(夏)	套	850	700
茶	公斤	1,000	3000	肥料	块	100	1,500
皮鞋	双	50	900	蜡纸	张	3,000	12,000
军毯	条	3,265	1,500	附记			

附图一,台北新店第五野战航空修理本厂配置要图(略)

附图二,配置要图(宜兰第三〇七独立整备队)(略)

附图三,花莲港一三四独立整备队兵舍配置图(略)

附图四,花莲港第五分厂配置要图(略)

附图五,工厂厂屋配置图(花莲港第百五十九独立整备队)(略)

附图六,台中第五野战航空修理厂第四分厂分散配置图(略)

附图七,嘉义第五野战航空修理厂第三分厂仓库分布图(略)

附图八,屏东陆军第百九十二独立整备队配置要图(略)

附图九,屏东一二五独整展开要图(略)

附图十,屏东陆军第五厂第六分厂配置要图(略)

附图十一,工场仓库分散要图(略)

附图十二,第六十一海军航空厂(台北)要图(略)

附图十三,第六十一海军航空厂(新竹地区)要图(略)

附图十四,第六十一海军航空厂(新社地区)要图(略)

附图十五,第六十一海军航空厂(丰原地区)要图(略)

附图十六,第六十一海军航空厂(员林地区)要图(略)

附图十七,第六十一海军航工厂(台南州新化郡虎头埤地区)要图(略)

附图十八,第六十一海军航空厂(台南州虎尾郡大屯子)要图(略)

附图十九,第六十一海军航空厂(高雄州东港郡东港街)要图(略)

附图二十,第六十一海军航空厂(台南市附近)要图(略)

附图二十一,第六十一海军航空厂(台南州立工业学校校舍)要图(略)

附图二十二,第六十一海军航空队(台南州新营郡白河街)要图(略)

附图二十三,第六十一海军航空厂(后甲大新商事株式会社台南工场)要图(略)

附图二十四,第六十一海军航空厂(冈山地区)要图(略)

日军缴械后集中位置要图(略)

第八章　宪兵组接收经过

第一节　接收准备

1. 计划策定

配合陆海空军而接收投降日军之宪兵武器、弹药、车马、营建及一切器材、文卷、书籍及宪兵勤务设备等事宜,以宪兵第四团编成宪兵接收组,分台北、台中、台南、高雄、台东、花莲六接收地区，以接收各该地之日本宪兵地区部队及其所属各分遣单位。日本宪兵除理会准留一千八百支手枪以维持其解除武装后之徒手军风纪外，全台宪兵如分遣单位应集中于各该地区队队部，造册送验。

2. 接收组之组成

接收组依事实需要计分各组，其编成人员及工作执掌分配如下：

一、总务组，组长为副官邹镜泉，副组长为各连总务排长，以接收建筑物、家俱及一切设备。

二、军械组，组长为各地区接收主持人，副组长为各连军械委员，接收该地区所有日本宪兵武器、弹药、刀剑、修械机件及其一切附件。

三、军需（医）组，组长陈明（临时借用），副组长陈照明、陈世明（临时借用），接收被服、装具、马具、工具、陈营具、医药卫生材料及其他一切物资。

四、文书组，组长潘怀仁，副组长为各该连警务排长，接收历年表报、档案、户籍及其他一切文书类。

五、交通器材组，组长李景云，副组长严信和，接收车辆及油料、马匹及鞍缰、饲料、军用犬、通信鸽、有线电信及其他一切附件器材。前列每组各配属宪兵十名协助之。

第二节　接收经过

卅四年十月卅日开始接收工作，迄十二月十八日任务完成。接收物资如附表。

台湾地区军事接收委员会宪兵组接收降敌宪兵部队兵器数量统计表

中华民国三十五年　月　日

填报人　　盖章

物品名称	单位	台北区 何承先	花莲港区 王辉	高雄区 钱瑾	台南 许业嵩	台中区 许业嵩	台东区 王辉	合计	备考
步骑枪	枝	112	986	778	853	1,145	684		
手枪	枝	514	171	147	471	361	223加私手枪7枝		
刺刀	把	116	875	726	897	1,230	799		
军刀	把	109	168	128	90	96	103		
私人军刀	把	8	66		59	38	27		
轻机关枪	挺		12	12	12	11	24		
重机关枪	挺		4	5	4	4	4		
掷弹筒	个		8	8	8	4	12		
望远镜	具			5	3				
其他从略参看接收清册									

台湾地区军事接收委员会宪兵组接收降敌宪兵部队弹药数量统计表

中华民国三十五年　月　日

填报人　盖章

物品名称	单位	台北区 何承先	花莲港区 王辉	高雄区 钱瑾	台南 许业嵩	台中区 许业嵩	台东区 王辉	合计	备考
步枪弹	发	10,145	374,156	467,323	376,269	390,709	551,890		
手枪弹	发	33,504	5,222	48,925	25,362	8,607	4,860		
重机枪弹	发		27,720 23,404	23,580	22,080	6,330	21,600		
八九式重掷弹筒八九榴弹	发		980	800	850	400	1,200		
九七式手投榴弹	发		1,584	1,644		1,681	2,734		
试制手榴弹	发			52	1,441				
九九式铳拟制弹	发			125		50			
十四年式铳拟制弹	发			157					
打壳药夹	个			1,382					
工业用雷管	发			58					
曲射步兵炮榴弹	个			6					
战车地雷	个			16					
26拳铳实炮	个			30					
其他从略参看接收册									

台湾地区军事接收委员会宪兵组接收降敌宪兵部队交通数量统计表

中华民国三十五年　月　日

填报人　盖章

物品名称	单位	台北区 何承先	花莲港区 王辉	高雄区 钱瑾	台南许业嵩	台中区 许业嵩	台东区 王辉	合计	备考
乘用车	辆	3	14	4	3	12	4		
货车	辆	9	5	8	7	12	12		
三轮卡	辆	1	3	2	2	2	3		
修理车	辆	1		1	2	1	2		

续表

物品名称 \ 单位 \ 数量 \ 接收地区及姓名	单位	台北区 何承先	花莲港区王辉	高雄区 钱瑾	台南许业嵩	台中区 许业嵩	台东区 王辉	合计	备考
自行车	辆	13	20	22		23			
车胎	个			32	8				
机发油	立	3,986		680	310	410			
挥发油	立	11,034	3,300	5,990	10,650	6,700	6,500		
酒精	立	1,880							
杂油	立	3,369		3,065	3,146	408			
其他从略参看接收册									

台湾地区军事接收委员会宪兵组接收降敌宪兵部队通讯数量统计表

中华民国三十五年　月　日

填报人　盖章

物品名称 \ 单位 \ 数量 \ 接收地区及姓名	单位	台北区 何承先	花莲港区王辉	高雄区 钱瑾	台南许业嵩	台中区 许业嵩	台东区 王辉	合计	备考
一号无线电机					2	1			
二号无线电机			1	1	1	1			
三号无线电机			1	3		1			
四号无线电机									
五号无线电机				1					
交换总机		1	1	1	1	1	1		
电话机	架	36	13	74	31	38	18		
送信机	架			2	2	1	2		
受信机			1		4	4			
无线电整流器			充电机1		1	1			
被覆线		50		12	30	30	30		
其他从略参看接收清册									

台湾地区军事接收委员会宪兵组接收降敌宪兵部队被服数量统计表

中华民国三十五年　月　日

填报人　　盖章

物品名称	单位	台北区 何承先	花莲港区 王辉	高雄区 钱瑾	台南 许业嵩	台中区 许业嵩	台东区 王辉	合计	备考
略帽		1,807	128	659	492	37	515		
外套		492	20		264		24		
冬衣	件	947			609	18	1,220		
冬裤	件	839			612	18	485		
冬襦袢		220		256					
冬袴下	件	304	4,776 409		261	15			
夏衣	件	2,919	110	443	2,980	33	80		
夏袴	件	2,095		337	1,853		209		
夏襦袢	件	2,372	75	414	650		275		
夏袴下	件	3,394	150,268	658	1,610	66	755		
雨外套	件	304	38	846	1,708	438	1,822		
袜子		5,528		304	2,500	32			
长靴		296		239	410	34			
编上靴		224		436	729	415	66		
毛布		341		1,638	1,587				
蚊帐		178		69	170	16	297		
保革油		19		90,000					
呢外套				697					
洗濯石碱		331		6,885	2,225				
铁帽		1,930	54	550			232		
全防毒面具		1		14					
轻防毒面具		47		42			138		
防毒面具		1,578		11			60		
卷脚绊		6331			66	12	550		
携带天幕		601			159	289	487		
其他从略参看接收清册									

台湾地区军事接收委员会宪兵组接收降敌宪兵部队粮秣数量统计表

中华民国三十五年　月　日

填报人　　盖章

物品名称 \ 接收地区及姓名 单位 数量	台北区何承先	花莲港区王辉	高雄区钱瑾	台南许业嵩	台中区许业嵩	台东区王辉	合计	备考
食米		548		6,606,800	2,581			
食盐		1,183		1,268,000	287	3,240		
砂糖		629		4,398,000	264	1,350		
大豆				200,000	66			
压榨口粮				154,083,420				
糯				102,450,000	12			
其他从略参看接收清册						红茶19		

台湾地区军事接收委员会宪兵组接收降敌宪兵部队医药数量统计表

中华民国三十五年　月　日

填报人　　盖章

物品名称 \ 接收地区及姓名 单位 数量	台北区何承先	花莲港区王辉	高雄区钱瑾	台南许业嵩	台中区许业嵩	台东区王辉	合计	备考
卫生材料	件			32	17	25		
兽医材料	箱	四		17	29	71		
其他从略参看接收清册								

台湾地区军事接收委员会宪兵组接收降敌宪兵部队文书数量统计表

中华民国三十五年　月　日

填报人　　盖章

物品名称 \ 单位数量 \ 接收地区及姓名	台北区何承先	花莲港区王辉	高雄区钱瑾	台南许业嵩	台中区许业嵩	台东区王辉	合计	备考
军用二万五千一图	12		171	86				
五万分一	19	2	426			7		
二〇万分一	5/1							
三〇万分一	10		21					
五〇万分一	8					7		
宪兵参考用书	21	3	13	59	15	7		
杂书			2					
其他	17/29							
其他从略								

台湾地区军事接收委员会宪兵组接收降敌宪兵部队其他数量统计表

中华民国三十五年　月　日

填报人　　盖章

物品名称 \ 单位数量 \ 接收地区及姓名	台北区何承先	花莲港区王辉	高雄区钱瑾	台南许业嵩	台中区许业嵩	台东区王辉	合计	备考
乘马	匹	14	15	15	10	12		
警犬	头		3					
通信鸽	只		13					

第九章　军令部接收测量器材及军政部要塞视察经过

军事委员会军令部于日本投降后，派遣各级人员前往收复区，接收该部主管业务所属之机构器材以及全部物件。台湾省接收任务系派由军令部中美合作航测队队长黄维恕及研究员吴书发等二员前来执行。今该员等将渝方未了任务告一段落后，经于三十四年十二月三十一日抵达台北，旋即展开工作，兹将办理经过略述于后。

(一) 准备时期

台湾为日本统制五十年，其五万分一军图之测制系于昭和三年以前先后完成，其后局部地形间有修测，而其工作之设计及执行全系由日本陆地测量部直接办理，始终未任台湾设立军图测制机构，故此次接收对象及性质已属于向各军事接收小组接收物品中转移其有关主管资料之间接收性质矣。本年元月间，台湾全部接收工作正积极推进，全面展开，有关物品之名称、数量等册籍均在携带实地接收或点验中，以致本处有关资料之搜集以为接收依据之措施于该境地诚难于短间内一次齐集清查完竣，经多方调查及实地勘察，始勉于元月下旬，将有关物品名称、数量及散布地点编造详表，报请总部准予接管，是为准备期间。

(二) 接收现况

至二月十五日止，本处台北区已接收经纬仪、水准仪、日照仪等仪器及制绘地图用具等共五十一种，大小计二七〇件。惜内多为损毁并缺件，至台中以南接收工作已经展开，迄止目前止，尚未有接收报告，到其他地区应引接收各件已洽商，各接收小组办理提运等手续一俟准备妥当，即可前往各存储仓库分别办理矣。

以上系一般测量器材办理情形，至图料之接收因日本军部缴呈时，限于人力及时间，未有详细清查其类别及数量。今为移交本处接收，确实慎密计，正由总部主管处重新整理造册，以凭交接中；另日本缴呈之有关兵志资料，亦有多种，内有昭和二十年始行印行之台湾兵要地志概况一本，内容丰富，殊多参考资料，故正由本处借得翻译中文中，因内中图表甚多，均须逐一绘制，致完成有限，稍感延缓。此外，对于适合制印军图之印刷纸张，经调查所知，军政组颇有该项物品之接收，现正商请该组准将印图用之模造纸等三种酌量拨交本部，以供应用，惟仍未获复音中。

(三)预期计划

1. 全部接收工作在本年三月底以前完成。

2. 接收测量主要仪器为经纬水准仪、测距仪、测高计、测角机、图板测图具、夜光罗针、各种双眼镜及测图有关用具等,约一〇〇种,合共大小六一〇〇件。

3. 接收各尺度印刷图二十四种,约共五十万张。至原图底板等有关成果资料,另报请中央向日本陆地测量部搜集运回应用。

4. 兵志有关资料主要者为台湾兵要地志概况,全份之接收并译述。

5. 接收有关印制军图使用之模造纸、全白纸及半白纸各一万连。

6. 有关航空测量之仪器及材料。

甲、基隆要塞调查经过

基隆要塞之工程多系一九〇四年至一九二四年间所建造。彼时堪称坚强,"七七"事变后至太平洋战事爆发前,仅加强守备兵力与防空设施。火炮方面不但未增加,反移运一部分于高雄及澎湖等处。迨南洋战事吃紧(一九四三)始,积极加强火力扩大要塞范围,增设淡水、新竹、后龙等炮台,配置较新式之火炮于各地区,惜乎为时太晚,加以资源缺乏,致一切均未完成,兹将调查经过及意见分述于左:

(一)基隆要塞之沿革

清光绪十一年(一八八五)刘铭传巡抚台湾,为巩固台北防务建炮台于基隆港周围,并驻兵守之,是为基隆要塞之始,中法之役法提警苦鲁伯率其东洋舰队进攻基隆,以要塞各炮台火力炽盛,三次均未得逞,狼狈溃退,苦鲁伯负重伤死于澳门,光绪廿一年(一八九五)甲午之役,日本以马关条约获得台湾之治权后,鉴于基隆地位重要,旋于次年计划建为要塞区,一九〇四年日俄战起,设基隆要塞指挥所,完成作战准备,但未参战一九〇七年要塞司令部成立,辖基隆、高雄、马公三要塞区,各种设施,遂渐加强迄一九二四年始具规模,一九三七年"七七"事变后,基隆、高雄、马公分为三要塞区,一九四一年太平洋战事爆发,乃扩大要塞地区,右起挖子山,左至淡水,后于新竹、后龙,二地区建独立炮台,并加强工事设施,增加守备部队,截至投降时止,要塞司令部所辖计有第七十六旅团重炮第十三联队、高射炮大队、工兵大队、通信大队、照空中队、探照中队修理所及临时配属部队等。

(二)炮台与探照灯配备概况

基隆要塞全区炮台与探照灯配置如附图(一)所示,查原有各台之附属设备如观测所通讯、照明、弹药库随炮弹药库、营舍、仓库、储水池、交通(除汽车可通炮台附近外尚有地下交通大口径炮台附有轻便铁道)、卫生均甚完全,惟最近一二年新建之各台仅设备营舍,通讯、观测所等其他则尚未完成,谨将各炮台及探照灯等调查概况分别列后并附具各炮台配备图以供参考,至各火炮及探照灯诸元,全凭日俘口述,笔记记录,合并陈明。

(三)掩护阵地与工事概况

基隆要塞地区内各炮台掩护阵地及海岸防御阵地等陈述如左:

1. 海陆正面阵地配备概况

右自澳底挖子炮台以东地区起经基隆至金山炮台西侧之跳石止,沿海正面除悬崖部分外均筑有海岸防御阵地与炮台掩护阵地,其正面约五十公里从深约三公里(如附图)。

2. 阵地工事概况

本地区内所有掩护阵地除炮台附近者业已大部完成外,其余均未完成,作业区分为:野战工事由步兵担任,道路及技术方面则由工兵担任,所筑工事大部系野战筑城,或坑道作业,一部系利用崖洞及矿窟修改而成,使用混凝土者,为数甚少,故坑力亦异,其野战工事现大部已倒塌,其数量强度,等另表详述。

3. 军政部第二要塞调查组基隆要塞区工事调查表(附工事设计图第十九一三十二)。

4. 基隆要塞区工事概况表。

(四)基隆要塞司令部海军守备队概况

1. 任务

(1)对潜水艇之警戒及攻击,在野柳半岛及尖山子鼻(即八斗子),设置水中听音所，平时实施听音警戒，另配备驱潜艇一艘至二艘，在警戒范围内，与水中听音所连系，如发觉敌人潜水艇时，即以所属之全部驱潜艇出动攻击。

（2）保护海上交通：对重要船只之出入港口及近海渔民之安全即以防备队之驱潜艇担任向导及护卫。

（3）对敌机之警戒及攻击：在淡水、野柳、苏澳、富贵角、花莲港、三貂角、台北士林庄等处设置电波探信仪监视所，实施对空警戒，若发现敌机时，即以防备队所属之高射炮防空队担任攻击。

（4）布雷工作：布雷时配合海军之敷雷舰工作，扫雷则以所属之大型发动艇担任之。

（5）对敌登陆部队之攻击：如敌人登陆时，海军守备队以其全部受要塞司令官之指挥作战，其所属之高射炮台则尽可能转为平射以任登陆部队之攻击。

2. 编制

该队编制设防备队司令一人，下辖水警、陆警、内务、电探、通讯、医务、主计等七科，兹分述如下：

（1）水警科：下辖舟艇班（配备驱潜艇九艘大型发动艇廿三艘）、水中听音班（分设野柳及尖山子鼻水中听音所）、扫海班、机雷班。

（2）陆警科：辖防空队（分高角炮台及机枪队）及陆战队。

（3）内务科：辖电机班、木工全工班、自动车班。

（4）电探科：下设淡水、富贵角、野柳、一貂角、苏澳、花莲港、台北士林等七个电探所。

（5）通讯科：分有线电讯及无线电讯两班。

（6）医务科：设医官及护士等卅名。

（7）主计科：分庶务给与衣粮一组。

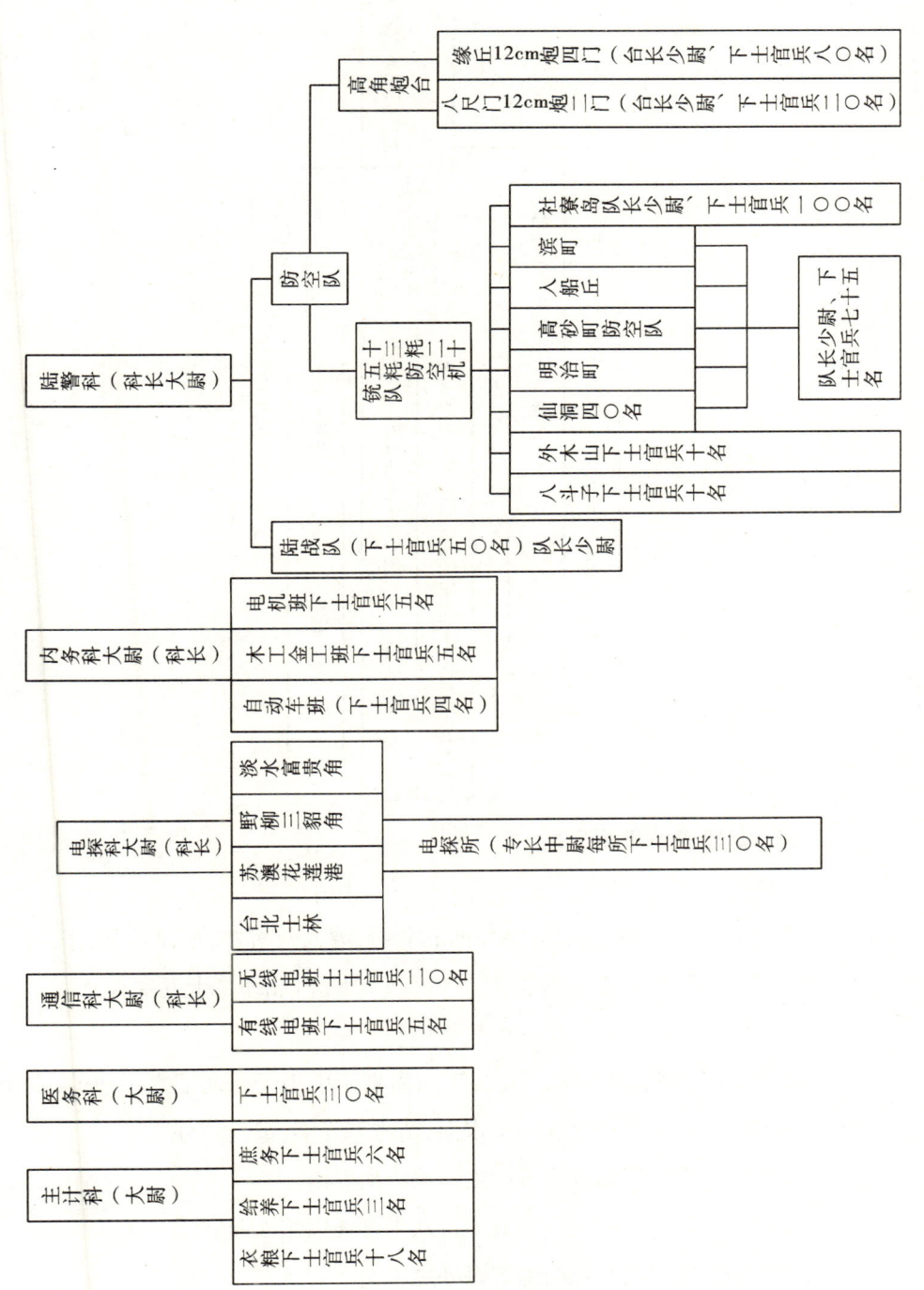

前基隆要塞司令部海軍防備隊司令（大佐）

- 陸警科（科長 大尉）
  - 防空隊
    - 高角砲台
      - 緣丘 12cm砲 四門（台長少尉、下士官兵八〇名）
      - 八尺門 12cm砲 三門（台长少尉、下士官兵二〇名）
    - 銃五十三、耗空機十三
      - 社寮島
      - 濱町
      - 入船丘
      - 高砂町 防空隊
      - 明治町
      - 仙洞 四〇名
      - （隊长少尉、下士官兵一〇〇名）
      - （隊长少尉、下士官兵七十五名）
    - 外木山 下士官兵十名
    - 八斗子 下士官兵十名
  - 陸戰隊（下士官兵五〇名）隊长少尉

- 內務科（科長 大尉）
  - 電機班 下士官兵五名
  - 木工金工班 下士官兵五名
  - 自動車班（下士官兵四名）

- 電探科（科長 大尉）
  - 淡水富貴角
  - 野柳三貂角
  - 蘇澳花蓮港
  - 台北士林
  - 電探所（所长中尉、每所下士官兵三〇名）

- 通信科（科長 大尉）
  - 無線電班 下士官兵三〇名
  - 有線電班 下士官兵五名

- 醫務科（大尉）
  - 下士官兵三〇名

- 主計科（大尉）
  - 庶務 下士官兵六名
  - 給養 下士官兵三名
  - 衣糧 下士官兵十八名

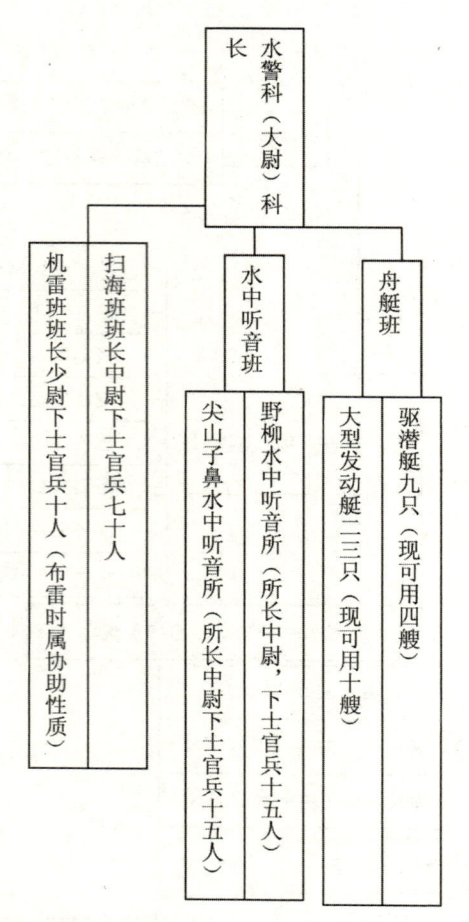

```
                        水警科
                        长（大尉）科
          ┌──────┬──────┼──────┬──────┐
         机雷    扫海   水中   舟艇
         班班    班班   听音   班
         长少    长中   班
         尉下    尉下
         士官    士官
         兵十    兵七
         人（    十人
         布雷
         时属        ┌──────┤      ┌──────┤
         协助       尖山   野柳   大型   驱潜
         性质       子鼻   水中   发动   艇九
         ）         水中   听音   艇二   只（
                   听音   所（   三只   现可
                   所（   所长   （现   用四
                   所长   中尉   可用   艘）
                   中尉   ，下   十艘
                   下士   士官   ）
                   官兵   兵十
                   十五   五人
                   人）   ）
```

（五）基隆港湾设施现况

1. 位置

基隆港在台湾岛之北端，港口向北北西，湾入西南方，东、西、南三面层峦围绕，形势优厚，其位置为东经一二一度四十五分，北纬二十五度八分。

2. 界限

由万人堆鼻北东微东二分之二，向东划于中山子西北端之一线，及由尖山子鼻向南西微南所划之线以南水面，谓之基隆港，港内划分如下：

（1）内港：由仙洞划九十五度之一线以南水南。

（2）八尺门渔港：由八尺门划一百八十度线以东水面。

（3）外港：内港及八尺门渔港以外之水面。

3. 地质水深及面积

(1)地质(底质):由港口至仙洞防波堤之外海海底为贝壳砂,内港是粘土,均适于抛锚,唯在牛稠港入口之两岸前面及入船町海岸石垣前面海底之一部为岩盘。

(2)面积及水深如下表:

区分	干潮面下水深	面积	备考
内港	3.6米至10.6米	954,000平方米	
外港	9.1米以上	1,210,000平方米	
八尺门渔港	2.7米以上	46,000平方米	

4. 气象、河川及其影响

(1)潮汐。A.干满差:潮汐极不规则,一昼夜大多有一面干满,干满差最大时一.六公尺,最少〇.三公尺;B.潮汐之方向及流速:干满潮时在港口外约为每小时三海里,港内无大影响。

(2)港湾附近河川及由季节所受之影响。A.河川之影响:附近无大河川流入,故无任何影响;B.季节所受之影响:由九月中旬至翌年四月间之季候风期附近一带霖雨连日,港口附近之海上风浪异常汹涌,唯内港所受影响甚微,暴风例发生于七至九月之间,历年统计最大风速达每秒三十米半,在季候风期外,除少数暴风雨,甚为稳静。

(3)风向之影响:在外港因受强烈东北风之故,牵动风浪甚高,唯东西南三面因层峦环叠,内港则更为山岳围绕,对风向不受影响。

台北港湾潮汐概况表

地名	平均高潮间隔	大潮差	小潮差	平均水面	备考
基隆	10时108分	1.6公尺	0.3公尺	0.6公尺	高潮时常有变化
淡水	2时20分	2.6公尺	1.4公尺	1.7公尺	
花莲港	6时5分	1.7公尺	1.3公尺	1公尺	
附记			朔望日潮水最高		

基隆气象调查表，卅四年统计数字

月份 区分	1月	2月	3月	4月	5月	6月	7月	8月	9月	10月	11月	12月	平均	合计
气压 耗	766	765.1	763.4	760.6	757.7	755.2	754.5	753.8	75.7	761.4	764.1	765.7	760.4	
温度 度	15.3	14.7	16.9	20.6	23.9	26.5	28.1	27.6	26.1	22.9	19.7	16.7	21.6	
雨量 耗	87.1	134.1	179.4	161.9	233.4	293.3	2100.7	305.5	260.1	128.6	69.0	74.0		2,136.8
风	平均风速约为3.2米，最高风速达30.5米，风向多东北风													
附记														

无论在任何季节，堪称一最良之避风港。

5. 航泊情况

基隆为台湾北部第一大港，商旅云集，故对航舶设施，有足纪者，兹分述于后：

（1）系船岸壁，其情形如下表：

区分	长度	系留船型	水深	可系只数	备考
第一岸壁	218.2米	6,000吨	9.1米	1艘	
第二至第四岸壁	544.5米	10,000吨	9.1米	3艘	内有545.4米岸壁为贮煤用
第五至第十岸壁	740.0米	3,000吨	9.1米	5艘	
第十一至十三岸壁	343.6米	3,000吨	4.5至9.1米	1艘	
第十四至十六岸壁	481.8米	10,000吨	10.6米	3艘	
第十七至十八岸壁	481.1米	10,000吨	10.6米	2艘	
合计	2,756.3米			15艘	

（2）浮标及系船锚：港内计有浮标九个，其中，第一、二、九号已不堪用，系船锚一个亦已损坏，现可供系泊船只者仅七个耳。

（3）航路及船舶积集所之设施：A. 航路最宽部为三百五十米，最狭部为一百三十五米，舰船进入基隆港以野柳鼻至白米东为主要航线。B. 舰船遇有暴风雨时，可驶入内港湾泊，其余足资为少型汽艇及舢舨等积集者计有如下表（按日本称为船溜者，即船积集避难所）

名称	碇泊面积	水深	备考
三沙湾积集所	11,240平方米	1.8米	
三沙湾积集所	5,950平方米	1.8米	
八尺门积集所	231,400平方米	1.7米	

此外在内港干潮面下水深三.六米之碇泊面积有四八三四七平方公尺。

6. 交通状态

基隆为铁路能配合水路运输之唯一港口,在陆路方面为运贯台湾南北铁路之起点,延长四〇四公里,东至宜兰九十九公里,公路亦以此为起点,附近更筑有轻便铁道甚多,水路方面,则距福州仅一百五十一海里,至上海四百一十八浬,战前交通至为便捷。

7. 港湾附属设备情形

(1) 防波堤之设备如下表

名称	长度	构造	备考
仙洞防波堤	327.3米	钢筋混凝土	
社寮岛防波堤	236.4米	粗石质	
东防波堤	560米	钢筋混凝土	工程仅完成70%
西防波堤	550米	钢筋混凝土	

此外在牛稠港建立导水堤长二五.七米,在真砂町建筑五〇.〇米之防波堤。

(2) 浮动码头(日称浮栈桥),其略情如下表:

名称	所在地	长度	活度	构造	备考
对马码头	日新町	14.5米	5.5米	混筋混凝土	
大正码头	日新町	14.5米	5.5米	混筋混凝土	
旭码头	旭町	97米	8米	混筋混凝土	
驿前码头	明治町	14.5米	5.5米	混筋混凝土	
税关码头	明治町	14.5米	5.5米	混筋混凝土	

(3) 起卸场(日称荷扬场),其略情如下表:

区分	长度	用地面积	备考
日新町以北海岸	1,261.8米	12,393.4平方米	
元町以西海岸	572.7米	3,282.6平方米	被炸毁坏一部分
昭和町海岸	328.2米	2,337.2平方米	
福德町海岸	303.6米	2,978.5平方米	附近沉船甚多
合计	2,376.3米	20,991.7平方米	

（4）危险物存放处，其配置如表：

所在地点	栋数	体积	构造	存物种类	备考
昭和町	1	396立米	砖	酒精	
昭和町	1	1,031立米	砖	石油	
昭和町及滨町	8	1,522立米	铁	油槽	
大正町	1	1,632立米	砖	油、可燃物	
社寮町	1	197立米	砖	石油	

（5）起重机，配置于岸壁，如左表：

所在地点	类别	数量	备考
第二至第四岸壁	30吨电气移动式	1座	
第十二至十八岸壁	10吨电气移动式	1座	待修
第四岸壁及昭和町起卸场	5吨电气移动式	10座	待修

（6）贮煤场，每次可堆积煤十三万吨，其配置如表：

所在地点	长度	面积	备考
大正町第七至第十岸壁	545.5五米	53,405平方米	
大正町	250米	10,531平方米	
堀川町	120米	3,325平方米	

此外另有给煤船五艘。

（7）船坞

所在地点	区别	长度 顶部	长度 底部	宽度 顶部	宽度 底部	深度	构造	备考
社寮町	10,000吨	217米	215米	31米	27米	8.5米	凝土	
社寮町	7,000吨	172米	170米	21米	20.2米	7.4米	凝土	完成百分之七十
大正町	3,000吨	117米	104.2米	14.5米	13.8米	7.3米	凝土	

在社寮岛船坞之旁设有修理工厂，并有抽水机一座每小时可抽水一〇〇〇〇吨，船坞积水预计三小时二十分钟内可抽完。

(8)运河

名称	长度	宽度	水深	备考
田寮港运河	1,792.7米	27米	1.8米	
旭町运河	678.0米	27至36米	1.8米	
牛稠港运河	377.0米	20至18米	1.8米	
合计	2,847.7米			

运河内沉船堆积，至为危险。

(9)给水设备，水塔建于西南十余里之八堵，其配置情形如左表：

区别	积量	给水管	数量	地点	备考
给水船	120吨 75吨		2艘 1艘	游动	
接岸给水栓		150粍 100粍 50粍	2个 7个 25个	第一至十八岸壁，日新町及入船町	被炸待修

(10)给油设备，由第十二至十四岸壁有接岸给油管四处，另有给油船等：(原件此处缺表格)①

(11)仓库

所在地点	栋数	面积	构造	备考
旭町	1	413.00平方米	木造	
第二、三岸壁	2	1,690.59平方米	铁骨混凝土二层	
第二、三、四岸壁	3	7,126.55平方米	石造及钢筋混凝土	
第十四至十八岸壁	4	9,312.83平方米	钢筋混凝土三层	
第十四至十八岸壁	1	3,733.00平方米	铁骨混凝土	
合计	12	21,275.97平方米		

(12)堆栈(日称上家)

所在地点	栋数	面积	构造	备考
第一岸壁	1	2,776.80平方米	钢筋混凝土	
第二岸壁	1	4,120.96平方米	铁骨凝土二层	

---

① 括号里的话为编者注。

续表

所在地点	栋数	面积	构造	备考
第三岸壁	1	4,312.99平方米	铁骨凝土二层	
第十四岸壁	1	6,380.96平方米	钢筋混凝土三层	
第十五岸壁	1	4,750.46平方米	钢筋混凝土三层	
第十六岸壁	1	9,086.54平方米	钢筋混凝土三层	
第十七岸壁	1	10,915.03平方米	钢筋混凝土三层	
第十八岸壁	1	10,814.40平方米	钢筋混凝土三层	
合计	8	53,158.14平方米		

附表第五

军政部第二要塞调查组基隆要塞区工事概况表

工事位置	工事种类	数量	强度（对爆弹之抗力）	已完成之百分数	备考
阿里阿特	轻掩盖机枪掩体	13		100%	
	重掩盖机枪掩体	2		100%	
	人员掩蔽部	3		100%	
	掷弹筒阵地	3		100%	
	混凝土机枪掩体	4		100%	
	重掩盖步炮掩体	1	20公斤	100%	
三界坛	轻掩盖机枪掩体	6		100%	
三重桥	轻掩盖机枪掩体	8	100公斤	100%	
万里加投	机枪掩体	3	150公斤破片	100%	枪穹窑
	轻掩盖机枪掩体	15		100%	
下中股	重掩盖机枪掩体	7	1,000公斤	100%	
	混凝土机枪掩体	6	100公斤	40%	
	重掩盖野炮掩体	3	1,000公斤	100%	
	轻掩盖机枪掩体	21	100公斤	100%	
士林庄	混凝土机枪掩体	2	150公斤	10%	
矿港	重掩盖步炮掩体	6	1,000公斤	100%	
	轻掩盖机枪掩体	4	50公斤	100%	
	鼠穴阵地	6		100%	
	轻掩盖机枪掩体	4	150公斤	100%	
	掷弹筒阵地	2		100%	

续表

工事位置	工事种类	数量	强度（对爆弹之抗力）	已完成之百分数	备考
八斗子	鼠穴阵地	9		100%	
	混凝土机枪掩体		150公斤	90%	
	机枪掩体	13	250公斤	95%	枪穹窑
	人员掩蔽部	2		95%	
	掷弹筒阵地	2		96%	
	轻掩盖机枪掩体	4	100公斤	100%	
	人员掩蔽部	3	100公斤	100%	
	战斗指挥所			100%	
	探照灯库	1		100%	
	探照灯台	1		100%	
	发电室	1		100%	
	轻掩盖机枪掩体	3	100公斤	100%	
	人员掩蔽部	2	100公斤	100%	
	重掩盖机枪掩体	2	150公斤	100%	
	人员掩蔽部	1	150公斤	100%	
	轻掩盖机枪掩体	3	150公斤	100%	
顶寮	鼠穴阵地	4		95%	
国圣埔	机枪掩体	2	250公斤	95%	枪穹窑
	轻掩盖机枪掩体	2	150公斤	95%	
	鼠穴阵地	4		95%	
	野炮掩体	1	250公斤	100%	炮穹窑
龟吼	重掩盖机枪掩体	2	250公斤	100%	
	机枪掩体	4	250公斤	90%	枪穹窑
磺港	机枪掩体	2	250公斤	80%	枪穹窑
	人员掩蔽部	2	500公斤	90%	
	十二公分加农炮掩体	2	100公斤	100%	
	野炮掩体	2	200公斤	80%	炮穹窑
玛练港	野炮掩体	1	250公斤	50%	炮穹窑
	机枪掩体	6	150公斤	80%	炮穹窑
大武伦澳	人员掩蔽部	2	150公斤	80%	
	轻掩盖机枪掩体	3	150公斤	30%	

续表

工事位置	工事种类	数量	强度（对爆弹之抗力）	已完成之百分数	备考
木山	十公分榴弹炮预备阵地			100%	
	二十公分榴弹炮掩体	2		100%	附近有兵舍弹药库
	探照灯库	1		100%	
	探照灯台	1		100%	
三角岭脚	步炮掩体	2	150公斤	100%	炮穹窑
	轻掩盖机枪掩体	5			
	人员掩蔽部	3	150公斤	100%	
	盘视所	3	150公斤	100%	
	指挥所	3	150公斤	100%	
莺歌石	轻掩盖机枪掩体	4	150公斤	30%	
	人员掩蔽部	2	150公斤	30%	
白米瓮	轻掩盖机枪掩体	10	150公斤	100%	
	人员掩蔽部	3	150公斤	100%	
	八吋加农炮掩体	3		100%	
	十公分加农炮掩体	2		100%	
牛稠港	步炮掩体	2	250公斤	100%	附近有兵舍弹药库
	机枪掩体	4	250公斤	60%	炮穹窑
	轻掩盖机枪掩体	4		60%	
	十二公分榴弹炮掩体	1		100%	
旭丘	轻掩盖机枪掩体	4	250公斤	80%	
	步炮掩体	1	100公斤	100%	炮穹窑
	高射炮掩体			100%	
	重掩盖机枪掩体	9	150公斤	20%	
	轻掩盖机枪掩体	6	100公斤	100%	
	人员掩蔽部	2	100公斤	100%	
哨船头	步炮掩体		250公斤	100%	炮穹窑
中山子	探照灯库	1		100%	
	探照灯台	1		100%	
狮球岭	重掩盖步炮掩体	1		100%	附近有兵舍弹药库
杠子寮	二十公分榴弹炮露天掩体	2		100%	

续表

工事位置	工事种类	数量	强度（对爆弹之抗力）	已完成之百分数	备考
社寮岛	二十七公分加农炮露天掩体	4		100%	附近有兵舍弹药库
	司令指挥所	1	250公斤	100%	
	重掩盖机枪掩体	6	100公斤	100%	
	九公分速射加农炮露天掩体	3		100%	
牛稠岭	二十公分加农炮露天掩体	2		100%	附近有兵舍弹药库
	轻掩盖机枪掩体	8	150公斤	100%	
	人员掩蔽部	5	150公斤	100%	
	指挥所	3		100%	
	监视所	3		100%	
深澳山	轻掩盖机枪掩体	2	250公斤	100%	
	轻掩盖机枪掩体	4			
	人员掩蔽部	2	150公斤	30%	
	轻掩盖机枪掩体	3	250公斤	50%	
	人员掩蔽部	1	250公斤	100%	
深澳	重掩盖机枪掩体	8	250公斤	100%	
	人员掩蔽部	3	250公斤	100%	
龙潭堵	轻掩盖机枪掩体	4	150公斤	100%	
瑞芳庄	轻掩盖机枪掩体	6	150公斤	100%	
练子寮	轻掩盖机枪掩体	5	250公斤	60%	
	人员掩蔽部	1	250公斤	60%	
石壁坑	轻掩盖机枪掩体	4	100公斤	80%	
三貂岭	轻掩盖机枪掩体	12		100%	
	监视所	7		100%	
	机枪掩体	10	1,000公斤	100%	枪穹窑
大组坑	机枪掩体	5	250公斤	100%	枪穹窑
	监视所	1		100%	
九分文	机枪掩体	2	150公斤	100%	枪穹窑
	机枪掩体	4	150公斤	100%	
	监视所	2		100%	

续表

工事位置	工事种类	数量	强度（对爆弹之抗力）	已完成之百分数	备考
永南洞	机枪掩体	2	150公斤	100%	枪穹窑
	轻掩盖机枪掩体	4		100%	
	钢筋混凝土机枪掩体	10	150公斤	100%	
	人员掩蔽部	4	150公斤	100%	
	监视所	2		100%	
光寮山	机枪掩体	2	100公斤	40%	枪穹窑
	轻掩盖机枪掩体	4	100公斤	40%	
蚊子坑	轻掩盖机枪掩体	12	250公斤	100%	
	人员掩蔽部	3	250公斤	100%	
	战门指挥所	3		100%	
土地公岭	轻掩盖机枪掩体	8	250公斤	100%	
	战门指挥所	3	250公斤	100%	
	监视所	3		100%	
澳底	步炮掩体	1	250公斤	95%	炮穹窑
	轻掩盖机枪掩体	30		95%	
	人员掩蔽部	3	250公斤	95%	
	战斗指挥所	3		95%	
	监视所	3		95%	
丹里	野炮掩体	4	250公斤	90%	炮穹窑
	机枪掩体	4	250公斤	90%	枪穹窑
	轻掩盖机枪掩体	37		90%	
	人员中掩盖掩蔽部	7		90%	
	战斗指挥所	12		90%	
	监视所	6			
监寮	机枪掩体	7	250公斤	75%	
	人员掩蔽部	2	250公斤	75%	
	战斗指挥所	1		95%	
	监视所	5		95%	
	鼠穴阵地	3		100%	
	钢筋混凝土步炮掩体	2	20公斤	100%	

续表

工事位置	工事种类	数量	强度（对爆弹之抗力）	已完成之百分数	备考
贡寮庄	机枪掩体	7	250公斤	95%	枪穹窑
	中掩盖野炮掩体	2		95%	
	轻掩盖机枪掩体	45		95%	
	人员用中掩蔽部	4		95%	
	监视所	3		95%	
	十二公分榴弹炮露天掩体				
控子	中掩盖步炮掩体	2	250公斤	95%	
	十二公分加农炮掩体	1		95%	
	游动炮兵阵地	1			
	轻掩盖步炮掩体	1		95%	
	轻掩盖机枪掩体	22		95%	
	人员用中掩蔽部	1		95%	
	战斗指挥所	1		95%	
	监视所	1		95%	
基隆岛	机枪掩体	4	500公斤	100%	
	人员掩蔽部	2	500公斤	100%	
附记	一、本表系由前日军要塞司令部及守备部队零星收集统计而来。二、本表所列之半永久及野战事工现大部均已损坏。三、其利用公私防空洞与煤坑作工事者均未列入。四、本计所列各野战工事经抽赶其他区调查后现已多不存在。五、本表对永久工事漏列甚多，如各地区之观测所弹药库均未列入。六、本表所列各地区工事，以时间所限与地形复杂、乏人领路之故，其实际到达其位置者甚少，故本表仅可作参考资料。				

乙、澎湖要塞调查经过

本组遵本部（卅四）务骑（二）字第○一三八九号代电于三十四年十月二十六日成立，十一月一日起与第一三六、二五七各组在本部开始联合办公，本组由各机关部队调用，及呈请委用人员于十一月上中旬先后来组报到，迄二十五日出发，事项办理完竣。

本组为便利工作起见，主任率一部组员于十一月二十九日乘中航机赴南京，其余组员于十一月二十八日乘民权轮离渝，于十二月十一日抵京。主任于十二月七日赴沪接洽赴台轮船及飞机，其余各员留京待命，嗣后到台飞呈请陆军总部核准，由南京起飞。本组全部于十二月二十五日集中南京，二十七日本组第一批人员飞抵台北，其余于三十五年元月二日亦到达台北，已于亥感台电呈报在案。

本组到达台北后，与台湾省行政长官公署、警备总司令部及日本联络部接洽，将澎湖日军移交各种表册详阅或抄留一份，供为实地调查之参考。六日本组自台北乘火车当晚九时抵高雄，与海军台澎要港部接洽，并将该部接收澎湖日本要塞移交各种表册与在台北所得之材料核对。九日，高雄乘轮当晚抵澎湖，目的地亦以子佳澎电呈报在案。

十日，召集海军台澎要港部马公办事处叶主任、澎湖厅陈主任及日方澎湖连络支部陆海军人员（姓名详表内备考栏）会商，决定实地调查程序，十一日开始调查。

其经过详附表一

附：

1. 要塞工事位置要图

2. 三〇基地飞行场图

3. 交通网图

4. 通信网图

5. 工事位置种类数量一览表

6. 陆海军工场主要器械数量位置表

7. 陆海军船舶位置数量表

8. 基隆要塞兵力配备及火网构成要图（略）

9. 高雄要塞管区及要塞作战守备地区要图（略）

10. 附图廿八（略）

11. 附图廿九（略）

12. 附图三十（略）

13. 附图三十一（略）

军政部第四要塞调查组澎湖要塞调查经过一览表

中华民国三十五年　月　日

月日	地点	人员 本组	海军要港部	日连络部	合计	事项	备考
一·一一	天南 红木埕 供北	9	3	3	15	陆军旧炮台及附设炮具仓库 弹药库 陆军炮台,弹药库,电波探知机,兵舍,坑道	海军台澎要港司令部叶主任心传,林组长鸿奎,陈营长中坚参加,日方中泽中佐,松浦大尉,海军福田大尉参加
一·一二	菓叶 裏正角 岛崁	9	3	4	16	陆军野炮炮位及附属坑道 陆军安式十五加炮台 陆军克式十五加炮台,海军炮台	人员同右日方泼剌部队长鹈饲源吉大佐参加
一·一三	锁管港 猪每水 三〇基地	9	3	4	16	陆军克式十五加炮台,钢铜制九速加炮台 陆军斯加式九速加炮台 空军基地及其设备	同右
一·一四	鸡母坞 凸角 大山	9	3	3	15	陆军炮台,弹药库,兵舍 海军水中听音所 陆军弹药库,旧炮台	同右
一·一五	圆顶 大案山 测天岛	9	3	4	16	海军炮台,兵舍 海军弹药库,水雷库 船坞,造船所,战斗指挥所	日方海军参谋梶永大佐参加
一·一六	虎井 四角屿	9	3	4	16	海军炮台高射炮位	同右
一·一七	渔翁岛 外按社 牛心湾	9	3	4	16	陆军十五加炮台,海军炮台 海军水中听音所 陆军弹药库,炮台,海军炮台	同右

续表

月日	地点	本组	海军要港部	日连络部	合计	事项	备考
一·一八	拱北	9	3	3	15	业程空军接收之超短波电波探知机制作试验	空军第二十三地区司令部空军少尉杨祝三参加
一·一九	陆军官舍	9			9	报告书及各项图表之编拟调制	
一·二〇	同右	9			9	同右	
一·二一	良文港	9		3	12	甲午战役日本澎湖上陆地点战史旅行	日方陆军中泽中佐,松浦大尉,海军福田大尉参加
一·二二	陆军官舍	9			9	本组会议工作检讨	
一·二三	同右	9			9	报告书及各项图表之编拟调制	

(原报告此处缺14页)[①]

二、高雄要塞建筑经过

高雄要塞工程初采海主陆从式,后采陆主空从工,均以渐进加强、由近及远之方法,以施设之开始于昭和十二年(民国二十六年)八月,变更工程计划昭和十八年(民国三十二年)十一月,终止工程于昭和二十年即民国三十四年)八月,计八整年。中究以后期空袭频频,要求急迫,工事实属艰苦而值特别叙述者,在昭和十四年(民国二十八年)八月奉升格为二等要塞,至昭和十七年(民国三十一年)十一月珍珠港事件发生,实行对英美宣战,乃进而扩大建筑计划,复奉升格为一等要塞,以上均为日本全面攻势时期,亦即要塞主以对海,兼及对陆,以配合作战时期,降至太平洋美军转取攻势,日本战力减弱,以日本空军劣势当难阻美强大舰队之入港,高雄正面平广,亦难遏美强大兵力之登陆,又不惜一变原来守备计划,改造工程施设重新侦察,经始迁移炮台位置,而为此地此时之陆主空从要塞,中因本土被炸甚剧,船舶损伤过多,材

[①] 此处文字为编者注。

料输送困难,影响工程进展,只能完成全部工事三分之二。火炮亦有少数未能装竣,坑道水泥亦未及如原定计划数设坚,美战争停止遂尔搁置,但其历年来之不舍昼夜,亦足称努力于此要塞矣。

三、历任要塞司令官姓名(如次表)

历任高雄要塞司令官姓名表

年月日	任次	级职	姓名	备考
昭和十二年(民国二十六年八月)	1	上校司令官	高品彪	
昭和十四年(民国二十八年八月)	2	少将司令官	小仓尚	
昭和十五年(民国二十九年十月)	3	少将司令官	桂朝彦	
昭和十六年(民国三十年十二月)	4	少将司令官	新妻雄	
昭和十九年(民国三十三年四月)	5	中将司令官	北岛骥子雄	
昭和二十年(民国三十四年二月)	6	少将司令官	村田定雄	
附记	一、昭和十四年(民国二十八年)十一月升格二等要塞。二、昭和十六年(民国三十年)十一月升格一等要塞。			

四、要塞管区及要塞作战守备地区要图

昭和十四年(民国二十八年)四月,奉公布高雄要塞管区为高雄市、冈山郡、凤山、郡东港郡、潮州郡、恒春郡等,后因新调部队增多,其作战守备地区仅为高雄市、凤山郡两地区,要塞司令官对要塞管区有限制渔猎、建筑、摄影及必要时行交通管制之权。

前日方高雄要塞主要观测器材统计表

民国三十五年元月卅一日,军政部第三要塞调查组制呈

类别	名称 区分	单位	数量	备考
双眼镜	一五公分双眼望远镜	个	2	
	一二公分高角双眼望远镜	个	20	
	一二公分双眼望远镜	个	26	
	一〇公分双眼望远镜	个	7	
	八公分高角双眼望远镜	个	9	
	八公分双眼望远镜	个	12	
	七公分棱角双眼镜	个	137	
	五〇公分观测镜	个	1	
	六倍棱角双眼镜	个	5	

续表

类别	名称	单位	数量	备考
测远机	野战重测远机	具	1	
	一公尺野战轻测远机	具	3	
	一.五公尺测距仪	具	5	
	携带测距器	个	2	
	测距器	个	2	
其他	炮队镜	具	5	
	炮台镜	具	2	
	轻地上标定机	具	1	
	航速测定机	具	1	
	三公尺测高机	具	1	
	方向机	具	4	
	躲避测定机	具	1	
	射击诸元换算	付	1	
	指挥仪	具	6	
	探照灯	具	20	
	电波探信仪（即电达）	组	5	
附记	本表所列器材尚属堪用品			

前日方高雄要塞主要通信器材统计表

民国三十五年元月卅一日军政部第三要塞调查组制呈

类别	名称	单位	数量	备考
有线电器材	二〇门总机	具	1	
	一〇门总机	具	1	
	六门交换机	个	2	
	四门交换机	个	2	
	电动式电话机	个	37	
	九一式电话机	个	91	
	磁石式电话机	个	32	
	中被覆线	卷	88	
	轻被覆线	卷	206	
	中络车	个	31	
	轻络车	个	163	
无线电器材	九七式特五发报机	组	2	
	九二式特受信机	组	17	
	短移动无线电信机	组	10	
	轻便无线电信机	组	12	
	直流发电机（二〇〇V）	组	1	
	直流发电机（八V）	组	1	
	九八式轻便无线电话机	组	2	
	移动特用无线电信机	组	6	
	五号蓄电池（高压）	个	100	
	五号蓄电池（低压）	个	8	
	三号蓄电池	个	160	
	九三式三号无线机	组	4	
	九四式六号无线机	组	16	
	九四式三号无线机	组	32	
	二〇公分回光通信机	具	4	
附记	本表所列器材尚属堪用品			

前日方高雄要塞固定式火炮统计及诸元数字表

民国三十五年元月十五日军政部第三要塞调查组制呈

区别 炮类别 别	口径（公分）	初速（秒公尺）	炮身长（公尺）	最大射程	有效射程	发射速度（公钟）	俯角（度）	仰角（度）	方向量（度）	后座长（公分）	弹重（公斤）	炮身重（公斤）	炮全重（公斤）	制造年号	操作人员	堪用程度	炮数	合计炮数	总计炮数	备考
二八公分榴弹炮	28	450	3.14	7,800	6,000	1	5	68	360	130	210	10,500	24,500	明治二十七年	15	一门损坏，余均堪用	8	100	241	（一）内一门损坏，二门装置完毕，工事竣工；一门装置完毕，工事完成半。（二）五门均分解置于露天有阵地位置，工事尚未开始。美造由马尼剌移此
七公分 美造一五五公分加农炮	15.5	792	5.90	16,800	10,000	2	11	34	1,200	160	43	4,000	9,000	一九一八年	12	堪用	4			
四一式一五公分加农炮	15	825	7.00	14,600	10,000	6	7	18	60	35	45	7,000	12,000	昭和十四年改	10	堪用	10			

续表

区别类别	口径(公分)	初速(秒公尺)	炮身长(公尺)	最大射程	有效射程	发射速度(公钟)	俯角(度)	仰角(度)	方向量(度)	后座长(公分)	弹重(公斤)	炮身重(公斤)	炮全重(公斤)	制造年号	操作人员	堪用程度	炮数	合计炮数	总计炮数	备考
四五式一五公分加农炮	15	620	7.10	21,000	15,000	5	5	48	360	130	42	6,000	9,000	大正十二年	10	堪用	2			
三年式一二.七公分联装加农炮	12.7	910	5.07	18,000	12,000	4	7	75	360	35	23	3,100	22,800	昭和十四年	18	堪用	4			装于有掩盖之掩体内,仅能作平射用。
八八式一二.七公分联装高射炮	12.7	720	50.7	18,000	12,000	12	8	90	360	45	23	2,962	21,200	昭和十九年	18	堪用	8			为最新式火炮,发射瞄准均用电气(指挥仪及雷达)。
七十年式一二公分加农炮	12	825	5.91	15,600	10,000	10	5	75	360	49	2,068	3,058	7,700	昭和十九年	9	堪用	16			装于有掩盖之掩体内,仅能作平射用。
十年式一二公分高射炮	12	825	5.61	15,600	10,000	10	10	75	360	49	2,068	30.58(3,058)	7,700	昭和十九年	9	堪用	16			为最新式火炮,发射瞄准均用电气(指挥仪及雷达)。

续表

区别 炮别 类别	口径(公分)	初速(秒公尺)	炮身长(公尺)	最大射程	有效射程	发射速度(公钟)	俯角(度)	仰角(度)	方向量(度)	后座长(公分)	弹重(公斤)	炮身重(公斤)	炮全重(公斤)	制造年号	操作人员	堪用程度	炮数	合计炮数	总计炮数	备考
短一二公分榴弹炮	12	295	1.51	5,000	3,000	不明	5	75	360	27	13	218	不明	不明	8	堪用	2			
九八式一○公分联装高射炮	10	1,010	6.73	18,300	12,000	15	10	90	360	50	13	3,053	21,000	不明	14	堪用	4			为最新式火炮发射瞄准均用电气（指挥仪及雷达）
九一式一○公分榴弹炮	10	520	6.73	10,500	8,000	6	5	75	720	50	13	不明	1,500	昭和十九年	8	堪用	4			
斯加式九公分加农炮	9	580	3.60	6,800	5,000	30	5	35	360	30	10	1,200	3,000	明治二十六年	6	堪用	4			系装于有掩盖之掩体内，仅能作平射用。
三年式八公分加农炮	8	680	3.00	6,200	4,800	15	2	12	360	30	5.3	430	600	大正三年	8	堪用	6			系装于有掩盖之掩体内，仅能作平射用。
三八式七.五公分野炮	7.5	550	2.50	6,600	5,000	8	2	3	120	12.5	6	330	970	明治三十八年	8	堪用	2	141		

续表

区别 炮类别	口径(公分)	初速(秒公尺)	炮身长(公尺)	最大射程	有效射程	发射速度(公钟)	俯角(度)	仰角(度)	方向量(度)	后座长(公分)	弹重(公斤)	炮身重(公斤)	炮全重(公斤)	制造年号	操作人员	堪用程度	合计炮数	总计炮数	备考
四一式七.五公分山炮	7.5	350	1.3	7,000	5,000	6	8	25	左3.30 右2.30	62～92	6.2	90	539	不明	8	堪用	9		内四门游动使用。
七公分加农炮	7	720	3.75	9,200	5,000	25	7	77	360	43	不明	98	598	昭和六年	6	堪用	4		装于掩盖之掩体内,仅能作平射用。
四.七公分战防炮	4.7	830	2.5	6,900	5,000	12	11	18	不明	49	2.9	154	800	不明	11	堪用	8		
二.五公分单机关炮															4	堪用	67		(一)此炮一个炮架上装一二或二个炮身不等之式样。(二)装于有掩盖之掩体内,仅能作平射用。
四.七公分两公分以下二.五公分炮身机关炮	2.5	900	1.50	7,500	5,000	120	10	90	360	9.8	.7	不明	111.5	昭和十八年	7	堪用	54		
二.五公分三炮身机关炮															9	堪用	12		

附记一、表内美造一五.五公分加农炮及一〇公分榴弹炮之方向量数字系密位数。
二、民国元年系日本大正元年,民国三十五年系日本昭和二十一年。

第四篇 俘虏管理

第一章 利用日俘从事复旧工作

甲、复旧工作命令下达之经过

根据台湾占领计划第十五条末项及十月三十日致日本官兵善后连络部长安藤利吉军字第一号命令第二项第十八条之规定,并中央之指示日军缴械后在回国前令其从事复旧工作以补偿我国之损失,因台湾地区受战争破坏之程度不一,有待整理建设,应分先后缓急决定原则,令饬实施。经于卅四年十一月七日由本部召集长官公署各处及海空军各主管决定后,以(34)军字第十九号命令致安藤办理。

乙、复旧主要工作

(34)军字第十九号命令内所含主要工作如次：

(一)海运恢复：1.修理船舶。2.打捞沉船。3.修理船厂及船坞。4.清扫水雷及水中障碍物。5.恢复航行标志。6.修理码头仓库及海军营建。

(二)空运恢复：1.修理飞机。2.恢复修造飞机之工厂。3.修理地上设备。4.油弹器材之集中。5.修理空军营建。

(三)营建整修：1.恢复市容。2.陆军营建修理。3.地方公共建筑物之修理。4.陆上地雷及临时性防空设备之清除。

(四)修复陆上交通：1.修理机车及车辆。2.修理机车及工厂及材料库。3.修理站房月台及货厂。4.修理汽车车站。5.修理沿公路之土方及电线。

(五)恢复工矿生产：1.水泥增产。2.砖瓦增产。3.本料增产,修理用工具零件之增产,以上各项以重要易于修复者为先。

丙、复旧工作及担任部队区分

据连络部呈出之台作命甲第十八号命令,所属施工区分如次:

(一)海运恢复:

1. 修理船舶。

2. 打捞沉船。

3. 修理船厂及船坞。

4. 扫海,特以高雄基隆地区为主。

(二)空运恢复:

1. 台北南北二飞行场:第八飞行师团。

2. 台南飞行场:海军部队。

(三)都市复旧:

基隆市:独立混成第一百十二旅团。

台北市:台北地区复旧作业队。

新竹市:第九师团。

台中市:第八飞行师团。

嘉义市:第七一师团。

台南市:第十二师团。

高雄市:第十二师团及第五十师团之一部。

屏东部:第五十师团。

花莲港、台中市:第十六师团。

(四)全台重要水利:特种农业水利,就近部队担任。

(五)修复铁路:保线及轮转器材为重点,铁道第九大队。

(六)通信之复旧:俟以上工作完毕后指示之。

丁、复旧工作之监督及经过情形

复旧工作由各有关机关派员监督指示实施,亦有由其自行监督工作者,惟间因日本军部队解除武装时间之先后,编组开工亦因之而异,所需工具材料因军政各机关正在办理接收,补给亦难如意,尚难达到预期目的。

戊、工作开始及停止时间

日俘复旧工作,于去(卅四)年十一月开始,十二月末美军联络组通知集中待运,分令限于亥月底停止工作,一律遣归原队,集中待运。

己、复旧工作之成绩

复旧工作,其重要而易举者已完成一部,成绩查报为附表(一)、(二)。

附表(一)

台湾省战俘复旧工作实施情形汇报表

第九师团

月份	服役场所	工事名称	施工程度	出工人数
十一月份	新竹(神社、镇公所洋火工厂)	管理	100%	588(49名14日)
	湖口演习场	管理	100%	1014(78名13日)
	新竹市洋火工厂	中国军兵舍之设备	100%	75(15名5日)
	湖口—台北	野炮输送	100%	54(27名2日)
	新竹市	修理道路	100%	27(9名3日)
	新竹市	建设宪兵队兵舍	100%	40(20名2日)
	总出工人数			1,798

第十二师团

月份	服役场所	工事名称	施工程度	出工人数
十一月份	台南市糖业联盟事务所	施设美国军舍	100%	112(16名7日)
	旧第四部队	施设中国军舍	100%	588(84名7日)
	实国民学校	施设中国军舍	100%	1,138(62名17日)
	安平街晓部队	施设中国军舍	100%	533(103名7日)
	第一中学校	施设中国军舍	60%	1,396(165名10日)
	第一中学校	施设中国军舍	100%	1,608(88名17日)
	安平兵舍—台南间			200(20名10日)
	总出工人数			5,575

续表

月份	服役场所	工事名称	施工程度	出工人数
第六十六师团				
十月份	木瓜溪	铁踏桥	20%	683
	白川—瑞穗	铁路	30%	3,100
	花莲港筑港	轰炸破坏修复	60%	340
	总出工人数			4,023
十一月份	中国军汽车之运货	运货工作	计尽1个月	300(30名10日)
	白川—瑞穗	铁路	100%	6,688(304名22日)
第一百十二旅团				
十一月份	基隆第一线桥	基隆港复旧		1500(50名20日)
军直辖部队				
电信第三十四部队				
十月份	圆山陆军病院(松山/大直/南门)(大直)	上记俘虏收容所电话设备	100%	60(20名3日)
	基隆二号岸壁台北军司参谋部	有线电话回线构成	100%	50(50名1日)
	松山飞机场及中国四二地区司令部	有线电话回线构成	100%	66(66名1日)
	马阶病院,南方资料馆副官室	有线电话回线构成	100%	70(35名2日)
	南门陆军病院参谋室	有线电话回线构成	100%	30(30名1日)
	梅屋敷—参谋室	有线电话回线构成	100%	36(36名1日)
	永乐旅社—副官室	有线电话回线构成	100%	20(20名1日)
	松山飞机场	挂无线远操线及送受信所空中线	100%	200(50名4日)
	铁路饭店—连络部军官区司令部	有线电话回线构成	100%	38(38名1日)
	第二永乐旅社副官室	有线电话回线构成	100%	42(14名3日)
	永乐前面高觉寺参谋庶务室	有线电话回线构成	100%	60(20名3日)
	旧第三部队宪兵队兵舍司令官,县长官舍,中国前进指挥所,铁路饭店,宪兵司令部	有线电话通信网构成	100%	60(60名1日)

续表

月份	服役场所	工事名称	施工程度	出工人数
	基隆旧要塞司令部,基隆中学校,宝町国民学校,港务局,白米两旧炮兵中队	有线电话通信网构成	100%	78(26名3日)
	高峰商会—副官室	补修有线电话障碍（地线一断线七）	100%	18(2名9日)
	中国空军地区司令部中国前进指挥所	有线电话回线构成	100%	20(20名1日)
	马阶病院—中国参谋长官舍	有线电话回线构成	100%	18(18名1日)
电信第三十四联队			
十一月份	木栅通信所,台北通信所,防卫室交换,中国警备总司令部交换	有线通信网构成	100%	210(70名3日)
	七〇军司令部总部	补修有线电话故障	100%	8(4名2日)
	中空司总部	补修有线电话故障	100%	16(2名8日)
	高峰商会副官室	补修有线电话故障	100%	14(2名7日)
	航空旅社铁路饭店	补修有线电话故障	100%	12(2名6日)
	七〇军司令部总部	补修有线电话故障	100%	10(5名2日)
	宫前高女—铁路饭店	补修有线电话故障	100%	18(3名6日)
	宫前高女—总部梅屋敷	电话网构成	100%	15(15名1日)
	总出工人数			1,341
独立铁道第九大队			
十月份	高雄车站站内	复旧工作	继续	1396(607名23日)
	基隆车站	复旧工作	继续	225(511名22日)
	总出工人数			1,953
十一月份	高雄港驿站内	复旧工作	第1次100%	525(75名7日)
	基隆车站	复旧工作	第1次100%	525(75名7日)
	高雄港驿站内	复旧工作	第2次100%	453(95名5日)
	基隆车站	复旧工作	第2次100%	450(30名15日)
	总出工人数	复旧工作	第2次100%	1,953

续表

月份	服役场所	工事名称	施工程度	出工人数
	船舶工兵第二十八联队			
十一月份	基隆上海福州水路	特务团宪兵海上输送	100%	2275（91名25日）
	日本通运	搬运工作	78%	828（44名20日）
	基隆港湾	复旧工作	70%	2847（218名36日）
	总出工人数			5,950
	基隆上海福州水路	中国海上输送监视	80%	2,154
	高砂剧场前	自来水复旧工作	100%	119
	高砂剧场前	自来水道路工作	100%	377
	筑港部前	造船	70%	120
	基隆港口	潜水工作	不明	280
	基隆第五岸壁	沉船打捞工作	不明	155
	筑港部营缮	制材,电工家屋修理	30%	492
	总出工人数			3,697
	第六十六师团			
十一月份	木瓜溪	铁路	100%	2882（131名22日）
	月野—大埔	铁路	100%	76（38名2日）
	鹿寮溪	铁路	90%	7,530（302名25日）
	总出工人数			10,488
	第八飞行师团			
十月份	屏东飞机场	收容施设	95%	1,144（26名44日）
	屏东飞机场	飞机场修理	65%	4,488（102名44日）
	屏东旧第三九部队	兵器整理	80%	6,264（141名44日）
	嘉义飞机场、屏东旧第三九部队	飞机场施设 补修整备	100%100%	6,804（141名44日） 2,412（137名18日）
	嘉义飞机场、屏东旧第三九部队	整备 兵器整备	100%65%	6,804（273名28日） 6,240（208名30日）
	台南飞机场	补修教育		689（53名13日）
	嘉义地区、屏东旧第三九部队	兵器整备 搬运	80%	3,876（226名26日） 1,740（58名30日）
	台北地区	中国空军、汽车整备		3,705（57名65日）
	总出工人数			39,302

续表

月份	服役场所	工事名称	施工程度	出工人数
十一月份	嘉义飞机场	飞机整备	100%	3,960(32名30日)
	嘉义飞机场	兵器整备	100%	336(21名16日)
	嘉义地区嘉义飞机场	接收兵器之整理,汽车管理	100%	780(26名30日) 525(35名15日)
	嘉义地区	移转集积物品	90%	420(30名14日)
	嘉义地区	接收品管理	90%	406(29名10日)
	嘉义飞机场	飞机集积	80%	420(30名14日)
	台南飞机场	教育		1,590(53名30日)
	屏东飞机场	施设之补修	75%	21,420(714名30日)
	屏东旧第三九部队	兵器整备	90%	3,360(120名30日)
	小港飞机场	飞机场修复,兵器整备	40%	1,680(56名30日)
	台北地区	汽车整理		1,680(56名30日)
	总出工人数			39,471
	电信第三十四联队			
十月份	基隆旧要塞司令部,总司令部,旧宪兵队司令部,旧总督府官邸,铁路饭店,台电台拓总经理宅,昭南阁桦山小学校,中国宪兵队,南方资料馆旧县长官舍,中国空军司令部淡水局	有线电话通信网构成及交换机设置工作	100%	265(53名5日)
	台湾警备总司令部,旧宪兵队司令部	有线电话回线构成	100%	32(32名1日)
	总部美国领事馆,中国无线通信所	有线电话回线构成	100%	40(40名1日)
	总部,葛秘书长官舍,中国宣传部特派员办公处补给库	有线电话通信网构成	100%	100(50名2日)
	日军参谋部,林大佐,克拉克小校	有线电话通信网构成	100%	26(26名1日)
	总司令部,旧台北市政府中国空军第二三地区司令部,第三科官舍铁路饭店	有线电话通信网构成,房室内配线	100%	86(43名2日)

续表

月份	服役场所	工事名称	施工程度	出工人数
十月份	中国七〇军司令部,连络部军官区司令部	有线电话线构成	110%	24(24名1日)
	警备总司令部,七〇军司令部	有线电话线构成	110%	120(40名3日)
	总长官官邸会客室,宪兵第一队,第二部队	有线电话通信网构成	110%	35(35名1日)
	松山飞机场,军司令部参谋室	有线电话故障补修(断线一一)	110%	22(2名11日)
	第一永乐副官室	有线电话故障补修(地线三断线四)	110%	14(2名7日)
	第二永乐副官室	有线电话故障补修(断线六)	110%	12(2名6日)
	梅屋敷—副官室	有线电话故障补修(地线八断线五)	110%	26(2名13日)
	铁路饭店参谋室	有线电话故障补修(地线二断线五)	110%	16(2名8日)
	中国空军司令部,中国警备总司令部	有线电话故障补修(地线二断线三)	110%	10(5名2日)
	航空饭店铁路饭店	有线电话故障补修(断线六)	110%	12(2名6日)
	南方资料馆铁路饭店	有线电话故障补修(地线四断线五)	110%	18(3名6日)
	宫前高等女校铁路饭店	有线电话故障补修(地线五断线六)	110%	21(3名7日)
	中国宪兵通信所	协助实施无线通信	断线协力	187(17名11日)
	总出工人数			1,972
	中国宪兵通信所	协修无线通信	断线协力	210(7名30日)
	中国警备总司令部	军乐指挥	100%	252(12名21日)
	中国木棚送信所	指挥	断线协力	240(16名15日)
	铁路饭店通信所	指挥	断线协力	30(2名15日)
	警备总司令部	有线通信网整备	断线协力	240(16名15日)
	警备总司令部	交换切替工作	100%	60(10名6日)
	警备总司令部	有线电话故障补修	100%	6(2名3日)

续表

月份	服役场所	工事名称	施工程度	出工人数
	第七船舶厂			
十一月份	七十军司①	汽车运搬		61
	七十五师	汽车运搬		8000
	总出工人数			160
	战灾复旧部			
十月份	教育队(水道町)	中国军兵舍设备	100%	154
	桦山陆军仓库	中国军兵舍设备	100%	59
	旧四五〇部队(堀川町)	中国军兵舍设备	100%	20
	旧兵事部	中国军兵舍设备	100%	186
	旧第三部队	中国军兵舍设备	11月亦继续	724
	旧第五部队	中国军兵舍设备	11月亦继续	469
	旧宪兵队	中国军兵舍设备	100%	155
	旧东门分院	中国军兵舍设备	100%	23
	旧农业会	中国军兵舍设备	11月亦继续	37
	淡水中学校,淡水西国民学校,淡水海水浴场,淡水公会堂	中国军兵舍设备	100%	276
	总出工人数			2,103
	旧圆山俘虏收容所	中国兵舍设营	100%	50
	一〇七师副官部(水道町)	中国兵舍改筑工作	100%	152
	旧农业会	中国军兵舍设营	100%	186
	旧第三部队	中国军兵舍设营	100%	234
	旧第五部队	中国军兵舍设营	100%	23
	太平町	市内清扫工作	50%	1,329
	蓬莱国民学校	防空洞破坏工作	100%	
	旧第三部队(七〇军)	兵舍改筑工作及水道修复	25%	1,483
	基隆(第七五师)	兵舍其他修复工作	5%	91
	总出工人数			3605

---

① 原文如此。

续表

月份	服役场所	工事名称	施工程度	出工人数
十一月份	泼剌部队①			
	澎湖岛厅马公街	战灾复旧工作	100%	358(223名1日,100名1日,35名1日)
	澎湖岛厅马公街	战灾复旧工作	100%	
	澎湖岛厅马公街	战灾复旧工作	100%	358(223名1日,100名1日,35名1日)
	总出工人数			

第二章 韩籍官兵之集训情形

第一节（标题缺）②

甲、集中经过

本部卅四年十月卅日战字第（44）号命令第九条之（5）规定，韩籍日军以集中一地，使之工作并施以精神训练，候船归国。又，卅四年十一月六日本部以战一字第十二号代电命台湾地区日本官兵善后连络部，将韩籍日军于十一月十五日前集中于台北市大直前青年训练第一、二所，至十一月十五日前后集结一千三百二十名。

乙、集训情形

1. 编组：集中后为便于管理，准其自行编组，成立一个总队，总队下辖三大队，八个中队（如附表第一）。

2. 定名：该总队定名为韩籍官兵集训总队。

3. 管理：该总队自成立后，即依其编组系统，自行管理。本部派第二处少校参谋钟强为指导员督导之。并派宪兵一排驻扎该总队，担任警卫及军风纪

---

① 原报告此处缺页。
② 括号内文字为编者加。

之维持。

4. 教育：由本部订定韩籍官兵集训教育计划实施之。

5. 经理：集中后三个月内由台湾地区日本官兵善后连络部给与之，三个月后由本部给与之。

丙、集训后一般情况

集训后以教育重点在于精神训练，故对于三民主义及总裁言行特感兴趣，一般均热望以所学，返韩后贡献于建军。且此次韩国之解放，端赖中国之力量，故对中国感德尤深。

丁、韩籍官兵学历与兵科之调查

1. 学历调查如附表第二其一。

2. 兵科调查如附表第二其二。

韩籍官兵集训总队编成表（部队组织编成）

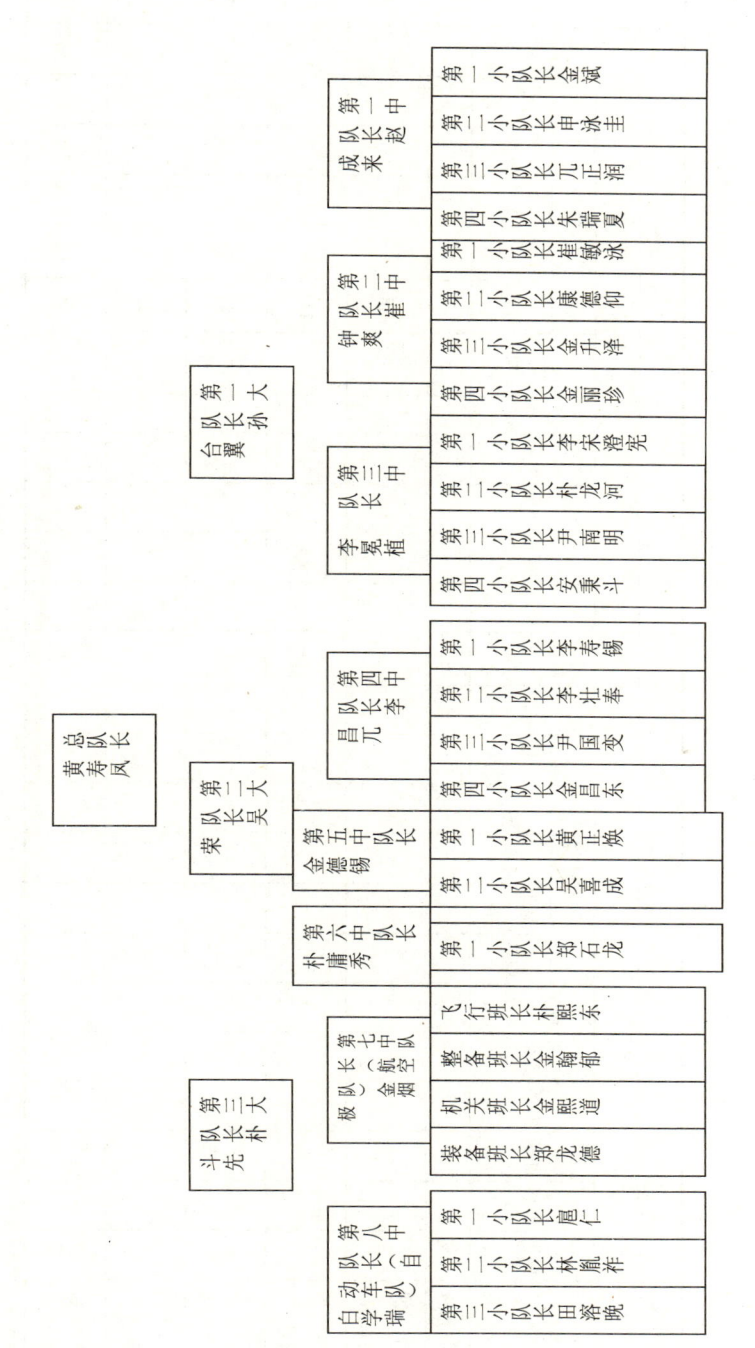

总队长 黄寿凤

第一大队 队长 孙翼台

- **第一中队 队长 赵来盛**
  - 第一小队长 金斌
  - 第二小队长 申冰圭
  - 第三小队长 元正润
  - 第四小队长 朱瑞夏

- **第二中队 队长 崔爽钟**
  - 第一小队长 崔敞冰
  - 第二小队长 康德仰
  - 第三小队长 金升泽
  - 第四小队长 金丽珍

- **第三中队 队长 李冕植**
  - 第一小队长 李来澄宪
  - 第二小队长 朴龙河
  - 第三小队长 尹南明
  - 第四小队长 安秉斗

第二大队 队长 吴荣

- **第四中队 队长 李昌元**
  - 第一小队长 李寿锡
  - 第二小队长 李壮奉
  - 第三小队长 尹国变
  - 第四小队长 金昌东

- **第五中队 队长 金德锡**
  - 第一小队长 黄正焕
  - 第二小队长 吴喜成

- **第六中队 队长 朴庸秀**
  - 第一小队长 郑石龙

第三大队 队长 朴先斗

- **第七中队（航空队）队长 金烟空**
  - 飞行班长 朴熙东
  - 整备班长 金翰郁
  - 机关班长 金熙逍
  - 装备班长 郑龙德

- **第八中队（自动车队）队长 白学瑞**
  - 第一小队长 卢仁
  - 第二小队长 林胤祚
  - 第三小队长 田溶晚

(原稿此处缺损十多页)[1]

附表(七)其二

台湾日本陆空军特种技术人员调查统计表

民国卅五年三月十五日

<table>
<tr><th rowspan="4">阶级</th><th colspan="11">官佐</th><th colspan="11">士兵</th></tr>
<tr><th colspan="11">技术</th><th colspan="11">技术</th></tr>
<tr><th rowspan="2">操纵</th><th rowspan="2">侦察</th><th rowspan="2">通信</th><th rowspan="2">射手</th><th rowspan="2">摄影</th><th rowspan="2">汽车驾驶</th><th colspan="4">制造修理</th><th rowspan="2">小计</th><th rowspan="2">操纵</th><th rowspan="2">侦察</th><th rowspan="2">通信</th><th rowspan="2">射手</th><th rowspan="2">摄影</th><th rowspan="2">汽车驾驶</th><th colspan="4">制造修理</th><th rowspan="2">小计</th></tr>
<tr><th>修造</th><th>发动机</th><th>雷机</th><th>械弹</th><th>计量器</th><th>其他</th><th>修造</th><th>发动机</th><th>雷机</th><th>械弹</th><th>计量器</th><th>其他</th></tr>
<tr><td>第九航测队</td><td></td><td></td><td>10</td><td></td><td></td><td></td><td></td><td></td><td></td><td></td><td>1</td><td>11</td><td></td><td></td><td>155</td><td></td><td></td><td>5</td><td>4</td><td>16</td><td>2</td><td></td><td></td><td>176</td></tr>
<tr><td>第百十三独立整备队</td><td></td><td></td><td></td><td></td><td></td><td></td><td></td><td></td><td></td><td></td><td></td><td></td><td></td><td></td><td></td><td></td><td></td><td>1</td><td>18</td><td></td><td>1</td><td></td><td></td><td>20</td></tr>
<tr><td>第百十五独立整备队</td><td></td><td></td><td></td><td></td><td></td><td></td><td>6</td><td></td><td></td><td></td><td></td><td>6</td><td></td><td></td><td></td><td></td><td></td><td></td><td>111</td><td></td><td></td><td></td><td></td><td>111</td></tr>
<tr><td>第百二十五独立整备队</td><td>4</td><td></td><td></td><td></td><td></td><td></td><td>3</td><td></td><td></td><td></td><td></td><td>7</td><td></td><td></td><td></td><td></td><td></td><td>7</td><td>41</td><td>48</td><td>3</td><td></td><td></td><td>99</td></tr>
<tr><td>第百三十四独立整备队</td><td></td><td></td><td></td><td></td><td></td><td></td><td>3</td><td></td><td></td><td></td><td></td><td>3</td><td></td><td></td><td></td><td></td><td></td><td></td><td>37</td><td></td><td></td><td></td><td></td><td>37</td></tr>
<tr><td>第百四十二独立整备队</td><td></td><td></td><td></td><td></td><td></td><td></td><td>7</td><td></td><td></td><td></td><td></td><td>7</td><td></td><td></td><td></td><td></td><td></td><td>7</td><td>23</td><td>67</td><td>7</td><td></td><td></td><td>104</td></tr>
</table>

[1] 编者注。

续表

阶级 番号	官佐 操纵	官佐 侦察	官佐 通信	官佐 射手	官佐 摄影	官佐 汽车驾驶	官佐 修造	官佐 发动机	官佐 雷机	官佐 械弹	官佐 计量器	官佐 其他	官佐 小计	士兵 操纵	士兵 侦察	士兵 通信	士兵 射手	士兵 摄影	士兵 汽车驾驶	士兵 修造	士兵 发动机	士兵 雷机	士兵 械弹	士兵 计量器	士兵 其他	士兵 小计
第百四十五独立整备队						6	6						6						10	67	47	2				126
第百四十九独立整备队						4	4						4						7	80		2				89
第百五十一独立整备队				2			8	1		2		2	17													
第百五十八独立整备队							1	13	1	2			17						3	1	29	4	4			41
第百五十九独立整备队							21					3	24					1	9	133						143
第百九十二独立整备队	2						13						13				2		1	150	5				50	207
第百九十三独立整备队							3						3						1	76					1	78
第三百七独立整备队							10	1		1		10	22						8	187					38	

续表

番号	官佐 操纵	侦察	通信	射手	摄影	汽车驾驶	技术 修造	发动机	电机	机械弹	计量器	其他	小计	士兵 操纵	侦察	通信	射手	摄影	汽车驾驶	技术 修造	发动机	电机	机械弹	计量器	其他	小计
诚第十六飞行队	4							1					5	9		1					14		1			25
诚第二十五飞行队	2						2	13				4	21	5		10			2		49	7		4	8	80
诚第二十八飞行队	4	1					6						11	14		9					65	5	5	4	2	101
诚第百十七飞行队	1												1	7		3					25	2		1		38
诚第百十八飞行队	2												2	14		3			4		21			2		44
诚补充飞行队	48						8		2			3	61	144						144					36	324
第五野战航空修理厂	3	1				6	112	3	5	2	1	9	141			9		2	36	542		3			1	586
第五野战航空补给厂	1						1	3				1	3	5		9				25	4					43

续表

番号	官佐 操纵	侦察	通信	射手	摄影	汽车驾驶	修造	发动机	雷机	械弹	计量器	其他	小计	士兵 操纵	侦察	通信	射手	摄影	汽车驾驶	修造	发动机	雷机	械弹	计量器	其他	小计
南方航空输送部	1												1			5				10	3					23
第八飞行师飞行班	3												3							24		2	1		2	38
第八飞行师团司令部	7		3			1	2						13	6		2	3			49	5	7	1		9	101
第九飞行团司令部	4	1	2					1				7	15	21		3			5	6					79	91
第二十二飞行团司令部	3		1	1			2					1	8	1						4	16	2	2		14	42
第二十五飞行团司令部	2		1				1			1		4	9	2		2			2	1					6	15
第二十八飞行场大队												7		4		2		7		28	11	2		4	52
第百三十九飞行场大队											5		5						39	24	13	4		7	87

续表

阶级	官佐 技术										士兵 技术									
区分 番号	操纵	侦察	通信	射手	摄影	汽车驾驶	修造	发动机	雷机	械弹	计量器	其他	小计	操纵	侦察	通信	射手	摄影	汽车驾驶	修造	发动机	雷机	械弹	计量器	其他	小计
第百五十六飞行大队							3						4						49	22	11					71
第百五十七飞行大队	14					1	1			1			16													
第百五十八飞行大队	6												6							1	27	8				
第百八十八飞行大队				1				1					3			2	3	1	19		4	1				38
诚第一飞行场中队			7			1	1	1		6		15			147			24	34	1	7	8		17	43	
诚第三飞行场中队	1												1													296
诚第五十九飞行中队																					5	1			72	13
诚第六十一飞行中队	15	1											16	9												14

续表

番号	阶级	官佐 技术 操纵	侦察	通信	射手	摄影	汽车驾驶	制造修理 修造	发动机	雷机	械弹	计量器	其他	小计	士兵 技术 操纵	侦察	通信	射手	摄影	汽车驾驶	制造修理 修造	发动机	雷机	械弹	计量器	其他	小计
诚第六十二飞行场中队		3	1	4	4			2			1			15	56		42	2	3	31	16	3	1	1		29	184
诚第六十三飞行场中队		1	1				1	2					15	20	10		11	17	13	4			1	1		26	83
诚第六十四飞行场中队							1							1			18		4		3	4	2				31
诚第七十三飞行场中队		4						1						5	63						10	3				4	80
诚第七十四飞行场中队		6					1	1	1				5	13	62					28	20					135	245
第三十九航空地区司令部		1												1	1		3				2						6
第四十二航空地区司令部			1				1							2	1							1	1				2
桃园地区队		1									1		1	3			12					2	3			1	18
第七航空无线队														0			1			5			1				6

续表

番号	官佐 操纵	侦察	通信	射手	摄影	汽车驾驶	修造	发动机	雷机	械弹	计量器	其他	小计	士兵 操纵	侦察	通信	射手	摄影	汽车驾驶	修造	发动机	雷机	械弹	计量器	其他	小计
第六十二航空无线队			1										1			3										3
第八十一航空无线队			10										10			43									1	44
独立飞行第二十三中队	10		2				3			2			17	7		15	2			54		11	12	5	3	107
独立飞行第二十四中队	2						2			1			5	9	1			1		45	1					63
独立飞行第四十一中队	6	3					1	2					12	5		6	2	1	2	19	2	1				37
独立飞行第四十二中队	7	3	2										13	2	1	5		2	6	13	1		1			29
独立飞行第四十三中队	5	4					3					1	13	5		15	1	5		45	12	11	6	9	12	117
独立飞行第四十七中队	4	1	2				5	1				1	13	7	1	22		11	11	52	9	11	2	4		119

续表

阶级	官佐（技术）													士兵（技术）												
番号 \ 区分	操纵	侦察	通信	射手	摄影	汽车驾驶	修造	发动机	雷达机	机械弹	计量器	其他	小计	操纵	侦察	通信	射手	摄影	汽车驾驶	修造	发动机	雷达机	机械弹	计量器	其他	小计
独立飞行第四十八中队	4		1				3					2	10			22	3	4	10		40	5	14	5	17	126
独立飞行第四十九中队	3	2					5			1			10	9	15	18	1	3	9	2	52	12	10	5	1	137
独立飞行第七十一中队	7						1		1	1			10	10		1					15	3	3		1	33
诚第一司直队	6	4											5	3		19				34			3			37
飞行第八战队	8	26	1				20		6			8	62	13						183	27	5	3	3	52	252
飞行第十战队	8						5						13	17		13					48	11				70
飞行第十二战队	8	2										1	16	20		13					48	11	3			92
飞行第十三战队	6	1					2						10	12		2					20	4	3			41
飞行第十七战队	7						8						15	22		14					65	10	18			129

续表

番号	区分	官佐 技术 操纵	侦察	通信	射手	摄影	汽车驾驶	制造修理 修造	发动机	雷机	械弹	计量器	其他	小计	士兵 技术 操纵	侦察	通信	射手	摄影	汽车驾驶	制造修理 修造	发动机	雷机	械弹	计量器	其他	小计
	飞行第十九战队	21		1				5						27	11		14				14	47	6	22	2	3	119
	飞行第二十战队	8						14					2	25	19		21					79	8	14	7	3	148
	飞行第二十一战队	15		3				7	2		1		1	30	19		16	4		3		108	6	18	13	18	205
	飞行第二十四战队	13		1				4	1					20	19		6					14	2	10	1		52
	飞行第二十六战队	13		1				6	3		1		1	25	8		2					18	3	6		3	40
	飞行第二十九战队	18						7						25	20		23					127	21	38	2	3	234
	飞行第五十战队	5						6						11	15		12	13	1	2	58					2	70
	飞行第五十八战队	5		3				7					3	18	12							52	8	9		4	113

台湾军事接收总报告书　289

续表

阶级	官佐 技术						官佐 制造修理							士兵 技术						士兵 制造修理							备考
区分／番号	操纵	侦察	通信	射手	摄影	汽车驾驶	修造	发动机	雷机	械弹	计量器	其他	小计	操纵	侦察	通信	射手	摄影	汽车驾驶	修造	发动机	雷机	械弹	计量器	其他	小计	
飞行第六十一战队	22	2				2	7					5	38			27	34		2	81		9	5		13	185	
飞行第一〇五战队	12						10	7		5		3	37							1	94	9	14	3	138	291	
飞行第一〇八战队	9	1					10	1					22	21		4					29	1			2	57	
飞行第二〇四战队	10	1					6						17	18		2					36	3	3			62	
合计	375	53	67	7		13	580	65	8	25		99	1,092	907	18	765	79	47	357	2,249	1,555	266	281	53	830	7,407	
备考																										

附表第（八） 台湾日方在乡军官年龄、住址、兵科统计表

民国三十五年二月十五日

区分\县别	阶级 中佐	少佐	大尉	中尉	少尉	计	年龄 五十岁以上	四十岁以上	三十岁以上	三十岁以下	计	兵种 步	炮	工	辎	航空	技术	主计	军医	防空	船舶	宪兵	计
台北	4	82	180	196	462	7	89	205	161	462	208	51	4	12	20	17	42	95	3	3	7	462
新竹		2	4	8	22	34		4	15	15	34	13	5			1		2	10			3	34
台中	1		19	34	46	102		26	43	33	102	33	18	1	5	12	2	4	25		2		102
台南	12	1	23	58	66	159	8	44	49	58	159	70	23	11	3	9	6	7	28		1	1	159
高雄	1	1	11	27	38	78	2	20	23	23	78	24	15	4		3	7	5	15		2	2	78
花莲			11	11	15	37		15	15	7	37	17	4	2	3			2	9				37
台东	1		7	7	5	20		6	10	4	20	12	2	2					4		1		20
澎湖				1		1			1		1	1											1
不明			11	30	41	82	11	27	44		82	34	21			2		2	22		1		82
小计	14	8	168	356	429	985	17	215	398	345	985	411	140	24	20	47	32	64	208	3	10	16	985

备考：一、本表系根据日方连络部所报及调查汇制。
二、台湾日方在乡军官985名。

附表第（九）

台湾省日俘眷属遗族留守家族及日侨人数调查统计表

日俘眷属人数	日军遗族及留守家族	日侨（含琉侨）	韩侨	合计
7,228	71,899	250,250	2,199	329,377

附记　一、本表系根据日本连络部及日侨遣送处调查组各方面调查汇制之。
　　　二、遗族留守家族及日侨由日侨管理委员会及日侨遣送处办理管理遣送。
　　　三、四月十五日据报留用日籍技术人员计7,174人，家属20,821人，共计27,995余悉遣送。

附件第（一）

台湾省警备总司令部战俘管理处教育计划大纲

第一条　方针

本计划大纲遵照陆军总司令部所领战俘管理计划纲要第七条所示战俘教育要旨，并参酌本地区实际情形订定之。

第二条　目的

以揭发日本军阀黩武主义之黑幕，剖解其失败必然性，灌输国父遗教总裁言论，发扬三民主义与联合国宪章之真谛，启发其自由思想，培植其民主精神，激发其自动自觉政治革新之努力，以巩固和平为目的。

第三条　要领

利用日俘复旧工作停止及其遣送待运回国之时机，运用人力物力，以精神演讲、巡回电影、广播、文字及辩论座谈会等教育方式施行之。凡担任施教人员，以通日本语言，熟悉日本国情，迎合军人心理，并对政治教育有研究者充任之。俾施教时循循善诱，予以启发，潜移默化，以收事半功倍之效。

第四条　办法

由本处组织巡回教育团巡回施教外，再由本处及各所施以各种教育。

第五条　步骤

日俘复旧工作停止分区施教。

附件第(二)
台湾省警备总司令部战俘管理处巡回教育团教育实施办法

第一条　本办法依据教育计划大纲第四条及一二三各条之意旨订定之。

第二条　本团定名为台湾省警备总司令部战俘管理处巡回教育团(以下简称本团)。

第三条　本团编制，团长一人(将级)，政训员及译员三至　人(校级)[①]，副官二人(尉级)，艺术员及电影放映技术员四至五人(荐任或委任)，夫役七至十名(以上员兵由警备总司令部行政长官公署宣传委员各会驻军政工人员中调用，并选能通日语，熟悉日本国情与军人心理，并对政治宣传有研究者)。

第四条　本团因事实需要，得分区施教，分区次序如左：

一、台北北区。二、台北南区(以上由本处主持之)。三、基隆区(由本团协同基隆港口运输司令部办理之)。四、台中区(由本团协同第二战俘管理所办理之)。五、高雄区(由本团协同第二战俘管理所及高雄港口运输司令部办理之)。

第五条　本团巡回教育时间暂定二个月(由一月五日起至三月五日止，但视实际情形为延长或缩短之)。

第六条　本团各课题之讲师，除由本团职员中担任者外，得聘请各当地党政军各机关首长及盟军长官，暨当地名流学者担任之。

第七条　本团教育种类如左：

一、精神教育：由本团聘请各当地党政军首长及盟军长官，暨名流学者，特约时间，为精神训话或专题演讲。

二、电影教育：利用各地电影院选映含有计划大纲第二条之意义新闻或战争影片，一面放映，一面说明，并利用未放映前予以简单之精神讲话或时事报导。

三、文字教育：由本团创办和平特刊，及其他宣传品，并订购国内含有计划大纲第二条有关之刊物，随带分发各集中营阅览，一面发动本省各报社尽量编登日俘教育之言论，并在各会场制贴标语壁报等(以日文为主)。

[①]原文缺数字。

四、戏剧教育：由本团发动各该地党政军各机关及各学校依据教育计划大纲第二条之意旨编排戏剧公演。

五、广播教育：令日本官兵善后连络部转饬各集中营制置收音机接收各地电台所播日语新闻。请本省党政军各首长及名流学者,向本省电台广播精神讲话或专题演讲。

六、座谈教育：到达施教区时,分批集中日俘官兵举行座谈会,其时间、地点、课题、指导员、参加人数等,视当时情形拟定实施之。

第八条　各种教育实施,时间与空间按实际情形妥为编排,其课程配置表,广播教育分配表电影教育分配表等(如附表第三至第七六)。

第九条　本团员兵均为调兼,不另支薪,其所需旅费及各项教育费等,按实际需要,先请警备总司令垫借,再呈报陆军总司令部核发。

第十条　本办法经呈准后施行之。

附表第(十)

台湾省警备总司令部战俘管理处台北市南区第一周课程实施分配表

月日 \ 区分 \ 星期 \ 地点			讲师	讲授内容	时间	备考
二月四日	一	中山堂	长官兼总司令	精神教育	下午二时至五时	
二月五日	二	中山堂	善后救济总署台湾分署钱署长	精神教育	下午二时至五时	
二月六日	三	中山堂	参谋长	精神教育	下午二时至五时	
二月七日	四	中山堂	三民主义青年团余书记	三民主义之伟大与人类之贡献	下午二时至五时	
二月八日	五	中山堂	中央通讯社叶特派员	精神教育	下午二时至五时	
二月九日	六	中山堂	七十军庐参谋长	盟国为正义和平作战之意义与目的	下午二时至五时	
附记			本表定二月四日起实施			

附表第（十一）

台湾省警备总司令部战俘管理处台北市南区第二周课程实施分配表

月日	星期	地点	讲师	讲授内容	备考
二月一一日	一	中山堂	政干团韩教育长	民主政治思想与联合国宪章之真谛	时间下午二时至五时
二月一二日	二	中山堂	七十军政治部周主任	日本神权思想错误之检讨	时间下午二时至五时
二月一三日	三	中山堂	省党部李主任委员	国父与中国	时间下午二时至五时
二月一四日	四	中山堂	宣传委员会夏主任	中国与总裁	时间下午二时至五时
二月一五日	五	中山堂	七十军军长	精神教育	时间下午二时至五时
二月一六日	六	中山堂	财政部游特派员	中国历史文化之精神	时间下午二时至五时
附记			本表定二月十一日起实施		

附表第（十二）

台湾省警备总司令部战俘管理处台北市北区第一周课程实施分配表

月日	星期	地点	讲师	讲授内容	备考
二月四日	一	中山堂	三民主义青年团余书记	三民主义之伟大与人类之贡献	时间上午八时至十一时
二月五日	二	中山堂	中央通信社叶特派员	精神教育	时间上午八时至十一时
二月六日	三	中山堂	七十军庐参谋长	盟国为正义和平作战之意义与目的	时间上午八时至十一时
二月七日	四	中山堂	本部第二处林处长	中国历史文化之精神	时间上午八时至十一时
二月八日	五	中山堂	七十军政治部周主任	日本神权思想错误之检讨	时间上午八时至十一时

续表

区分 月 日　星期　地点	讲师	讲授内容	备考
二月九日　六　中山堂	政干团韩教育长	民主政治思想与联合国宪章之真谛	时间上午八时至十一时
附记	本表定二月四日起实施		

附表第(十三)

台湾省警备总司令部战俘管理处台北市北区第二周课程实施分配表

区分 月 日　星期　地点	讲师	讲授内容	备考
二月一一日　一　中山堂	省党部主任委员李翼中	国父与中国	时间上午八时至十二时
二月一二日　二　中山堂	宣传委员会夏主任	中国与总裁	时间上午八时至十二时
二月一三日　三　中山堂	七十军军长	精神教育	时间上午八时至十二时
二月一四日　四　中山堂	长官兼总司令	精神教育	时间上午八时至十二时
二月一五日　五　中山堂	本部第三处王处长	精神教育	时间上午八时至十二时
二月一六日　六　中山堂	参谋长	精神教育	时间上午八时至十二时
附记	本表定二月十一日起实施		

附表第(十四)

台湾省警备总司令部战俘管理处第二战俘管理所第一周教育实施分配表

区分 月 日　星期　地点	讲师	讲授内容	时间	备考
一月二八日　一　中山台（高雄市府前）	杨兼所长	精神教育	上午九时至十二时	
一月二九日　二　中山台（高雄市府前）	林师长	精神教育	上午九时至十二时	
一月三〇日　三　中山台（高雄市府前）	黄军长	精神教育	上午九时至十二时	

续表

月日 \ 区分 \ 星期 \ 地点			讲师	讲授内容	时间	备考
一月三一日	四	中山台(高雄市府前)	李主任	三民主义之伟大与人类之贡献	上午九时至十二时	
二月一日	五	中山台(高雄市府前)	张参谋长	日本失败之前因后果	上午九时至十二时	
二月二日	六	中山台(高雄市府前)	连市长	盟军为正义和平作战之意义与目的	上午九时至十二时	
附记				本表定一月廿八日起实施		

(原件此处缺损50页)[1]

三、一四	花莲港	军政组	一、连港陆军病院，二、货物厂花莲港支厂	卫生器材、营建、粮秣、被服、药品	
三、一五	花莲港	军政组	第八飞行师团四十二航空司令部	兵器、弹药	
三、一六	途中				由花莲港至宜兰
三、一七	宜兰	军政组	一、货物厂宜兰出张所，二、宜兰陆军病院	营建、被服、粮秣、兵器、卫生、器材、药品	
三、一八	宜兰	军政组	一、宜兰分遣中队，二、枕头山师团兵舍	营建	
三、一九	途中				由宜兰返台北

(四)点验结果

1. 数目字之符合：关于各项军品经点验结果，数目大致相符。

2. 保管情形：保管之严密防护之周到者，以宪兵组为最军政组次之。

3. 集中情形：接收后从事集中保管者以军政组为最，宪兵组则毫未集中。

4. 处理情形：集中后军政，宪兵二组均能适当处理。

---

[1] 编者注。

(5)关于各种军品之转移与消耗情形

甲、武器弹药除军政组提用外,七十军宪兵组亦均借用一部。

乙、被服装具除宪兵组借用一部外,馀均分存仓库,消耗追缴。

丙、粮秣除拨出一部分外库存者多霉烂。

丁、燃料、消耗最快且一般保管均不甚良好。

戊、营建立于乡间者一部已被盗拆,似应速行禁止。

己、农场农器、大部已拨交农会转借农民。

第二节　台湾省警备总司令部军事接改点验第二组点验经过

(一)原则

1. 将台南地区所有海陆接收日军物资数目作大概之明了。

2. 注意集中保管处理三种方法上之指示。

3. 贡献意见于上峰使得对接收之物资能作全盘之适当处置。

(二)经过①

1. 点验路线之预定:由台中起至嘉义台南高雄澎湖屏东潮州。

2. 人员之组合:遵照总部35总战字第一二六三号命令办理。

3. 工作重点:

甲、武器弹药实行点验求数目字之符合并注意其保管方法。

乙、各种器材贵重者加以点验注意其保管方法及堪用程度。

丙、被服装具采抽点方法并考察其堪用程度。

丁、粮秣军品注意已否发霉发酵及堪用程度。

戊、营建器具全采覆察性质指示其集中与保管方法。

己、有余不见以上五项者全采视察性质。

---

①此处"经过"二字为编者所加。

第三章　接收军品集中实施情形

军政部台湾区特派员办公处接收军品物资集中实施情形

一、遵照台湾省警备总司令部颁发军品集中处理计划，为防止所接收物资散失损坏及保管监护便利起见，将所接收物资分别集中之。

二、集中军品区分军械、交通、通信、经理、卫生等五部门，其集中地区分述如下：

甲、军械（包括武器、弹药、器材、附件等）、交通（车辆、燃料、工具、器材等）、通信等部门物资集中地区分台北区，其集中地为台北市郊宫前修理厂、新店、乌来、基隆、宜兰六处；新竹区，其集中地为新竹附近一处；台中区，其集中地为市郊兵营、嘉义竞马场二处；旗凤区，其集中地为湾子头、考潭、屏东三处。

乙、经理部门物资（粮秣、被服、轻工材与其他需品等）集中地区分台北之三张犁、新竹、基隆、宜兰、嘉义、台中、台南、高雄、屏东、花莲港等十一处。

丙、卫生部门（卫生材料兽医资材）其集中地区为台北之松山货物厂、宜兰之陆军病院、台中练兵场、嘉义陆军病院、高雄之凤山货物厂仓库、花莲港福住町陆军病院等六处。

三、军械集中实施情形

1. 三峡三城弹药已全数集中六张犁完毕。

2. 川端高射炮及弹药正在集中三张犁中。

3. 新竹、台中、嘉义、高雄区，武器弹药正在分别就地集中中。

四、交通通信部门物资集中实施情形

1. 旗山支厂集中凤山完毕。

2. 关西出张所现已迁移台北宫前町修理工厂。

3. 旗山凤山间之油料已分别集中内浦及湾子头完毕。

4. 各地区油料现正在按地区分别集中，改设加油站，开始工作。

5. 通信部门由兵器组直接接收者，现正转交器材库储存，余待间接接收后，开始分别集中台北之松山、台南之凤山，设库集中之。

五、经理部门集中实施情形

1. 集中要领，就有保管价值而暂不作变卖转拨配发，或其他处理之物品予以集中，否则，仍置留原处，但予以相当归并。

2. 新店、三峡、安坑木栅集中开始最早，现仅三峡未完竣外，其余均已集中完毕。

3. 宜兰已集中完毕。

4. 基隆因仓库被占，尚未集中。

5. 其他各区均正开始集运矣。

六、卫生部门集中实施情形

1. 台区日军医院本、分院总计共四十九所，除空军接收二所、海军代收一所外，本处接收四十六所，现已先后集并二十六所。

2. 卫生材料、医资材除附于病院者已随院集中外，其余均按预定集中地点正进行集中中。

七、所接各项军品物资之集中有于接收时进行者，有于接收后实施者，有于点验后实施者，以人员缺乏，运输工具不足，致不能按预定期限完成，除已集中者外，余均正积极分区分类办理中。

八、集中运输工具悉各依当地交通状况利用其路线与工具，必要时并以人力兽力补助之，其运输资用均依规定支付。

九、全台集中实施，除每区指派人员负责、勘定仓库、策定计划并任指导监督外，由原接收人员及仓库人员会同办理之。

台澎要港司令部物资集中实施情形报告表

该组接收台湾日海军，分台北、高雄、马公等三地区集中，亦系依照上述分区办理。因军品繁多、人员不敷支配，且仓库分布几遍全台，故接收伊始，仍着日俘暂行保管，以便驾轻就熟，点收后，渐次集中或选择原有仓库集中保管。缘种种困难，迄未能达成全部集中任务。兹谨将接收伊始概况及集中实施情形分别列表报告如下：

（一）接收伊始概况表

年、月、日	接收日海军概况	备考
三四、一一、一	台北高雄警备府司令部，经理部台北支部，军需部台北支部	台北地区由参谋长澎瀛总
三四、二、二	台北在勤武官府、高雄海军人事部、台北地方海军人事部	其成
三	高雄病院草山分院、警备府军法会议、第三三四海军设营队、淡水震洋队	
四	基隆在勤海军武官府、军需部基隆支部、基隆海军运输部	
六	高雄司令部、高雄海军通信队第三分遣队、港务部船艇一部	高雄地区由参谋处长陈东清总其成
七	警备队、海兵团、鱼雷艇6艘设舰1驱潜艇2潜水艇2震洋艇208	
八	军需部、经理部、军法会议	
九	高雄商港海军设施船艇一部、船舶救难部、工作部、运输部高雄出张所	
一〇	新庄通信队、冈山海军病院、左营冈山一带炮台	
一一	设施部、凤山通信队	
一二	海军第六燃料厂、冈山海军病院左营分院	
一三	台中州东势郡石冈村日海军官兵家属住宅	
一五	马持根据地队，工作部，军需部，施设部，大案山火药库，电探台菜园送信所，贮水池，凸角防卫所	马公地区日海陆军由李司令亲往接收后派中校参谋叶薪傅总其成
一六	渔翁岛、虎牛屿、测天岛、马公岛等海岸防海防空各炮台	
二〇	日陆军泼刺部队，日陆军宪兵队	
二六	南投海军派遣队，南北雨（两）地区及二林龙眼林等处	

(二)(台北地区)接收日海军物资集中实施情形简报表

类别	三十四年		三十五年			附记
	十一月份	十二月份	一月份	二月份	三月份	
武器弹药	接收缴械工作	固定炮台折(拆)卸炮闩,馀点收后即集中仓库				集中完毕
舰船	接收工作	集中基隆				集中完毕
车辆	接收工作	日海军借用一部外,馀集中车库				集中完毕
燃料	接收工作	点收后仍着日方保管	引渡继续集中自活集中使用	集中保管		集中未完
军需物品	接收工作	点收后仍着日方保管	陆续集中保管	集中保管		集中未完
机器资材	接收工作	点收后仍着日方保管	陆续集中保管	集中保管		集中未完
通讯器材	接收工作	点收毕即集中保管	集中完竣			集中完毕
医药器材	接收工作	点收后集中草山圆山两处			草山圆山药品运左营集中	集中完毕
备考	一、接收后分小组着手点收因人员不敷支配集中保管均感困难。 二、机器资材笨重繁多且分散多处集中尤感不易。					

(三)(高雄地区)接收日海军物资集中实施情形简报表

类别	三十四年		三十五年			附注
	十一月份	十二月份	一月份	二月份	三月份	
武器弹药	接收缴械工作	固定炮台折(拆)卸炮闩,馀点收后集中仓库				集中完毕
船艇	接收工作	点验后分别集中左营要港及高雄商港				集中完毕
车辆	接收工作	日海军借用一部外,馀集中车库				集中完毕

续表

类别	三十四年		三十五年			附注
	十一月份	十二月份	一月份	二月份	三月份	
燃料	接收工作	点收后仍着日方保管	引渡陆续集中自活集中使用	集中保管		集中未完
军需物品	接收工作	点收后仍着日方保管	南投水蛙潭物品运左营集中	燕巢面前铺物品运左营集中	九曲堂田町救难部物品运左营集中	集中完毕
机器资材	接收工作	着手点收工作	点收后仍着日方保管	深水资材运左营集中	冈山物资运左营集中	未完
通信器材	接收工作	点收毕即集中保管	集中完毕			集中完毕
医药器材	接收工作	点收毕集中冈山左营	南部药品集中冈山旗尾药品运集左营	中部药品集中冈山医院	日海军各单位遣送后残存药品集中左营	集中完毕
备考	一、接收后分小组着手点收因人员不敷支配集中保管均感困难。 二、机器资材笨重繁多且分散多处一时无注集中与保管。 三、燃料在地洞无法集中只得加以保管。						

(四)(马公地区)接收日海军物资集中实施情形简报表

类别	三十四年		三十五年			附注
	十一月份	十二月份	一月份	二月份	三月份	
武器弹药	接收缴械工作	固定炮台折(拆)卸炮闩,馀点收毕集中仓库		利用日俘修葺场屋仓库	整理仓库分门别类以资保管	集中完毕
船艇	接收工作	集中马公港及高雄商港		利用日俘修葺场屋仓库	整理仓库分门别类以资保管	集中完毕
车辆	接收工作	日海军借用一部,馀集中车库		利用日俘修葺场屋仓库	整理仓库分门别类以资保管	集中完毕

续表

类别	三十四年		三十五年			附注
	十一月份	十二月份	一月份	二月份	三月份	
燃料	接收工作	点收仍着日方保管	集中保管	利用日俘修葺场屋仓库	整理仓库分门别类以资保管	集中完毕
军需物品	接收工作	点收仍着日方保管	选择原有仓库集中分别保管	利用日俘修葺场屋仓库	整理仓库分门别类以资保管	集中完毕
机器资材	接收工作	点收仍着日方保管	选择原有仓库集中分别保管	利用日俘修葺场屋仓库	整理仓库分门别类以资保管	集中完毕
通讯器材	接收工作	点收毕即集中保管		利用日俘修葺场屋仓库	整理仓库分门别类以资保管	集中完毕
医药器材	接收工作	点收毕即集中保管		利用日俘修葺场屋仓库	整理仓库分门别类以资保管	集中完毕
备考						

军政部台湾区特派员办公处接收军品物资处理实施情形

本处接收军品物资悉遵照令颁处理原则：(1)销毁，(2)利用，(3)配给，(4)拍卖，(5)发还，(6)转借，(7)运输集中等分别实施，除集中实施情形已另呈外，兹将各项处理情形梗述如次。

一、军械部门物资处理实施情形

1. 所接之武器除外，刻已组成整修组，分头整修整理中。

2. 奉拨七十军换发日式武器，已换完毕。

3. 奉拨运内地者已检验素质优良者拨运中，刻已运出步弹一千万发。

二、交通通信部门物资处理实施情形

1. 所接收之车辆现已成立台北、台中、台南汽车队三个集中之，并已开始间接收各单位零星车辆。

2. 汽车队待编辎汽二十一团。

3. 接收之汽车经由设立之修理工厂二整修，现可用驶用者已达百辆，并继续实施修理利用之。

4. 油料除按地区分别集中外，并改设加油站，开始工作。

5. 通信器材本处已接收者除使用及支配给外，均储存通信器材供应库。

三、经理部门物资处理实施情形

1. 凡有保管价值者，予以集中。

2. 凡能利用补给等品，如米谷、食盐、马秣均行配发，大部已办。

3. 凡能使用之物品，如用具、饭碗等件，发给各部队利用，已行支配发。

4. 凡易损坏之粮秣，发给各部队，现正在分配中。

5. 不合军用之物品，予以标实，办法均已拟妥行文矣，人员亦已派就，最近即可标卖。

6. 能合乎救济之粮食，如蒸米、炒米、饼干、干粉类均交救济署，已经列表，请救济署接收，并已转饬所属交所。

7. 所有接收畜类，除耕牛、车牛交回地方转交农民外，其余已全部卖清。

8. 接收农具已饬列册交地方政府或农业机关接收，已有多处具报核定。

9. 凡无可资利之品，已饬列册销毁。

10. 接收食盐全部拨交专卖局，新竹、台东、花莲港三处已交清，其余正办理中。

四、卫生器材、兽医资材除集中储存外，药品经先后配给部队应用。

五、营建部门除少数建工具资材集中及利用外，所接收营建房屋悉为我机关部队利用，至土地自活农场等正统计呈请转借或配给部队利用，整个处理之。

六、各项物资除遵照将能就地处理者处理外，其主要军品有关国防需用者及台区不需者或无明令规定者均正分别统计专案呈请处理之。

台湾地区军事接收委员会第三接收组接收物资处理情形调查表

类别	品名	原接收数量	处理 提用数量	处理 移交数量	处理 库存数量	备考
军械	97曲射步兵炮	73门	36门	11门	26门	移交数系奉拨发总部特务团
	94式37cm战防炮	53门	8门		45门	
	94式75cm山炮	23门	24门		9门	
	38式75cm野炮	24门	12门		12门	
	92步兵炮	37门	24门		13门	
	重机关枪	475挺	110挺	18挺	365挺	移交数系奉拨特务团数
	轻机关枪	1,505挺	547挺	54挺	904挺	移交数系奉拨特务团数
	步骑枪	42,805枝	6,246枝		36,559枝	
	手枪	2,240枝	1,992枝		248枝	
	89重掷弹筒	1,017发	108发	18发	891发	移交数系奉拨特务团数
	100掷弹器	318具	309具		9具	
	99步枪弹	99,515.42发	936,900发	125,000发		移交数系奉拨特务团数
	手枪弹	117,060发	99,705发		57,355发	
	89重掷榴弹	132,547发	5,040发		127,502发	
	94山炮弹	12,690发	3,600发		9,090发	
	38野炮榴弹	44,876发	1,800发		43,076发	
	97曲射步兵炮弹	7,163发	4,320发		2,843发	
	92步兵炮弹	25,331发	2,980发		32,351发	
	37战防炮弹	5,000发	2,400发		2,600发	
交通	乘用车	22辆	10辆	5辆	7辆	移交军政部台湾区特派员办公处接收
	轻修理自动车	14辆	4辆	8辆	2辆	移交军政部台湾区特派员办公处接收
	自动货车	261辆	51辆	127辆	83辆	移交军政部台湾区特派员办公处接收
	牵引自动车	26辆	8辆		18辆	内待修理一五轮
	三轮卡	7辆	2辆		5辆	均待修
	二轮卡	1辆	1辆			待修
	挥发油	301,004立	101,890立	27,000立	172,114立	渗漏数量须待查明
	机油	37,782立	8,508立	1,000立	28,274立	渗漏数量须待查明

续表

类别	品名	原接收数量	处理 提用数量	处理 移交数量	处理 库存数量	备考
	黄机	4,830瓩	1,338瓩		3,492瓩	渗漏数量须待查明
	酒精	12,860立	9,180立	200立	3,480立	渗漏数量须待查明
	轻油	49,044立	2,200立		46,844立	渗漏数量须待查明
	战车机油	7,800立	2,200立		5,600立	渗漏数量须待查明
	齿车室油	2,525立	104立		2,421立	渗漏数量须待查明
	代用汽油	2,000立	2,000立			渗漏数量须待查明
	格纳油	45瓩	15瓩		30瓩	渗漏数量须待查明
	防锈油	704立	61立		94立	渗漏数量须待查明
	再生机油	400立	400立			
	灯油	76,432立	200立		76,232立	渗漏数量须待查明
	涂料	64瓩	64瓩			
	不冻性润滑油	15艘	15立			
交通	大折叠舟	14艘		14艘		奉命移交基隆运输司令部收(此项船无车辆系原来接收日军第七野战船舶厂者)
	鱼雷艇	25艘		25艘		奉命移交基隆运输司令部收(此项船无车辆系原来接收日军第七野战船舶厂者)
	铁制大发动艇	15艘		15艘		奉命移交基隆运输司令部收(此项船无车辆系原来接收日军第七野战船舶厂者)
	木制大发动艇	6艘		6艘		奉命移交基隆运输司令部收(此项船无车辆系原来接收日军第七野战船舶厂者)
	小发动艇	1艘		1艘		奉命移交基隆运输司令部收(此项船无车辆系原来接收日军第七野战船舶厂者)

续表

类别	品名	原接收数量	处理 提用数量	处理 移交数量	处理 库存数量	备考
交通	传令艇	1艘		1艘		奉命移交基隆运输司令部收(此项船无车辆系原来接收日军第七野战船舶厂者)
交通	特大发动艇	3艘		3艘		奉命移交基隆运输司令部收(此项船无车辆系原来接收日军第七野战船舶厂者)
交通	自动货车	3辆		3辆		奉命移交基隆运输司令部收(此项船无车辆系原来接收日军第七野战船舶厂者)
通信	一式二十回交换机	10	7		3	此项提用通信器材系装备本军各通信兵营(连排)用
通信	三式十二回线交换机	1	1			此项提用通信器材系装备本军各通信兵营(连排)用
通信	九三式十回线交换机	12	10		2	此项提用通信器材系装备本军各通信兵营(连排)用
通信	九三式八回线交换机	7	6		1	此项提用通信器材系装备本军各通信兵营(连排)用

续表

类别	品名	原接收数量	处理 提用数量	处理 移交数量	处理 库存数量	备考
通信	九二式电话机	294	200		94	此项提用通信器材系装备本军各通信兵营（连排）用
	九三式电话机	61	26		35	此项提用通信器材系装备本军各通信兵营（连排）用
	一式轻多重电话机	2	2			此项提用通信器材系装备本军各通信兵营（连排）用
	九二式小被覆线	693	400		293	
	九四式二号乙无线机	1	1			
	九四式三号甲无线机	30	14		16	
	九四式三号丙无线	8	5		3	
	九四式五号无线机	140	40		100	
	九四式六号无线机	263	100		162	
	师国通信用副受信机	31	5		26	
	九四式无线电修理车	1	1			
马骡	马骡	988匹	972匹			一、内十六匹在接收肘(时)倒毙并经报备，二、提用马骡系装备本军各部队
器材	99爆药罐	68	18		50	
	95折叠舟	17	6		11	
	95据舟机	12	1		11	
	94携带浮囊舟	18	12		6	
	94大浮囊舟	2			2	
	四臂筑头	15	5		10	
	器具笼	54	4		50	
	92经路机	9	3		6	
	十米卷尺	52	7		45	
	鹤嘴	1,299	27		1,272	
	短铁挺	36	9		27	

续表

类别	品名	原接收数量	处理 提用数量	处理 移交数量	处理 库存数量	备考
器材	大槌	101	11		90	
	斧	395	30		365	
	一寸一分螺锥	4			4	
	八糎经纬仪	7	3		4	
	100火焰发射机	19	1		18	
	98投掷机	180	5		175	
	防电靴	12	10		2	
	92望远测角机	16	4		12	
	测斜水准器	21	8		13	
	小空气压缩机	11	2		9	
	小粒药	2,254	20		2,234	
	97方形黄色药	945,423	200		945,223	
	铊	1,599	29		1,570	
	镰	1,221	23		1,198	
	93电气点火机	38	21		17	
	长导电线	7	3		4	
	短导电线	8	3		5	
	导电线器具	4	4			
	导火索器具	109	27		82	
	火具入	334	38		296	
	大山锯	15	15			
	小山锯	204	27		177	
	木工具	1	1			
	竹挽锯	20	4		16	
	小络车	30	16		14	
	92小被覆线	34	16		18	
	92电话机	6	6			
	草刈镰	778	4		774	
	二瓩急挂滑车	3	3			
	导通试验器	6	4		2	

续表

类别	品名	原接收数量	处理 提用数量	处理 移交数量	处理 库存数量	备考
器材	91大浮囊舟	9	9			
	95钢索铗	16	6		10	
	携带写真具	5	2		3	
	垂球	4	2		2	
	一米折尺	19	7		12	
	制图具	8	3		5	
	长铁挺	22	9		13	
	叠锯	27	22		5	
	93双眼镜	246	10		236	
	92微光灯	60	10		50	
	92小时限发火机	12	4		8	
	92装药磁石	130	130			
	95折舟门桥桥床	2	2			
	91口浮囊舟	3	1		2	
	95断崖攀灯具	5	5			
	94眼镜测斜仪	3	3			
	300米测索	3	3			
	93夜光步度计	5	3		2	
	93铅笔夜光具	44	9		35	
	一号袋	73	5		68	
	二号袋	134	40		94	
	三号袋	100	12		88	
	四号袋	15	8		7	
	五号袋	9	1		7	
	七号袋	86	31		55	
	98防电具	48	8		40	
	对高压破坏具	21	8		13	
	防电手袋	19	10		9	
	97卅糎探照灯	19	6		13	
	98夜光罗针	698	16		682	
	92角型双眼镜	130	4		126	

续表

类别	品名	原接收数量	处理 提用数量	处理 移交数量	处理 库存数量	备考
器材	92隐显灯	163	10		153	
	救命胴衣	100	100			
	轻铁条铗	826	75		851	
	98小圆匙	2,073	16		2,057	
	小十字锹	1,171	16		1,155	
	经始绳	64	15		49	
	95操舟机属品	3	1		2	
	93两手铁条铗	840	54		786	
	手旗	110	6		104	
	100地雷探知器	3			3	
	93小火焰发射机	63	9		54	
	小圆板测量具	15	4		11	
	圆板测量具	26	6		20	
	接续标柱	18	8		10	
	93操出标尺	11	4		7	
	手持实体镜	11	4		7	
	92测巨机	9	3		6	
	湿地测定器	5	5			
	99动力穿岩机	1	1			
	木工常具	18	9		9	
	木工修理具	7	5		2	
	钉拔	42	10		32	
	大圆匙	399	41		358	
	大十字锹	651	16		635	
	タスガキ	65		65	65	
粮服	玄米	77,088斤, 469包	469包		77,088斤	系七十军提用经特派员办公处派员验收
	精米	105包	105包			系七十军提用经特派员办公处派员验收
	食盐	828包, 2,293斤	157包, 643包		2,292斤	系七十军提用经特派员办公处派员验收

续表

类别	品名	原接收数量	处理 提用数量	处理 移交数量	处理 库存数量	备考
粮服	麦子	8,910 瓩	45 包		5,085	系七十军提用经特派员办公处派员验收
	干甘薯	8,856斤,217包	495,50		8,856斤	系七十军提用经特派员办公处派员验收
	雨外套	12,826 个	4,608		8,218	系七十军提用
	编上靴	27,238 组	4,000		23,238	系七十军提用
	长靴	1,438 组	228		1,210	系七十军提用
	地下足袋	16,960 组	2,876		14,084	系七十军提用
	靴下	27,061 组	20,000		7,061	系七十军提用
	手袋	9,752 组	6,696		3,056	系七十军提用
	作业衣	1,654 组	54		1,600	系七十军提用
	背囊	6,789 个	1,596		5,193	系七十军提用
	杂囊	12,760 个	2,395		10,365	系七十军提用
	饭盒	5,050 个	500		4,550	系七十军提用
	水壶	6,176 个	1,954		4,222	系七十军提用
	毛巾	15,448 个	6,278		9,170	系七十军提用
	保革油	58箱,90斤	2,000		38箱,90斤	系七十军提用
	蚊帐(五人用)	928 床	4		924	系七十军提用
	蚊帐(六人用)	1,088 床	81		1,007	系七十军提用
	呢外套	211 件	118		93	系七十军提用
卫生	安钠咖瓿	5,355 支	1,000		4,355	
	外用雷伐鲁尔锭	274,870 粒	10,000		264,870	
	疟涤平锭	58,804 粒	5,000		53,804	
	樟脑安瓿	8,769 支	1,050		7,719	
	奎宁咖啡因	969 支	500		469	
	甘油	14,700 公分	4,500		10,200	
	健胃锭	134,844 粒	50,000		84,844	
	维他命乙末	29,430 公分	11,000		18,430	
	蓖麻油	50,150 公分	38,200		11,950	
	维他命丙瓿	26,229 支	8,000		18,229	

续表

类别	品名	原接收数量	处理 提用数量	处理 移交数量	处理 库存数量	备考
卫生	硼酸锭	11,052粒	10,000		1,052	
	吗啡瓶	1,595支	1,060		534	
	蒸馏水瓶	7,544支	4,000		3,544	
	硫酸奎宁锭	511,440粒	110,000		401,440	
	硫酸镁	99,015公分	77,200		21,815	
	重炭酸钠	34,154公分	3,000		31,154	
	海人草	93,900公分	1,500		92,400	
	困醇	157,800公分	9,000		148,800	
	重炭酸钠锭	58,645粒	30,000		28,645	
	氧化锌	11,800粒	11,000		800	
	钾基比林锭	3,065粒	2,000		1,065	
	醋柳酸	1,000公分	1,000			
	托利拍夫拉文锭	17,000粒	5,000		12,000	
	次硝酸铋锭	28,278粒	11,200		17,078	
	六个一稀四钾锭	11,600支	10,000		1,600	
	糖化素	9,000公分	5,000		4,000	
	洋地黄锭	1,440粒	900		540	
	等张糖液瓶 二五〇CC	803支	800		3	
	含氯石灰	20,250公分	5,000		15,250	
	葡萄糖	61,500公分	15,000		46,500	
	表飞鸣 (ビオフェルシン)	1,000公分	1,000公分			
	脱脂棉花	167,200公分	96,400		70,800	
	一号卷轴带	1,961个	1,600		361	
	二号卷轴带	17,649个	5,200		12,449	
	三号卷轴带	4,750个	3,200		1,550	
	消毒纱布包	5,405个	4,918		487	
	精制纱布	4,037小疋	2,450		1,587	
	兽医行李第一号	12具	11		1	

续表

类别	品名	原接收数量	处理 提用数量	处理 移交数量	处理 库存数量	备考
卫生	兽医行李第二号	12具	11		1	
	兽医行李第三号	13具	11		2	
	兽医行李第四号	13具	11		2	
	兽医行李甲号	15具	3		2	
	兽医行李乙号	3具	3			
	化兵兽医行李	15具	9		6	
	兽医携囊	14个	11		3	
	马疗囊甲	25个	11		14	
	马疗囊乙	86个	8		78	
	野战铁蹄工具	20组	11		9	
	携带铁蹄工具	102组	40		62	
	兽医行李外囊	8具	4		4	以下为细数，即总件之内容品
	兽医行李外匣	58具	50		8	
	检定器	4具	4			
	毛刈剪	67把	25		42	
	软膏刀	18把	14		4	
	药匙	11把	10		1	
	子弹钳	16把	13		3	
	鲸制探子	10支	10			
	兽医外科具	10具	9		1	
	体温计	167支	92		75	破入支
	体温计保持器	142个	94		48	
	打诊器	17具	13		4	
	注射器一〇CC	32具	27		5	
	注射器一CC	18具	15		3	
	听诊器	11具	9		2	
	爪刷	47个	39		8	
	点眼管	45个	29		14	
	硬玻璃制瓶	38只	22		16	
	点眼瓶	65只	23		2	

续表

类别	品名	原接收数量	处理 提用数量	处理 移交数量	处理 库存数量	备考
卫生	特制囊	8个	8			
	鼻捻棒	26个	18		8	
	预备携囊	12个	12			
	携带电灯	21具	15		6	
	煮沸消毒器	9具	9			
	水剂送药器	22具	20		2	
	脓盘(乙)	16只	14		2	
	普恩氏签子	52把	46		6	
	灌肠器用射出器	10个	10			
	笔入木筒	29个	11		18	
	肥皂盒	7个	6		1	
	液量杯二〇〇CC	10只	10			
	灌肠器兼灌水器	14具	12		2	
	大橡皮球	16个	9		7	
	小橡皮球	47个	19		28	破一个
	革砥(乙)	12个	11		1	
	开瓶器	12把	11		1	
	波量杯一〇CC	14只	10		4	
	梗橡皮制注射器	14具	13		1	
	手秤(二公分)	15具	15			
	采血针	352支	267		76	
	试验管(交开氏)	131支	109		22	
	玻璃棒(二〇耗)	14支	13		1	
	木棉针	4支	4			
	提灯	13具	11		2	内一具破坏
	注射器三〇CC	26具	22		4	
	手术衣	12套	10		2	
	枥齿镁	12把	9		3	
	圆锥形烙铁	16把	14		2	
	球形烙铁	16把	14		2	

续表

类别	品名	原接收数量	处理 提用数量	处理 移交数量	处理 库存数量	备考
卫生	手秤(二〇公分)	14具	12		2	
	硬玻璃乳钵	16具	14		2	
	刺络针	13具	11		2	
	刺络锤	13具	11		2	
	齿锶	13具	10		3	
	螺钥	10个	8		2	
	试验管一八耗 试验管一六耗	125支 135支	9588		3045	
	试验管一四耗	175支	100		75	
	灌肠器	12具	10		2	
	平打绳	15条	13		2	
	开口器	12具	10		2	
	注射器	27具	15		2	
	检蹄器	13具	9		4	
	铜制药匙	4把	2		2	
	皮下注射器	5具	3		2	
	消毒材料容器	4具	3		1	
	消毒绢丝容器	5具	3		2	
	创洗桶	2具	2			
	检知器(甲)	12具	8		4	
	检知器甲属具	13具	7		6	
	竹篦	45个	15		30	
	橡皮小套(小)	22个	10		12	
	除毒刷	34个	10		24	
	除毒粉撒布罐	47桶	14		33	
	诊察用防毒衣裤	12套	6		18	
	防毒手套	20套	10		10	
	脓盘(甲)	5只	4		1	
	外用笔	231支	140		91	
	试验管	78支	30		48	
	兽医携带囊外囊	6个	3		3	

续表

类别	品名	原接收数量	处理 提用数量	处理 移交数量	处理 库存数量	备考
卫生	外科囊	6具	3		3	
	外科刀(直折叠式)	4把	3		1	
	缝创针	13个	9		4	
	有沟细小探针	5支	3		2	
	帽子针	56支	30		26	
	普通镊子	26把	6		20	
	外科剪(直短)	5把	3		2	
	套管针	5支	3		2	
	马疗囊甲外囊	18个	4		14	
	携带灌肠器	9具	3		6	
	动脉镊子	14把	4		10	
	脓盘(丙)	19只	6		13	
	北兵兽医行李外匣	15具	9		6	
	橡皮手套(厚)	26双	3		23	
	鼻捻附送药品	2具	2			
	兽医携囊	8具	8			此项内容日军原册未分列,本册亦如之,内容不全
	马疗囊(甲)	7具	7			此项内容日军原册未分列,本册亦如之,内容不全
	马疗囊(乙)	41具	8		33	此项内容日军原册未分列,本册亦如之,内容不全
	寒暖计	10具	3		7	
	筐附水牛匙	6个	2		4	
	附毒粉罐	5个	3		2	
	重槽容器	4具	2		2	
	检知函	1具	1			
	注射器二〇CC	3具	1		2	
	木栓	66个	66			
	纱布	1,348公尺	865		483	

续表

类别	品名	原接收数量	处理 提用数量	处理 移交数量	处理 库存数量	备考
卫生	脱脂棉花	47,680公分	20,520		17,160	
	木棉	174公尺	153		21	
	撒布剂	3,760公分	1,300		2,460	
	酒精	20,120公撮	17,560		2,560	
	升汞锭	2,055粒	1,305		750	
	人工泉盐	40,100公分	24,700		15,400	
	管装迭士金软膏（三〇公分）	55筒	43		12	
	保健锭	1,497粒	1,317		180	
	管装硼酸凡士林（五〇公分）	26筒	26			
	消毒绢丝（三公尺包）	1,320包	1,113		207	
	盐酸必鲁卡品安瓿	77瓦	55		22	
	盐酸吗啡安瓿	55瓦	33		22	
	普鲁卡因安瓿 三cc 一cc	240瓦	160		80	
	管装碘酊（二ec）	707支	547		160	
	芦荟锭	1,284粒	1,020		264	
	碘酊	3,110公撮	1,440		1,670	
	流动石炭酸	3,200公撮	1,600		1,600	
	凡士林	7,600公分	5,400		2,200	
	盐酸可卡因	11公分	8		3	
	强发泡膏	2,370公分	1,570公分		800	
	枯矾末	1,050公分	900		150	
	碘仿	400公分	400			
	硫酸锌	305公分	265		40	
	硫酸阿托品	10公分	9		1	
	卷轴带	1,086个	753		333	
	磨研纸	3张	3			
	木棉丝	1个	1			
	二氯化气溶液	4,100公撮	3,600		500	

续表

类别	品名	原接收数量	处理 提用数量	处理 移交数量	处理 库存数量	备考
卫生	火棉精	1,250公分	1,250			
	醋酸铅	9,000公分	6,900		2100	
	松节油	3,550公分	2,350		1,200	
	马鼻疽血清	880公撮	680		200	
	木爹尔	1,700公分	1,700			
	樟脑精	11,750公分	6,150		3,800	
	蜡烛	5支	4		1	
	安钠加	240公分	240			
	魏尔逊软膏	4,580公分	4,570		10	
	枸橼酸钠	225公分	225			
	硼酸	240公分	210		30	
	樟脑安瓿	861公分	656		205	
	五碘化钾（五ョートカリ）	64公分	64			
	碘化钾	465公分	465			
	安咖安瓿	60支			60	
	克来佐尔石碱液	6,000公撮	3,500		2,500	
	食盐锭	1,120粒	930		190	
	迭士金软膏	21,700公分	17,200		14,500	
	携带材料囊	4个	3		1	
	苛性钠球	1,150公分	550		600	
	古罗拉明锭（クロシャシン）	4,400粒	2,000粒		2,400	
	卡尔的亚佐儿（クハヂゾール）	70支	40		30	
	蓚酸锭（一公分）	600粒	350		250	
	洋毛地黄瓿	329支	130		199	
	汞红锭0.1g	180粒	120		60	
	管装碱性眼软膏	16个	7		9	
	重曹锭	4,460粒	3,030		1,430	
	除毒粉	19,900公分	1,800		18,100	

续表

类别	品名	原接收数量	处理 提用数量	处理 移交数量	处理 库存数量	备考
卫生	肥皂	1块	1			
	安纳咖	260公分	160		100	
	托利柏夫拉文锭	180粒	140		40	
	安替非布林	225公分	200		25	
	熔制硝酸银	90公分	30		60	
	挥发芥子油	40公分	40			
	胃散	300公分	300			
	化兵治疗指针	1册	1			
	绊创膏	2个	1		1	
	氯化锌软膏	1,000公分	500		500	
	滤纸	1张	1			
	玻璃纸	1张	1			
	野战蹄铁工具箱外匣	13具	4		9	
	工具万力	13具	4		9	
	革前垂	43个	11		32	
	小火钳	51把	15		36	
	剪钳	70把	5		65	
	装蹄锤	66把	5		61	
	第一挟布	13个	4		9	
	柄付目打	12个	3		9	
	角目打	12个	3		9	
	钉眼錾	13个	4		9	
	中火钳	12把	3		9	
	铁尾錾	34把	9		25	
	沟錾	10把	1		9	
	冷铁錾	13把	4		9	
	第二挟布	13个	4		9	
	荒目半丸鑢	13个	4		7	
	荒目平鑢	24个	8		16	
	钉节刀	76把	9		67	
	蹄鑢	52个	16		36	

续表

类别	品名	原接收数量	处理 提用数量	处理 移交数量	处理 库存数量	备考
卫生	阴螺旋型转把	19个	4		15	
	手锤	25个	7		18	
	蹄力	94把	13		81	
	锯（销共）	10个	3		7	
	锯柄	7个	1		6	
	向锤	11个	4		7	
	锶柄	35个	10		25	
	向锤柄	26个	8		16	
	青砥	17个	4		13	
	荒砥	17个	4		13	
	野战蹄铁工具备外匣	13具	4		9	
	风车用转把	7具	1		6	
	吹火口	23个	6		17	
	吹火口管	12个	3		9	
	工具铁碟	13个	4		9	
	工具十能	13个	4		9	
	工具火搔	13个	4		9	
	半丸压	13个	4		9	
	携带蹄铁工具	46组	40		6	此项内容日军原册未分列,本册亦如之,内向有不全
	野战蹄铁工具	7组	7			此项内容日军原册未分列,本册亦如之,内向有不全
	起风板	6个	3		3	此项内容日军原册未分列,本册亦如之,内向有不全
	中匣	6个	3		3	
	起风杆	9个	4		5	
附记						

台湾司法接收报告书(附建议书)

台湾接收委员会编印,1946年(美国斯坦福大学东亚图书馆藏)

序

　　民主政治之建立，实奠基于法治，而司法又为法治重要之一环。明权义、惩奸慝、扶民权、安民生，岂仅有消极之意义已耶？稽古察今，人类争祈，肇自毁法；承平郅治，端于崇法。毁之崇之，其键实系于吾人之一念。廿世纪以还，人类两经战劫，外而国际、内而禹甸，民主呼声，激荡全球，盱衡局势，莫之能御。法之由晦暗而趋于光明，势所必然。始由人类毁之，终由人类崇之，亦为剥复自然之理。然而法之为法，固永藏于人类之心灵，初不因崇之毁之而伤其毫末也。二次世界大战既终，台湾光复，余吁命忝长司法。台胞被日人榨压亘半世纪，莅台后目睹其爱戴祖国之忱，喁喁望治之意，心灵震撼，印象至深。余何人斯，敢不竭忠尽智，以尽吾责！冀为光复后之台湾司法奠定磐石。稽旧制、辟新规、荐廉能、远邪佞、恤狱囚、严考核，此固吾责；裁判明允、正义得彰、扶民权、安民生，更期与寅僚共勉。兹篇所述，不过举台湾司法接收前后事实之概略，殊无新颖设施之足研。岁月不息，努力不已，光辉灿烂民主政治之司法，固非他国所独有者也。

中华民国三十五年五月　杨鹏

第一章　台湾光复前之司法概况

第一节　法院及供托局

（1）法院

台湾总督府法院直属于台湾总督，分为高等法院（上告部、覆审部）及地方法院（合议部、单独部）。地方法院并得在其管辖区域内设置法院支部，办理一部分之事务，又在地方法院管辖区域内均置有出张所（主办登记事务）、高等法院上告部（相当于日本内地之大审院）、高等法院覆审部（即控诉院）、地方法院合议部（即地方裁判所）、地方法院单独部（即区裁判所），原则上采用三审制度。各法院置判官敕任或奏任，由台湾总督补任之，充任判官居须具有日本内地裁判所构成法上之判事资格。又司法权之独立，在台湾亦所承认，法院虽直属于总督，仅限于司法行政方面之事项，裁判则非其权力所得左右。判官之身份，亦为法院条例所保障，非受刑之宣告或惩戒处分，不得任意将其免官或转官。兹将各法院之组织及权限说明如左：

地方法院单独以判官一人独任制行之，学理除属于地方法院合议部及高等法院上告部权限外，民事刑事之第一审裁判，并关于非讼事件之事务。

地方法院合议部以判官三人构成，其管辖之第一审事件为诉讼标的价格超过二千元之请求及价格不能算定之请求（人事诉讼，死刑无期，或短期一年以上之惩役，或禁锢之罪，以及未满一年之有期惩役或禁锢或罚金之罪而经预审者,并关于预审事务);其管辖之第二审事件为对于地方法院单独部判决之控诉及地方法院单独部决定命令之抗告事件等。

高等法院覆审部为判官三人之合议制,管辖对地方法院合议部判决之控诉,并除属于高等法院上告部特别权限外,对于地方法院合议部所为第一审之决定命令之抗告。

高等法院上告部为判官五人合议制之终审,办理上告事件及对于高等法院覆审部之决定及命令之抗告,并对地方法院合议部所为第二审之决定命令之抗告事件,此外并管辖一审且为终审之事件,如对皇室之罪、内乱罪、外患罪等。惟在战争时期中,曾临时制定裁判所构成法战时特例,废止控诉。凡对地方法院单独部第一审判决之上告及决定命令之抗告事件,改由高等法院覆审部管辖;对地方法院合议部第一审判决之上告及决定命令之抗告,改由高等法院上告部管辖。

各法院均附置检察局,惟虽称附置,实仅为有法院之处必须设置检察局之意而已。检察局并非属于法院,而为对法院个别独立对等之官厅,故检察局亦直属于台湾总督。

检察局置检察官勅任或奏任,由台湾总督补任之,其任用资格须具有日本内地判事或检事之资格。检察官之职务,系指挥监督司法警察官,为刑事诉追,指挥监督裁判之执行,又地方法院检察官不能执行其职务时,以认为属于地方法院单独部之权限者为限,可以令警视或警部代办其职务,但虽有此种制度,近来并无实例。

检察事务受台湾总督指挥监督,非有如裁判权限独立性,检察官之身份亦非如判官之有所保障。在日本内地裁判所构成法上,检事亦有非因刑之宣告或惩戒处分,不能任意免职之保障,期检察权行使获公正增强效果。台湾当时亦认为有此必要,曾有计划制定此种法则,但终未见实现。

(2)供托局

供托事务,在昔系依台湾供托规则由金库及台湾总督指定之仓库营业者办理,但自大正十一年起供托法施行于台湾,遂制定台湾总督查府供托局官制,于各地方法院所在地设置供托局,掌理供托事务。

现在之供托局如左：

台北供托局

新竹供托局

台中供托局

台南供托局

高雄供托局

此外在各地方法院支部及出张所，并有置供托局出张所，至物品之供托所，则指定台湾银行及仓库会社之本店支店及出张所等办理。

供托局之权限：

掌理基于法令而行之金钱及有价证券之供托事务。

第二节　刑务所

日本统治台湾时代，全省计共设新式监狱四（日称刑务所），即台北、台中、台南三刑务所及新竹少年刑务所。又分监四（日称刑务支所），属于台北刑务所者有宜兰、花莲港两支所，属于台南刑务所者有高雄、嘉义两支所，兹就其内容约略说明之。

（1）系统及组织

依原台湾总督府监狱官制之规定，全岛刑务所均归由台湾总督府直辖。台湾主管司法之机构，一为专司审判之总督府高等法院，一为掌管司法行政事务之总督府法务部，而受命总督直接监督指挥全台之刑务所者即法务部是。当时之高等法院长，除依法令应每月巡视监狱一次外，其他事务上之系属焉。原刑务所之组织约相当于我国之甲种监，刑务所置典狱一（所长）、典狱补一至二（副所长），其下分设庶务、戒护、作业、教务诸课、庶务课，再分设文书、会计用度三系。系统及职掌略如下表：

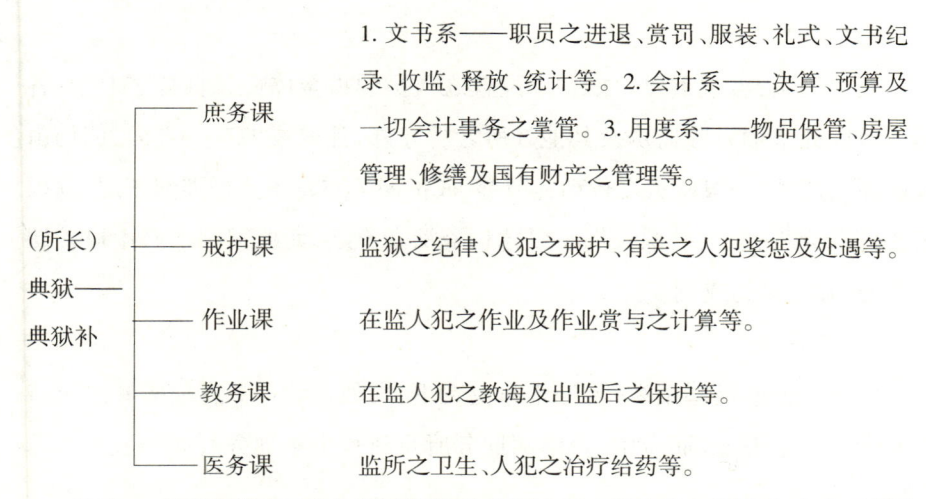

```
                          ┌─ 庶务课 ── 1.文书系——职员之进退、赏罚、服装、礼式、文书纪
                          │           录、收监、释放、统计等。2.会计系——决算、预算及
                          │           一切会计事务之掌管。3.用度系——物品保管、房屋
                          │           管理、修缮及国有财产之管理等。
                          │
(所长)                    ├─ 戒护课    监狱之纪律、人犯之戒护、有关之人犯奖惩及处遇等。
典狱 ──                   │
典狱补                    ├─ 作业课    在监人犯之作业及作业赏与之计算等。
                          │
                          ├─ 教务课    在监人犯之教诲及出监后之保护等。
                          │
                          └─ 医务课    监所之卫生、人犯之治疗给药等。
```

附注：1.各刑务所有于庶务课下设置系，以司人犯金钱物品之保管者，亦有不另设一系者，则由文书系办理之。

2.课设课长，由主任看守长充之；系设系主任，由看守长充之。

台北刑务所员共计二二九员，而连同宜兰、花莲港两分监计共三五八员之多，所押人犯则仅一八九七名而已。考其所以人员配备特多之故，约有下列两端：

1.台湾为生产地区，经费开支并无困难，但求事务推进顺利不惜多设员额。

2.台湾刑务所作业相当发达，而其他部门亦均有相当之平均发展，非多设员额，实亦不足以举其事也。

(2)人员之待遇、奖惩、训练

监所人员之待遇，俸薪之外仅依其勤勉程度给以年功加俸及勤务或勤勉等手当(津贴)，宿值及假期值日者另给费用，民守之携眷者咸给官舍，独身者则由公家代办膳宿，期必使其生活安定。监所职员之进身亦难，看守而主任看守(日称看守部长)而看守长而主任看守长而典狱补而典狱，不惟须积有势绩年资且须经由考试，看守积资而任至典狱者为例甚多，此种制度足以促成低级人员之上进心理，从而努力其本身之职务。看守经录取后先施以三个月之训练，其训练事宜即附设于警察训练所行之。

(3)戒护

戒护关系,极端重要。戒护课配置之人员约占全体员守百分之七十(各刑务所同此情形),除监房及其他处所之看守外,凡属戒护有关方面,例均由戒护课派遣,即一般职员之行动礼节等,戒护课长亦复得而干涉纠正之,其权实视各课为重,故戒护课长例必以才长资深者充之,而典狱补之必由戒护课长升充,几已成为成例。

(4)作业

刑务所作业极端重视,年耗于作业费不少,如台北刑务所原昭和二十年作业费六十七万元,而台中、台南两刑务所及新竹少年刑务所亦为五十余万元也。

作业机械设备尚多,而各项科目亦均备设,各刑务所普遍设立者约为印刷、木工、铁工、裁缝、藤器等科,而第一监狱则多裱画、洗衣数科,台中刑务所则多制蚊烟一科。

原台湾各刑务所作业收支采分别制。换言之,亦即所有作业收入款全部纳入国库,而所有应行支付之原料杂品机械修理人犯赏与等,均系另定全年所需预算,由国库支给。

全台刑务所除台中台南两处外,其余均于去年盟军机袭台时受损甚重,作业器材损毁不少,欲图规复,自非短期内事也。

(5)教诲

原台湾各刑务所均设教务课,置课长一人、佐理人员二三人。教诲之实施分为执行教诲、释放教诲、保释假释教诲、工场教诲、集体教诲等多种。教诲内容,除就改过迁善点立论外,则颇侧重于"忠君""皇国"精神之灌输,各刑务所所贮图书,半属此类。

台湾过去出狱人之保护事业,颇为发达,基金来源半出捐募,官厅方面则予以种种便利与援助。主其事即总督府法务部,各地设分会,例由典狱(所长)任副会长,而在刑务所方面实际办理保护事业之工作者,亦即教务课长是也。

人犯期满前,例由教务课通知保护会,出狱后立即就其技能予以适当工作,自愿返里者派员护送之,衣履不齐者由保护会贷与之,办理以来,颇著成绩。

(6)囚粮

原刑务所之囚粮给与,系依人犯之行状工作勤惰所需势力,定为六等,由刑务官会议决定之。计:

一等食　一八〇〇瓦

二等食　一六二〇瓦

三等食　一四四〇瓦

四等食　一二六〇瓦

五等食　一〇八〇瓦

六等食　九〇〇瓦

依其过去办法,工作需要较多劳力者(如铁工、耕作、营缮等)给以二等食,需要势力较少者给以三、四等食(如裁缝、编物、裱画等),至于工作成绩特优者或行状善良悛悔有据者则给一等食,其羁押中之未决犯(不工作者)则概给五等食也。

以上食粮数量,订定当时依照医生认定,勉敷营养。厥后因作战关系,食粮困难,囚粮中改以半数蕃薯搭发,蕃薯水分将多,而营养料亦仅及米谷之三分之一,四等食以下,遂难果腹矣。

台湾各刑务所,大体均有相当隙地,足资种植菜蔬,故副食一项尚不困难,油盐等项亦系按照当时总督府所订定标准给与之,如盐规定每囚每日三.三瓦,而油则一.五瓦。

(7)医疗

各刑务所设医务课,课长一职均由医生充之。医疗室之设备大体尚称完备,医药药品亦尚能及时补充,无虞缺乏,但各监所人犯疾病数字仍亦不少(如原台北刑务所民国三十三年疾病人数五六八人,当在监人数百分比四〇.五;死亡人数一四〇人,当在监人数百分比一四强)。

近两年来日本因作战关系,一切物资极度困难,民间生活尤为艰苦,人犯执行当时,多数系属病弱或营养不良,故人犯死亡率在接收以前即已逐年增高矣。

第三节　各州调停课各厅调停系

　　明治三十七年以律令制定公布"令厅长（依地方制度改正即州知事、厅长）办理民事争讼调停之件"，令地方长官办理官辖域内之民事争讼调停及执行事务，俾得与法院裁判相依，为人民解决权义上之纠纷。

　　现在之调停机构，系于各州总务部置调停课，置奏任官课长，其下配置属官通译；于各厅总务课则设调停系，置判任官系长，令其掌理调停事务。此等职员身份上虽以州知事厅长为本属长官，而职务上则受法务部长之监督。本制度为台湾特有之制度，苟有关于民事之纷争者，无种类金额等之限制，皆得由行政厅之知事厅长办理之，较法院之民事诉讼手续简易迅速，费用亦较低廉，当事人亦较涉诉法院感觉安易。此种申请纷争解决之方法，非由当事人双方相争而决是非，乃依调停官之仲裁双方互让立于妥协之精神，以促进和解，事后当事人间亦不至不服，因此种解决纷争之方法极为适合。故本制度施行以来，利用者年年增加，其所处理件数可与法院民事第一审处理之件数匹敌，由裁判进展于调停为今日一般之趋势，然此制度之基础法，即前述律令仅有三个条文，早已不合时势之要求矣。

第四节　辩护士、公证人、司法书士

　　(1) 辩护士

　　台湾之辩护士资格，须依日本内地辩护士法有辩护士资格者方得充任。关于辩护士及辩护士会，系以律令制定，台湾辩护士令，除有二三特例外均依辩护辩护士及辩护士会,属台湾总督之监督,欲为辩护士者须经由辩护士会向台湾总督府登录。

辩护士会以在各地方法院管辖区域设立为原则,现在设于台北、新竹、台中、台南及高雄五处,各辩护士会所属辩护士之人数如左:

辩护士会	所属辩护士数			备考
	省民	日人	计	
台北	11	28	39	
新竹	7	1	8	
台中	14	13	27	
台南	10	15	25	
高雄	4	6	10	
计	46	32	109	

(2) 公证人

日本内地公证人法,亦施行于台湾。公证人系依当事人及其他关系人之嘱托,对法律行为及其他有关私权之事实作成公正证书,并认识会社(公司)之章程及其他私署证书等。

公证人受该管地方法院长监督,但台湾总督依照司法行政监督之规定。对于公证人之任免及其所属地方法院之指定等,亦得为之。

此外地方法院或其支部之管辖区域内无公证人,或公证人不能执行其职务时,总督可依照规定命令法院、支部、出张所代理公证人之职务,例如左列各法院:

支部出张所是:

新竹地方法院

台北地方法院花莲港支部

台北地方法院台东出张所

台北地方法院玉里出张所

高雄地方法院马公出张所

(3) 司法书士

司法书士系依司法书士法之规定,受他人之嘱托以作成提出于法院检察局之书状为业者。司法书士之批准及其监督，由地方法院长掌理，现况如左表：

法院别	司法书士数			备考
	省民	日人	计	
台北地方法院	51	17	68	
新竹地方法院	65	2	67	
台中地方法院	118	16	134	
台南地方法院	110	42	142	
高雄地方法院	39	19	58	
计	383	86	469	

第二章　台湾光复前之法制

第一节　概说

　　台湾在明治二十九年法律第六十三号及代此制定之明治二十九年法律第三十一号,均系对台湾总督赋与广泛之立法权。关于民事刑事之法令,概以律令制定,但大正十年法律第三号制定公布关于施行台湾之法令一件,已改变从来之律令第一主义,而用日本内地延长主义适用敕令施行之法律为原则,惟在台湾须以法律规定之事项而无法律可以适用,或难以依照内地法律办理者,则可依照台湾特殊之情形,限于必要时,依台湾总督之命令规定之。大正十一年一月一日该法实施,同时复公布大正十一年敕令第四百零七号关于施行台湾法律之特例一件,施行特例之民法、商法、民事诉讼法等诸法变则,此等法规之从前律令,均已废止,近年来以律令所规定之分野,已较法律所规定之分野为狭小矣。

　　现在施行于台湾民事关系法律中之主要者,有民法、商法、民事诉讼法、民事诉讼费用法、民事诉讼用印纸法、民法施行法、人事诉讼手续法、非讼事件手续法、竞卖法、不动产登记法、商法施行法、关于外国人之署名捺印及无资力证明之法律、关于外国人之抵押权之法律、破产法、和议法、手形法、小切手法、关于身份保证之法律、国籍法、关于外国人养子人夫之法律、工场抵押法、供托法、有限会社法等。

至刑事则有刑事诉讼法、刑事诉讼费用法、治安维持法、关于暴力行为等处罚之法律、国防保安法、陆军军人属等犯罪即决法等，又依台湾刑事令之规定刑法，昭和五年法律第九号（关于盗犯防止之件）及刑法施行法亦适用于台湾，但并非直接施行者。

第二节　关于民事法律之特例

（1）关于亲族继承之事项

台湾人之亲族关系及继承关系，不适用日本民法之规定，而依从来之习惯，习惯不明者，法院依条理解决之。

（2）法人登记

于日本内地发生事项之登记期间，延长两星期。

（3）关于祭祀公业之事项

祭祀公业，系为祭祀死者而设立之独立财产，渊源古训，台湾盛行。其法律上之性质，从来诸多议论，或诏系共有或总有（即公同共有）或谓法人，但判例及通说，均认为非民法上之社团法人，而为习惯上之特殊法人，其处理专依习惯使其存续。

（4）关于民事争讼调停之事项

明治三十七年开始办理之简易调停制度，即州知事或厅长办理管辖区域内之民事争讼调停及其执行。调停成立之际，以笔录记载明确调停成立之事件，不得再向法庭提起诉讼，此种旧办法，今仍使其存续，排除适用日本内地之各种调停法，关于民事争讼之调停，系依照律令（明治三十七年律令第三号关于民事争讼调停之件）办理。

(5)小切手法之特例

于台湾发出台湾支付之汇票之提示期间,系视实际之地理路程情形而定,不问汇票法第二十九条之规定如何,发出于日本内地朝鲜、桦太或关东州者,定为二十日,于南群群岛发出者六十日,于日本用满洲以外之亚洲地域发出者六十日。

(6)破产法之特例

破产法中关于继承财产之规定,因多与台湾之习惯不合,故此种规定不适用于台湾人。

(7)有限会社法之特例

在台湾习惯上之继承制度,有户主继承及财产继承二种,而财产继承又可分为因户主之户主权丧失之家产继承及因家族死亡之私产继承。私产继承相当于民法之遗产继承,但财产继承之家产继承及私产继承,均为平均继承,故因继承易造成有限会社之社员数量增加。因有此特殊情形:1)所谓遗产继承,即台湾人之财产继承设有特例,凡台湾人依继承社员人数增加得超过五十名,但社员数无限制增加,恐与有限会社制度之本质抵触,故2)社员数若超过百名,一年之内而人数不减少至百名以内时,除有特别事由经法院批准外,即须解散。

(8)继承未定地整理规则

台湾之继承制度,因系平均继承,致有时有继承人未定之不动产,如放任不为整理,恐年代久远,权益关系将有综错复杂之虞。故台湾人之土地所有者(业主)死亡后,六个月内其继承人或依遗嘱取得该业主权之人必须为保存登记,或从台湾风俗由亲族会议选定管理人作为家产维持此遗业而为登记,若不为以上之登记,则地方法院单独部依利害关系人或检察官之请求或以推事之职权命令选定财产之保管人管理之,自来依此等方法以为整理。

(9)户籍制度

台湾从来有户口制度,由警察官就实地居住调查,依此编制户口调查簿,但此户口制度仅为警察行政之目的而设,并非真正意义户籍,不能公证台湾人身份法上之法律关系,非有作为身份登录簿上之公证价值。故日台人间之婚姻收养或其他出日本之家而入台湾之家，或出台湾之家而入日本之家诸种有关户籍事件，多有故障，因之发布昭和七年律令第二号及昭和八年府令第八号（均有关于台湾人之户籍之件），并昭和七年敕令第三百六一号（关于台湾人之户籍事务，令郡守警察署长、警察分署长或支厅长办理之件），昭和八年府令第七号（关于台湾人之户籍职务代理之件）等，对台湾人之户籍制度为之确立，台日人间之户籍问题乃始解决。

第三节　关于刑事法律之特例

（1）刑事诉讼法之特例

1）日本内地之裁判所及预审判事，均不得命令司法警察官行检证处分及鉴定处分，但台湾之法院及预审判官，则可以命令司法警察官为之。

2）日本内地之检事对于逮捕或接受现行犯或接受拘提到场之嫌疑犯，依规定应于二十四小时内讯问，但台湾之检察官可以在十日之内为之，又嫌疑犯无一定住所有湮灭罪证或逃亡之虞而有急迫情形时，均可为强制处分，亦可命令或嘱托其他检察官或司法警察官办理。

3）司法警察官与日本内地不同，可以为检察官之强制处分。

4）司法警察官于逮捕或接受现行犯，或接受被拘提之嫌疑犯时，在日本内地限定四十八小时内送交检事，但在台湾则为七日以内。

5）日人方面之通奸罪非提起撤销婚约或离婚之讼后不能告诉，但对台湾人则不适用此规定。

（2）刑事补偿法之特例

本法施行于台湾，同时（昭和八年十一月施行）因台湾有特别规定，检察官在刑事诉讼法所定者外，可以依特例羁押嫌疑犯，故此种拘禁，亦视为刑事补偿法第一条第一项之未决勾留，以期冤者得所慰藉，无有遗漏。

(3)台湾刑事令(明治四十一年令第九号)

本令关于刑事,系适用:刑法,关于盗犯等防止之法律及刑法施行法,但保留律令中之匪徒刑罚令及阿片令之效力,以避免与刑法中之骚扰罪阿片罪相抵触。

如右所述,依刑事合适用刑法等,其内容除匪徒刑罚令及阿片令所规定者外,虽与刑法及开于盗犯防止之法律相同,但与以敕令施行之情形则有异,此即本岛之所谓律令刑法。因而与日本内地及其他之外地异其法域,故其刑之宣告等裁判之效力并非当然共通,须依照共通法与日本内地及其他法域互相承认其效力以资连络。

(4)匪徒刑罚令(明治三十一年律令第二十四号)

本令系不问目的如何,苟有以暴行胁迫之手段为欲达其目的而结集多众者均作为匪徒之罪,不依普通犯罪之例而以严刑处罚之,但本合于大正四年中做适用于西来庵事件(他巴尼阴谋事件),以后无再适用此律令之事例,因其已不合今日之社会状态。

(5)台湾阿片令(昭和三年律令第三号)

明治三十年创设阿片专卖制度,同时设特许吸食阿片之制度,对违反者科以严刑,至昭和三年以律令第三号将全部改正为矫正处分之制度,本令为行政法规,同时对关于刑法阿片烟罪之范围内,又为刑事特别法。

(6)犯罪即决例(明治三十七年律令第四号)

日本内地之违警罪即决例,限于拘留科料为其处分之范围,但台湾之制度,则凡应处拘留科料之罪、三个月以下之惩役或百元以下之罚金或应处科料刑之赌博罪及应处拘留或科料刑之刑法第二百零八条之罪及应处三个月以下之惩役或拘留又百元以下之罚金或科料法之行政规则违反罪,均可为即决处分。

此因在台湾法院检察局之职员不多,交通不便之地不少,台湾人之暴行、赌博及其他违反行政法规事件又复甚多,因种种特殊情形,故以上犯罪不依照刑事诉讼法之手续办理,而得依简易程序由郡守、警察署长及支厅长等并其他代理官处断办理之。

第三章　台湾光复后司法接收概况

第一节　法院

（1）总说

查台湾高等法院所属院监早经司法行政部规划有案,各该院首长,亦已遴派,惟因交通梗阻,各员均未能同时来台,当时司法人员继前进指挥之后到台者,仅数人而已。依台湾省接收委员会规定,系由本院与台湾省行政长官公署法制委员会合组为台湾省接收委员会之司法法制组,除法务部部分由法制委员会负责接收外,关于司法机构团体,均由本院统筹接收,因来台人员过少,如欲同时办理全省接收工作,不敷分配,故本院采逐渐接收办法,即先由台北方面开始,逐渐推及全省。自三十四年十一月一日接收台湾高等法院及台北地方法院后,其余各法院监所虽未能同时接收,但为使事务不致中断,民刑事件有关系紧急者如刑事勘验民事保全程序得免停滞起见,故由本院命令各法院照常工作,惟训令其注意数事。

一、凡民刑事件其应急速处分者,均应照常进行。

二、所有文件均应改书中华民国年月日。

三、原有日本统治时代法令与中华民国法令抵触者,适用时均应请示办理。

四、各该院长应将其院内一切行政及现在实际情形,又案件数目、经费实况、财产种类、详细报告,供托及登记亦同。

五、监所一切行政均照旧进行,惟应将人犯数额、作业状况、收支情形、经费及囚粮等项,详细分别报告。

六、原有人员为维持现状起见,暂仍照旧,惟以后不得更动,兹将接收经过分为台北方面及其他各地分述之。

（2）台北方面

台北方面原有之日本司法机构计有：(一)总督府法务部,(二)高等法院,(三)台北地方法院,(四)台北刑务所,其中除法务部系由台湾省行政长官公署法制委员会接收,本院仅接收其有关监狱之事务外,其余三处均由本院接收。高等法院及台北地方法院系于民国三十四年十一月一日接收,台北刑务所则于同日送达命令使其受本院之监督指挥。

高等法院及台北地方法院接收当时,均由本院交付左列命令于各原任院长,令其遵办。(一)自接收之时起,原任各院长及判官应即全部退职;(二)书记长以下人员暂留办理接收事务,并应接受本院长之命令指挥,原有检察局部分则由首席检察官办理。

（3）其他各地

台湾全省,除台北外原有之日本司法机构尚有：(一)新竹、台中、台南、高雄、嘉义、宜兰、花莲港各地方法院及支部,(二)新竹、台中、台南高雄、嘉义、宜兰、花莲港各地方之刑务所及支所。本院于三十四年十一月一日接收原高等法院后,因当时人员不足,尚不能分派人员赴各地接收,故仅命令前列各地之原日本法院及刑务所,使其接受本院命令指挥,并命各原任院长所长准备一切待命接收。惟各地方法院区域内台胞,纷纷呼吁请求速予派员接收,经一再斟酌考虑,不得不采临时补救办法。查各该法院在日本占领时代,即有台籍判官,为接收迅速并使日籍判官不再临民,免当地民众发生异感起见,即由本院暂派各该法院台籍判官为各该法院推事,兼代行院长职,并责成遴保一二廉正台籍律师,由本院暂派代理推事,以解决当前困难。当各地方法院接收时,另派本院推事谢怀拭带同译员分别往各地督导,期使台湾全省各法院可于三十四年底以前接收完竣,兹将接收各法院列后。

接收各法院日期

新竹地方法院　　三四年十二月二十九日

台中地方法院　　十二月十七、十八日

台南地方法院　　十二月二十一日

台南地方法院嘉义支部　　十二月二十二日

高雄地方法院　　十二月二十四日

台北地方法院　　十二月十八日

台北地方法院花莲港支部　　三五年元月十日

各地方法院接收方式,大抵均与本院接收高等法院相同,即接收当时立即命其原有全部判官检察官退职。

战后司法人才之缺乏系普遍现象,内地如此,台湾尤甚,益以台地交通梗阻,志愿赴台人员往往以候机候轮,淹滞数月,公私咸蒙莫大之损失。本院有见于此,故起用台籍司法人材以资补充,此等台胞对我国法令虽不无隔阂之处,颇能孜孜研讨,且办事认真负责,自应予以及时为国服务之机会。

(4)诉讼案件

法院之主要事务为办理民刑诉讼及非讼事件,故案件之接收为本院之主要工作,兹将本院及所属各地方法院接收之原有各法院未结诉讼案件列左:

A. 民事事件

法院别	第一审 单独部	第一审 合议部	控诉	上告	督促事件	保全事件	其他
高等法院			156	35	229	365	91
台北地方法院	359	375	137				
同右宜兰支部	75						
同右花莲港支部	105						
新竹地方法院	179	134	5				4
台中地方法院	377	135	4				20
台南地方法院	108	122	23				3
同右嘉义支部	75	83					2
高雄地方法院	154	83			16	63	26

B. 刑事事件

法院别	第一审 单独部	第一审 合议部	控诉	上告	预审	略式
高等法院			1	8		
台北地方法院	15	2			2	11
同右宜兰支部	无					
同右花莲港支部	14					
新竹地方法院	17	2				5
台中地方法院	9	2			1	
台南地方法院	3	2			2	2
同右嘉义支部	53	4				27
高雄地方法院	17	1				183

(5) 登记事件

原台湾各法院，除办理有关法人之登记外，并办理商业登记不动产登记，又各法院均于其院内设登记系办理其所在地各项登记事务，并于各地方设置出张所办理之。我国之不动产登记，原属地政机关办理，商业登记则属县市政府，当本省接收之初，因地政机关及县市政府均尚未开始办理各该登记，故原有不动产登记及商业登记事务，仍由本院接收并继续工作。迨至本年三月间，本省行政长官公署财政处公布台湾省商业登记实施办法，商业登记自本年四月一日起，改由各县市政府办理，四月间行政长官公署复公告申报土地权利不动产之登记，自四月廿一日起亦改由地政机关办理，故本院所属各法院登记机构，今后仅办理法人等项登记事务而已。

(6) 供托事件

台湾各法院原均附有供托局办理供托事务，此种机构相当于我国法院之提存所，而事务较多。本法接收后，以供托局所司事务多系关系金钱财物者，如在人员未充足前予以更张，甚为不便，故暂时仍令维持原状，候将来再加改组。

第二节　监所

(1)关于日本台湾总督府所辖刑务所,原有台北、宜兰、花莲港、新竹、台中、台南、嘉义、高雄八所,前已说明。除台北刑务所于本院接收时即予接收外,其余均于三十四年十二月分别接收。本院分别将之改称监狱,并附设看守所继续办理,兹将本院接收时日期及各监内囚犯人犯数列左:

接收各刑务所日期

新竹少年刑务所　卅四年十二月二十九日

台中刑务所　十二月十八日

台南刑务所　十二月二十一日

台南刑务所嘉义支所　十二月二十二日

高雄刑务所　十二月二十四日

台北刑务所宜兰支所　十二月十八日

台北刑务所花莲港支所　卅五年元月十日

刑务所别	男	女	共计
台北刑务所及其支所	1,830	67	1,897
台中刑务所	502	31	533
台南刑务所及其支所	1,029	23	1,052
新竹少年刑务所	444	8	452
合计	3,805	129	3,934

(2)台湾原有各刑务所接收后,均改依我国法制称为监狱,并各附设看守所,计如左列:

原有刑务所	改订名称	附设看守所名称
台北刑务所	台湾第一监狱	台北地方法院看守所
台北刑务所宜兰支所	台湾第一监狱第一分监	台北地方法院宜兰分院看守所
台北刑务所花莲港支所	台湾第一监狱第二分监	花莲港地方法院看守所

续表

原有刑务所	改订名称	附设看守所名称
台中刑务所	台湾第二监狱	台中地方法院看守所
台南刑务所	台湾第三监狱	台南地方法院看守所
台南刑务所嘉义支所	台湾第三监狱第一分监	台南地方法院嘉义分院看守所
台南刑务所高雄支所	台湾第三监狱第二分监	高雄地方法院看守所
新竹少年刑务所	台湾少年监狱	新竹地方法院看守所

(3)关于接收当时最感困难之两问题,即:(一)人事问题,(二)囚粮问题。就第一点言,监所事务虽非含有绝对之技术性,但非富有监狱行政经验各部门之管理方法,实难胜任,况台湾过去刑务所之组织及管理方法,与我国监狱情形复有殊异,因应改革均非朝夕间事,为使监所事务不致脱节,不得不暂行征用一部分日员,徐图更张。关于第二点,因台湾粮食困难,各地粮价又复波动不已,原有监所囚粮预算无法维持,其他如囚衣及医药等项亦复极度困难,不得已乃请求行政长官核准。本省各监犯囚粮准由粮食局按照官价配发半数,其余半数搭食杂粮;至医药部分,复承闽台监察使建议由善后救济分署酌予配给,并由本院函请接济,但以格于善后救济总署之规定,此项请求未能办到;关于囚衣问题,则仅有台湾少年监狱拨到少数款项暂救目前现状而已。

(4)台湾刑务所原有内部机构,与我国新颁监狱条例俱分五课,名称上略有出入,例如我国称为教化课,日刑务所称为教务课,故仅仅调整其名称,以期与我国法制相符。

(5)台湾刑务所关于戒护方面,有应特别提出资为参考者,即监所与警宪机关联系之密切人犯执行后关于其本身之教育、家庭状况、犯罪之经过,例系嘱托警务机关调查之。监所人犯如有逃逸情事,警务机关协缉,收效亦佳,人犯因病交保者,亦由监所方面随时以书面通知警务机关,俟人犯病愈后,即由警务机关送交监狱继续执行,事务之处理,颇称便利。然凡此种种,亦必警察户籍极健全,始克臻此,且亦必赖各方面合作,始克奏效也。

第四章　司法接收后之设施

第一节　法院方面

（1）本省原有各法院接收后，本院立即依照我国法制予以改组（废除其所设单独部合议部上告部覆审部等），并更定名称如下：

原日本法院	接收后改称
台湾总督府高等法院	台湾高等法院
台北地方法院	台湾台北地方法院
台北地方法院宜兰支部	台北地方法院宜兰分院
台北地方法院花莲港支部	台湾花莲港地方法院
新竹地方法院	台湾新竹地方法院
台中地方法院	台湾台中地方法院
台南地方法院	台湾台南地方法院
台南地方法院嘉义支部	台南地方法院嘉义分院
高雄地方法院	台湾高雄地方法院

（2）各法院管辖区域，因台湾光复后行政区域已由长官公署重新划定，故本院亦予以调整使与新行政区域符合，由本院训令各院并呈报司法行政部在案，兹将管辖区域表列左：

台湾省各地方法院及分院管辖区域表

法院名称	原管辖区域	现定管辖区域
台北地方法院	台北州 台东厅 花莲港厅	台北市 基隆市 台北县
台北地方法院 宜兰分院	台北州宜兰市 台北州宜兰郡 台北州罗东郡 台北州苏澳郡	台北县宜兰市 台北县宜兰区 台北县罗东区 台北县苏澳区
花莲港地方法院	花莲港厅 台东厅	花莲县 台东县
新竹地方法院	新竹州	新竹市 新竹县
台中地方法院	台中州	台中市 台中县 彰化市
台南地方法院	台南州	台南市 台南县 嘉义市
台南地方法院	台南州嘉义市 台南州嘉义郡	嘉义市 台南县嘉义区
嘉义分院	台南州斗六郡 台南州虎尾郡 台南州北港郡 台南州东石郡	台南县斗六区 台南郡虎尾区 台南县北港区 台南县东石区
高雄地方法院	高雄州澎湖厅	高雄市屏东市澎湖县

(3)接收后各法院人事方面之设施述之如下：

A.原有日籍人员,除全体判官检察官于接收后立即命其退职,前已述明外,其办理行政事务人员,即原书记长及书记雇员等,因事务进行上有暂时留用必要者,仍由本院依照台湾省征用日员办法,以服务员助理员等名义征用,其无留用必要者,一律于接收时即令退职,嗣因本省遣送日侨,本院及所属被征日员多命退去,截至目前止,除技术人员(如监所作业技手)或因接收事务尚未办竣(如会计部分日员)者,全省尚有十余人外,余均一律遣送回国。

B.原有本省籍之职员,全体继续任用,由本院按其过去职务等级重予令派。

　　C.此外如司法警察,为过去台湾法院所无者,本院接收后,爰依照调度司法警察条例之规定,向行政长官公署警务处暂调警察十名办理法警事务,嗣登报招考,并设法警班训练,务期此项机构,臻于健全。

　　D.本院自接收各地方法院后,因人事之未备,而审判事务不容停顿,且各院旧案亦应清理,故一方面对原有各法院中之本省籍判官重予派用,一方面在省籍之原任辩护士中遴选贤能人员暂代推检,使之办理各院事务。现在高等法院已有推事兼庭长一员、推事四员,各地方法院均有推事三员、检察官一员或二员处理事务,已无停滞。

　　抑有进者,本院及所属各法院接收案件多系日文,益以过去日本统治台湾颁行之法令,至繁且颐①,且审判上之钩稽引证,法令上之参照取舍,与夫当地习惯调查便利、方言无碍等关系,均有登进本省籍法官之必要,固不仅因国土光复,应使台籍同胞多得参加为国服务之机会已也。

　　(4)关于诉讼案件,可分数点言之

　　A.原高等法院办理之终审案件未结者尚有三十余件,本院以依照我国法制,终审案件应由最高等法院管辖,本院无权处理,故于接收后即将此类案件整理清楚,并将详细情形电呈司法行政部及最高法院请示。其中有应急速处分之件,并于电文中特别陈明,以凭核办,迨后奉颁《台湾法院接收民刑事事件处理条例》,依该条例第三条第三四款之规定,此类终审案件已明定由最高法院为第三审,本院已将各该案件卷宗整理清楚,付邮航寄送最高法院办理。

　　B.原高等法院办理之第二审案件(即所谓控诉案件)未结者,计尚有一百余件,本院以此项案件系属本院权限,故接收后即予继续办理,改依我国诉讼法结束之。

　　C.原台湾各地方法院均兼办第一审及第二审民刑案件,接收后,即改依我国法制仅办第一审案件,其原有案件中属于第一审者即由各院继续办理,属于第二审者则由各院送至高等法院办理,其后奉颁台湾法院接收民刑事事件处理办法其第三条第二款规定之办法,正复相同。

----
①颐:疑为"颇"。偏颇之意。

D. 各级法院办理民刑诉讼案件，在程序方面接收后均依照我国法令办理。在实体方面，其事件发生在接收后者，自亦依照我国法令办理；其事件发生在接收前者，究应如何适用法律，则颇有问题。本院已就此点会同长官公署法制委员会拟订《台湾省民刑案件适用法律条例草案》，由行政长官公署呈送国防最高委员会核示。

第二节 监所方面

（1）台湾原有刑务所接收后，均改依我国法制称为监狱，并各附设看守所，前已述明。而各监囚犯，除大半为本省籍外，尚有一部分日籍人及极少数韩国人、日籍人犯，共约二百余人。本院接收后，以此辈均系不良分子，留置监内，徒耗我国囚粮，将来出狱后，亦难安插，经台湾行政长官决定，应予遣送回国。关于日籍未决犯部分，除系属接收时侵占公有财物或与各机关接收事项有关者外均予遣送，为准备遣送计，先由本院令知所属各监所将全省日籍囚犯，集中于第一监狱，由台湾省警备总司令部与美军联系人员商妥船只后，并造具清册，书明已未决各犯罪名及已执行日期于四月初旬交美军人员先后遣送完毕，统计全省遣送日籍已决犯一百三十六名，未决一百二十一名。

（2）保释监犯，本省囚犯如前所述，共计三千九百余人，除日籍者遣送回国外，仍有三千六百余。此项囚犯大半均系触犯日本在战时所颁法令者，查台湾光复后，凡属台胞莫不振奋，即在囹圄受禁亦多抱自新之愿。台湾光复后，我政府尚未颁行赦令，囚人多表失望，益以台湾过去数年之间，日本政府因战争关系，屡颁特别法令，罪刑规定，严酷非常，窃盗一草一木之微，处刑辄至三数年以上。我国接收之后，废止苛法，独对过去已判之案，尚无挽救之道，国家恩惠似有未至之处，本院长自必履台后，耳闻台胞请求大赦之呼吁，目睹其爱戴祖国之挚诚，深有不安之感，惟念大赦系中央政府特权，事涉全国，未便妄参末议，但台湾过去受日本帝国主义统治高压亘半世纪，在此次战争中更极尽严刑峻法之能事,此种特殊情形,与我国内地沦陷区各省微有不同。兹为涤荡腥秽,与人更新,且为避免与中央政府大赦特权抵触起见,将拟具保释办法,电请本省行政长官兼接收委员会主任委员核准施行,并呈报司法行政部在案,办法内容大要如左:

一、凡刑期未满五年,在监性行善良,且属初犯者,均准保释。

二、刑期在五年以上、十年未满,已执行刑期逾三分之一者,亦准予保释。

三、违反前日本总动员法及战时窃盗之罪,除案情重大性情凶恶者外,概准保释。

四、少年犯有父母或其他直系旁系血亲教养监护,而案情较轻或在监品性尚佳者,均一律保释,责令上开亲属保护管束。

五、少年犯之有疾病者,不问有无上项亲属,均准保释,责由当地司法保护联盟及卫生机关于保释后共同设法予以救济治疗。

六、无父母或其他直系旁系血亲之少年犯,如案情轻微或在监品性尚佳者,亦准保释,由当地司法保护联盟妥为安置并予救济。

第三节　其他有关司法方面

(1)辩护士。台湾原有之辩护士,即我国之律师,全省约百余人,其中大半均为日籍。本院接收法院后,因所有旧案尚特原有之辩护士办结,故不论日籍台籍之辩护士,均暂仍准其执行业务,惟此究非长久所宜有之现象,故本院拟订台湾省辩护士整理暂行办法,分别呈报施行。兹将该项整理办法摘要述之如下:

1. 日籍辩护士自本年三月一日起停止执行业务。

2. 原有之辩护士会即行解散,将其财产移交于各地方法院暂行保管。

3. 本省辩护士仍准执行业务,但须向本院登记。

4. 经过本院公告之登记期限后,如不登记者不准其执行业务,现原任辩护士之本省籍人向本院登记者已有四十余人，均准其暂执行律师职务，以应事实需要，其在日本内地执行辩护士业务之本省籍人，并准其一体登记。

（2）公证人。台湾原有公证人，依照日本法制除法院推事兼任者外，尚有由台湾总督任命之人于法院外办理公证事务。此种制度与我国制度不合，自应予以废止，且各该公证人均系日籍，亦不应许其继续任职，故本院接收后，即行命令各该公证人停止执行事务，并令各地方法院接收各原有公证人之文件档卷等项。现此项事务，业已办理完毕。

（3）训练狱务人员。本省法院监所自接收完竣后，亟待改革并充实内容者，厥为监所问题。在日本统治台湾时代，本省人员在监狱服务者最高级不过主任看守而已（日称看守部长），故本省狱务人员有办理监狱全部经验者，甚鲜其人，而监狱事务非有适当资历及经验，决难胜任愉快，在此青黄不接之交，需人孔急之际，为使事务不致停顿起见，故暂照台湾省行政长官公署征用原有日员办法维持现状，一面令知各法院台籍代行院长职务之推事遴保曾受大学教育、忠勤干练、操守廉洁人员，呈报来院，即由本院派以书记官名义分发第一监狱实习狱务，其实习方法普遍及于监狱各部门，如戒护、作业、教诲及其他监狱行政。各实习人员每周应依其实习之部门依其实习心得作成报告，由本院长亲加评阅，并常传见各该员等面加考询，实习满期后，即由本院派以暂代各该监典狱长职务，并暂代附设看守所所长。各该员受任以来，尚能克尽厥职，此关于训练狱务人员大概情形也。

（4）改正邮务送达。查本省原有之邮便送达制度，即我国之邮务送达，惟其送达方法与我国法制不尽相同，现因本省各邮政局对于我国邮务送达详情尚未明了，如将邮便送达之制遽予变更，恐反引起不便。本院为顾虑本省特殊情形，爰特规定所有邮务送达之方法及手续等，暂时概依旧习惯办理，惟其原有之《邮便送达报告书》既系日文，且与我国诉讼法上名称不符，自应予以更改，爰制定邮务送达证书一种以代替原有之《邮便送达报告书》，此项制度于改正后，经函请本省行政长官公署交通处邮电管理委员会令饬全省邮局一体知照。

（5）司法书士。查台湾省在日本统治时有"司法书士"之制，司法书士系代人民缮写民刑书状之一种职业，受法院之管理监督，于执业前并应得法院许可,此项制度亦有其法律之根据(日本大正八年法律第四十八号)。此种法律为我国所无,故台湾之"司法书士"实系一种法律认许之特种职业,本院接收后即对此项制度予以调查并研究其存废问题,如依照我国法律,此项制度本可废除,而仿照各省办法于各法院内设置缮状生,然现在台湾全省业司法书士者共三百八十余人,如完全禁止其执行此项业务,不仅引起大批失业,且于人民及法院均极不便,盖台湾省各种登记制度甚为完善,此项登记均由人民委托司法书士代办,又此项司法书士曾经法院之审查许可,对于法律颇为熟悉,所撰书状及所办事务颇能胜任快愉,其制度之存在于法院亦有便利。本院有鉴于此,爰特暂准原有之司法书士除日籍者禁止继续业务外,其余一律照旧许其执行业务,并订定台湾省司法书士整理暂行办法先行施行,以应急需。惟此项事务关系司法法制,曾将该项办法暨原有司法书士人数调查表,呈司法行政部备核在案,复查此项制度准其继续存在,乃属暂时性质,故该办法仅规定原来已充司法书士者,准其继续营业,至原非司法书士暂不许可登记,盖以此项制度之存续及废止,有待司法行政部之核示也。

(6)司法保护团体。台湾原有之司法保护团体组织颇为完善,工作亦有成绩,财产尤不在少数。光复以后,多数停止活动,甚至滥行处分财产。本院接收之初,即命原总督府法务部调查报告,嗣并会同法制委员会派遣专员分赴各地调查其财产及活动情形。在台湾司法保护事业,原系受台湾总督府高等法院及法务部指挥监督,其目的在于救助出狱者,使有正当职业不致重入囹圄,颇与各省所组织之出狱人保护会相似,惟范围有广狭之不同而已。其中央机关称为台湾司法保护事业联盟,各州厅设有联合保护会及其他保护团体,共同协力于司法保护事业之运营发展,用意尚属可,此项保护联盟之各组织,均有固定财产,差足自给,并不需公家补助经费,且可收辅助司法之效,刻本院正在与行政长官公署法制委员会商讨改进计划,以期更臻完善。

上司法行政部建议书

一、采行陪审制度

人权保护之最终方策,在于裁判之明允,而裁判之明允,则又在适合于事实真相,援用法律正确,有罪者勿使幸逃法网、无辜者不致罹于缧绁、情轻者不致罚重、极恶者虽以邀宽。此乃裁判明允之准鹄,人权保障之真谛,民众信赖司法之指针也,吾人不谈民主政治则已,若欲求而得之,则今日司法所应首先改革刻不容缓者,厥维官僚裁判制度之革新,含有国民裁判意义陪审制度之采用,此为经国之大本,民主政治司法应取途辙,国运消长、民众休戚所关至巨也。

考陪审制度之精神,导源悠久。吾国先贤孟子云:"左右皆曰可杀勿听,诸大夫皆曰可杀勿听,国人皆曰可杀然后见其可杀而杀之,故曰国人杀之也。"即含国民裁判之意义,其在欧洲罗马共和国时代,市民议会中之审问委员 Quaestiones 即已肇始人民参审之端,其后欧陆各国竞相仿效,虽方法不同,如英国有大陪审小陪审员之分,但为使审判公正,颇博人民信赖,则理无二致。现今列强各国司法殆无不采陪审制度者,平情论之,诉追既由检察官裁判又由推事,然而推事也,检察官也,其为国家之公务员则一,固与民众无与也。我国现行司法组织,仿自欧陆,吾人既效法他国成规,自应取其全璧,不能买椟还珠。刑事制度,除检察官与推事外,在欧洲尚有重要之机构,即陪审员是,我国自变法以还,司法制度在法院方面,除推检而外并无陪审。数十年来,亦无人积极主张此制,民众虽有时感觉法院裁判之专断,除上诉外,固亦无如之何,设有陪审制度,即可纠正其弊。换言之,陪审制度之精神,在将裁判之实权,分属于人民与官吏,此乃民主政治司法之真谛,微此即不足以言裁判之明允,是以近代陪审制度之勃兴,实非无病呻吟矫揉造作之举。虽学者中对于陪审制度亦有持反对之论调者,如法学者托德(Tarde)于其所著《刑事哲学》一书中,指摘陪审员评决过于宽大,并举种种实例,指摘陪审法院之弊害。赫格尔(Hoegel)于其所著《陪审员乎,参审员乎》一书中,亦举美国一八九四年统计杀人事件受有罪之判决者甚少,以为攻击陪审制度之口实,但均系偏激之论,未可以此抹杀陪审制度之真正价值也。总之,任何制度均有其全部之理论结构,吾国现行司法组织,既多宗大陆,而独于陪审制度弃之不采,实系买椟还珠之下策,及时匡正,犹未为晚,确立人民对于司法之信念,减少无谓之误解疑惑,并防止官僚裁判之专断,实属利多而害少也。

抑有进者,陪审制度并不需巨额之经费与设施,故实轻而易举。兹谨建议请中央参酌国情,订定立法原则,再由司法行政部稽考各国成规,根据我国现时司法状况,详慎拟议草案,经过立法程序,由国民政府颁布施行。

　　二、预定刑事赔偿法

　　刑狱之争,首重矜慎,吾国古训,五声听讼,言之綦详。昔时科学未昌,采证法则、鉴定方式未臻健全,审判者仅凭人之表情,或其他旧式方法为定谳之根据,疏漏难免。然而冤狱偶闻,主其事者,咸遭罢官议处,即以清代而论,有司错办刑事重案,而至革职拿问,并连带罪及督抚封疆大吏者,史不绝书。独裁专制之世,重视刑狱实较今日尤甚,我国变法以还,一切仿照他国法例,而裁判者对于刑事案件无论办错与否,似均毫无责任,虽刑法上明载审判上职务之公务员有枉法之裁判,或有追诉犯罪职务之公务员滥用职权,均有科罚规定,但实际上几同空白条文,审检人员殆无因此获罪者,故其警觉性责任心,更形薄弱,办案草率之例,不胜枚举。古今对照,良用悚然。关于此事之补救,属于登进法官部分者,不在本文讨论之列,于兹所应建议者,即因冤狱之结果无辜受累或因此而丧失生命之人,如何补救是已。考近代法治国家,对于冤狱,无论已否裁判,均有酌量情节轻重予以补偿之法规,盖国家所任用之司法人员,无论其基于故意或过失,就其职务之事项,加害于民,在国家政治道德上,实负有赔偿之义务。此项赔偿义务,并不能视为一种恩惠或仁政,而系基于近代法律观念之进步,法人实在说之影响,排除国家无责任观念当然之结果。吾人试思,设有善良之公民,无辜而受缧绁之累,甚或丧失其生命,其本人及其亲属所感受之痛苦,较诸天灾地变及其他不可抗力所遭之痛苦,其刺激震撼,悬殊何啻霄壤,盖一则归诸天命,一则憎怨人为也。归诸天命者,忏悔之念生;憎怨人为者,反动之意发。此种心理上之感应,不仅限于被害人,即社会人心亦对之发生同样之感觉,实未可须臾忽视。诚以人类好恶,固无古今中外之别也,是以现在各国对于国家刑事赔偿责任之实施,固不仅以团体责任或无过失赔偿主义为论据,而实含有政治上重要之意义也。虽学者中对于刑事赔偿犹有认为不满者,如伊林(Ihering)谓近世刑事赔偿办法实属滑稽,例如独子被人杀害,亦可以金钱弥补其父母之痛苦,毋乃不伦,且以金钱所在之处,即法律正义所在之处,为攻击赔偿之论据,但毕竟失于偏激。盖近代法学,民刑责任攸分,国家所负之赔偿责任乃民事而非刑事责任也。

综上所论,刑事赔偿制度,亦为近代司法应有之产物,且为收拾人心重要之工具,我国不欲励行法治则已,苟欲实行,则刑事赔偿法之订定颁行,实为刻不容缓之图。兹谨建议请中央迅定立法原则,交由主管司法行政部斟酌我国国情,参照他国良规,详慎拟议草案,经过立法程序,由国民政府颁布施行。

台湾省接收委员会日产处理委员会结束总报告

台湾接收委员会编印,1947年(美国斯坦福大学胡佛图书馆藏)

一　总述

　　本省经半世纪之沦胥,在日人殖民地政策之下,所有工商金融事业,统归掌握统制,以为榨取之工具,因而日人在台公私事业为数特多,且分布区域广。此次日人降伏,台湾重光,所有日本在台之公私产业,全部均归我方接收,分别处理,其接收工作,自不免繁重;复因情形特殊,一切措施,未能与其他各省尽同,故中央所规定处理敌伪产业之法规,亦未能尽适用于本省,例如土地之中,其为日本公有与日人或台人私有者,情形固属单纯,处理自易,但颇多土地表面上为日人名义,实际上仍为台人所有,或为日台人共有者,当日人遣送之际,甚多示惠,将土地赠与台人,或以低价廉售,或以抵充债务,内容至为复杂,确认亦感困难。其次,日人公私企业之中,彼此债务债权均有牵连,而台人所持各会社(公司)之股份,因册籍不全,登记中断,清理亦属不易。至日人私有动产,当投降之后,多将私有之器具机件临时脱售,而政府本国家宽大为怀之旨,对于日侨遣送之前,未能悉予集中管理给养,乃不得不顾及其生活维持上所必需费用,准其出售零星家具,由是民间收受日人动产之纠纷,亦较其他各地情形复杂。接收之初,复因日侨遣送期限之迫促,接收人员之有限,深感控制难周,但秉承中央统一接收之旨,以工厂不停工,商店不停业,学校不停课之原则下,循序进行。并以每一日产接收,必须有一接收清册,藉资依据,始能有条不紊,接收后之日产处理,为顾及本省今后政治经济之施展,经分别补订处理法规,以资适应,所有接收之工矿农林企业,及卫生医药等设备,与房屋建筑物等,分别性质,拟为指拨公用、公营、出售、出租与官商合营等数项,以期因事制宜,以维原来事业之照常进展,不致间歇。小规模之企业,则尽量鼓励民营,并规定原创办人,或现有主持人或重要技术人员,有优先承购之权。至于接收日人之房屋,在未售前一律先行出租,以期保管有人;迨至出售时,则规定现住承租人有优先购买之权。土地则奉行国父土地政策，一律不予出售，市地完全出租，耕地则租与力能耕作之农民，务求达到耕者有其田之目的。凡此种种设施，皆所以求如何安定人民生活，使本省经济渐次步入繁荣之境，斯乃本省接收处理日人产业之中心方针，亦即本会之处理准则也。

二　组织概要

甲、机构

本省于三十四年十一月，由台湾省行政长官公署与警备总司令部组织接收委员会，内分：民政、财政金融会计、教育、农林渔牧粮食、工矿、交通、警务、宣传、军事、司法法制、总务等十一组，除军事系属于警备总司令部范围外，余由行政长官公署各主管单位负责兼任组主任。于三十四年十一月一日开始日产接收工作。迨至三十五年一月，本省日侨开始遣送，其私人财产之接收数量既属繁多，而内容又极复杂，因感非有专责机关，不足以处理尽善，乃于接收委员会之下，设置日产处理委员会（下称本会），内分设秘书、会计两室，调查、审核、处理三组，此为本省处理日产之总枢纽，与国内各区敌伪产业处理局性质完全相同。惟因遵照蒋委员长申鱼令一亨代电，及陆军总司令部颁发接收委员会通则，为统一接收台湾步骤起见，接收委员会主任委员由行政长官兼任，本会主委员副主任委员由行政长官遴请行政院简派，实际负责台湾区内之敌伪产业处理事项，由行政院指挥监督。此外本省因日侨人数特多，而产业分布之区域亦广，为严密控制起见，乃复于十七县市中，分别成立分会，于三十五年二月间先后组设完成。嗣后复鉴于接收日产之标售及债权债务清算事务之日繁，于本会之下，另设日产标售委员会及日产清算委员会，用以管理接收日产之估价标售，暨日台人民合资企业及金融机构一切债权债务之清算事宜，均于三十五年七月一日组织成立。三十六年四月，本省所有日侨除极少数技术人员留用者外,全部遣送完竣,日产接收工作,遂告完成。此项日产经初期接收者,均已分别予以处理或运用,本会及所属各机构在业务配合上已可缩小组织,遂于本年(原件此处有缺损)[①]

表列后:

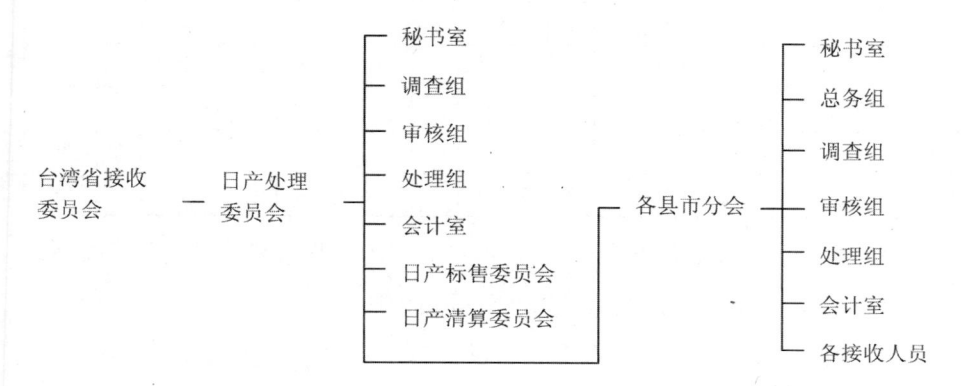

```
台湾省接收委员会 ── 日产处理委员会 ┬ 秘书室
                                  ├ 调查组
                                  ├ 审核组
                                  ├ 处理组
                                  ├ 会计室
                                  ├ 日产标售委员会
                                  └ 日产清算委员会

各县市分会 ┬ 秘书室
          ├ 总务组
          ├ 调查组
          ├ 审核组
          ├ 处理组
          ├ 会计室
          └ 各接收人员
```

乙、人事

本会设主任委员副主任委员各一人,由行政长官公署遴请行政院简派,并设委员十一人至十五人,由行政长官公署聘派本省有关各机关首长及地方公正人士充任。秘书室设主任秘书一人,会计室设会计主任一人,调查审核处理三组各设组长一人,均简任待遇,副组长各一人,荐任待遇。秘书二人,专员六人,视察十二人,均荐任待遇。组员办事员各四十人,均委任待遇。此外并得雇用雇员三十人。各组室分股办事,股长由职员中指定兼任之。本会视业务之需要,并得聘用顾问及专门委员(见表1)。所有职员之任用,均按其资历报请本省行政长官公署核委,并核定薪级。

日产处理委员会各县市分会分布图(略)

[①] 括号中文字为编者所加。

表1　本会各级员额统计表

义务员额＼待遇	主任委员	副主任委员	委员	主任秘书	组长	副组长	会计主任	顾问	专门委员	秘书	专员	视察	组员	办事员	雇员	合计
简任待遇	1	1	15	1	3		1	1	6							29
荐任待遇						3				2	26	22				53
委任待遇													40	40		80
雇用															30	30
合计	1	1	15	1	3	3	1	1	6	2	26	22	40	40	30	192

各县市分会设委员五人至七人，由本会函聘各县市有关机关首长及地方法团公正人士充任，并以县市长兼主任委员。所有职员以县市政府调用为原则，并按各县市日产分布之多寡，及区域之大小，设置专任人员。凡秘书、组长、主办会计员均荐任待遇，组员办事员委任待遇，计十七分会，共有荐任待遇者四十四人，委任待遇者六十二人（见表2），雇用人员四十八人。各分会职员，一律报由本会转报本省行政长官公署加委。至其职务之分配，因各县市情形不同，由各县市分会主任委员自行调整报核。

表2　十七县市日产分会各级人员统计表

待遇	年度 \ 县市别 员额	台北市	台中县	台南县	高雄县	台北县	花莲县	台中市	基隆市	台南市	新竹县	高雄市	嘉义市	新竹市	屏东市	台东县	彰化市	澎湖县	会计
荐任待遇	卅五年度	5	3	3	3	3	3	3	3	2	2	2	2	2	2	2	2	1	44
	卅六年度	9	4	4	4	4	4	4	4	4	4	4	4	3	3	3	2	2	66
委任待遇	卅五年度	15	5	5	5	5	4	5	5	3	3	3	3	2	2	2	1	2	62
	卅六年度	20	6	7	7	7	5	5	5	4	4	4	3	4	3	4	2	2	93
雇员	卅五年度	8	4	4	4	4	2	2	2	2	2	2	2	2	1	1	2	1	48
	卅六年度	13	6	7	7	5	4	4	4	2	4	5	3	3	3	2	1	97
合计	卅五年度	28	12	12	12	12	9	10	10	7	7	7	7	6	5	5	5	3	154
	卅六年度	42	16	18	16	18	16	13	13	10	12	10	12	8	10	6	5	238

日产标售委员会设委员九人，除请本省参议会选派一人参加外，其余由本省行政长官公署就各处会局人员中指派之，并指定一人为主任委员。日产清算委员会设委员五人至九人，均由本省行政长官公署就各处会局人员中指

派之，并指定一人为主任委员。另得聘派会计专门人员办理清算之业务（见表3）。至两会之专任人员，一律向本会调用。自三十六年度起，为加强各县市分会日产处理工作起见，经将专任员额依业务繁简予以合理调整，计十七分会共增加八十四员，较之三十五年度约增加百分之五十四强。

表3　日产标售、清算委员会各级人员统计表

职别员额 会计	标售员	清算会	备注
主任委员	1	1	主任委员系委员中指定一人充任
委员	9	4	
专员	4	4	专员以下各职员均系向本会调用
稽核	2		
办事员	3	3	
雇员	3	2	
合计	22	15	

丙、经费

本会三十五年度经费预算，计台币一千五百三十七万三千八百元，临时费预算台币八百十三万三千六百五十六元，三十六年度经费预算台币七百九十四万二千三百元，临时费预算台币二千七百零六万二千八百二十元，合计台币五千八百五十一万二千五百七十六元，均经呈奉行政院核准，由日产收入款项支付，兹将各项费用数字列下：

资力及资产　　　　　　　　　　　金额（单位：台元）

本会三五年度经常费　六二六三四二一.〇二

本会三五年度临时费　四六二八〇五四.〇〇

本会三五年度职员眷属补助费　三三一一七一.四三

本会所属各分会三五年度经常费　八八〇八七八六.〇九

本会三六年度经常费（一——六月份）　一八一〇八八四.六七

本会三六年度临时费（一——六月份）　八二三一九一九.三三

本会所属各分会三六年度经常费（一——四月份）　三二〇一一二三.二九

本会所属各分会三六年度临时费（一一四月份）　八五二〇〇八一.四三

本会职员遣散费　二六七八三九六.〇〇

各分会职员遣散费　二八三五九三二.〇〇

本会二二八事件救恤金　八四三五〇〇.〇〇

各分会二二八事件救恤金　一二六八三五〇.〇〇

本会调用工农两处估价人员旅费及交通费　一一六三三七七.〇九

垫付清算公费　二八二〇〇.五〇

本会职员奖金　一六四一四二一.〇〇

暂付款　一三六三二五六.二七

押金　二〇一〇二.〇〇

经费存款户　二四三七五六二.九七

合计　五六〇七五五三九.一四

负担及负债　　　　　　　　金额（单位：台元）

日产收入款项专户　五五四八七二四一.五九

代收款　三六四九五二.〇五

剔除款——待解库数　二二三三四五.五〇

合计　五六〇七五五三九.一四

本会各县市分会截至结束止，所列支处理保管等费用，计台币四百零一万九千九百七十四元一角二分。此项费用因支用急迫，于会计手续上，应予补正之点尚多，除由本会详加审核，移交日产清理处继续办理外，现均暂以预付费用列账，一面仍着各该分会县市长兼主任委员负责清理。兹将各县市分会列报开支处理保管费用如下（见表4）：

表4　各县市分会列报开支处理及保管费用表

费用别 分会别	处理费（元）	保管费（元）	合计（元）	备注
台北市分会	954646.00	501,204.70	1,455,850.70	
高雄县分会	19,701.72	87,694.00	107,395.72	
高雄市分会	122,828.00	67,500.00	195,328.00	
新竹市分会	33,087.50	—	33,087.50	
台北县分会	289,969.33	1,121,619.47	1,411,588.80	内尚有修理费标售及代征租谷费用单据、计144,270.33元，分别存在处理组及标售会会计室保管中。
花莲县分会	280,200.76	—	280,200.76	内运费及奖金单据24,300元，该会四月卅日产处字第六一号呈送清理处第二组收。
台中市分会	24.94	—	24.94	系征收租金费用未据送有单据，根据现金清册暂行出账。
彰化市分会	5,455.80	—	5,455.80	
屏东市分会	7,443.00	—	7,443.00	租金费用提成未据送有单据，根据现金清册暂行出账。
澎湖县分会	700.00	—	700.00	同上。
台中县分会	126,606.00	107,490.00	234,096.00	
基隆市分会[①]	97,744.10	—	97,744.10	租金费用提成未据送有单据，根据现金清册暂行列账。
基隆市分会[②]	14,400.00	1,000.00	15,400.00	该会该项单据以产卅六审一一八七号呈送本会，并未在应解款项内应解款项内扣垫。
台东县分会	—	48,538.25	48,538.25	该会保管费单据先后以产处字第二、九七九号及三〇四一号代电呈送，并未在应解款项内扣垫。
台南县分会	132,120.55		132,120.55	该会处理费单据以产卅六总三九八号代电报会，并未在应解款项内扣垫。
台南市分会	—	—	—	
嘉义市分会	—	—	—	
新竹县分会	—	—	—	
合计	2,084,927.70	1,935,046.43	4,019,974.12	

本会收发文件性质统计图（略）

---

①②原文如此，存疑。

三 接收经过

本省所有日人公有产业,于三十四年十一月开始由本省接收委员会分组接收,或派员监理竣事。本会于三十五年一月成立后,办理接收之日产,大部为日人私有产业,除由本省行政长官公署视省内各机关之业务需要,指定接收者外,一律由本会各县市分会接收,其接收详情叙述如下:

甲、接收程序

(一)关于本省指定机关接收之日产——前经本省行政长官规定:授权长官公署秘书长,通知台湾地区日本官兵善后联络部,转知被接收原日本政府,或被接收财产之日人。迨至本会成立后,又经改定为:凡本省各机关案经呈奉长官公署准予接收日人之财产,一律由本会径行通知被接收财产之日人,不再通知日方联络部。

(二)关于接收日人私有财产——三十五年二月间,本省日侨准备遣送,其财产亟待接收,经订有《台湾省处理境内撤离日人私有财产应行注意事项》于三月初开始接收。其接收程序规定如左:

(1)各接收机关应令派妥员为接收人员。在县市分会得指定各区乡镇之负责人为接收人员。并按接收单位(每户为一单位)填发接收通知书,通知被接收之日人。

(2)被接收财产之日人,应填具私人财产清册。如属企业工厂类之财产,并应填具企业财产清册。所有清册一律一式三份,由接收人被接收人在册上逐栏盖章后,再由接收机关加盖关防,以一份发还被接收之日人,准其携带返国,一份存接收机关,一份汇送本会审核登账。

(3)日人在本省境内银行之存欵(款),或在其他金融机关之存款,在撤离时,准其携带一千元,余由银行或其他金融检关代本会发给凭证。至金钱、证券、珍宝、饰物等现品,则规定送由台湾银行或其委托之银行接收,并代本会发给收据。

(4)下列证券文件,免予接收,准其携带回国:(一)在日本境内之银行及其分支行所发之存款单据,(二)在日本高丽暨旧关东州台湾之邮政储金存折,(三)在日本境内设立之保险公司及其分公司暨在日本高丽关东洲与台湾所发邮政储金生命保险单,(四)有关接收之公文书。

(5)日侨遣送回国在港口实施检查时,超过规定准带之物品,均予依法没收,该项没收物品由本会基隆、高雄两市分会派员接管,列册报候处理。

(三)关于接收征用日人之财产——经订有《台湾省征用留居日人私有财产接收原则》四项,其要点为:不动产企业及其股权股票一律接收。该征用留居之日人,及其在台之家属,日常生活所必需之财产,准其申请借用。动产部分,除货物应予接收外,余准保留使用,于遣送时照《日侨遣送回国办法》办理。

(四)关于原已离台出外之日侨财产——其留台之私有财产,未报经本会按《本省处理境内撤离日人私有财产应行注意事项》接收者,准由出外日侨,委托征用留居之日侨代为申请接收。一切手续,仍应照注意事项之规定办理。至其存款准予委托留用日侨,代向存款银行申请接收,取得凭证。

(五)本省为统一并便利接收起见,更作下列之规定:

(1)本省所有日人无论有无财产,每户均应依照规定造送财产清册,以便稽考。但无财产者则于册内注明"无"字。又各机关接收之日产,亦应一律造册送本会查核,以防遗漏。

(2)所有日产,以属人为原则,由财产所在地分会接收之,如某人尚有产业在其他县市者,可由其所在地分会委托其他县市分会接收。

(3)各县市日产土地之接收,规定会同各县市主办地政人员参加,以便切取联系。

(4)所有日人之专利权,乃属工业财产之一,依照规定并予接收列入接收清册。

(5)日人不动产,在三十四年八月十五日以后变卖移转或设定负担者,已规定无效。如有违反上项规定,应由各县市查明先行接收。

兹附本省接收日产手续程序图解如下:

台湾省接收日产手续程序图(略)

乙、接收实况

本省接收日产,计分公有财产、企业财产、私有财产三部门。兹将截至四月底止所接收数量及其账面价值,分类统计如下(见表5)。尚有在结束日期以后送达之清册,则移送日产清理处继续办理,关于接收日产中,可充赔偿数目与非赔偿数目,因本省情形特殊,多数产业皆为日台合资,内中以企业为尤甚。故此类产业非经清算不能确定其性质,迨至本会结束止,此项应待清算之资产数字,尚余相当之巨额(见表6)。

(表5)台湾省接收日产统计表(略)

表6　接收日产之可充赔偿数与非充赔偿数统计表

项目 财产别	可充赔价 (元)	非充赔价 (元)	应待清算部分 (元)
企业	118,992,462.66		11,715,536,297.56
私产	1,092,579,767.06		
公产		2,729,956,644.75	
查获		10,807,029.83	
合计	1,211,572,229.72	2,740,763,674.58	11,715,536,297.56

注:企业内有1,032单位系日台合资者,须待清算后方可确定其为可充赔偿与非充赔偿。

丙、查获及没收

(一)本省因日侨财产几遍全省,对于接收方面,难免有隐匿遗漏之虞。查过去日本统治时代,凡公私不动产之移转,皆须经台账之登记,此项台账即为各接收机关利用作为核对接收财产清册之良好资料,如有被侵占隐匿情事,则不难清查而出。至于动产则较为困难。本省乃公告人民鼓励密报检举。凡属查获日人公私有财产,则依照规定另行列册呈报,不予抵充赔偿。

（二）本省日产移转隐匿之检举查获,除遵照院颁之《收复区隐匿敌伪财产物资军用品检举奖惩规则》办理外,并参酌本省实际情形补充规定:凡各县市已列入接收清册或登账有案之日人资产,如因特殊情形尚未接管,据有密报检举者不给奖金,嗣为鼓励检举,改定为:密报不动产已有台账者,酌给奖金百分之三;又凡隐匿日产之关系人,在限期内自动据实申报者,免予惩处,否则被人检举,除依法惩治外,并处以隐匿物品价值百分之十罚金,毁灭者责令赔偿。

（三）本省日人物资沉没于港口者,省行政长官公署曾颁布有《台湾省行政长官公署奖励打捞各港沉没物资办法》,内容大略为:(1)发现物资者,得密报各港务局核准后会向打捞,所得物资限打捞费用外,予以百分之十酬劳金为原则,并由港务局视打捞物资情形,酌予增减。(2)海底物资,如由发现者打捞,其打捞费用等,事先由港务局核定,如打捞所得,不足打捞费用时,由发现物资者负责赔偿。(3)所获物资,由双方监视人员,会同逐日呈缴港务局保管,造册送交通处暨本会会同处理。至海港捞获物资并同埋藏地下挖掘所得之物资,应否认为日产列入接收记录,曾经本会委员会讨论议决,向行政院请示,经已奉到行政院本年六月十一日从辰字第二二三三八号训令核示如下:一、本省查获埋藏地下之日人物资,准不视同敌产处理,惟军用物品应呈报听候处理,其他物品准由省政府处理,款缴国库,并随时呈报备查。二、本省打捞沉船,应依照打捞沉船办法办理,即本省港内沉船经主管机关申请打捞而获得者,归该主管机关所有。

（四）被隐匿之日人房地产,如有人检举经查获后,除遵照《收复区隐匿敌伪物资军用品检举奖惩规则》给奖外,所接收之房地产,准举报人有优先租用之权,以资鼓励。

（五）查获没收日产价值,详见(表6)。

台湾省日产处理委员会接受日产各月份比较图(略)

四　处理情形

本省接收日产之处理，除遵照院颁《收复区敌侨产业处理办法》外，复因本省情形特殊，一切处理法规均须斟酌地方情形，秉承中央方针从新草拟，以资适应实际需要。本会年来拟订及补充或解释有关日产法令。共达二百余种，汇编印成《台湾省日产处理法令汇编》二辑。

关于本省接收日产之处理程序，除分项详述外，为易以明了起见图示如下：

接收日产处理程序图（略）

甲、拨交政府机关

（一）接收企业，在不使工厂停工之原则下，经以一部分拨归公营，其间属于矿产范围规模较大，必须公营者，如石油、铝业、钢矿等，则划归国营，计共十八单位。其次，如电力、肥料、造船、机械、纸业、糖业、水泥等，划作国省合营，计其（共）四十二单位。再次，如工矿、农林、航业、各金融机构、保险公司、医疗物品、营建等，划归省营，计共三百二十三单位。其规模较小，富有地方性，而适合县市经营者，由县市政府呈准划拨，计共九十二单位。尚有划拨与本省党部经营者，如电影院等，计十九单位。以上总计拨交政府机关公营之企业工厂，共四百九十四单位（见表7、表8）。

（二）房地产之拨归公用，多属各级机关学校等，为业务执行上所必要者，他如某一企业所属不可分割之房屋土地，亦予一并划拨。原属日人统治时代台湾总督府管辖之公产，已照规定移归公产管理机关，则无须办理拨用手续。

（三）动产之拨归公用，多属各级机关学校必需应用之家具物品车辆等，及拨归公营公用企业所附属之动产，亦并予拨给。

表7　台湾省接收日资企业拨归公营一览表

性质	接管机关	拨交企业单位	原资本额（元）	附注
国营	石油公司	12	45,685,290.94	一、内七九单位无资本纪录 二、内四一单位资本纪录在东京总店未计 三、专卖局原属公产未有资本纪录
国营	铝业公司	3	47,450,662.00	
国营	铜矿公司	3	54,310,621.00	
国营	小计	18	147,446,573.94	
国省合营	电力公司	1	96,750,000.00	
国省合营	肥料公司	4	9,750,000.00	
国省合营	制碱公司	4	37,944,231.00	
国省合营	机械造船公司	3	14,098,125.00	
国省合营	纸业公司	7	36,140,015.00	
国省合营	糖业公司	13	289,640,025.00	
国省合营	水泥公司	10	37,942,946.00	
国省合营	小计	42	5,22,265,342.00	
省营	工矿股份有限公司	121	103,774,962.00	
省营	农业股份有限公司	56	95,127,617.03	
省营	农林处林务局山林管理所	7	4,123,556.45	
省营	台湾省航业有限公司	8	15,000,000.00	
省营	台湾省通运公司	37	6,428,000.00	
省营	台湾银行	3	37,750,000.00	
省营	台湾土地银行	1		
省营	台湾工商银行	1	2,589,850.00	
省营	彰化商业银行	1	2,840,000.00	
省营	华南商业银行	1	3,750,000.00	
省营	台湾省合作金库	1	2,600,000.00	
省营	台湾人民贮金互济股份有限公司	5	950,000.00	
省营	台湾信托有限公司	1	2,500,000.00	
省营	台湾物产保险有限公司	12	2,500,000.00	
省营	台湾人寿保险有限公司	14		
省营	台湾医疗物品公司	18	10,549,152.00	
省营	台湾营建公司	5	9,027,940.00	
省营	专卖局	31		
省营	小计	323	299,511,077.48	

续表

性质	接管机关	拨交企业单位	原资本额（元）	附注
县市营	台北市政府	2	1,075,000.00	
	台中市政府	7	520,000.00	
	台东县政府	24	2,103,897.00	
	台南市政府	8	1,545,000.00	
	屏东市政府	3	500,000.00	
	花莲县政府	9	2,375,000.00	
	高雄县政府	2	1,000,000.00	
	台北县政府	10	1,800,000.00	
	高雄市政府	14	8,276,828.00	
	台南县政府	6	897,717.00	
	基隆市政府	2	155,970.00	
	台中县政府	1	58,900.00	
	新竹市政府	4		
	小计	92	20,302,312.00	
党营	省党部	19		
	总计	494	989,252,305.24	

表8 台湾省拨归公营日资企业明细表

一、划拨国营部分

(1)石油公司(计十二单位)

名称	地址	原资本额(元)	性质	备考
日本海军第六燃料厂	高雄,新竹,新高		炼油	账册销毁无记录
日本石油株式会社高雄制油所	高雄市田草衙	334,877.90	同上	
日本石油株式会社苗栗制油所	新竹县苗栗区社寮冈		同上	
天然瓦斯研究所	新竹市赤土崎		研究	
东光兴业株式会社	台北市表町	440,912.00	售油	
日本石油株式会社台湾支店	台北市桦山町	214,274.77	储油	
日本石油联合株式会社台北事务所	台北市府后街		办事处	该所原无设备系办公处故无资本额
帝国石油株式会社台湾矿业所	台湾新竹州苗栗社寮冈	23,695,226.27	采油	
台拓化学工业株式会社	嘉义市车店	20,000,000.00	制造丁酸	
台湾石油贩卖株式会社	台北市大和町	1,000,000.00	售油	
共同企业株式会社	高雄市		储油	无记录
日本油槽船株式会社	同上		同上	

（2）铝业公司（计三单位）

名称	地址	原资本额（元）	性质	备考
日本铝株式会社台湾出张所	台北市营前町	47,450,662.00	铝业	
日本铝株式会社高雄工场	高雄市		同上	
日本铝株式会社花莲港工场	花莲港		同上	

（3）铜矿公司（计三单位）

名称	地址	原资本额（元）	性质	备考
日本矿业株式会社金瓜石矿山事务所（平林矿山事务所附属在内）	台北县基隆区瑞芳镇金瓜石	51,192,170.00	金矿	
日本矿业株式会社台湾支店（台湾化学工业株式会社附属在内）	台北市	3,118,451.00	办事处	
里仁炭矿			炭矿	

二、划拨国省合营部分

（1）电力公司

名称	地址	原资本额（元）	性质	备考
台湾电力株式会社	台北市锦町	96,750,000.00	供电	

（2）肥料公司（计四单位）

名称	地址	原资本额（元）	性质	备考
台湾电化株式会社	基隆市外木山九十七号	2,000,000.00	电石磷肥	
台湾肥料株式会社	基①		磷肥	
台湾有机合成株式会社	新竹市东势五番	2,000,000.00		
日窒产业株式会社台北支店	台北市锦町一二六号	5,750,000.00	产生电极	资本数字因在东京总社不详

① 原文如此。

（3）制碱公司（计四单位）

名称	地址	原资本额（元）	性质	备考
南日本化学工业株式会社	高雄市草衙	7,500,000.00	制造碱酸及漂粉	
株式会社南华公司	高雄市前镇		同上	即南日本化学工业株式会社之金木工场资本数字不详
旭电化工业株式会社		14,260,000.00	碱镁盐酸液气	
钟渊曹达工业株式会社	台南安顺庄	16,184,231.00	制造碱酸及漂粉	

(4) 机械造船公司 (计三单位)

名称	地址	原资本额（元）	性质	备考
株式会社台湾铁工所	高雄市戏乡	8,498,125.00	机械造船	
东光兴业株式会社	高雄市苓雅寮	600,000.00	氧气	
台湾船渠株式会社	基隆市社寮町	5,000,000.00	修造船只及铸钢铁	

(5) 纸业公司 (计七单位)

名称	地址	原资本额（元）	性质	备考
台湾兴业株式会社	台北县罗东区五结乡四结村	13,250,000.00	制纸	
盐水港纸浆工业株式会社	台南县新营镇太子宫	10,000,000.00	纸浆	
台湾制纸株式会社	台北县七星区士林镇福林里	240,000.00	纸板	
东亚制纸株式会社	高雄凤山小港工营	5,000,000.00	造纸	
台湾纸浆株式会社	台中镇松肚	7,500,000.00	制纸及纸浆	
奈良制作所	台北县罗东区	150,000.00	修理	资本包括在台中厂内
台湾纸浆株式会社冷水堀炭矿	士林冷水堀		燃料	

(6)糖业公司(计十三单位)

名称	地址	原资本额(元)	性质	备考
日糖兴业株式会社	台南县虎尾区	109,957,500.00	制糖	
台湾制糖株式会社	台南县会文区林豆	63,945,025.00	同上	
明治制糖株式会社	屏东市竹圆町	61,000,000.00	同上	
盐水港制糖株式会社	台南县丰区盐水镇岸的里	36,937,500.00	同上	
日本糖业联合会台湾支部	台北市抚台街			系四制糖会社联合办事处,无资金额,应需办费由各社分担
南投轻铁株式会社	台中县南投	120,000.00		
酒精输送株式会社	台北市抚台街		运输	股本记录在东京总社
东亚冰糖株式会社	高雄市由维字内堆①	1,000,000.00	冰糖	
日本制菓株式会社	新竹市中场	500,000.00		
株式会社福大公司	台北市大安	12,000,000.00		
东亚矿业株式会社	台南县新营区白河镇仙草埔	1,000,000.00		
新兴产业株式会社	台南县新营区新营镇	50,000.00		
台湾土地衣工株式会社	高雄市大港町	3,150,000.00		

① 原文如此,不知何解。

(7)水泥公司(计十单位)

名称	地址	原资本额(元)	性质	备考
台湾水泥管株式会社	台北市府后街一段	694,290.00	制造水泥管	
台湾制袋株式会社	高雄市田町	150,000.00	制袋	
台湾ブロック株式会社	同上		水泥	
浅野水泥株式会社	高雄市四町	808,462.00	同上	
浅野水泥株式会社高雄水泥板工场	同上	4,562,307.00	同上	
南方水泥株式会社	新竹市竹东区下公馆	2,500,000.00	同上	
台湾石灰石株式会社	新竹市竹东区又公馆	18,542,887.00	制造水泥	
台湾水泥株式会社	高雄市田町	10,500,000.00		
台湾化成工业株式会社	苏澳臬罋	185,000.00		
大和水泥管合会社	台北县板桥镇		制造水泥管	

三、划拨省营部分

(1)工矿股份有限公司(计一二一单位)

名称	地址	原资本额(元)	性质	备考
基隆炭矿株式会社	基隆市本町	7,000,000.00	采煤	
山本炭矿	台北板桥镇	1,500,000.00	采煤	账册炸失资本数目不详
台湾焦炭株式会社板桥炭矿	台北市表町		同上	
南海兴业株式会社	台北县七星区汐止镇保安里	10,000,000.00	同上	
武山炭矿株式会社	基隆郡双溪庄双溪驿前	250,000.00	同上	
爱国产业株式会社	台北县基隆区七堵乡暖暖东势坑	100,000.00	同上	
台湾产业株式会社	台北市中山区正面里东四巷大正町	550,000.00	同上	
台湾炭业株式会社			同上	
福德炭矿	台北海山区三峡乡八张字坡子坑	60,000.00	同上	
丸三产业株式会社	基隆区瑞芳镇四脚亭	150,000.00	同上	
六张犁炭矿			同上	
台湾拓殖株式会社三德矿业所	台北县海山区莺歌		同上	
永裕炭矿	台北县七堵乡玛陵坑西势内寮	460,320.00	同上	
近江产业合资会社	基隆市东町	350,000.00	同上	
株式会社贺田组(台湾木工株式会社附属在内)	台北县七星区内湖乡南港驿前	360,000.00	同上	
七堵运煤轻便铁道	台北县基隆郡七堵字七堵	182,889.00	运输	

续表

名称	地址	原资本额（元）	性质	备考
台湾纺织株式会社	台中市继光路	3,895,900.00	纺织	
台南制麻株式会社	台南	1,500,000.00	制麻袋	
帝国纤维株式会社	台中民族路	6,000,000.00	同上	
台湾织布株式会社	台北市盐埕	497,000.00	棉布	
新竹纺织株式会社	新竹	1,000,000.00	纱布	
台湾纤维工业株式会社	台北市大安十二甲	7,500,000.00	织布	
南方纤维工业株式会社	彰化市牛埔子止脚	1,000,000.00	织毯	
台湾窑业株式会社	台北市明石町	1,200,000.00	烧炼陶器	
台湾炼瓦株式会社	台北市明石町	1,335,000.00	烧炼陶器	
台湾硝子株式会社	台北市儿玉町	1,895,000.00	玻璃等	
拓南窑业株式会社	新竹县苗栗区苗栗镇玉清里	1,500,000.00	陶瓷器等	
台湾钣金工业株式会社	台北市堀江町	790,000.00	军用热水瓶外套	
台湾高级硝子工业株式会社	新竹市赤土崎	800,000.00	玻璃器	
台湾魔法瓶工业株式会社	台北市堀江町	180,000.00	热水瓶	
理研电化工业株式会社	新竹市东势	222,433.00	漆器	
有限会社南邦铝制作所	台北市民石路街	170,000.00	各种铝器	
厚生商会	台北市绿町		灯泡真空管	账册散失资本额不详
台湾花王有机株式会社	台中县大甲区沙鹿镇兴仁里	2,000,000.00	制皂	
台湾花王有限会社	台北市表町	50,000.00	贩卖肥皂等	

续表

名称	地址	原资本额（元）	性质	备考
台湾油脂株式会社	台北市绿町	620,000.00	制皂	
台湾日本油漆株式会社	台北市桦山町	500,000.00	贩卖肥皂等	
台湾殖漆株式会社	新竹县苗栗区铜锣乡铜锣村	250,000.00	制油漆	
斋藤商店台湾造林部	新竹苗栗区铜锣乡兴隆村		殖漆	包括在台湾植漆株式会社内
日本特殊黄油株式会社	台北市五分埔	1,500,000.00	油漆	
台湾通信工业株式会社	台北市北门町	1,500,000.00	无线电器材	
台湾高密工业株式会社	台北市大和町	90,000.00	同上	
台湾干电池株式会社	台北县七星区士林镇南雅德行	400,000.00	干电池	
东京芝浦电气株式会社台北事务所	台北市本町		变压器发电机电动机	股本记录在东京总社资本不详
东京芝浦电气株式会社台湾事务所	台北		同上	同上
东京芝浦电气株式会社台北工场	台北		同上	同上
台湾书箱印刷株式会社	台北市大龙峒町	82,305.00	平版印刷	
吉村商事印刷所	台北市若竹町	1,115,087.00	同上	
盛进商事株式会社	台北市建成町	262,897.00	活版印刷	
盛文堂印刷所	台北市八甲町	112,375.00	活版石版印刷	
山本油墨株式会社	台北县海山区板桥镇后埔四川路	911,262.00	制造油墨	
藤本制纸嘉义工场	嘉义市港子坪	180,000.00	制纸	
台湾樱井兴业株式会社	台北市西门町	190,000.00	晒图	
台湾纸业株式会社	台北县文山区深坑乡万盛		造纸	

续表

名称	地址	原资本额(元)	性质	备考
台湾印刷油墨株式会社	台北市堀江町	100,000.00	活版石版印刷	
台湾音响电机株式会社	台北市末广町	123,500.00	制造变压器	
昭和纤维工业株式会社	基隆区七堵乡七堵村	1,000,000.00	甘密板	
蓬莱纸业株式会社	新竹县中坑乡中埔顶	195,000.00	同上	
三宅OFFSET印刷所	台北市新起町		印刷	资本包括在盛文堂印刷所内
台湾兴亚纸浆工业株式会社	高中县丰原镇翁子	500,000.00	制造纸浆	
株式会社武智铁工所	高雄县冈山区冈山镇程香里	1,200,000.00	糖机衣具	
株式会社日立制作所	台北市本町	1,500,000.00	制造机械铜铁	
株式会社中田制作所	台北市幸町	198,000.00	内燃机	
株式会社产机制作所	台北市宫前町	180,000.00	修造脚踏车	
株式会社小川组	台北市本町三丁目	627,000.00	机械修造	
东洋制罐株式会社	高雄市三块厝	2,175,000.00	制造空罐	
台湾钢业株式会社	台北县七星区内湖乡成福村	275,000.00	洋钉铁线	
台湾铁线株式会社	高雄市内惟字内惟①	700,000.00	同上	
台湾精机工业株式会社	台北市兴雅	836,000.00	度量衡器	
北川制钢株式会社	台北旧里族	500,000.00	洋钉	
株式会社吉村铁工所	花莲港			

① 原文如此，不知何解。

续表

名称	地址	原资本额(元)	性质	备考
台湾自动车整备配给株式会社	台北市旧里族	788,000.00	修理汽车	
台湾合同铸造株式会社	台北市刘厝	300,000.00	制犁机	
南方电气工业株式会社	新竹市光复路	750,000.00	刀制造	
台湾合成工业株式会社	台中县员林区溪湖镇	6,000,000.00	机械修造	股本记录在东京总社
北川产业海运株式会社	台北市御成町	1,000,000.00	打捞沉船	
东洋铁工业株式会社	台北市大龙峒町	632,770.00	机械修造	
中林铁工所	嘉义市末广町	187,356.00	糖机农具	
丰国铁工所	高雄市湊町高雄县冈山区冈山镇后江	800,000.00	农具	
兴亚制钢株式会社	台北市宫前町	1,000,000.00	铸钢	
樱井电气铸钢所	台北五分埔	2,200,000.00	同上	
前田砂铁工业株式会社	基隆区七堵乡八堵二村中正路		制铁	
钟渊工业株式会社	台北松山	250,000.00	铁钢	股本记录在东京总社
吉田砂铁工业株式会社	台北五分埔		制钢	
高雄制铁株式会社	高雄市前舍			
东邦金属制炼所	台北市本町花莲港米仓			
帝国压缩瓦斯株式会社台北支店	台北市绿町	1,275,102.00	氧气	
台湾酸素合名会社	台北市千岁町	220,000.00	同上	
台湾橡胶株式会社	台北县七星郡内湖村东新正子	6,000,000.00	制造橡胶品	
盐野化工株式会社	新竹市竹东	1,298,203.00	制造香料	

续表

名称	地址	原资本额（元）	性质	备考
台湾重工业株式会社	台北县七星区汐止镇	3,500,000.00	打铁	
台湾铁钉制造株式会社	台北县七星镇五堵	500,000.00	制造镁钉	
木户农机具制作所	台南市入船町	268,820.00	农机具制造	
小川产业株式会社	员林区员林镇三条圳	500,000.00	制造香料	同上
台湾会田香料有限公司	台北县新庄区鹭洲乡三重埔三泰十三番	386,251.00	同上	
日本香料药品株式会社	台北市松山五分埔	729,587.00		
高砂化学株式会社	台北市大安字龙安坡十番地	772,000.00	化学制品	资本记录在东京总社
星规那产业株式会社			种植规那树①	股本记录在东京总社
大仓土木组	台北市桦山町		兼办公路水利桥梁工程	同上
火林组	台北市本町		同上	同上
鹿岛组	台北市表町		同上	同上
清水组	台北市桦山町		同上	同上
日本铺道组	台北市表町		同上	同上
台湾火药统制株式会社	台北市本町	700,000.00	火药统制	
台湾爆竹烟火统制株式会社	台北市河合町	275,000.00	爆竹烟火	
台湾金属统制株式会社	台北市大和町	1,750,000.00	五金统制	
日东工业株式会社	台北市幸町		蓄电池	隐匿没收全资本额不详
东光株式会社	台北县新庄		五金调剂	

① 原文如此。

续表

名称	地址	原资本额(元)	性质	备考
日蓄株式会社	同上		制造唱片	未据册报
台湾奎素工业株式会社	台北县海岸中和庄			
古河电气工业株式会社台北出张所	台北市京町		调剂电料	股本记录因在东京总社不详
株式会社共益社	高雄市本町	500,000.00	器材	
高进窑业株式会社	台北市京町	300,000.00	火药电管制造	
合名会社本田电气商会	台北市本町	500,00.00	调剂电料	
野村洋行	台北市新起町	2,000.00	器材	
台湾燃料株式会社	台北市中仑	300,000.00	煤气炉制造	
吉田铁工所	嘉义市北社宅	150,000.00	制造机械	
中央兵器株式会社台北出张所	台北市幸町		修理汽车	股本记录因在日本总社不详
台湾照相盖板株式会社	台北市御成町	50,000.00	珂罗板	
宝文社印刷所	台北市堀江町	98,905.00	印刷加工	
文通商事株式会社	台北市八甲町	180,000.00	印刷书籍	

(2)农林股份有限公司(计五六单位)

名称	地址	原资本额(元)	性质	备考
台湾畜产兴业株式会社	台北市表町	6,250,000.00	牧畜、制造牛乳育粉、制胶	

续表

名称	地址	原资本额（元）	性质	备考
台湾畜产株式会社	台北市幸町	250,000.00	乳牛	
合资会社栲牧场	台北市大安十二甲	90,000.00	同上	
兴南食品工业株式会社	台北市顶势	500,000.00	乳品制造	
合资皮革制品统制株式会社	台北市幸町	300,000.00	制革	
越智殖产株式会社	台北县	190,000.00	乳牛	
基隆牧场	基隆市泷川町	22,103.00	同上	
株式会社朝日组	花莲港黑金通	100,000.00	畜牧	
新竹牧场	新竹赤土崎南投镇	56,630.00	乳牛	
南投牧场	台南县南投镇	64,311.00	同上	
木村牧场	台南市宝町	151,342.50	制羽	
台湾羽毛输出振兴株式会社	台北市表町	125,000.00	同上	
滕田山羊园	台北县文山区深坑镇盛公馆	7,000.00	山羊乳	
伊藤山羊牧场	台北县新店镇大平林子七张	5,000.00	同上	
嘉义牧场	嘉义市新富町	63,112.86	乳牛	
海制粉株式会社	基隆市寿音町	337,500.00	制粉	
安西味噌商店	台中市柳町	500,000.00	日本酱制造	
株式会社加滕商会	台北市寿町	614,643.97	制粉	资本栏数字系向本店住来差额
台湾参利斯工业株式会社	花莲港市中山路	47,500.00	栽培加工	资本栏数字为实收原资本额
台湾兼松株式会社高雄出张所	高雄县凤山区九曲堂		制军用附属麻线	因账目并在东京总本店无资本额

续表

名称	地址	原资本额(元)	性质	备考
三五公司源成农场	台北县北斗区二林乡湳	3,550,000.00	农地出租	
朝日制粉株式会社	台北市锦町	200,000.00	田地出租	
赤司农场	嘉义区竹崎乡狮子头村	714,725.88	农业及林业	
木村嘉义牧场	台南县嘉义市红毛埤	22,971.92	咖啡栽培	
台湾农林株式会社鹿陶洋事务所	台南县新化区楠西乡陶洋		牲畜造林	无资本额
台南农林株式会社高雄出张所	高雄市大港埔		开垦造林	同上
三五公司南隆农场	高雄县旗山区广褴里	1,400,000.00	农场出租造林	
藤井竹条纤维竹东工业所	新竹县竹林镇鸡油林	500,000.00	制索开垦	
松本农工株式会社	台北市荣町	336,000.00	苎麻栽培及加工	
台北油脂兴业有限会社	台北县新庄区鹭洲乡三重埔大竹围	400,000.00	榨油	
三井农林株式会社	台北市筑地町	10,423,766.23	制茶	
三庄制茶株式会社	台北市永乐町	450,000.00	同上	
持木兴业株式会社	台中县鱼池乡	150,000.00	同上	外民股19,000.00元
中野十郎商店	台北市宫前町	500,000.00	同上	
东横产业株式会社	台北市表町	267,500.00	同上	外民股35,000.00元 该会社尚未接管
台湾农事株式会社	台北市永乐町	500,000.00	同上	
野泽组台北出张所	台北市港町	487.78	同上	
大凤兴业株式会社	台北市末广町	7,200,000.00	罐装白兰地	

续表

名称	地址	原资本额（元）	性质	备考
大日本化学工业株式会社	高雄县凤山区九曲堂	300,000.00	制造味之素	
明治商事株式会社	台北市本町		食料品制造	资本不详
大日本罐诘株式会社	台南市三分子	150,000.00	制造罐头	
日本兴业株式会社	台南市田町	325,000.00	制造淀粉	
林兼食品工业株式会社	台南县新丰区永康乡鸢松	300,000.00	制造罐头	
台湾水产株式会社	台北市筑地町	32,858,150.00	渔业	
台湾水产贩卖株式会社	台北市表町	5,113,575.00	渔市场	
报国造船株式会社	基隆市社寮	1,800,000.00	船建造及修理	
开洋兴业株式会社	高雄市前金	2,500,000.00	渔业	
葛原工业所	高雄市绿町	675,660.00	肝油制造	
高雄水产加工株式会社	高雄市绿町	180,000.00	肝油制造	
东港制冰株式会社	高雄县东港镇	100,000.00	制冰	
南邦林业株台北市	台北市表町	3,000,000.00	伐木制材	
植松木行	台北市北门町	2,700,000.00	同上	
株式会社机樱井组		500,000.00	同上	
天龙木材株式会社	台北市新富町	5,000,000.00	制材	
三菱制茶工场	台北市港町	3,287,549.00	制茶	系三井物产台北精制厂
台湾拓殖株式会社林业部	台北市幸町		造林伐木	资本不明

(3)农林处林务局山林管理所(计七单位)

名称	地址	原资本额(元)	性质	备考
台湾星制业会社	台北市桦山町	1,250,000.00	种药制药	
持木农场	台中县东势区新社乡	710,000.00	造林	
渡濑同族株式会社	台南县韭菜宅	550,000.00	造林加工贩卖	
藤仓合名会社	台南县新庄	648,000.00	造林	
东台湾咖啡产业株式会社	台东县台东区台东镇宝町	250,000.00	咖啡栽培	
木材咖啡店台湾事业部	同上	443,358.45	同上	
图南产业株式会社竹山部分	台东县竹山	272,198.00	造林	

(4)台湾省航业有限公司(计八单位)

名称	地址	原资本额(元)	性质	备考
南日本汽船株式会社	台北市表町	15,000,000.00	航业	
大阪商船株式会社台北支店	同上		同上	
日本邮船会社台北支店	同上		同上	
东亚海运株式会社台北支店	台北市		同上	
辰马汽船会社台北支店	台北市表町		同上	
大连汽船会社台北支店	高雄市大港埔		同上	
三井船舶会社台湾出张所			同上	
船舶运管会台北支店				

(5)台湾省通运公司(计三十七单位)

名称	地址	原资本额(元)	性质	备考
日本通运株式会社台湾支社	台北		仓库运输	总社设在东京支社无资本额
台湾仓库运输株式会社	同上	1,750,000.00	同上	
日东运输株式会社	同上	2,000,000.00	同上	
台湾运输株式会社	同上	1,500,000.00	同上	
株式会社丸一组	同上	150,000.00	同上	
台北合同株式会社	同上	150,000.00	同上	
松山合同运送株式会社	台北松山	20,000.00	同上	
新高荷役仓库株式会社	台中	1,000,000.00	同上	
中南运输株式会社	同上	126,000.00	同上	
保坂运送有限会社	同上	165,000.00	同上	
合资会社丸山组运送店	台南	100,000.00	同上	
丸イ运送店	同上	40,000.00	同上	
桃园合同运送会社	新竹	80,000.00	同上	
罗东合同运输株式会社	台北罗东	70,000.00	同上	
宜兰合同运送株式会社	宜兰	70,000.00	同上	
潮南运输株式会社	高雄	500,000.00	同上	
凤山仓库运送株式会社	凤山	100,000.00	同上	
楠祥合同运送株式会社	高雄	25,000.00	同上	
昭和运和运株式会社	同上	200,000.00	同上	
高雄港米谷荷役组合	同上		同上	资产负债表尚未送核资本不详

续表

名称	地址	原资本额(元)	性质	备考
高雄港砂糖荷役组合	同上		同上	
高雄要港荷役组合	同上	90,000.00	同上	
高雄港荷役组合	同上		同上	资产负债表尚未送核资本不详
高雄港劳动管理组合	同上	100,000.00	同上	
高雄港要港运输株式会社	同上	192,000.00	同上	
高雄地区港运送业会	同上		同上	资产负债表尚未送核资本不详
高雄地区港湾运送业会	同上		同上	
基隆地区港内运送业会	同上		同上	
高雄港曳船组合	同上		同上	
高雄港肥料荷役组合	同上		同上	
高雄港青果荷役组合	同上		同上	
高雄港盐荷役组合	同上		同上	
高雄港杂货荷役组合	同上		同上	
高雄港解冻船荷役组合	同上		同上	
高雄港鲜肉荷役组合	同上		同上	
高雄港石炭荷役组合	高雄		仓库运输	资产负债表尚未送核资本不详
高雄港矿石荷役组合	同上		同上	同上
台湾运送荷役株式会社	台北		同上	同上

注：通运公司所属三十七单位中，凡未填原资本额者，因系前日本六大会社(日本通运株式会社，台湾仓库运输株式会社，日东运输株式会社，台湾运输株式会社，株式会社九一组，台北合同株式会社)所组成，其资本包括在原会社内资产系租用借用者，故无从填明。

(6)台湾银行(计三单位)

名称	地址	原资本额(元)	性质	备考
株式会社台湾银行	台北市重庆南路	37,500,000.00	银行业	
株式会社三和银行台北台南高雄三支店	各该地台湾银行		同上	资本在日本银行
株式会社台湾储蓄银行	台北市重庆南路	250,000.00	储蓄银行业	日台合营经并入台湾银行储蓄部

(7)台湾土地银行

名称	地址	原资本额(元)	性质	备考
株式会社台湾劝业银行	台北市襄阳街		银行业	资本在日本总行

(8)台湾工商银行

名称	地址	原资本额(元)	性质	备考
株式会社台湾工商银行	台北市延平南路	2,589,850.00	银行业	

(9)彰化商业银行

名称	地址	原资本额(元)	性质	备考
株式会社彰化银行	台中市	2,840,000.00	银行业	

(10)华南商业银行

名称	地址	原资本额(元)	性质	备考
株式会社华南银行	台北市重庆南路	3,750,000.00	银行业	

(11)台湾省合作金库

名称	地址	原资本额(元)	性质	备考
台湾产业金库	台北市馆前街	3,600,000.00	银行业	

(12) 台湾人民贮金互济股份有限公司（计五单位）

名称	地址	原资本额（元）	性质	备考
常盘土地住宅株式会社	台北市汉口街	180,000.00	无尽业	
台湾劝业无尽株式会社	同上	250,000.00	同上	
台湾南部无尽株式会社	同上	200,000.00	同上	
东台湾无尽株式会社	同上	75,000.00	同上	
台湾住宅无尽株式会社	同上	145,000.00	同上	

(13) 台湾信托有限公司

名称	地址	原资本额（元）	性质	备考
台湾信托株式会社	台北开封街	2,500,000.00	信托部	

(14) 台湾产物保险有限公司（计十二单位）

名称	地址	原资本额（元）	性质	备考
大成火灾海上保险株式会社	台北市开封街	2,500,000.00	保险业	
东京海上火灾保险株式会社台北支店	同上		同上	资本在日本总店支店无资本
千代田海上火灾保险株式会社台北支店	同上		同上	同上
日新火灾海上保险株式会社台北出张所	同上		同上	同上
大仓火灾海上保险株式会社台北出张所	同上		同上	同上
安田火灾海上保险株式会社台北支店	同上		同上	同上
大阪住友海上火灾保险株式会社台北支店	同上		同上	同上
兴亚海上火灾保险株式会社台北方一营业所	同上		同上	同上
同和火灾海上保险株式会社台北支店	同上		同上	同上

续表

名称	地址	原资本额(元)	性质	备考
日产火灾海上保险株式会社台北营业所	同上		同上	同上
大正海上火灾保险株式会社台北支店	同上		同上	同上
日本火灾海上保险株式会社台北支店	同上		同上	同上

(15) 台湾人寿保险有限公司 (计十四单位)

名称	地址	原资本额(元)	性质	备考
明治生命保险株式会社台北支店	台北市汉口街		保险业	资本额在日本总店支店无资本
千代田生命保险相互会社台北支店	同上		同上	
帝国生命保险株式会社台北支店	同上		同上	
日本生命保险株式会社台北支店	同上		同上	
第一生命相互会社台湾支店	同上		同上	
三井生命保险株式会社台北支店	同上		同上	
日产生命保险株式会社台北支店	同上		同上	
野村生命保险株式会社台北支店	同上		同上	
富国征兵保险相互会社台北支店	同上		同上	
大同生命保险株式会社台北支店	同上		同上	
住友生命保险株式会社台北支店	同上		同上	
第百生命保险株式会社台湾支店	同上		同上	
安田生命保险株式会社台北支店	同上		同上	
第一征兵保险株式会社台湾支店	同上		同上	

(16) 台湾医疗物品公司 (计十八单位)

名称	地址	原资本额(元)	性质
台湾武田药品工业株式会社	台北市本町	321,000.00	制药
台湾武田药品工业株式会社苗栗工场	新竹县苗栗镇苗栗乡	141,011.00	同上

续表

名称	地址	原资本额(元)	性质	
台湾武田药品工业株式会社文武农园	台东县台东镇六武乡	71,519.00	同上	
台湾武田药品工业株式会社关山农园	台东县关山区海端乡龙泉村	546.00	制药	
台湾武田药品工业株式会社竹山农园	台中县竹山区龙谷乡凤凰村	92,556.00	同上	
台湾药品生产株式会社	台北市本町	886,060.00	同上	
株式会社资生堂药铺	台北市本町	902,354.00	同上	
台湾医疗药品株式会社	台北市本町	2,680,214.00	同上	
株式会社本村制药所台湾出张所	台北市川端町	122,171.00	同上	
台湾热带化学工业株式会社	台南县嘉义区中埔乡顶大东村	1,347,320.00	同上	
台湾生药株式会社	台南县新营镇王公大同路	701,955.00	同上	
化研生药株式会社台湾事业部	台北市东门町	1,475,304.00	同上	
盐野义制药株式会社台北工厂	台北市厦石街	243,644.00	同上	
南进制药公司	台北市堀江町	196,013.00	同上	
乌来制药工厂	台北县文山里乌来乡	39,269.00	同上	
盐野义制药株式会社高雄工场	高雄市戏狮甲	329,269.00	同上	
盐野义制药株式会社高雄农场	高雄县潮洲区山地ククルス	326,132.00	同上	
台湾化学药品株式会社	台北市厦石街	673,000.00	同上	

(17)台湾营建公司(计五单位)

名称	地址	原资本额(元)	性质	备考
台湾住宅营团	台北	8,594,379.00	建筑房屋	
台湾神宫造营事务所（又名圆山事务所）			同上	资本未据列报
台湾建物土地株式会社	本店、台北支店、基隆、高雄		房地产出租	该公司仅接收该会社基隆支店，其他总社以及各支店尚未接管
牧田材木店	台北市筑地町	213,002.00	木材	
滨崎材木店	台北市福星街	220,559.00	锯材	

(18)专卖局经营部分(计十一单位均原属公产)

名称	地址	原资本额（元）	性质	备考
火柴公司	台北市罗斯福路		制造火柴	原属公产
新竹火柴厂	新竹市中华路		同上	同上
台中火柴厂	台中下桥子路		同上	同上
樟脑公司	台北市罗斯福路		制造樟脑	同上
南门工厂	台北市罗斯福路		同上	同上
精制樟脑厂	台北市桦山町		同上	同上
烟草公司	台北市松山		制造卷烟	同上
台北烟厂	台北市上奎府町		同上	同上
松山烟厂	松山兴雅		同上	同上
制盒工厂	松山旧里族		制造卷烟盒子	同上
酒精公司	台北市中正东路		管理各厂制造	同上
第一工厂	台北市中正东路		制造白露酒	同上
第二工厂	台北市上牌期		制造啤酒	同上
第三工厂	台北县板桥镇		制造胜利酒	同上
第四工厂	树林镇		制造红露酒	同上
第五工厂	台中市		制造白露酒	同上
第六工厂	嘉义市		制造药酒	同上
第七工厂	屏东市		制造白露酒	同上
第八工厂	花莲港市		制造芬芳酒	同上
第九工厂	宜兰市		制造白露酒	同上
第十工厂	台南市		制造白露酒	同上
埔里分厂	埔里区		制造芬芳酒	原属公道
台东分厂	台东县		制造白露酒	同上
二万坪分厂	嘉义市		制造胜利酒及试验绍兴酒	同上
番子田分厂	台南市		制造红露酒	同上
制樽公司	台北市宝庆路		制造各种木樽	同上
印刷公司	台北市中山路		印刷专卖局商标	同上
木栓公司	南港镇		制造各式木栓及盖	同上
烟叶公司	台北市罗斯福路		管理烟叶出产	同上
台中试验所	台中市复兴路		烟草试验	同上
屏东分所	屏东九块		烟草推广	另花莲港分所烟草推广

注：专卖局所接收之各工厂，均系日本政府所办，资本(原为公产)均系来往数字，并无定额特此注明。

四、划归县市营之日资企业（计九二单位）

县市名称	日资企业工厂名称	企业性质	原资本额(元)	审查结果	备考
台北市政府	台湾金属株式会社	制造铅管铅板铅块	75,000.00	交市营	
	台湾瓦斯株式会社	制煤气焦炭焦脂	1,000,000.00	同上	
台中市政府	台湾洋系株式会社	制缝纽线	180,000.00	暂交试办	
	台湾被服株式会社	制团服棉被囊行李袋	90,000.00	同上	
	台中制纸株式会社	制纸印纸	180,000.00	同上	
	大和化学株式会社	制乳酸乳酸石灰拘橡酸	70,000.00	同上	
	西村食品工业会社	辣酱油		同上	
	八坂产业会社			同上	
	泷田理想瓦制造工厂	理想瓦		同上	
台东县政府	台湾淀粉株式会社初鹿工场	制造淀粉	128,000.00	交县营	
	台东造船株式会社	制造修理渔船油	120,000.00	同上	
	株式会社樱组	制造砖瓦贩卖洋灰	75,000.00	同上	
	大川牧场	饲牛榨乳	17,000.00	同上	
	台湾农林殖产株式会社	农场经营	180,000.00	同上	
	新港拓殖会社长滨青果农场	同上	100,000.00	同上	
	杉原产业株式会社新港农场	种植柑橘等		同上	资本额尚未册报到会
	杉原产业株式会社大麻里农场	同上		同上	该会社系向前日本总督府请准租用地耕作,并非会社本身产业,亦无其他资产
	杉原产业株式会社加路兰农场	同上		同上	
	台湾テリス株式会社	产テリス根甘及养	200,000.00	同上	

续表

县市名称	日资企业工厂名称	企业性质	原资本额(元)	审查结果	备考
	日籍渔船	捕鱼用		同上	计十六支
	中村印刷所	印刷		暂交试办	以下三单位概况表未据送会
	宫木印刷所	同上		同上	
	西部ヨツノ铁工厂	农具制造		同上	
	新高工业所	制纸	350,000.00	交县营	
	吉村制糖所都历工场	炼糖	262,373.79	同上	
	吉村制糖所大麻里工场	炼糖	250,000.00	同上	
	台东铁工株式会社	机械修理农具制造	120,000.00	同上	
	台东泷定株式会社	制纸伞	266,524.00	同上	
	株式会社三友商会三友淀粉工厂	淀粉制造		同上	
	台湾农产株式会社池上农产工业	制造淀粉		同上	
	合资会社旭鲣节制造工场	制造鱼鲣节		同上	
	玉福鲣节制造工厂	同上		同上	
	关山精米所	碾米	35,000.00	交市营	
台南市政府	汤水组	土木建筑及制造水泥瓦	195,000.00	同上	
	佐吉组	同上		同上	
	东洋钢骨水泥株式会社	同上		同上	
	日本家具工业株式会社	制造木器家具		同上	
	三份子日本(テツクス)制纸板工业株式会社	蔗纸板之制造等	160,000.00	同上	
	管原铁工厂	汽车零件制造修理		暂交试办	
	台湾テツクス工业株式会社	制纸蔗板	190,000.00	同上	
	福台公司造船厂	造船及修船	1,000,000.00	同上	
屏东市政府	屏东永冻工场	制冰		交市营	概况表尚未送会

续表

县市名称	日资企业工厂名称	企业性质	原资本额(元)	审查结果	备考
	森永制菓株式会社屏东工场	制造干粮食品		准拨市营	账册在日本大阪本社
	森永殖产会社屏东农场	カオ及ハニテ树	500,000.00	同上	
花莲县政府	花莲港木材株式会社	制林等	1,500,000.00	交县营	
	日东制冰株式会社	制冰	90,000.00	同上	
	东台湾农机具株式会社	制造农具	25,000.00	同上	
	台湾农产工业株式会社	制造淀粉	400,000.00	同上	
	马场铁工场	铁工场	50,000.00	暂交试办	
	丰国殖产株式会社	制造花生油	200,000.00	同上	
	花莲港物产会社	制通草等	实收 75,000.00	同上	
	佐田物产咖啡农场	咖啡姜黄	实收 250,000.00	同上	
	东亚造船所	制渔船运输船修船	100,000.00	同上	
高雄县政府	台湾纤维株式会社	制造制网用凉麻	实收 500,000.00	交县营	
	台湾制网株式会社	凉麻加工	500,000.00	同上	
台北县政府	二改乌瓦工场	制黑瓦	150,000.00	同上	
	竹中天然矿泉厂	矿泉水	210,000.00	同上	
	昭和产业株式会社	草绳	188,000.00	同上	
	洽志乌瓦工厂	黑瓦		同上	
	刚城乌瓦工厂	同上		同上	洽志冈城南厂系同一日人同一地区私有企业,资本金两厂共23,000元,仅有房屋土地皆系手工
	光华陶器株式会社	陶器	142,000.00	同上	

续表

县市名称	日资企业工厂名称	企业性质	原资本额(元)	审查结果	备考
	振兴陶器株式会社	同上	350,000.00	同上	
	台湾耐火业株式会社	耐火砖	500,000.00	同上	
	旭窑业株式会社	陶器	95,000.00	同上	
	协和制纸厂	草纸	165,000.00	同上	
高雄市政府	高雄农机具株式会社	制造农具	185,000.00	暂准试办	
	天龙锯木厂	各种木材加工	实收3,425,829.00	同上	
	宝华铁工厂	机械修理与制造	实收226,045.00	同上	
	新生木工公司	制木器什品	400,000.00	同上	
	旗后港铁工厂	部分机械修理或制造	实收82,421.00	同上	
	华兴公司	砂泥海岸石子川石子等	实收300,000.00	同上	
	大野资产组	建筑工业	实收20,000.00	同上	
	源记食品工厂（即和泉屋）	日本酱及酱油	实收934,000.00	同上	
	台湾渔具制造公司	绵捻丝绵混浅网	实收686,052.00	同上	
	株式会社汤川组高雄支店	土木建筑	144,051.63	同上	
	港光铁工厂	船舶机械修理及零件	47,018.00	同上	
	新华铁工厂	修理机器及制造零件	86,547.00	同上	
	三民化学工厂	制灭甘志尔蛔虫药	实收1,693,062.59	同上	
	新高铁工厂	修理机械及零件制造	40,800.00	同上	
台南县政府	安宅窑业株式会社	造瓦	78,250.00	暂交试办	
	新化郡油脂工厂株式会社	花生油胡麻油	60,000.00	同上	
	关子岭矿业株式会社	石炭原石消石灰	193,000.00	同上	
	水谷矿业所	采铅	342,827.39	同上	

续表

县市名称	日资企业工厂名称	企业性质	原资本额(元)	审查结果	备考
台南县政府	岩泽铁工所	修机制作及修理	120,418.66	同上	
	富安铁工所	机械及农具处理	157,222.62	同上	
基隆市政府	饭田商店	制材		同上	表册尚未送会
	吉武制材所	制材及鱼函	155,970.00	同上	
台中县政府	比良骨粉工场	骨粉	58,900.00	同上	
新竹市政府	山地兴业株式会社	制竹及木器		同上	概况表尚未送会
	永石外科医院	医业		同上	概况表尚未送会
	后上齿科医院	同上		同上	
	若内齿科医院	同上		同上	

五、拨归中国国民党台湾省党部经业部分(计十九单位)

名称	地址	过去经营日人姓名	股份情形	备考
大世界戏院	台北	吉矢セン	独资	
台湾戏院	同上	台湾剧场株式会社船桥武雄	十五万元日股占最大多数省民股仅五百元	
新世界戏院	同上	吉矢セン	独资	
大光明戏院	同上	同上	同上	
芳明戏院	同上	万华料理组合	股本三万六千为日人十四人所有	
新生戏院	罗东	黑水和七	五万元日股占十之九余为民股	
苏澳戏院	苏澳	苏澳振具株式会社		台风塌倒尚存影机一组水银整流机一台向日人铃木勋所借用
台中戏院	台中	台中产业株式会社板木登	日股占十之九余为省民之股	
和乐戏院	彰化	和乐馆株式会社山田三平	二千股有日股一千二百五十五股,余为省民股	
嘉义戏院	嘉义			

续表

名称	地址	过去经营日人姓名	股份情形	备考
延平戏院	台南	出口酋吉	十万元日人占十之九余为省民之股	
世界戏院	同上	吉矢セン	独资	
光华戏院	屏东	龙揖松藏	同上	
中华戏院	花莲	稻住馆株式会社 藤田久治	七万元日股占十之九余为省民之股	
光复戏院	高雄			
寿星戏院	同上			
共乐戏院	冈山			
南方常设馆	南方澳			
新光戏院	花莲玉里区			

乙、标售与价让

（一）接收之企业，准备标售者，计有四百八十四单位，已公告标售者，计有一百七十四单位，实际售出者，一百三十二单位（见表9）。其间少数因无人投标，或投标不及底价者，经呈准由该企业之台股股东为第一优先承让人；其次为现时运用人；再次为其他有经营能力者，技术人员等。计此项按照底价价让之企业共十一单位，余皆为未能售脱之企业。综计售出之一百三十二单位中，本省人得标者占百分之九十七强。截至结束止，尚有已占定底价即可公告标售者，计一百五十单位。其余一百六十单位，尚待办理占价后方能公告标售。

表9 台湾省日产标售委员会售出企业名称表

一、标售部分

企业名称	性质	得标人	企业名称	性质	得标人
二巳木材所	制材	郑金德	台湾黑铅株式会社宜兰工场	制黑铅	卢钻祥
台湾森山木工所	建筑	林阿头	展南拓殖株式会社	制赤糖	杨隆盛
南洋纺织株式会社	粗细布及毛毯	吴王炳	卓兰兴业株式会社	同上	邱云馨

续表

企业名称	性质	得标人	企业名称	性质	得标人
服部铁工厂	精米机	余毅夫	稻官木履厂	制木屐	杨衣昌
大东铁工所	造船电器	杨陶	日本通草株式会社	各种通草纸	蔡清标
株式会社拓南铸工所	修理机械	余逢时	台湾化成合资会社	水胶骨粉肥料等	卢清森
东亚化威工业所	制胶	范洪甲	藤田制材所	制材	苏闽
台湾制帽株式会社	制帽	张刚辉	武田制铜工场	制造纤维铜品等	林庆贵
兴南企业株式会社	种植米榖	周炳坤	日本织布株式会社	棉织品	李占春
若山蚊香工场	制蚊香	潘光藻	永登商会	建筑业	郑火木
东亚产业株式会社	纤维制铜业	林櫼	一六轩制果工场	糖果	古善愚
彰化纤维株式会社	纺绳	黄清泽	松田商店	汽水	黄登选
台湾叺株式会社	制绳	吴明细	东亚电气工作所	电气	陈界
兴国纤维产业株式会社	同上	黄皆得	丰国食品工业株式会社	花生油	蒋原盛
国产兴业株式会社	同上	王梓煌	台湾青果株式会社	鲜果类	张银
台湾工材株式会社	同上	江雷俄	台东殖业株式会社	通草	
龟若制材所	制材	张泰山	森田组	建筑业	李泉
台湾染色整理工场	染色整理	洪添生	佐藤组工业株式会社	土木包办	甘金池
兴南化工株式会社	橡胶	林国荣	屏东市昭和制果组合工场	糖果	陈男
常盘土地株式会社	炼瓦	汪李承	小野寺制材工场	制材	苏水线
南成制革株式会社	皮革加工	许进林	南洋产业株式会社	同上	卢天富
台湾自转车更生株式会社	车辆修缮	陈维诚	冈野制材所	同上	萧介甫
泽井制材所	制材	林石生	台南制材所	同上	陈添进
台湾食品工业株式会社	酱油等	谢国诚	台南拓殖轨道株式会社	轨道	林玉音
大同自动车株式会社	汽车运输	陈志良	山之内制药株式会社新竹工场	制药	巫开振
浣定株式会社台北支店	商店	庄维藩	日东纸业株式会社	制纸	永大商行
松田メリヤス制造所	内衫制造	陈懋成	帝国纱织工业会社	燃丝	王樟煌
丸谷福太郎工场	发油	洪禹唐	株式会社新营纸板制造所	蔗板	何永
隆昌汽车水槽修理工场	汽车水槽修理	陈树秩	台东振兴株式会社	珈琲等	台东里垅镇公所
铃木勇八制棉厂	脱胎绵	韩濠洲	高砂铅笔株式会社	铅笔	章伟士
市川制果工场	糖果饼干	林金益	园田织工所	铁道叉轨	王大郡

续表

企业名称	性质	得标人	企业名称	性质	得标人
合资会社建睦会制材所	制材	卓丙金	棚桥孝七商店	烘炉	谢文旌
松浦制果工场	制饼	施文策	台湾新兴株式会社	肥皂	王通水
台湾山林兴业会社	木材木炭	蔡福	西村味噌工场	日本酱	高忽
黑板工务所	铸铜	游德樑	利用更生株式会社	破布加工	吴永发
台湾化学工业燃料所大屯制造所	木炭	陈海沙	振兴制面工厂	制面	吕传芳
昭和产业株式会社	煤炭	蔡灿南	日本凿泉深矿株式会社台北出张所		叶仁和
尾岛电气株式会社	修理电气	陈维坤	南兴公司丰原蚊香工厂	蚊香	谢庆
朝日堂制果所	糖饼制造	潘锦河	大岗山殖产株式会社	新革等	朱万成
明治制果株式会社台北工场	糖果	许万传	有限会社三事商事社		刘焕纹
铃木酱油工厂	酱油	郭文华	花莲港果子工业组合	糖果	叶灿标
日德炭矿	石炭	陈皆得	花莲港纤维工业株式会社	草绳	何家发
熊本炭矿	同上	苏春光	台湾寒天株式会社	菜蔬	吴北王
新兴炭矿	同上	王钦德	株式会社铃木组纸业工场	蔗纸	陈振能
台北缝付地下足袋工业株式会社	日本袜	黄崇西	旭工业株式会社	制油	吴火狮
日之出珐琅铁器制作所	茶壶	林振标	台湾农产制粉株式会社	饼类	黄天民
株式会社アルテックス制作所	糖果		台湾纺织株式会社	粗布	陈来成
合资会社小高铁工所	制茶机械	黄修	田尻信次运送店	运送类	陈水德
片仓合名会社台北事务所		陈来成	合名会社小幡商店台湾支店	贸易商	李腾岳
竹腰生产株式会社	棉毛布	苏福	海隆产物贸易商	海隆物贸业	李腾岳
日本活性炭株式会社	活性炭	黄华山	钱高组新竹出张所	土木包办	林培英
佐藤工业株式会社	土木包办业	陈海沙	卢野组新竹出张所	制钉	柯礼栋
北投藁工品制造所	藁绳	陈秋联	秋本工业所	家具制造	林典
资生堂农场	农产	柯子歧	台中工艺品制作所	工艺品制作	江青松
新高炭矿	煤炭	尤铭新	台湾化学工业所	树薯粉等	林子敏
东洋钢骨水泥株式会社	瓦土管	苏士锦	ワカモト制药株式会社台湾营业所	制药机械	黄演志
大东亚扣株式会社	木扣	庄炳煌	台湾スカウト制果株式会社	糖果	吴馨敏

续表

企业名称	性质	得标人	企业名称	性质	得标人
村濑存义海水浴场	海水浴场	纪龙岗	木工有限公司旗山区六龟工厂	木工	罗得来
平松印刷所	印刷	吴朝昌	招南窑业所	窑业	陈尚文
池田组台湾支店	土木包办	陈来明	三越淀粉公司	淀粉	陈万结
钱高组台北支店		吴春江	合计壹百贰拾壹单位		

二、让售部分

企业名称	性质	让受人	企业名称	性质	让受人
蓬莱纺织株式会社	再制纱绵	吕泉	台湾内燃机再生株式会社	修理汽车	徐东海
中山太阳堂株式会社台北工厂	牙粉香料	詹盆辉	台湾机械制作所	铁器机械零件	李新德
富士屋制果工场	豆沙饼鸡蛋糕	林朝聘	台湾织物株式会社	脱胎棉	陈锡庆
台湾制果饼干公司	牛奶饼	廖乞食	台北制果会社	制食品	李清江
桑田尽业株式会社	食糖杂货	黄谈根	高砂纺毛株式会社	カキ纺丝	周涂树
木村防腐会社	枕木防腐	吴绍曾	合计壹拾壹单位		

（二）接收之房屋，其在偏僻山野，或为避空袭临时建筑之房屋，接收后因保管困难，均予先行标售。又三十五年秋间，因台风吹坏不易修缮，此类倒屋，因无人居住，材料每易失窃，故均先予标售。其余完整之屋，在未拟订标售办法前，均予暂行出租。

（三）接收之动产，凡属易坏之物资，接收后，即行通知接收机关先予标售；其余仍按照规定手续，估定底价陆续标售或价让。截至结束日止，尚有未及出售者，则交付保管。

丙、运用

企业拨由政府机关经营运用，已如上述。其余在未标售前可出租者，亦经先准租用，以期达到工厂不停工之目的。至大部分接收房屋，当时因日侨撤退之急骤，空屋太多，为保管上之便利，以及兼顾人民住用之需要，暂准出租，再行标售。此项出租房屋，报经本会入账者计一一八九七幢。至接收之土地，为配合本省土地政策，一律由接收机关，或会同县市政府，依人民耕种能力分别放租，以期达到耕者有其田之目的。截至本会结束止，各分会关于土地出租情形如下（详见表10）：

表10　各分会接收土地放租统计表

分会别	面积	分会别	面积
基隆市	69.9907（甲）	台中县	1,320.4490（甲）
台南市	84.2344	高雄县	454.7764
彰化市	11.0399	台南县	832.8642
高雄市	390.5470	澎湖县	0.5243
台中市	54.3993	台东县	241.2979
新竹市	229.7234	台北县	1,741.0090
台北市	353.2315	嘉义县	71.7189
花莲县	1,252.8171	合计	7,108.6212

丁、发还原业主

接收日产发还原业主案件，概遵院颁《敌伪产业处理办法》之规定办理。其间有原属盟国或友邦人民之所有，被日方强迫接收，经查明属实者；亦有本国人，向日人价购产业，其购入日期经查明确在禁卖日期以前，而其权原确无瑕疵者；或本国人之物资寄存日人仓库，接收时一律予以封存，复经验明其寄存证件确无瑕疵者，一律均准予发还。此项发还数字详见（表11）。

表 11　接收日产发还原业主统计表

原接收机关	发还总值(元)	发还财产种类									
		企业		房屋		土地		动产		现金	
		数量	价值(元)	数量(幢)	价值	数量(甲)	价值	数量(件)	价值(元)	数量	价值(元)
地质调查所	1,930.00			1							
通运公司	328,608.00	2	328,608.00					2	1,930.00		
台北市	137,076.00										
新竹市				5		1,033		2			
新竹县	2,000.00							1	2,000.00		
台中市										1	137,076.00
台中县											
台南县											
彰化市	26,445.00			1	25,586.00			83	85.00		

戊、其他

(子)毁损部分

本会接收各地日产,视实际情形,均责令先予保管或运用,然后再予处理。故一年余来损失较少,本年二二八事变发生后,一般不良分子乘机暴动,蔓延全省,以致尚在保管中之日产,有被捣毁者,或因保管人员躲避,而遭失窃损失者,此项损失数字,经统计大略如下(表12):

表12 台湾省接收日产毁损统计表

接收机关	房产(元)	机器设备(元)	原料及成品(元)	家具及器皿(元)	合计(元)
台中市分会				72,543.17	72,543.17
高雄市分会				565,786.55	565,786.55
基隆市分会		46,461.00	696.00		47,157.00
彰化市分会	4栋109,800.00			31,735.00	
台北县分会	27栋(价值未据列报)				141,535.00
台东县分会				43,192.60	43,192.60
花莲县分会				8,320.00	8,320.00
新竹市分会		25,000.00	91,000.00	65,794.90	181,794.90
总计	109,800.00	71,461.00	91,696.00	787,372.22	1,060,329.22

(丑)交保管部分

凡标售未脱,及尚未标售之企业,尚未出租及无人承租之房屋,不可耕种及不易租出之土地;未售之动产等,即在本会结束时,未及处理之日产,一律交付原接收机关保管。并由各该机关将保管情形及保管人姓名,列册具报,以专责成。各项交付保管之日产附表如下(详见表13、表14、表15、表16):

表13　各分会接收企业交付保管统计表

分会别	单位数	总价值	分会别	单位数	总价值
基隆市分会	18	14,684,120.95	花莲县分会	55	8,686,073.22
台南市分会	82	7,716,542.42	台中县分会	17	1,728,932.30
彰化市分会	2	1,014,076.18	高雄县分会	4	31,277.00
屏东市分会	2	190,711.42	新竹县分会	24	5,315,681.64
嘉义市分会	11	1,587,287.05	台南县分会	3	322,017.00
高雄市分会	25	13,777,420.79	台北县分会	50	1,653,952.18
台中市分会	15	2,424,030.53	台东县分会	5	1,212,726.57
新竹市分会	19	1,675,794.12			
台北市分会	127	42,867,834.39	合计	459	104,888,477.76

注：1.总价估为原列册价值。2.交付保管企业中包含有工厂、会社、商店以及有盈利性质之事业等。

表14　各分会接收房屋交付保管统计表

分会别	幢数	面积	分会别	幢数	面积
基隆市分会	819	16,582.36	高雄市分会	543	14,810.96
台南市分会	245	8,682.04	台中市分会	10	527.00
彰化市分会	3	43.50	新竹市分会	24	828.22
屏东市分会	330	12,965.32	花莲县分会	1011	23,758.50
嘉义市分会	406	10,883.02	台中县分会	43	1,064.25
高雄县分会	285	28,546.25	台东县分会	413	7,557.05
新竹县分会	22	572.84	澎湖县分会	28	1,019.27
台南县分会	53	1,513.70			
台北县分会	343	8,626.98	合计	4648	137,981.26

★日产处理委员会接收日产与所耗经费比较图（略）

表15　各分公接收土地交保管统计表

分会别	面积（甲）	分会别	面积（甲）
基隆市分会	350.6071	台中县分会	736.0296
台南市分会	509.4044	高雄县分会	410.7568
彰化市分会	11.0805	新竹县分会	1362.9185
屏东市分会	244.5840	台南县分会	270.0571
嘉义市分会	31.2397	台北县分会	1305.7069
台中市分会	180.1055	台东县分会	728.7069
新竹市分会	5.1697	澎湖县分会	2.5985
花莲县分会	2584.5402	合计	8733.4031

注：本表已放租部分不计在内。

表16　各分会接收动产交付保管统计表

分会别	数量（件）	列册价值（元）	分会别	数量（件）	列册价值（元）
基隆市分会	5,542	148,975.00	彰化市分会	8	226,000.00
台南市分会	939	22,439.40	屏东市分会	17,830	354,347.00
嘉义市分会	208	269,026.00	新竹县分会	41,717	105,193.50
高雄市分会	310	5,162,194.97	台南县分会	220	5,630.00
台中市分会	4,801	326,661.00	台北县分会	2,913	217,951.00
台北市分会	355	320,400.00	台东县分会	172	148,442.00
花莲县分会	1,064	659,520.00			
高雄县分会	218	31,474.70	合计	76,297	7,898,254.57

（寅）办理清算部分

本省各公司组织，多数皆日台合股者，为确定权益范围，均非经清算不可。本会清算委员会成立日期不久，而有待清算之案件甚夥，兼之会计人才招揽不易，故此项业务进展较缓。关于本省清算办法。计有下列三方式：(1)凡属繁重案件，或台股代表不愿委托清算者，均由本会清算委员会清算。(2)凡各接收机关所接收日产，地点距离省会过远，不便送由清算委员会清算者，概行委托各接收机关依照《日产清算委员会委托清算办法》及各种补充规定，代为清算。清算结果，仍送由该会依法核定。(3)凡日台合资经营之会社，拟予标售民营,而台股代表要求提前清算者。经征得台股代表同意后,订立委托书,交由指定之会计师清算。此项清算结果,仍送由清算委员会依法核定。截至本会结束之日止,计接受清算案件六三三单位,已清算完竣者七十七单位,已委托清算者三百四十七单位,尚待清算者二百零九单位(表17、表18、表19)。

表17 已清算完竣各公司明细表

清算机关	企业名称	所在地	接收机关	清算机关	企业名称	所在地	接收机关
本会	兰阳自动车株式会社	台北县	台北县分会	同上	株式会社新营兴业公司新营工厂	台南县	台南县政府
同上	台南铁工所	台南市	工矿处	同上	日本炭酸株式会社	台北县	台北县分会
本会	台湾陶器振兴株式会社	台北县	台北县分会	本会	台湾青果株式会社	台北市	农林处
同上	台窑产物有限会社	同上	同上	同上	泰元株式会社	同上	台北市分会
同上	新竹制药株式会社	新竹市	新竹市分会	同上	旭兴业株式会社	同上	同上
同上	兴南化工合名会社	台北县	台北县分会	同上	日本拓殖株式会社	新竹中坜	新竹县分会
同上	台湾制造株式会社	同上	同上	同上	合资会社台湾机械制作所	台北县	工矿处
同上	台湾合板工业株式会社	新竹县	新竹县分会	会计师	台湾自动车更生株式会社	台北市	台北县分会
同上	台北油脂兴业有限会社	台北县	新北县分会	同上	北投自动车株式会社	台北县	同上
同上	东横产业株式会社	台北市	农林处	本会	新高木材株式会社	台中新高	农林处
同上	兰阳乘合自动车株式会社	台北县	台北县分会	同上	台中戏院股份有限公司	台中市	
同上	台湾纤维制品统制株式会社暨台湾织物什货卸商组合	台北市	贸易局	同上	和泰有限公司	台北市	台北市分会

续表

清算机关	企业名称	所在地	接收机关	清算机关	企业名称	所在地	接收机关
同上	台中交通株式会社	同上		同上	台湾粮果饼干公司	台北新庄	农林处
同上	台湾砖茶株式会社	同上		会计师	兴南工业株式会社	同上	台北县分会
同上	栗田印刷所	同上	台北市分会	同上	次高木材合资会社	新竹大湖	新竹县分会
同上	台湾包装容器株式会社	同上		同上	南洋纺织株式会社	台北市	工矿处
同上	大湖木材会社	新竹大湖	农林处	本会	台湾电影戏剧股份有限公司	同上	宣传委员会派员监理
同上	新竹制油株式会社	新竹县		同上	菊元商行	同上	贸易局
同上	天然水门汀株式会社	台北市	台北县分会	同上	台湾葡萄糖工业株式会社	桃园	专买局
同上	台湾工材株式会社	基隆市	同上	同上	厚生工业会社	台北市	未接收
同上	合资会社东亚化成工业所	台北县	同上	同上	重光酱油股份有限公司	台南市	台南市分会
同上	合资会社南亚化成工业所	同上	同上	同上	台南净化产肥有限会社	同上	同上
同上	台湾茶输移出统制株式会社	台北市		同上	台南榨油组合	同上	同上
同上	旭窑业株式会社	台北县	台北县分会	同上	台南医疗品共贩组合	同上	同上
同上	光华磁器股份有限公司	台北市	同上	同上	台湾拓殖株式会社		成立委员会接收清理处清理
台湾玻璃公司	理研电化工业株式会社	新竹市	台湾玻璃公司	台湾省公路局	台南汽车货运股份有限公司	台南市	台湾省公路局
同上	台湾硝子工业株式会社	台北市	同上	同上	台北汽车货运司股份有限公	台北市	同上
同上	台湾高级硝子工业株式会社	新竹市	同上	同上	高雄汽车货运股份有限公司	高雄市	同上
同上	拓南窑业株式会社	新竹县	同上	同上	新竹汽车货运会社	新竹市	同上

续表

清算机关	企业名称	所在地	接收机关	清算机关	企业名称	所在地	接收机关
同上	台湾魔法瓶株式会社	台北市	同上	中台矿业公司	中台矿业株式会社	基隆区七堵乡	中台矿业公司
同上	板金工业株式会社	同上	同上	新竹市分会	台湾竹工业株式会社	新竹市	新竹市分会
同上	南邦铅制作所	同上	同上	同上	台湾饮料工业株式会社	同上	同上
同上	厚生商会	同上	同上	同上	大东亚钮工业株式会社	同上	同上
农林处	报国造船厂	基隆市	农林处	同上	新竹汽车修理工厂	同上	同上
台南市政府式商课	兴南乘合自动车株式会社	台南市	台南市分会	同上	山地兴业株式会社	同上	同上
同上	台南乘合自动车株式会社	同上	同上	同上	日本通草株式会社	同上	同上
上上	南日本化学研究所	同上	同上	本会	台湾缝付地下足袋工业株式会社	台北	工矿处
同上	台湾罐诘共贩株式会社	同上	同上	同上	新竹资源株式会社苗栗制□所	新竹	新竹县分会
台湾省公路局	桃园汽车客运股份有限公司	桃园	台湾省公路局	合计	七十七单位		

表 18　已委托清算各会社明细表

委托清算机关	企业名称	所在地	接收机关	企业名称	所在地	接收机关
石油公司台湾油矿探勘处	帝国石油株式会社台湾矿业所	苗栗	工矿处	日本铝株式会社花莲港工场	花莲市	工矿处
同上	日本石油株式会社苗栗制油所	同上	同上	日本矿业株式会社金瓜石事务所	基隆	同上
铝业公司	日本铝株式会社高雄工场	高雄市	同上	日本矿业株式会社台湾支店	台北市	同上
同上	日本铝株式会社台湾出张所	台北市	同上	日本化学工业株式会社	土林镇	工矿处
石油公司台湾营业所	台湾石油贩卖会社	台北市	工矿处	台湾制纸株式会社	高雄	同上
同上	出光兴业株式会社	台北	同上	台湾纸业株式会社	台北县	同上
同上	日本石油联合株式会社台北事务所	台北市	同上	奈良制作所		
同上	台湾石油业株式会社台湾支社	台北市	同上	台湾纸浆株式会社冷水堀炭矿	高雄县	同上
石油公司高雄炼油厂	日本海事第六燃料厂高雄工场	高雄	资源委员会	东亚制纸工业株式会社	台南	同上
同上	共同企业株式会社	同上	工矿处	日糖兴业株式会社	屏东市	同上
同上	日本油槽船会社	同上	同上	台湾制糖株式会社	台南县	同上
同上	台拓化学工业株式会社	同上	同上	明治制糖株式会社	台南	同上
同上	日本石油株式会社高雄炼油所	同上	同上	盐水港制糖株式会社	台南	同上
石油公司炼务处研究室	天然瓦斯研究所附属海军第六燃料厂新竹新高场	新竹	资源委员会	日本台湾糖业联合会台湾支部	台北市	
肥料公司	台湾电化株式公社基隆罗东分场	罗东	工矿处	南投轻铁株式会社	台中县	同上
同上	台湾肥料株式会社基隆高雄工场	基隆	同上	酒精运输株式会社	台北市	同上

续表

委托清算机关	企业名称	所在地	接收机关	委托清算机关	企业名称	所在地	接收机关
委托清算机关	台湾有机合成株式会社	新竹	同上	同上	东亚冰糖制果公司	高雄市	同上
同上	日莹产业株式会社台北支店	台北	同上	同上	日本制果株式会社	新竹县	同上
制碱公司	南日本化学工业株式会社	高雄市	同上	同上	大地农工业株式会社	高雄市	同上
同上	株式会社南华公司		同上	同上	株式会社吉村铁工所		同上
同上	旭电化工业株式会社	高雄市	同上	同上	福大公司	台北市	同上
同上	钟渊丰达工业株式会社	台南市	同上	同上	东亚矿业株式会社	台北县	同上
机械造船公司	株式会社台湾铁工所	高雄市	同上	同上	新兴产业	台南县	同上
同上	东光兴业株式会社	台北市	同上	水泥公司	台湾水泥管株式会社	松山	同上
同上	台湾船渠株式会社	基隆市	同上	同上	台湾制袋株式会社	高雄市	同上
业公司	台湾兴业株式会社附属林田山山事务所	台北市	同上	同上	台湾ブコリ株式会社		工矿处
同上	盐水港纸浆株式会社	台南	同上	同上	台湾水泥株式会社	高雄市	同上
水泥公司	浅野水泥株式会社	高雄	工矿处	纺织公司	台湾纤维工业株式会社	台北市	同上
同上	浅野水泥高雄工场	同上	同上	同上	南方纤维工业株式会社	彰化市	同上
同上	南方水泥工业株式会社	苏澳	同上	窑业公司	台湾窑业株式会社	台北市	同上
同上	台湾化成工业株式会社	新竹	同上	同上	台湾炼瓦株式会社	台北	同上
同上	台湾石灰石株式会社	台北县	同上	油脂公司	台湾花王有机株式会社	台中县	同上
煤业公司	台湾产业会社		同上	同上	台湾花王有限会社	台北市	同上

续表

委托清算机关	企业名称	所在地	接收机关	委托清算机关	企业名称	所在地	接收机关
同上	三德矿业所			同上	台湾油脂株式会社	同上	同上
同上	基隆炭矿株式会社	基隆市	同上	同上	台湾日本油漆株式会社		同上
同上	台湾炭业株式会社	台北市	同上	同上	台湾植漆株式会社	新竹县	同上
同上	爱国产业株式会社	台北县	同上	同上	齐藤商店台湾造林部		同上
同上	武正炭矿株式会社		同上	同上	日本特殊黄油株式会社台湾工场	台北市	同上
同上	南海兴业株式会社汐止矿业事务所	台北县	同上	电工公司	台湾通讯工业株式会社	台北县	同上
同上	台湾焦炭株式会社板桥炭矿	同上	同上	同上	东京芝浦电气台北事务所		同上
同上	山本炭矿	台北市	同上	同上	东京芝浦台湾事务所	台北市	同上
同上	永裕炭矿	台北县	同上	同上	台湾干电池株式会社	台北县	同上
同上	七堵运煤轻便铁道		同上	同上	台湾高密工业株式会社	台北市	同上
同上	近江产业合资会社	台北市	同上	同上	松下制品配给会社	台北市	同上
同上	株式会社贺田组	台中市	同上	同上	台湾音响电机株式会社	台北市	同上
纺织公司	台湾纺织株式会社	台中市	同上	同上	富大电机制造会社	台北市	同上
同上	台南制织株式会社	台南市	同上	印刷纸业公司	台湾书籍印刷株式会社	台北市	同上
同上	帝国纤维株式会社	台中市	同上	同上	吉村商事印刷所	台北市	同上
同上	台湾织布株式会社	台南市	同上	同上	盛进商事株式会社	台北市	同上
同上	新竹纺织株式会社	新竹县	同上	同上	盛文堂印刷所	台北市	同上
印刷纸业公司	台湾照相制版株式会社	台北市	工矿处	钢铁机械公司	北川钢制版株式会社	台北市	工矿处

续表

委托清算机关	企业名称	所在地	接收机关	委托清算机关	企业名称	所在地	接收机关
同上	台湾交通商事株式会社	同上	同上	同上	台湾自动车整备配给株式会社	台北市	交通处
同上	宝文社印刷所	同上	同上	同上	台湾合同铸造株式会社	同上	工矿处
同上	山本油墨株式会社	台北县	同上	同上	南方电气工业株式会社	新竹	同上
同上	藤本制纸嘉义工场	嘉义市	同上	同上	台湾合成工业株式会社	台中县	同上
同上	台湾樱井兴业株式会社	台北市	同上	同上	北川产业海运株式会社	台北市	同上
同上	台湾纸业株式会社	台南市	同上	同上	中村铁工所	同上	同上
同上	台湾印刷油墨株式会社	台北市	同上	同上	丰国铁工所	高雄市	同上
同上	昭和纤维工业株式会社	基隆市	同上	同上	东洋铁工株式会社	台北市	同上
同上	蓬莱纸业株式会社	新竹	同上	同上	兴亚制钢株式会社	同上	同上
同上	三宅彩印刷所	台北市	同上	同上	樱井电气铸钢所	同上	同上
同上	台湾兴亚纸浆工业株式会社	台中县	同上	同上	前田砂铁钢业海株式会社	台北县	同上
钢铁机械公司	株式会社武知制铁工所	高雄县	同上	同上	吉田砂铁工所	台北县	同上
同上	株式会社日立制作所台湾出张所		同上	同上	钟渊工业株式会社	台北市	同上
同上	高雄制铁株式会社	高雄市	同上	同上	台湾重工业机械株式会社	台北市	同上
同上	东邦金属制炼所		同上	同上	台湾燃料株式会社	同上	同上
同上	大庭铁工所	高雄市	同上	同上	吉田铁工所	同上	同上
同上	株式会社中田制作所	台北市	同上	同上	台湾鉄钉制造株式会社	台北县	同上
同上	株式会社小川组	同上	同上	同上	中央兵器株式会社台湾出张所	同上	同上

续表

委托清算机关	企业名称	所在地	接收机关	委托清算机关	企业名称	所在地	接收机关
同上	东洋制罐株式会社	高雄市	同上	同上	木户农器具制作所	台北市	同上
同上	台湾钢业株式会社	台北市	同上	化学制品公司	帝国压缩瓦斯株式会社台北支店	同上	同上
同上	台湾铁线株式会社	高雄市	同上	同上	台湾酸业各株式会社	台北县	同上
同上	台湾精工业株式会社	台南市	同上	同上	台湾橡胶株式会社	台北市	同上
化学制品公司	盐野化学株式会社	新竹县	工矿处	医疗物品股份有限公司	台湾医药品生产株式会社	台南市	民政处
同上	台湾会田无料有限公司		同上	同上	热带化学工业株式会社		农业处
同上	小川产业株式会社	台中县	同上	通运有限股份公司	日本通运株式会社		交通处
工程公司	大仓土木组	台北县	同上	同上	日本运输株式会社	台北市	同上
同上	大林组	同上	同上	同上	台湾仓库株式会社	高雄市	同上
同上	鹿岛组	同上	同上	同上	台湾运输株式会社	基隆市	同上
同上	清水组	台南市	同上	同上	株式会社丸一组	台北市	同上
同上	日本铺道组		同上	同上	台北合同运送株式会社	同上	同上
工矿器材公司	台湾火药统制株式会社	台北县	同上	同上	松山合同运输株式会社	台南市	同上
同上	台湾窒素工业株式会社	台北市	同上	同上	丸三组运送店	嘉义	同上
同上	台湾爆竹烟火株式会社	台北市	同上	同上	丸ィ组运送株式会社		同上
同上	理兴株式会社		同上	同上	潮南运输株式会社	高雄县	同上

续表

委托清算机关	企业名称	所在地	接收机关	委托清算机关	企业名称	所在地	接收机关
同上	台湾金属统制株式会社	台北市	同上	同上	凤山仓库运送株式会社	同上	同上
同上	日东工业株式会社		同上	同上	昭和运送株式会社	高雄市	同上
同上	东光株式会社		同上	同上	高雄要港运输株式会社	同上	同上
同上	日蓄株式会社	台北县	同上	同上	高雄地区港湾运输株式会社	高雄市	同上
同上	古河电气工业株式会社	台北市	同上	同上	宜兰合同运输株式会社	宜兰	同上
同上	株式会社夹益组	同上	同上	同上	中南运输株式会社	台中市	同上
同上	高进产业株式会社	同上	同上	同上	桃园合同运送株式会社	桃园	同上
同上	合名会社本田电气商会		同上	同上	楠梓合同运送株式会社	高雄市	同上
同上	野村洋行		同上	同上	罗东运输株式会社	台北县	同上
医疗物品股份有限公司	台湾生叶株式会社	台南县	民政处	同上	保坂运送有限会社	台中县	同上
同上	株式会社资生堂生药房	台北市	同上	同上	新高荷役仓库株式会社	台中市	同上
通运有限股份公司	高雄荷役组合	台中市	交通处	农林处	松木农工株式会社	台北市	农林处
同上	高雄港浮船业组合		同上	同上	台湾水产贩卖株式会社	台北市	同上
同上	高雄米谷荷役组合		同上	同上	开洋兴业株式会社	高雄市	同上
同上	高雄石灰荷役组合		同上	同上	基隆冰藏株式会社		同上
同上	高雄砂糖荷役组合		同上	同上	台湾野蚕株式会社	台中市	同上
同上	高雄肥料荷役组合		同上	同上	高雄水产加工株式会社	高雄市	同上
同上	高雄要港荷役组合		同上	同上	大凤兴业株式会社	台北市	同上

续表

委托清算机关	企业名称	所在地	接收机关	委托清算机关	企业名称	所在地	接收机关
同上	高雄劳动荷役组合		同上	同上	南邦林业株式会社		同上
同上	高雄曳船荷役组合		同上	同上	台湾农机具制造会社		同上
同上	高雄矿石荷役组合		同上	台湾电力公司	台湾电力株式会社	同上	电力公司
同上	基隆地区港运送业		同上	台中市政局	台湾洋缝会社	台中市	台中市政府
台阳矿业公司筹备处	台阳炭矿		工矿处	同上	大和化学会社	同上	同上
昭和矿业公司筹备处	昭和炭矿		同上	同上	台湾制纸会社	同上	同上
大丰矿业公司筹备处	大丰炭矿		同上	同上	台湾被服会社	同上	同上
农林处	台湾畜产兴业株式会社	台北市	农林处	同上	东亚制菓会社	同上	同上
同上	海南制粉株式会社	基隆市	同上	新竹县分会	第一产业株式会社	新竹县	新竹县公会
同上	朝日制粉株式会社	台北市	同上	彰化市政府会计室	国产兴业株式会社	彰化市	彰化市分会
同上	台湾畜产株式会社	同上	同上	同上	大新商事株式会社	同上	同上
同上	台湾羽毛输出振兴株式会社	同上	同上	同上	彰化兴业株式会社	同上	同上
同上	森永制品台湾贩卖株式会社	同上	同上	同上	彰化土建工业株式会社	同上	同上
同上	大正制油株式会社	同上	同上	新竹市分会	新竹州竹生产材株式会社	新竹市	新竹市分会
同上	台湾水产株式会社	同上	同上	同上	南方木材工业株式会社		农林处

续表

委托清算机关	企业名称	所在地	接收机关	委托清算机关	企业名称	所在地	接收机关
同上	越智殖产株式会社	同上	同上		花莲港木材株式会社	花莲县	花莲县分会
花莲县分会	东亚造船株式会社	花莲县	花莲县分会	台南市政府工商课	株式会社再合爱国堂	台南市	台南市分会
同上	丰国殖产株式会社	同上	同上	同上	株式会社三输荼元堂	同上	同上
同上	东台湾农具株式会社	同上	同上	同上	台南カネタツ株式会社	同上	同上
同上	日东制氷株式会社	同上	同上	同上	田村驹株式会社台南出张所	同上	同上
同上	花莲港物产株式会社	同上	同上	同上	株式会社小出	同上	同上
同上	花莲港信用组合	同上	同上	同上	株式会社林百货店	同上	同上
同上	花莲港庶民信用利用组合	同上	同上	同上	ハヤシ产业株式会社	同上	同上
同上	有终建筑信用利用组合	同上	同上	同上	中和公司（原正真屋旅馆）	同上	同上
同上	东台湾农林兴业株式会社	同上	同上	同上	台湾机械工业株式会社	同上	同上
台南市政府工商课	台湾テックス株式会社	台南市	台南市分会	同上	辰马商会台南出张所	同上	同上
同上	日本家具工业株式会社	同上	同上	同上	南方产业株式会社	同上	同上
同上	东洋コクリ丨ト工业株式会社	同上	同上	同上	株式会社宅商台南支店	同上	同上
同上	株式会社杨川组	同上	同上	同上	台湾纺织株式会社	同上	同上
同上	株式会社吉组	同上	同上	同上	台南制药株式会社	同上	同上
同上	台湾炼瓦制作所	同上	同上	同上	日本デックス工业株式会社	同上	同上

续表

委托清算机关	企业名称	所在地	接收机关	委托清算机关	企业名称	所在地	接收机关
同上	台湾玻服工业有限会社	同上	同上	同上	台湾陶器工业株式会社	同上	同上
同上	台南州制冶工业株式会社	同上	同上	同上	台湾弘仁一株式会社	同上	同上
同上	台南制材所	同上	同上	会计师	秦田产业株式会社	台北	
同上	菅原铁工所	同上	同上	同上	大同自动车株式会社	同上	同上
同上	福合公司造船所	同上	同上	同上	合资会社东南商行制材所		
同上	东亚化学工业株式会社	同上	同上	台东县分会	株式会社共荣商会	台东县	台东县分会
同上	台湾农产制粉株式会社	同上	同上	同上	台东食品有限会社	台东县	同上
同上	台湾制药株式会社	同上	同上	同上	丰同食品工业株式会社	同上	同上
台东县分会	台东殖产株式会社	台东县	台东县分会	台湾省产物保险股份有限公司	大正海上火灾保险会社	台北市	财政处
同	台东振兴株式会社	同上	同上	台湾人寿保险股份有限公司	明治生命保险会社	同上	同上
台湾银行清理委员会	株式会社台湾银行	台北市	财政处	同上	千代田生命保险会社	同上	同上
同上	三和银行	同上	同上	同上	帝国生命保险会社	同上	同上
同上	台湾贮蓄银行	同上	同上	同上	日本生命保险会社	同上	同上
台湾商工银行	台南商工银行	同上	同上	同上	第一生命保险会社	同上	同上
华南商业银行	化名商业银行	同上	同上	同上	三井生命保险会社	同上	同上

台湾省接收委员会日产处理委员会结束总报告 423

续表

委托清算机关	企业名称	所在地	接收机关	委托清算机关	企业名称	所在地	接收机关
彰化商业银行	彰化商业银行	台中市	同上	同上	野村生命保险会社	同上	同上
台湾无尽业股份有限公司	台湾无尽业股份有限公司	台北市	同上	同上	富国征兵保险会社	同上	同上
台湾土地银行	台湾土地银行	同上	同上	同上	大同生命保险会社	同上	同上
台湾无尽业股份有限公司	台湾无尽业股份有限公司	同上	同上	同上	住友生命保险会社	同上	同上
台湾省合作金库	台湾省合作金库	同上	同上	同上	第百生命保险会社	同上	同上
台湾省产物保险股份有限公司	大成火灾海上保险会社	同上	同上	同上	安田生命保险会社	同上	同上
同上	东京海上火灾保险会社	同上	同上	同上	第一征兵保险会社	同上	同上
同上	日本火灾海上保险会社	同上	同上	公路局	日产生命保险会社	同上	公路局
同上	千代田火灾海上保险会社	同上	同上	同上	台东汽车货运股份有限公司	同上	同上
同上	日新火灾海上保险会社	同上	同上	同上	花莲港汽车货运股份有限公司	同上	同上
同上	大仓火灾海上保险会社	同上	同上	同上	台中汽车货运股份有限公司	同上	同上
同上	安田火灾海上保险会社	同上	同上	同上	新竹汽车客运股份有限公司	同上	同上
同上	大阪住友海上火灾保险会社	同上	同上	同上	台北近郊汽车客运股份有限公司	同上	同上
同上	兴亚海上火灾保险会社	同上	同上	同上	花莲港乘合自动车株式会社	同上	同上
同上	同和火灾海上保险会社	同上	同上	同上	新港自动车商会	同上	同上
同上	日产火灾海上保险会社	同上	同上	同上	南邦交通株式会社	同上	同上
公路局	丰原乘合自动车株式会社		同上	专卖局	台湾竹材工业有限会社		专卖局

续表

委托清算机关	企业名称	所在地	接收机关
同上	台湾交通株式会社		同上
同上	员林乘合自动车株式会社		同上
同上	台西合自动车株式会社		同上
同上	嘉义乘合自动车株式会社		同上
同上	新营乘合自动车株式会社		同上
同上	高雄乘合自动车株式会社		同上
专卖局	台湾酒瓶公司		专卖局
同上	台湾啤酒公司		同上
同上	木栓公司		同上
同上	印刷公司		同上
同上	台湾专卖协会	台北市	同上
同上	台湾酒玩统制株式会社	同上	同上
同上	台湾制樽公司	同上	同上
贸易局	株式会社南兴公司	同上	贸易局
公路局	屏东乘合自动车株式会社	屏东	
合计	三四七单位		

表 19　清算会尚持清算各社明细表

企业名称	所在地	接收机关	备考	企业名称	所在地	接收机关	备考
昭和产业株式会社	七堵乡	工矿处		日德炭矿	台北市	工矿处煤业接管会	
展南拓殖株式会社	新竹	同上		新兴炭矿	同上	同上	
卓兰兴业株式会社	新竹	同上		福德族矿株式会社	同上	同上	
藤田商会	嘉义	同上		德兴炭矿	同上	同上	
六张和平炭矿	台北	同上		新高炭矿	嘉义	同上	
休源炭矿	同上	同上		日本纺布株式会社	同上	同上	
大安炭矿	同上	同上		东亚产业株式会社	同上	同上	
火溪炭矿	同上	同上		新高制作所	台北	同上	
长隆炭矿	同上	同上		合资会社台湾工作所	台北	同上	
台湾机器工具制作所株式会社石井铁工所	台北	工矿处		朝日写真印刷所	同上	工矿处	
服部铁工所	同上	同上		田渊印刷所		同上	
川中织工所	台南	同上		台湾出版印刷株式会社	同上	同上	
圆田铁工所	台南	同上		台湾纸器联合株式会社	同上	同上	
大禾铁工所	基隆	同上		南日本纸业株式会社		同上	
越智铁工所	台南	同上		台王洋纸株式会社	同上	同上	
大岛铁工所	基隆	同上		国产木菨株式会社	同上	同上	
台湾锚钉工业株式会社	台北	同上		新高汽水株式会社	同上	同上	
				日本通竹株式会社	新竹	同上	

续表

企业名称	所在地	接收机关	备考	企业名称	所在地	接收机关	备考
台湾内燃机再生株式会社	同上	同上		日之出玻琅铁器所	台北	同上	
台湾金属株式会社	同上	同上		台湾香料株式会社	新竹	同上	
台湾特别工业株式会社	同上	同上		日本活性炭株式会社	台中	同上	
东亚警防机工业株式会社	同上	同上		日进化学工业株式会社	嘉义	同上	
株式会社明石铁工所	同上	同上		大亚橡胶工业株式会社	台北	同上	
株式会社台湾制铁所	同上	同上		光食堂	同上	同上	
拓南特别窑业株式会社	同上	同上		中山太阳堂	同上	同上	
兴南畜产株式会社	高雄	同上		太和水泥合名会社	同上	同上	
南日本油脂株式会社	嘉义	同上		日本石棉株式会社	同上	同上	
杉原产业株式会社	台北	同上		台湾石绵株式会社	同上	同上	
尾岛电气株式会社	同上	同上		东洋树胶水泥株式会社	同上	同上	
东亚电气工作所	同上	同上		台湾木工株式会社	台南	同上	
三协株式会社	同上	同上		东亚石炭工业株式会社	同上	同上	
台北印刷会社	同上	同上		东亚全省包工组合	花莲港	同上	
日本口泉株式会社台北出张所	台北	工矿处		花莲港燃料株式会社	同上	农林处	
台北制药有限会社	同上	农林处		和泉屋家具店	同上	同上	
台湾食品工业株式会社	同上	同上		东台湾材产资源开发株式会社	高雄	同上	
台湾木材防腐株式会社	同上	同上		宫本义彦	冈山	同上	
富士化学工业株式会社	同上	同上		腾田制材工场			

续表

企业名称	所在地	接收机关	备考	企业名称	所在地	接收机关	备考
株式会社协和商会	同上	同上		前田制材所	高雄	同上	
台湾制帽株式会社	同上	同上		三州木材株式会社	同上	同上	
森永制品台湾贩卖株式会社	同上	同上		南洋产业株式会社	新竹	同上	
昭和沥粉工业株式会社	台南	同上		稻宫木履株式会社	同上	同上	
台湾食品工业株式会社	同上	同上		打越伉造林地	同上	同上	
朝日堂制菓场	台北	同上		小柳乙吉造林地	台中	同上	
富士屋制菓场	同上	同上		台湾林产工业株式会社	嘉义	同上	
浅井农场	同上	同上		小野寺制材工厂	台南	同上	
东台湾咖啡株式会社	台东	同上		台南制材所	同上	同上	
龟谷制材所	罗东	同上		佐佐木商店	同上	同上	
台北州酱油工业株式会社	台北	台北市分会		口井木店	花莲港	同上	
兴南企业株式会社	同上	农林处		东台湾农林业合资会社	台东	同上	
台湾山林兴业株式会社	同上	同上		台东燃料株式会社	同上	同上	
牧田材木店	同上	同上		台东振兴株式会社	同上	同上	
森山木工所	同上	同上		台东咖啡株式会社	同上	同上	
东亚企业株式会社	同上	同上		濑川商店	同上	同上	
滨崎木材店	同上	同上		热田组制材所	同上	同上	
台湾木材株式会社	花莲港	同上		台湾殖产株式会社	同上	同上	
森村兰麻栽培株式会社	新竹	农林处		延平戏院		宣传委员会	

续表

企业名称	所在地	接收机关	备考	企业名称	所在地	接收机关	备考
南方木材会社	同上	同上		新生戏院		同上	
山三组	花莲港	同上		苏澳戏院		台北县分会宣委会	
中野制材所	同上	同上		中华戏院		宣传委员会	
红叶制材所	同上	同上		花莲戏院		同上	
东台湾产业株式会社	同上	同上		斗六世界座		台南县分会	
宫组瑞穗第三工场	同上	同上		藤田制材所		嘉义市分会	
西衣木工所	同上	同上		高雄地所株式会社		高雄市分会	
奥田木材店	新竹	同上		台湾制铝株式会社		同上	
吉田木材店	同上	同上		高雄文具印书株式会社		同上	
二巳木材店	台北	同上		旭制竹工场	新竹	新竹县分会	
石川制材工厂	台南	同上		东洋产物株式会社	同上	同上	
樱井制材所	同上	同上		台湾木管工业株式会社	同上	台中县分会	
财部制材所	高雄	同上		中南产业株式会社		同上	
泽井制材所	台北	同上		台中港兴业株式会社		同上	
藤田制材所	嘉义	同上		清水合同运送株式会社		同上	
市田化学工业研究所台湾农场	台南	同上		沙鹿合同运送株式会社		同上	
葛原工业所				和乐戏院		宣传委员会	
须田造船厂				台湾电池公司		高雄市分会	
东港制水株式会社				高雄建筑信用购买利用组合		同上	

续表

企业名称	所在地	接收机关	备考	企业名称	所在地	接收机关	备考
株式会社樱井组				台湾姜黄组给			
光华印书公司				台湾汉乐株式会社		农林处监理	
台湾铁工业统制会		工矿处		东港船株式会社	高雄县	高雄县分会	
台湾更生物资统制会社		未接收		台东食品株式会社	台东县	台东县分会	
振文堂印刷合资会社	花莲县分会			株式会社共荣商店	上同	上同	
嘉义罐诘株式会社		未接收		台东燃料株式会社	上同	上同	
国防破服工厂		供应局		合资会社台东纤维工业所			
台湾木材株式会社	花莲县	农林处		台湾金物株式会社		工矿处	
花莲拓殖株式会社	上同	花莲市示范农场筹备处		大安兴业公司		同上	
南投制水株式会社	台中县	未接收		台南开元铁工所		未接收	
台湾皮革制品统制株式会社	台北市	农林处		瑞芳产业株式会社	花莲县	花莲县分会	
东光株式会社	上同	工矿处		兴南工机株式会社(原名台湾瓦斯发生炉株式会社)	台北市	台北县分会	
东台湾陶器株式会社	花莲县	花莲县分会		新生报社株式会社股份有限公司	上同	宣传委员会	
丰原兴业合资会社	上同	上同		台湾木工株式会社	高雄县	高雄县分会	
加藤商会瑞糖厂	上同	上同		新化郡油肥工业株式会社	台南县	台南县分会	
红叶制材所	上同	上同		斗六合同运送株式会社	上同	省通运公司	
大化商事株式会社	上同	上同		常盘土地住宅株式会社		台北县分会	

续表

企业名称	所在地	接收机关	备考	企业名称	所在地	接收机关	备考
中央市场株式会社	上同	上同		昭和炭矿公司	台北县	上同	
果子工业组合	上同	上同		苏澳戏院		上同	
花莲港厅农具工业组合	同上	同上		罗东制油株式会社	罗东区	同上	
花莲厅农业具配给组合	同上	同上		瑞芳牧场	台北县	同上	
台湾农产工业株式会社	同上	同上		台湾耐火业株式会社	同上	同上	
米端商店（冰店）	同上	同上		合资会社台湾工作所	同上	同上	
清凉饮料水组合	同上	同上		大屯纸料株式会社	同上	同上	
屏东农产加工株式会社	屏东市	屏东市分会		台湾木工株式会社	高雄市	高雄市分会	
昭和制菓工业有限会社	同上	同上		昭和制菓组合工场	屏东市	屏东市分会	
濑川商店濑川牧场	台东	台东县分会		台湾化学药防公司	台北市分会	台北市分会	
台湾土肥建物株式会社	台北市	台北市分会		株式会社松井	同上	同上	
苏澳造船厂	苏澳镇			合计	二〇九单位		
光华密针制造公司	台北市	同上					

本会为求金融机构均日人借款之债权债务便于清理偿还起见，乃由清算委员会于三十六年二月间举办日产抵押债务登记，由债权者提出原契约书暨抵押品证明文件，填具申请书送该会核明予以登记，转报本会清偿之。此项登记案件，计共债权二十户，债务六十五笔（详见表20）。

表20 清算委员会办理日产权债务登记表

债权申请团体或人名	债务负担团体或人民	发生日期(年月日)	金额(元)	利息	合计(元)	登记日期(年月日)	备考
嘉义第二信用合作社	冈山梅雄	三二,二,七	12,600	利息在外利率	12,600	三六,二,二七	
同上	石井松三郎	三〇,一〇,五	2,000	详申请书	2,000	同上	
同上	石井松三郎	三〇,一〇,九	4,700	同上	4,700	同上	
同上	永登今治	三二,一二,一一	15,000	同上	15,000	同上	
同上	吉田纯造	三二,一二,一一	15,000	同上	15,000	同上	
同上	加纳阳之助	三二,一二,二一	15,000	同上	15,000	同上	
同上	松井营一郎	三二,三,五	2,200	同上	2,200	同上	
同上	渡边正秋	三二,三,二三	15,000	同上	15,000	同上	
同上	渡边刚	三〇,五,一三〇	8,000	同上	8,000	同上	
同上	森藤平	三三,一一,一五	13,300	详申请书	13,300	三六,二,二七	
同上	东亚产业株式会社立田太郎	三三,一,一〇	30,000	利息在外	30,000	同上	
同上	绪方新三郎	三三,一,一六	7,800	利息在外	7,800	同上	
同上	名井正雄	二九,七,二〇	4,200	同上	4,200	同上	
同上	渡边庆松	三六,二,二三	3,400	利息在内	3,400	同上	
同上	泉一记	三三,七,一一	8,700	利息在内	8700	同上	
郭星如	崎山英要	三三,一〇,一〇	14,000	利息在内	14,000	三六,四,八三	
林龟龄	小仓隆诚	三四,九,三〇	51,188	同上	51,188	同上	
高明四	太田最凯	三二,一〇,一	10,000	利息在外	10,000	同上	
台湾工商银行高雄分行	西宝昂		110,116		110,116	三六,四,一七	

续表

债权申请团体或人名	债务负担社团或人民	发生日期(年月日)	金额(元)	利息	合计(元)	登记日期(年月日)	备考
同上	水田芳		7,629	利息在内	7,629	同上	
同上	极南燃料株式会社		96,920	利息在外	96,920	同上	
同上	桥本正人	三三,三,二四	14,572	利息在内	14,572	同上	
同上	森田茏文	三四,七,一一	242,339	同上	242,339	同上	
同上	佐佐木孝一		15,310	同上	15,310	同上	
同上	南部建筑相互株式会社	三一,七,六	54,315	同上	54,315	同上	
同上	福井四磨	三二,一一,二〇	31,500	同上	51,500	同上	
台湾土地银行新竹分行	小林弥一		225,298	同上	225,298	三六,四,一九	
同上	小林弥一		16,782	同上	16,782	同上	
嘉义第一信用合作社	足立菅代巳	三四,五,一〇	2,500	利息在外	2,500		
同上	松永雅逸	三一,六,二七	1,658	利息在内	1,658	三一,六,二七	
台湾工商银行新竹分行	高城连七	三一,七,三	31,195	同上	31,195	三六,二,二	
同上	旭工业株式会社	三九,一,三	247,400	利息在内	247,400	同上	
台湾工商银行嘉义分行	渡边正秋	二八,一,六	40,337	同上	40,337	三六,四,二一	
同上	饱田谨兵卫	三四,五,一〇	67,767	同上	67,767	同上	
同上	藤本民三郎	三三,一〇,三一	57,656	同上	57,656	同上	
台湾工商银行花连分行	小川兴产有限会社	三四,三,二一	477,750	同上	477,750	同上	
			59,200	同上	59,200	同上	

续表

债权申请团体或人名	债务负担团体或人民	发生日期(年月日)	金额(元)	利息	合计(元)	登记日期(年月日)	备考
同上	岩野仁一郎	二八,一一,一五	6,755	同上	67.55	同上	
同上	玉置弥四郎	三二,四,一五	7,820	同上	7,820	同上	
同上	青山孝一		51,188	同上	51,188	同上	
同上	青山孝一		4,301	同上	4,301	同上	
同上	贺村传吉	三三,三,二〇	12,073	同上	12,075	同上	
同上	长友弘		6,154	同上	6,154	同上	
台湾工商银行罗东分行	苏澳振兴株式会社	三二,三,六	15,761	同上	15,769	同上	
台湾工商银行	保高勇	二九,三,九	11,269	同上	11,269	同上	
同上	小平长重	二五,八,二四	4,247	同上	4,247	同上	
同上	久野前造	二六,七,七	4,598	同上	4,598	同上	
同上	田中藤太郎	三一,四,一六	5,000	同上	5,000	同上	
同上	永田喜卫	二九,六,六	6,106	同上	6,106	同上	
台湾工商银行竹东支店	松崎喜四郎	三三,三,二九	1,205	同上	1,205	同上	
台湾工商银行基隆分行	河合庄太郎	三三,一〇,二〇	8,105	同上	8,105	同上	
台湾工商银行竹东支店	佐藤林	三三,三,八	6,143	同上	6,143	三六,三,一六	
同上	小宫腾次	三一,三,二〇	7,209	同上	7,209	三六,三,一六	
台湾工商银行新竹分行	田中武夫	二六,四,二	3,764	同上	3,764	三六,四,二一	
台湾工商银行基隆分行	谷贝英夫	二九,三,一	3,311	同上	3,311	同上	
台湾工商银行大稻埕分行	千叶丰治	二九,五,二四(年月日)	30,745	利息在内	30,745	三六,四,二一	

续表

债权申请团体或人名	债务负担社团或人民	发生日期(年月日)	金额(元)	利息	合计(元)	登记日期(年月日)	备考
台湾工商银行凤山支店	内田治三郎	二八、五、一八	424	利息在外	424	同上	
台湾工商银行台南支店	市桥武雄	三一、一二、三	10,052	利息在内	10,052	三四、四、三	
台湾工商银行	平芳澜	三一、七、一七	3,952	同上	3,952	同上	
台湾工商银行潮洲支店	中西满	三一、七、二一	11,473	同上	11,473	同上	
台湾商工银行斗六支店	渡边德音	二九、四、一六	5,128	同上	5,128	同上	
台湾商工银行斗六支店	兴冈爻朔	二九、三、二四	16,346	同上	16,346	同上	
台湾商工银行台南支店	台南州自动车连轮株式会社	三三、一一、九	50,000	利息在外	50,000	同上	
台湾商工银行嘉义支店	东亚产业株式会社	三四、七、三	56,910	利息在内	56,910	三六、四、二四	
台湾工商银行	大成满	二五、四、一〇	10,969	同上	10,969	同上	
台湾工商银行嘉义分行	日本织布株式会社	三〇、三、三一	335,117	同上	315,117	三四、四、二四	
花莲县寿丰乡农业会	早濑真又勇		3,890		3,890	三六、四、二四	
台湾商工银行竹东支店	奥田广吉	二九、一二、四	7,644		7,644	三六、四、二一	
合计 债权二〇户	债务六六五笔						

五　结束移交情形

本分定于卅六年四月底结束,未了业务移交省财政处接办,经电奉行政院卯齐十电示准予照办在案。财政处为便利清理日产未了业务起见,乃仿效苏浙皖区处理敌伪产业办法,组设日产清理审议委员会,及日产清理处接办。至各县市原日产分会,则移县市政府另设室或股办理。关于本会及各县市分会办理结束移交等项,并经订定《本会办理结束纲要》及《各县市分会办理结束应行注意事项》各一种,以为依据而资划一,兹将结束移交重要各点概述如下:

(一)本会暨所属标售清算两委员会及各县市分会,一律于四月底结束,办理结束工作,限五月一个月内完竣,关于本会办理点交及其他未了事项,则酌留少数人员延长至六月十五日止,全部办竣。

(二)本会为求结束工作迅速确实并一致起见,特派员分赴各县市分会指导办理。

(三)本会职员于三月底先行裁减一部,至四月底除一部留办结束人员外,其余一律遣散。五月底止所留用者,只极少数办理点交及会计方面人员,其余均予资遣。五月底以后留用之人员,至六月中旬工作完毕时,一律结束。

(四)遣散人员以服务时间之久暂,按其最后月薪等所得,发给遣散费半个月以至三个月不等。离台者并给川旅费一个月,工作特别繁累之人员,酌给奖金。经专案报院核备有案。

(五)移交册籍之主要项目如下:

1. 接收财产原始清册——包括公有财产、企业财产、私有财产,但公有财产原始清册已移交财政处,本会仅存副本。

2. 财产记录——计有分户账、分类账、分户分类明细表、分户分类总表等。

3. 打捞暨查获没收财产清册——包括公有财产、企业财产、私有财产等。

4. 企业拨交各机关公营清册,暨各机关接收房地产请拨公用清册。

5. 清算企业单位清册——分别为已清算单位及待清算单位。

6. 办理日产债权债务登记清册。

7. 日产款项收入专户。

附录

甲、本会历次委员会重要议决案及执行情形录

三十五年一月十九日第一次委员会议决案

案由:(一)拟具本省处理境内日人财产通则草案请详加研讨案。

议决:就草案已经检讨部分分别修正,其他各点,由常务委员详加研究拟订完善,呈请长官核定施行。关于改善接收程序部分,应由本会集中事权予以改善。

执行情形:经就通则草案修正为:"台湾省处理境内撤离日人私有财产应行注意事项",呈奉行政长官公署核准通饬施行,并报行政院核备在案。

三十五年四月十八日第二次委员会议决案

案由:(一)本会接收日产多承美军遣送组协助,拟由会备函致谢请公决案。

议决:通过。

执行情形:已由会备函致谢。

(二)本行会顾问沙利文对接收日产贡献甚多,拟由会签请长官公署嘉奖案。

议决:通过。

执行情形:已由会签呈行政长官公署转呈陆军总部褒奖。

三十五年四月十九日临时委员会议决案

案由:(一)拟具本省接收日人财产处理准则请公决案。

议决:照修正通过,再会商法制委员会签呈长官公署核示。

执行情形：已呈奉行政长官公署核准公布施行，并报奉行政院修正为《办法》准予试办。

案由：（二）拟具本省日人房地产清查办法请公决案。

议决：推法制委员会、地政局、台北市政府会同本会，根据事实整理后，签请长官公署核定施行。

执行情形：已在调查组办理中。

三十五年七月二十五日第三次委员会议决案

案由：（一）留用日侨财产应否即予接收请公决案。

议决：留用日侨之不动产及企业，先行由县市分会接收；至于其本人所住房屋，在未遣送前仍准其使用。应行接收程序，由本会会商工矿、农林、财政各处及地政局、法制委员会、日侨管理委员会拟定实施办法，呈行政长官公署核准公告行之。

执行情形：经重拟《台湾省征用留居日人私有财产处理原则》四项，提交第五次委员会议讨论。

案由：（二）厘定拨归公营之财产估价标准请公决案。

议决：由本会函请工矿、农林、交通、财政、会计各处及专卖、贸易、卫生、各局，暨书院统计室派主办人员会同研究标准。

执行情形：经于八月六日函请各有关机关派员来会讨论决定。并经制定拨归公用公营之日产估价标准，分电各机关查照办理。

案由：（三）本省接收日产现金，拟定性质规定缴解专户，或准予挪用以免纷歧案。

议决：加"如有债权债务关系，已设有清理机构者，准予留存清理结束后再行缴解"一条，余通过。再由本会商会计处及法制委员会办理之。

执行情形：制定各机关接收日产款项缴解办法四项，以署稿通令各机关遵办。

案由：（四）经人告发查获之物资如有其他机关声明已经接收，但并未列送接收清册，应如何处理请公决案。

案决：通过。

执行情形：凡经人告发查获之物资。并未列入接收机关所送之清册，或未将该项清册送会登记及呈报主管机关有案者，一律认为隐匿物资。经分电各接收机关查照。

案由：（五）本会经费请求中央就接收日产租售收入提成开支案。

议决：请求中央在日产台湾收入提支百分之五，租赁收入提支百分之二十，留拨本会及日侨管理经费之用。

执行情形：已呈请长官公署核转，嗣准会计处电以：奉交贵会请转呈行政院在日产租售收入项下提成拨经费一案，查贵会三十五年度经费预算，业经奉院令核定准在日产收入项下开支，贵会第三次委员会决议之日产收入提成标准，似可转呈作为三十六年度经费来源，等由，经本会十月十五日会二八六二号电复照办。

三十五年八月十五日第四次委员会议决案

案由：（一）关于接收日人公私有房屋租金之缴免拟订标准，请公决案。

议决：付审查，并推民政处（地政局）、财政处、台北市分配公用房屋委员会、法制委员会、何副主任委员、游委员等负责审查。由何副主任委员召集。

执行情形：经予八月十九日召开审查会，并将审查结果提第五次委员会议讨论决定。

案由：（二）接收日人公私房屋，其修缮费有由人民或公教人员自理者，有由使用机关修理者颇不一律。兹拟具修缮费处理规则，请公决案。

议决：付审查，并推民政处（地政局）、财政处、台北市分配公用房委员会、法制委员会、何副主任委员、游委员等负责审查，由何副主任委员召集。

执行情形：并前案于八月十九日召开审查会，并将审查结果提第五次委员会议讨论决定。

案由：（三）日产禁止移转日期，究以三十四年八月十五日为限，抑以三十四年十月一日为限，请讨论公决案。

议决：由本会承办署稿，向行政院呈请维持本省原禁令八月十五日为限。

执行情形：本案以本省情形特殊，日人私有产业之不法移转为数繁多。且清查检举业经处理接收之案件亦复不少，如遽予更改限期，不特政府遭受损失,且有失政府威信,自应维持三十四年八月十五日以前为买卖移转有效限期,较为允当,经呈奉行政院节京陆一四三九三号指令:关于敌产停止移转,本院前令规定以三十四年十月一日为有效期限,业经呈奉国防最高委员会核准备案,应自奉令之日起改正,至该公署以前办理各案,一律不予翻案。

案由:(四)接收日产中,有已改为公用事业,其原有债务关系应如何办理,请公决案。

议决:照原案通过,关于债权债务清理各项办法,仍由清算委员会详细拟订实施。

执行情形:经将通过办法二项,分电各机关暨各县市分会查照。

三十五年九月十二日第五次委员会议决案

案由:(一)接收日人公私有房屋,其租金之缴免标准及修缮费之处理规则,依照前次会议决于八十九日召开审查会,审议结果提请决定。

议决:台湾省接收日人房屋修缮费处理规则第三、四两条:本年八月底改为本年九月底。第八条"均应"下加"在修缮之前"五字。第九条末加:"保证人亦负连带责任。"余通过。

执行情形:本案经呈奉行正长官公署核定后,由本会分行各机关照办。

案由:(二)本会组织规程奉行政院修正核定。兹依据组织程第十四条之规定,拟就本会办事细则三十条,敬请讨论公决案。

议决:通过。

执行情形:经呈奉行政长官公署核准公布施行,并报行政院核备。

案由:(三)留用日侨财产之接收原则,依照第三次委员会议议决,其接收程序召集有关单位拟定实施。兹以原拟呈院原则五项,尚有未协,重拟台湾省征用留居日人私有财产处理原则四项,敬请讨论公决案。

议决:第一项"直系血亲"四字,改为"家属"二字。第三项"衣服家具日用必须物品及业务上必须器具用品"二十字删去;改为"货物应予接收外余"八字;办法办理下"外应全部接收"六字删去。余通过。

执行情形:经将原则四项承办署稿分电各机关查照,并报行政院核备。

案由:(四)本省日产清算委员会拟定委托清算办法,提请讨论公决案。

议决:付审查。并推工矿、农林、交通、会计四处,法制委员会、日产处理委员会暨林委员忠为审查人,由日产处理委员会召集。

执行情形:经于九月二十三日召开审查会,并将审查后办法提第六次委员会议讨论公决。

案由:(五)拨归省公营之接收日产,其资产负债应如何清理,请讨论公决案。

议决:付审查。并推工矿、农林、交通、会计四处、法制委员会、贸易局、台湾银行、日产处理委员会暨林委员会忠及其他关系机关为审查人。由日产处理委员会召集。

执行情形:经于九月二十四日召开审查会,并将审查结果提第六次委员议讨论公决。

案由:(六)拨归公营之接收日产中,遇有国人股本据请退股者,应如何办理,请讨论公决案。

议决:并第五案审查。

执行情形:合并前审查。

案由:(七)本省日产标售委员会拟定委托标售办法,提请公决案。

议决:通过。

执行情形:呈奉行政长官公署核定;并分电各机关遵照。

案由:(八)遣送征用日侨,其准带行李与现金是否照前规定办理,抑须另行规定,请讨论公决案。

议决:照前规定办理。

执行情形:照案办理。

三十五年十月九日第六次委员会议决案

案由:(一)为遵召审查《台湾省日产清算委员会委托清算办法》草案完竣,检同审查结果报请公决案。

议决:照审查意见通过。

执行情形:已签奉长官公署公布施行,并函各有关机关查照。

案由:(二)为遵召并案审查"拨归公营之日产中,遇有国人股本据请退股应如何处理"及"拨归公营之接收日产,其资产负债应如何处理"两案,检同审查结果办法报请讨论公决案。

议决:照审查意见通过。

执行情形:经将审查结果之"拨归省公营之接收日产,其资产负债处理办法三项"分电各机关暨各县市分会查照。

案由:(三)处理日人抵押债务,拟定办法请讨论公决案。

议决:付审查。并推农林、工矿、财政三处,台湾银行、土地银行、地政局、法制委员会、日产处理委员会暨游委员弥坚为审查人。由日产处理委员会召集。

执行情形:经于十月十七日召开审查会,并将审查结果提第七次委员会议讨论公决。

案由:(四)瘠地无法出租,其赋税如何处理案。

议决:付审查。并推财政处、地政局、法制委员会、日产处理委员会暨游委员弥坚为审查人。由日产处理员会召集。

执行情形:经于十月十七日召开审查会,并将审查结果提第七次委员会议讨论公决。

三十五年十一月二十二日第七次委员会议决案

案由:(一)查本省日产停止移转,曾经呈请行政院维持本省原禁令三十四年八月十五日为限。兹奉节京字第一四三九三号指令以:规定三十四年十月一日为有效限期,经呈奉国防最高委员会核准备案,应自奉令之日起改正。至该公署以前办理各案。一律不予翻案。等因,经签询法制委员会意见以:本省在三十四年八月十五日以后之敌产移转买卖之数颇巨,如改为十月一日为有效日期,殊欠公允。本会前曾拟"本国人受买日人财产有效限制办法",经分电各县市政府提供意见中,拟并案办理,等由。究应如何办理,提请讨论公决案。

议决:本案再会商法制委员会签请核示办理。

执行情形:本案经再商法制会分电各县市政府提供意见,并召集有关机关集商,拟定台湾省日产清理移转办法,仍以三十四年八月十四日以前为限期,由台湾省行政长官公署,于三十五年十二月十七日公布施行;一面检同原办法,并抄同前进指挥所暨先后会同公告电请行政院核示。嗣奉指令以:敌产停止移转日期,前经本院规定以三十四年十月一日为有效期,并经陈奉国防最高委员会核准备案通饬遵行在案,自应全国一律遵办,所请未便照准。至该公署字第六九二号公告,与规定未合,应即撤销。仰即遵照办理为要。等因;复经法制会签以:司法院三十五年十月七日第三二五零号解释,自中华民国三十四年日敌接受波茨坦宣言之日起,人民隐匿或购买敌伪物资分别成立刑法上赃物罪,至在日敌接受宣言以前之隐匿或购买行为,尚不成立犯罪,等因;依此解释,与政院所规定之有效限期略有出入,经再电奉行政院转奉国民政府令知:案经国防最高委员会议决,照司法院解释办理,等因;应即更正到省,经照办在案。

案由:(二)拟定本省接收之日资企业让售办法,提请讨论公决案。

议决:通过。送法制委员会审核后呈报行政院核准。

执行情形:已呈行政院核示中。

案由:(三)拟定各金融机构日人债务不动产抵押品处理办法。提请讨论公决案。

议决:地上建筑物尽优先标售,土地俟行政院对本省土地政策确定指示后再行办理。

执行情形:照案办理。

案由:(四)为日产清算委员会自行清算案件,亦拟酌取公费,提请公决案。

议决:依照委托清算办法第十一条规定收取,作为日产处理收入。至增加人员薪津,由本会统支,毋庸专款储存。

执行情形:已照案办理。

案由:(五)本会标售企业其底价在百万元以下拟委托标售,不在省外送登公告,是否有当,提请讨论公决案。

议决:呈请行政院核准备案后施行。

执行情形:已电奉行政院准予储案。

案由：（六）接收日人财产有无遗漏，应否分别责成各接收机关责任查对，提请公决案。

议决：就企业方面优先检查公有部分，签请长官公署通饬各机关负责办理。私有部分由本会督促各分部办理，如有遗漏应即补行接收，并限本年十二月底办理完竣。

执行情形：经电各机关并饬各分会分别照办。

案由：（七）拟定本省接收日人房屋让售办法，提请讨论公决案。

议决：通过。送法制委员会审核后呈报行政院核准。

执行情形：已呈行政院核示中。

案由：（八）为遵召审查"处理日人抵押债务办法"一案，将审查结果提请讨论公决案。

议决：照审查结果通过。

执行情形：经再拟定详细处理日人抵押债务案提第九次委员会议讨论。

案由：（九）为遵召审查"瘠地无法出租其赋税如何处理"一案，将审查结果提请公决案。

议决：由接收机关就日产收入项下统筹支付，并呈报行政院核备。

执行情形：经电奉行政院指示：瘠地应设法改良，尽量利用，其收益确属不敷纳税者，准由日产收益统筹支付。其收益余额，则应以财产孳息收入科目解缴国库。

三十五年十一月二十八日第八次委员会议仅报告事项无议案
三十五年十二月三十一日第九次委员会议决案

案由：（一）为第一批一二两次暨第二批台北区未售出企业，拟重行招标，当否提请公决案。

议决：1.先通知该企业原台股及原经营人征询意见（限十天内答复），如愿照底价承购者，以原台股为第一优先，原经营人为第二优先，决定后报请行政院准予让售。2.除前项让售外，其余企业如有机关拟请拨用，凡属日台合资者，应由该机关征商台股同意后照底价让售。3.一百万元以下得照规定委托标售：其底价应否减低。会商主管机关视情形决定，重行标售。

执行情形：已照案办理。

案由：(二)为拟请修正标售规则第十五条，使标售日产不因人数限制迅速脱售，可否？提请公决案。

议决：通过。

执行情形：已修正为"参加投标不限人数，以超过底价最高者为得标"。公告施行。

案由：(三)处理日人抵押债务案。

议决：向长官公署请示。

执行情形：经订定"各金融机构日人抵押债务应行注意事项"公告施行。

案由：(四)日人时代本省原有地方社团及合作组合之日产部分，迄有尚未接收清理，应如何办理案。

议决：照拟定办法通过其团体之性质请法制委员会解释。

执行情形：已将原办法三点通电民政处合作事业管理委员会、各县市政府、各分会照办。

案由：(五)为日台合股会社，在未处理前由台股主持继续经营，其盈亏应如何核算案。

议决：俟日台合股会社之盈亏情形报会后，会同主管机关办理。

执行情形：已照案办理。

案由：(六)凡属港内沉船，或沉没物资，原未经日人列册移交，似不宜视同日产，拟交主管机关处理案。

议决：并同埋藏地下物资之挖掘处理，请示行政院。

执行情形：已向行政院请示中。

三十六年三月二十二日第十次委员会议决案

案由：(一)本会及所属各县市分会，遵长官批示一律于四月底结束，兹拟定本会结束纲要，提请讨论公决案。

议决：通过。接管机关是否财政处，请行政院核示确定。

执行情形：经以本会定四月底结束，未了业务移交财政处接办，电奉行政院卯齐十电示准予照办在案。

案由：为奖励民营事业，优先售与接收日资企业，树立合作工厂制度案。

议决：办法第四项删去。二、三两项请示行政院办理。

执行情形：已向行政院请示中。

乙、台湾省日产处理重要法令摘录
附本会办理结束纲要

一、组织部分

台湾省行政长官公署、警备总司令部接收委员会组织规程

第一条　台湾省行政长官公署及警备总司令部（以下简称本部署）为遵照蒋委员长申鱼令一亨代电，及陆军总司令部颁发接收委员会通则，统一接收台湾步骤起见，设置台湾省接收委员会（以下简称本会）。

第二条　本会之任务如左：

1.关于接收法令之执行事项。

2.关于接收手续之拟议审核事项。

3.关于统一发给接收证件及封条事项。

4.关于接接收清册之查核与汇报事项。

5.关于接收人员之考核事项。

6.关于其他有关接收事项。

第三条　本会置主任委员一人，由行政长官兼任；副主任委员一人，由本署秘书长兼任，承行政长官兼总司令之命综理会务。

第四条　本会置委员若干人，以中央各机关派赴台湾之特派员、本部参谋长副参谋长、本署各处处长、各委员会主任委员及行政长官指派之人员兼充之。

第五条　本会置秘书一人至三人，接收专门委员、接收专员、接收管理员各若干人，由行政长官就中央派往台湾工作人员及本部署各处职员调派兼任，分配各组办事。

第六条　本会设左列各组：

1. 民政组

2. 财政、金融、会计、商业组

3. 教育组

4. 农林、渔牧、粮食组

5. 工矿组

6. 交通组

7. 警务组

8. 文化组

9. 军事组

10. 司法、法制组

11. 总务组

第七条　前条各组，各置常务员一人，委员若干人，由主任委员就本会委员指定之。

第八条　各组常务委员，承主任委员之指挥处理各本组事务，委员协助常务委员处理各本组事务。

第九条　本会各组接收之事业范围，依附表之规定。

第十条　本会接收之财产物品，须暂予封存保管者，得设保管委员会处理之。

第十一条　本会职员概为无给职，但必要时得酌支舟车费。

第十二条　派赴台北市以外地区办理接收之人员，得按照规定支给旅费。

第十三条　本会会议规则及办事细则另定之。

第十四条　本规程自公布日施行（附表略）。

台湾省接收委员会日产处理委员会组织规程

第一条　台湾省接收委员会，为处理日本在台湾省内之公私产业，设置台湾省接收委员会日产处理委员会（以下简称本会）。

第二条　本会设于台北，并得于本省各县市设立分会，其组织另定之。

第三条　凡有地方性之日产，由本会核定交由各该县市分会处理之，其余由本会自行处理。

第四条　本会设主任委员、副主任委员各一人,由行政院派充,秉承接收委员会主任委员、副主任委员之命综理会务;设委员十一人至十五人,均由接收委员会主任委员遴请行政长官分别聘派之。

第五条　本会设秘书室、调查组、审核组、处理组及会计室。秘书室设主任秘书一人,每组设组长一人,会计室设会计主任一人,秉承主任委员之命,掌理各该组室事务。每组并得设副组长一人,佐理组务。

第六条　本会秘书室掌理:文书之处理、文稿之综核、印信之典守及人事、庶务、出纳暨不属其他各组室事务。

第七条　本会调查组,掌理关于日产之调查事项。

第八条　本会审核组,掌理关于日产之审核事项。

第九条　本会处理组,掌理关于日产之处理事项。

第十条　本会会计室,掌理本会预算决算之编造、账簿之登记。会计报表之缮制事项。

第十一条　本会秘书二人,专员六人,视察十二人,组员办事员各若干人,并得酌用雇员,秉承各主管之命,办理各该组室事务。

第十二条　本会各组室得分股办事,每股股长一人,由职员中指定兼任之。

第十三条　本会得聘用顾问及专门委员。

第十四条　本会办事细则另定之。

第十五条　本会至本省日产处理完毕时撤销之。

第十六条　规则由行政长官公署核定公布施行,并报行政院核备。

台湾省接收委员会日产处理委员会各县市分会组织规则

第一条　本规则依台湾省接收委员会日产处理委员会(以下简称本会)组织规定第二条之规定订定之。

第二条　各县(市)分会定名为:台湾省日产处理委员会某某县(市)分会。

第三条　凡非地方性之公私日产,由分会查明呈报本会接收处理外,其余概由分会接收处理,随时报核。

第四条　各县(市)分会设主任委员一人,由县(市)长兼任,承本会主任委员之命,综理有关处理日产一切事务。

第五条　各县(市)分会设委员五人至七人,由县(市)长就县(市)内各有关单位主管及地方法团公正人士中,遴请本会聘派之。

第六条　各县(市)分会设左列各室组分掌下列事项:

一、秘书室,掌理文书之处理,文稿之综核及不属于其他各室组事项。

二、总务组,掌理人事庶务公物之购置,款项出纳等事项。

三、调查组,掌理于各该县(市)日产之调查事项。

四、审核组,掌理关于各该县(市)日产之审核登设事项。

五、处理组,掌理关于各该县(市)日产之接收及处理事项。

六、会计室,掌理岁计会计事项。

第七条　各县(市)分会秘书室设秘书一人,会计室设会计一人,各组设组长一人,秉承主任委员之命掌理各该室组事务。并得设组员、办事员、雇员各若干人,分别办理各室组事务,均以县(市)政府职员中调用为原则,必要时得设专任。

第八条　各县(市)分会办事细则另订之。

第九条　各县(市)分会至日产处理完毕时撤销之。

第十条　本规则自呈奉行政长官核准公布之日施行。

台湾省日产标售委员会组织规程

一、台湾省行政长官公署为标售本省接收之日资企业及房地产动产起见,特组设台湾省日产标售委员会(以下简称本委员会),由本省接收委员会日产处理委员会指挥监督之。

二、本委员会设委员九人,除另请省参议选派一人参加外,其余人员由行政长官就各处会局人员中指派之,并指定一人为主任委员主持会务。

三、本委员会之职掌如左:

1.关于标售企业、房地产、动产之估价事项。

2.关于标售企业、房地产、动产之审定招标事项。

四、本委员会视事实之需要得分组办事。所有办事人员以向有关机关调用为原则,必要时得酌用专任人员。

五、本委员会为办理估价招标事宜,必要时得设分支机构或委托代办。

六、本委员会议定事项,签请日产处理委员会转报行政长官公署核定施行。

七、本委员会办公必需费用,得视实际情形编列预算呈准拨发。

八、本委员会办事细则另定之。

九、本规程自公布日施行。

台湾省日产清算委员会组织规程

一、台湾省行政长官公署为办理接收日产清算事宜,特设立台湾省日产清算委员会(以下简称本委员会),由本省接收委员会日产处理委员会指挥监督之。

二、本委员会设委员五人至九人,由行政长官就各处会局人员中指定组织之,并指定一人为主任委员,综理本会一切事务。

三、本委员会之职掌如左:

1.关于日人与本省人合资企业及金融机构之清算事项。

2.关于日产金融机构债权债务清理事项。

3.关于日产企业机构债权债务清算事项。

4.其他日产处理委员会交办清算事项。

四、本委员会办理清算事务,得聘派会计专门人员。并视事实之需要,分组办事。所有办事人员,以向有机关调用为原则,必要时得酌用专任人员。

五、本委员会经办清算事项,签请日产处理委员会转报行政长官核定施行。

六、本委员会办公必需费用,得视实际情形编列预算呈准拨发。

七、本委员会办事细则另定之。

八、本规程自公布日施行。

台湾省接收委员会日产处理委员会办事细则

第一章 总则

第一条 本细则依据台湾省接收委员日产处理委员会组织规程第十四条之规定订定之。

第二条 本会处理事务,除法令别有规定外,依本细则之规定。

第二章 权限及责任

第三条 本会主任委员综理会务,副主任委员襄助主任委员处理会务。

第四条 秘书室设左列各股,其职掌如左:

(一)文书股

一、关于典守印信事项。

二、关于文电之撰拟、收发、缮校及保管事项。

三、关于会议之召集及记录事项。

四、关于档案、图书、报纸之保管事项。

五、关于文稿初核事项。

六、关于规章及工作报告之汇编事项。

七、关于主任委员副主任委员交办事项。

(二)人事股

一、关于人员任免、选调、奖励、抚恤及人事登记统计事项。

二、关于职员考勤之记录及值日之规定事项。

三、关于职员俸给之签拟及福利之计划事项。

四、其他有关人事项。

(三)事务股

一、关于公物之出纳、登记、保管事项。

二、关于工役之分配、管理事项。

三、关于办公处之布置修缮、用具之配置暨卫生消防事项。

四、关于职员宿舍及用具之修缮、配置、保管暨膳食事项。

五、关于典礼及集会场所之布置事项。

六、关于交际招待及其他有关事务事项。

(四)出纳股

一、关于现金收支及记录事项。

二、关于证券及零用金之保管事项。

三、关于支票之领取及收据之填发事项。

四、其他有关现金出纳事项。

第五条　调查组设左列各股,其职掌如左:

(一)检查股

一、关于催送清册事项。

二、关于检查清册及编号登记事项。

三、关于编造接收单位目录事项。

四、关于分类统计事项。

五、关于调制记录卡片事项。

(二)清查股

一、关于应行接收日产之统盘清查事项。

二、关于接收日产清册、核对台账及其他有关资料事项。

三、关于清查接收单位事项。

四、关于清查章则之拟订事项。

五、其他有关清查事项。

(三)查缉股

一、关于调查隐匿日产事项。

二、关于密报事件之调查事项。

三、关于根据清册抽查事项。

四、关于专案调查事项。

第六条　审核组设左列各股,其职掌如左:

(一)稽核股

一、关于接收清册之审核事项。

二、关于接收日产手续之审核事项。

三、关于日产处理事前核定与事后审查事项。

四、关于接收日产款项收支审核事项。

五、关于有关审核事务规则之拟撰事项。

(二)账务股

一、关于接收日产清册之登记事项。

二、关于接收日产之记账事项。

三、关于处理日产之记账事项。

四、关于接收日产及处理情形各种表报之编造事项。

五、关于接收日产款项收支之记账事项。

六、关于各种接收日产清册账簿有关表册之拟订及保管事项。

第七条　处理组设左列各股，其职掌如左：

(一)企业股

一、关于企业公营之划拨事项。

二、关于企业之出租标售事项。

三、关于企业接收及运用之登记事项。

四、关于企业运用章则之拟订事项。

五、其他有关企业之处理事项。

(二)房地产股

一、关于房地产之公用划拨事项。

二、关于房地产出租及标售事项。

三、关于房地产权之审定事项。

四、其他有关房地产之处理事项。

(三)动产股

一、关于动产公用之划拨事项。

二、关于动产公用之出售事项。

三、关于有关动产之处理事项。

四、关于不属本组其他各股之产业处理事项。

第八条　会计室设左列各股,其职掌如左:

(一)岁计股

一、关于预决算编审事项。

二、关于累计表类审核汇编事项。

三、关于款项依法流用及登记事项。

四、关于所属机关查账事项。

五、其他有关岁计事项。

(二)会计股

一、关于各项账表登载事项。

二、关于经临费收支表报事项。

三、关于所属机关报表综合及编制事项。

四、其他有关会计案件处理事项。

第九条　主任秘书、各组正副组长、会计主任承主任委员之命,督率所属人员分别办理本细则第四条至第八条规定事项。

第十条　专门委员承办各种重要事务之研究事项。

第十一条　秘书、专员、视察、股长承主任委员副主任委员之命,受各主管组室长官之督导,办理主管事务。

第十二条　组员、办事员、雇员分承上官之命,办理应办事务。

第十三条　各职员对于承办或与闻机密事项及尚未宣布之文件,均应严守秘密。

第十四条　各组室股对于主管事务,应分层负责,切实办理。

第三章　文书处理

第十五条　本会对外文件,除呈文以本会主任委员名义行之外,其余以主任委员,副主任委员名义行之,必要时得承办署稿。

第十六条　本会行文程序如左:

一、对于台湾省行政长官公署用呈。

二、对于台湾省行政长官公署所辖各处会及其他不相隶属之机关,用公函或代电。

三、对于各县市政府用代电或令。

四、对于本会各县市分会用令。

第十七条　本会各项文件，均由主任委员或授权副主任委员核行，主任委员因公离会时，由副主任委员代行。

第十八条　各组室遇有互相关联之文件，应由关系最重者承办，送他组室会章，意见不一致时，应请主任委员或副主任委员核定之。

第十九条　各职员承办事件，必须随到随办，紧急者应提前办理，不得积压，但有特殊情形，曾经主管许可者，不在此限。

第二十条　本会收到文件，由收发人员拆封、摘由、编号注明收到日期，依次登入收支簿，除紧要文电先行提送外，余分上、下午送由秘书室分交各组室办理。如文件分交有误时，由主管部分自行移转各该组，倘有疑义时，洽商秘书室决定之。

第廿一条　凡收到文电封面有主任委员或副主任委员亲启、密启、亲译、密译字样，或显系私函者，收发人且应将收到日期及件数记明后，原封送阅，不得擅自开拆或翻译。

第廿二条　承办人员收到文件，除另有意见可面请或签请核示外，应即依据法规或成案叙稿签名先送组室主管核阅，再送主任秘书复核，转呈主任委员、副主任委员核行。

第廿三条　文电稿件经核行后，由秘书室送还各组室登记，交缮校人员分别缮译、校对，送印后，送收发人员编号，封发。原稿于发后交还各该室组收发转送承办人查阅后，仍送该室组收发汇送管卷员。

第廿四条　管卷员收到归档文件，应即登记，分别性质编卷归档，妥为保管。

第四章　服务

第廿五条　本会办公时间，依照行政长官公署之规定。

第廿六条　本分职员均须按照规定时间到会办公，并在签到簿内亲自签名或盖章，不得迟到或早退。

第廿七条　每日在办公以外时间及星期日例假日，均须派员值日，遇有紧急事件，仍得召集办公。

第廿八条　各职员因事因病请假，须比照本省行政长官公署暨所属各机关职员请假规则之规定办理。

第廿九条　本章所未规定事项，依公务员服务法之规定。

第五章　附则

第三十条　本细则由行政长官公署核定公布施行，并报行政院备案。

二、一般接收及处理部分

台湾省处理境内撤离日人私有财产应行注意事项

中华民国卅五年八月三日行政院节京拾字第八五九七号指令修正

甲、凡撤离本省之日人，其私有财产依照左列各款处理：

一、不动产及其附属之权益，全部予以接收。

二、一切企业股权、船舶、车辆及矿业权、商标权、渔业权、著作权、专利权等，全部予以接收。

三、有价证券及已到期暨未到期之债权，予以接收。但有左列情事之一者不包括在内：

1. 在日本高丽暨旧关东州台湾之邮政储金存折。

2. 在日本境内之银行及其分支行所发之存款单据。

3. 在日本境内设立保险公司及其分公司，暨在日本、高丽、旧关东州与台湾所发行邮政生命保险单。

四、个人及家庭所必需使用之物件，根据盟军总部所定之办法及本省定案，在个人自能携带之条件下尽可能许其带去。其他因不愿携带或不许携带之一切动产，予以接收。

五、每人得携带现钞，以不超过壹千日元为限。

六、归国日侨除规定准许携带之日钞外，其在台湾境内之银行存款，仍用原存款人名义，由有关银行代台湾省接收委员会日产处理委员会发给凭证。

乙、接收前项之日人私有财产。除由台湾省行政长官公署指定单位接收者外，余均一律由台湾省接收委员会日产处理委员各县市分会接收。其由行政长官公署指定单位接收者,并通知各该管县市分会。

丙、关于撤离本省之日人,其私有财产接收之程序如左:

一、凡撤离本省之日人,应依照甲项各款之规定,将应予接收之财产或权利,造具清册一式三分(份)。

二、前项清册,由各接收机关制印,按照决定撤离应行接收之单位,先期分发,在县市分会,得发由所属各区乡镇负责人转发应用。

三、各接收机关应令派妥员为接收人员,在县市分会指定各区乡镇之负责人为接收人员,并按接收单位发给接收通知书。

前款接收人员,应造名册二份:一份存查,一份送日产处理委员会查核。

四、各接收人员应随带接收通知书,会同监收人(由邻近公正人士充任)前往应行接收之日人处所,提交接收通知书,按照清册所列财产逐项点收、盖章、接收之。财产如有瑕疵,应于盖章栏内当场注明之,并在可能范围内予以合理之估价。

前款接收日人财产,应于该日人撤离五日前为之。

五、财产清册所列钱币、金银、证券、珍宝饰物,应送由附近之台湾银行或其委托之银行接收。由银行代台湾省接收委员会日产处理委员会出具收据,交与日人,并于清册接收人员盖章栏内,注明银行收据之号数。

六、接收人员于点收清楚后,应即汇齐所接收财产之清册,送请接收机关编号、登记、加盖关防(如有二页以上者,须于每页骑缝处加盖关防),方为有效。

七、接收机关加盖关防时,须备盖印登记清册之字号及接收人员姓名。此项盖印登记簿之封面,亦须书明该接收机关名称,加盖关防,于用毕时专案送交日产处理委员会备查。

八、各财产清册盖妥关防后,一份由接收机关抽存;一份转送日产处理委员会;一份发还接收人员转交该日人,换回丙项第四款之接收通知书,缴还接收机关。不得遗失。

九、日人财产于接收后,应由接收机关妥为保存。

十、接收之日人财产,其必须处分者处分之,应呈经日产处理委员会核准后行之。如有易坏物品，必须即时处分者，应由接收人员报请接收机关，邀同就近社团代表若干人商议处分结果，报请日产处理委员会查核。

台湾省接收日人财产处理办法

行政院卅五年七月十三日节京第五五○五号令准试办

一、台湾省接收日人公私财产之处理，除遵中央法令办理外，应依本办法之规定。

二、处理所接收日人之公私有财产办法如左：

甲、经指定机关接收者，由日产处理委员会会同该接收机关处理运用。

乙、经日产处理委员会各县市分会接收者，由日产处理委员会会同各有关机关暨各该县市政府处理运用。

丙、前两款接收日产运用时，经日产处理委员会认为有移转运用之必要者，得另行指定运用。

三、前条处理运用之标准如左：

甲、属于交通工矿农林等企业厂所，应以一律使之复工使用为原则。除经指定拨归公营者外，得出卖或出租或官商合营，其详细办法，由日产处理委员会会同各有关机关拟订，呈准行政院行之。

乙、属于房地产，除接收公有产业拨归公用部分外，其依前款各点处理之财产，不可分割部分，得予合并处理。此外不论公用民用土地，概以出租为原则；建筑物得估价标售；耕地并须租与力能耕作之人，其详细办法，由日产处理委员会会同有关机关拟定，呈准行政院行之。

丙、动产物品，除拨公用，仍由使用机关作价登记者外，一律标卖。其标卖办法，由日产处理委员会会同有关机关拟定，呈准行政院行之。

四、接收日人产业中，如原属盟国友邦人民所有，经查明确实证据，系由日方未依法律手续而强迫接收者，应准原主备具殷实保证予以发还。但经日方出资收购者，均不发还。

五、接收日人财产中，如有原属本国人与日人合办其合办，部分能提出确实证据，经查明属实者，在呈请行政院核示办理期间，得准先由本国人觅具相等于产业价值之殷实保证具领保管；或委托继续经营，其经营所得之纯收益，仍应按月交日产处理委员会缴存专户(前项委托经营办法另定之)。

六、接收日人产业之全部或一部分,如原系向本国人租用者,应送由日产处理委员会核明证据,斟酌办理。如无需继续使用时,得将其租赁部分予以发还,其余之增益,仍应接收归公。

七、接收日人产业之债权债务,应照行政院规定分别处理。

八、日人产业标卖价款及出租租金暨各机关运用所得之纯收益,一律交由日产处理委员会专户存储,在未奉行政院核准前,概不得移作他用。

九、本办法经台湾省行政长官公署呈奉行政院核定后公布施行。

台湾省行政长官公署

台湾省警备总司令部

训令

丑巧(卅五)署产〇一四一〇号,中华民国三十五年六月十八日

令本省各机关

事由:为各机关接收日人公私财产须经呈准方可办理,违则法办;又业经接收之财产,应依限册报由。

查本省内日人公私财产之接收,均应由本省接收委员会统一办理,业经规定饬遵在案。兹查各机关尚有未经指定或呈准擅行接收者,殊属非是。此后对于日人公私财产之接收或监理,概须呈请本省接收委员会核准发给证件,方可办理,倘不遵照上项规定径自接收或监理者,当依法惩处。又,各机关对于业经接收或监理之日人公私财产,应于三十五年二月二十八日之前,造具清册送交本省接收委员会日产处理委员会,以凭核办。此令。

行政长官　陈仪

台湾省行政长官公署代电

卯灰(卅五)署产字第三一三一号,中华民国卅五年四月十日

事由:为接收日人财产应取具清册送交日产处理委员会登账处理希遵照由。

本署所属各机关：查本省接收日人财产，以前系由本署秘书长通知日方连络部转行知照，兹以本省处理境内撤离日人私有财产，业经订定应行注意事项公告饬遵在案，兹特重行规定：凡经本署指定单位接收日人财产，一律由日产处理委员会填发通知书，径行通知被接收财产之日人及各该管县市分会，不再另行通知日方连络部。仍应由各接收单位，依照台湾省处理境内撤离日人私有财产应行注意事项规定办理，取具清册，送交日产处理委员登账处理。除分电并通知日方连络部外。特电遵照办理。行政长官陈仪卯（灰）署产。

台湾省行政长官公署、高等法院公告

署民字第〇〇六九二号，中华民国三十四年十二月

查日人所有公私不动产，其业权前经本长官公署前进指挥所明令禁止移转变卖及设定负担在案，近据报各处能恪遵前令者固属多数，其仍继续变卖移转或设定其他负担者亦复不少，兹特规定，凡日人不动产在本年八月十五日以后变卖移转或设定负担者，一律无效。如国人在此规定期间后，有承受日人不动产之权益者，应速自向原主追理清楚。除分令外，特此公告。

行政长官　陈仪

院长　杨鹏

台湾省行政长官公署财政处代电

致午删署财字第六五四九号，中华民国三十五年七月十五日

事由：准日产处理会规定处理已离台日侨对其留台私有财产办法两点希查照。

各金融机构：准台湾省接收委员会日产处理委员会产（卅五）处字第一二六七号代电：以查本省处理境内撤离日人私有财产应行注意事项，业经行政长官公署公告实施通行有案。至于原已离台出外日侨，对其留台私有财产之处理，特规定如下：（一）原已离台出外日侨，其留台所有财产未报请本会按本省处理境内撤离日人私有财产应行注意项接收者，准由出外日侨，委托留征日侨代其办理申请接收手续。一切仍应按照应行注意事项规定办理。（二）已

回国日侨之存款，准予委托留用日侨，代向存款银行申请发给凭证携带返日，以上二点，除电知各银行及产业金库，并饬属查照办理外，相应电请查照，并转饬所属知照为荷。等由，除分电外，特电查照办理。财政处（删）财二。

台湾省接收委员会日产处理委员会代电

产（卅五）处字第三二八五号，中华民国卅五年十月卅一日

事由：准侨管会电请查复处理日产疑义四点，业经本会核示希查照办理由

各县市分会：准日侨管理委员会侨管字第二八〇八号申皓代电提出有关处理日侨财产疑义四点，请赐覆等由；过会，案经本会核复：（一）日侨私有动产与不动产，应分别造具清册向日侨原居留地之县市日产处理分会声请接收。（二）日侨不动产，经各接收机关接管后，其房地产应行负担税捐，自日侨使用收益权利终止之日起，应由各该接收机关支付。（三）日侨造具不动产清册，应由被接收日人，造具送请其居住，所在地日产处理分会声请接收；其不动产分置在其他县市者，由其住所之县市分会委托其他不动产之县市分会代为接收。（四）已集中台北日侨财产，由台市市分会会同日侨管理委员会办理接收手续，依法予以解决，随报本会查核。除电复外，即希查照办量。台湾省日产处理委员会酉（世）处理。

台湾省行政长官公署代电

署产（卅五）处字第三八八八号，中华民国卅五年十一月二十八日

一、留用日人所有之不动产企业，应一律予以接收。其该留用日人及其随同留住之家属日常生活所必需使用之不动产，应由该日人具册申请借用，经留用机关之证明，送所在地日产处理县市分会按其人数核定，呈转日产处理委员会予其保留至遣送时，应按原册接收之。

二、留用日人所有之股权股票债票等，应一律接收。

三、留用日人之动产，除货物应予接收外，余准予保留使用，于遣回时应照日侨遣送回国之办法办理。

四、留用日人对于借用之不动产,应负良善使用及保管之责,于遣回时应即如数缴交所在地日产分会点收,不得毁损;如有毁损,应饬照市值赔偿之。

台湾省日产清算规则

第一条　台湾省日产清算委员会(以下简称本会)清算接收日产,除法令别有规定外,悉依本规则办理。

第二条　应行清算之日产,由各该日产接收主管机关造具接收清册,资产负债平衡表,不动产动产清册,股东股份清册,连同有关证明文件,并加具清算意见,送由本省日产处理委员会发交本会办理。

第三条　本会对于清算之日产,如认为无须本会自行清算时,得委托各接收机关或各县市日产处理分会或会计师,依照本规则第四条至第六条之规定代为清算。于清算完毕,将清算结果送由本会核办。前项委托清算办法另订之。

第四条　清算日产,应于清算开始时,在本省台北新生报及日产所在地通行报纸刊登公告三天,凡对该项日产有债权债务关系者,须于公告后二星期内检齐证件径送本会核办。

第五条　清算日产时,应注意左列各事项:

(一)审查接收机关移送各项文件。

(二)审查债权债务关系人所送各项文件。

(三)核阅历年收支账目,尤须注意自日人投降之日起至接收之日止各项收支及产权移转。

(四)必要时须亲赴日产所在地查核或咨询各关系人。

(五)核定股权。

(六)核定资产负债。

(七)其他应行注意之有关清算事项。

第六条　清算日产负责办理清算人员,依前条各款规定办竣后,如认为股东股份债权债务资产负债业经明白确定时,应即制成资产负债平衡表,股东股份明细表,及清算结果报告表。递送本会决定公告之。

第七条　清算结果公告后,债权债务及对于清算结果如有异议时,得于公告后三星期内提出异议书,声请复核。

第八条　清算结果公告后,逾期无人提出异议,或提出异议经本会认为应维持原案者,即签请日产处理委员会转报行政长官公署核定之。

第九条　凡对清算结果提出异议,经本会认为维持原案,以书面通知后,倘仍持异议,得依法向该管司法机关起诉。

第十条　本规则自呈奉核准之日施行。

台湾省日产标售规则

中华民国三十五年九月十九日公布(长官公署公报秋字第六八期一○七五页)

第一条　本省接收日人企业、房地产及动产(以下简称日产)之出售,除法令别有规定外,悉依本规则之规定,以公开投标方式行之。

第二条　出售之日产,由原主管机关分批列单,连同财产清册,送由日产处理委员会发交标售委员会点验,并会同估定底价。

第三条　出售之日产,由日产处理委员会于投标期三十日前在台北、南京、上海之通行日报刊登公告,并于该日产所在地揭示之(如系动产,得于十五日前公告之)。前项公告,应载明左列事项:

一、产业之名称种类及其所在地。

二、标售底价。

三、申请日期。

四、开放参观日期。

五、投标日期及地点。

六、开标日期及地点。

七、保证金额(以底价百分之十为度)。

八、交付价金之期限。

九、其他应记明之事项。

第四条　凡中华民国人民,无附敌附逆行为,对于标售之产业具有业务

经验或专门技术确有经营能力者,均得填具投标申请书,记明左列事项,向标售委员会申请投标:

一、姓名、年龄、籍贯、职业、住所。

二、过去经历与经营成绩或专门技能。

三、得标后之经营计划。

四、经营资金数额。

五、具有本规则第十条优先承购权者其事由。

前项第二、四、五款,应附具证明文件。

第五条　前条之申请人,经审查合格发给观看凭证后,得在开放日期内前往日产所在地参观。

第六条　封标及开标,标售委员会应先期函请监察使署,长官公署会计处,及该日产原主管机关派员莅场监视。

第七条　投标时,投标人应呈缴志愿书,并将密封之标函亲自投入标柜领取投标证。

前项标函,应附具左列各(条)件:

一、签名盖章之投标书。

二、逐项填名之标价单。

三、充保证金之殷实银行保付支票(以开标日为付款日,标售委员会为收款人)。

第八条　前条所定各件,开标时经标售会审核,认不合规定,于商得监视人同意后,其所投之标即作无效。

第九条　开标时,投标人可莅场参观,并由监视人员查验标柜封签后,当众开标,朗读标价,分列登记,以超过底价最高者为得标人。价相同者,以抽签决定之。

第十条　凡具有本省接收日资企业处理实施办法第十一条,或接收日人房地产处理实施办法第十五条优先承购权者,应即声请;并由日产标售委员会审查合格,于投标前公告之。前项优先承购权者,经依本规则之规定参加投标,其标价与最高标价之差额:企业在百分之十,房地产在百分之五以内者，准按最高标价优先承购。

同一日产获得优先承购权者有二人以上时，以其标价决定之，标价相同者，以抽签决定之。

第十一条　投标人所纳保证金，除得标人应以抵充标价外，其他应于开标后十日内照数退还。

第十二条　得标人应于开标后十日内缴清标价，但生产事业之得标人，如有特殊情形，于前定期限内缴纳标价百分之五十后，得觅具殷实铺保，呈准日产处理委员会于一年内分期付清。前项分期缴付之标价，应按照台湾银行放款利率计算，加缴利息。

第十三条　得标人自愿放弃得标权时，由次多数标价之投标人承买，但其标价未超过底价者，应另定期日再行标售。

前项得标人自愿放弃得标权者，其保证金应予没收。

第十四条　凡生产事业之得标人，于承买后一年内应全部复工；并不得将产业全部或一部转售转租或出典。违反前项规定者，得将该产业无条件收回，其所缴价金概不退还。

第十五条　参加投标人不足三人，或最高标价未超过底价时。均应另定期日再行标售。

第十六条　投标人或办理标售人员，如有串通舞弊情事，或其他不法行为，一经查实，按其情节轻重依法惩处。

第十七条　本规则自公布日施行。

台湾省日产清算委员会委托清算办法

第一条　本会为推进业务之迅速进行，及其委托办法有一致规定起见，特依照台湾省日产清算委员会清算规则第三条规定，订定本办法。

第二条　委托清算案件，除另有规定依其规定办理外，照本办法办理。

第三条　本会办理清算案件得斟酌情形，将一案件之全部或一部委托清算。

第四条　本受委托清算之机关或会计师如下：

甲、各接收日产之主管机关，指定各该机构组织内之单位，为受托清算机构，其指定之单位，直接与台湾省日产清算会（以下简称本会）取得联系。

乙、各县市日产处理分会。

丙、领有经济部执照在台湾省各法院登记执行职务之会计师。

第五条　承受委托清算之机关或会计师，于接受本会委托时，应将案件如期迅速办理，不得积压。

第六条　委托清算案件，关于资产估价之标准，须经由本会核定。

第七条　委托清算案件，在清算工作进行上，需要行政力量协助时，得商由本会办理之。

第八条　委托清算结果，送由本会依规定处理之。

第九条　委托清算完结时，应编造清算状况报告书，包括下列各表：

一、资产负债平衡表。

二、平衡表中各科目之明细表。

三、股东股份明细表（附有关证件）。

四、账项整理记录报告表。

第十条　承受委托清算之机关或会计师，于清算结束时，应将原委托书类连同前条各表册送还本会发还之。

第十一条　委托会计师清算案件公费之支给，依下列规定：

甲、全部委托清算案件。

一、总资额壹拾万元以下者百分之五。

二、总资产额五十万元以下者，除拾万元依前项规定支取外，余额百分之四。

三、总资产额壹百万元以下者，除五十万元依前项规定支取外，余额百分之三。

四、总资产额贰百万元以下者，除壹百万元依前项规定支取外，余额百分之二。

五、总资产额伍百万元以下者，除贰百万元依前项规定支取外，余额百分之一。

六、总资产额五百零壹万元以上者，除伍百万元依前项规定支取外，余额百分之〇.五。

乙、一部分清算案件，以清算之标的物价值。此照甲项之标准计算之。

第十二条　承受委托清算之机关，办理清算案件所需费用，均照十一条规定五折支给。

第十三条　委托清算条件中，纯属日股，或日人公有公营事业者，其公费支给，照第十一条第十二条规定六折支给。

第十四条　清算公费，由该被清算企业之日台股份比例负担，其款项先由省日产处理会先行垫付，俟会社资产出售后归垫。

前项目服归公营者。则公费由公营机构负担。

第十五条　承受委托之机关、组织内之单位或会计师，对于承办案件结束后发生不可补救之错误，除会计师依会计法办理外，余应负法律上之责任。

第十六条　本办法自公布之日施行之。

台湾省日产委托标售办法

中华民国三十五年九月二十一日长官公署署产（卅五）标字第二五二九号代电公布

一、台湾省日产标售委员会（以下简称本会）承办之标售案件，得视事实之需要，委托日产处理委员会各县市分会（下称县市分会）或其他机关代办标售手续。

二、各县市分会或其他机关受托办理标售手续，务须依照台湾省日产标售规则办理。

三、各县市分会或其他机关于承办委托标售公文时，应即妥为准备，并公告招标。

前项公告，应包括标售规则第五条所列各项。

四、各县市分会或其他机关在标售完毕后，应填具受托标售报告表二份，送本会核明转存。

五、各县市分会或其他机关所收入之标金，应如数汇解本会转存。

六、本会收到前条之标金经审核无讹后,即收给标金收据及动产点交证或不动产所有权临时证明书。

七、各县市分会或其他机关代办标售手续所需之费用,得按实报本会核定后拨还,不得在标金项下扣除。

八、各县市分会或其他各机关,应在开标前请本会派员监标。

九、凡标售所需之表格,均由本会发给。以资划一。

台湾省接收委员会日产处理委员会代电

发交产(卅六)标字第八九六号,中华民国卅六年二月十日发出

事由:为修正标售规则第十五条电希查照由。

各县市分会台湾银行信托部:查本省标售日产依照台湾省日产标售规则第十五条(原文见台湾省日产处理法合汇编台第一辑一六五页)规定:参加投标人不足三人;或最高标价未超过底价时,均应另定期日再行标售。兹为易于标售起见,爰经签准修正为:"参加投标不限人数,以超过底价最高者为得标。"自即日施行。除分电暨公告外,特电查照。台湾省日产处理委员会丑(灰)产标印。

台湾省行政长官公署代电

署产(卅六)处字第〇九一九号,中华民国卅六年二月十一日发

事由:为前台湾总督府所辖公产列入接收财产纪录视同伪产不作赔偿由。

各直属机关,各县市政府各县市日产处理分会:案奉行政院节京拾字第二四四三号代电开:"凡属前日本统治下台湾总督府管辖下之公产,应在日产处理范围之内,列入接收财产记录,但视同伪产,不作日人赔偿之用。此项公产之清理,应由日产处理机关清查后,交公产管理机关。仰即遵照。"等因,奉此,除分电外,合行电希遵照。台湾省行政长官公署雨丑(真)署产处

台湾省接收委员会日产处理委员会代电

产秘字第三三九五处中华民国卅五年十二月六日

事由：为接收日产中有已改为公用事业其原有债务拟定处理办法二项经提交第四次委员会议议决通过记录在卷电（请查照希知照）由。

各省属机关、各县市分会、清算会、标售会：查接收日产中，有已改为公用事业，其原有债务关系，应如何办理，经拟定办法二项："（一）向金融机构再订合同由该公有事业收入项下分年还清。（二）嗣后各机关，如拟将有债务纠葛之日产改为公有事业时，应先会同日产处理委员会将债务清算偿还后为之。"经提交本会第四次委员会议议决通过记录在卷，（相应合行）电（请查希知）照为荷。日产处理委员会（鱼）产秘

台湾省接收委员会日产处理委员会代电

产（卅六）处字第三七号中华民国卅六年一月七日

事由：为标售企业其底价在台币乙百万以下拨予委托标售，已奉院令核准备案希遵照由。

日产标售委员会：查本省标售日产企业，其底价在台币一百万元以下者拟予委托标售，并不在省外报纸送登公告，以资简捷。业经由署电奉行政院节京拾字第二三八七四号亥条代电准予备案在案。合行电希遵照。日产处理委员会子（ ）产处

台湾省接收委员会日产处理委员会代电

产（卅五）秘字第三四〇七号中华民国卅五年十一月六日

事由：检同拨归省公营之接收日产其资产负债处理办法三项希知照由。

本省各机关，各县市分会，日产标售会，日产清算会：查"拟拨归公营之接收日产中，遇有原有国人股本据请退股者，应如何处理"及"拨归省营之接收日产，其资产负债应如何处理"两案，经提交本会第五次委员会议议决交付审查，经审查会并案审查结果，拟定："拨归省公营之接收日产其资产负债处理办法"三项，复经本会第六次委员会议议决照审查意见通过，记录各在卷。合行检同原办法三项电希知照为荷。日产处理委员会（鱼）产秘附拨归省公营之接收日产其资产负债处理办法三项。

拨归省公营之接收日产其资产负债处理办法

一、对于资产之处理

（1）盘存以接收清册为依据，接收后有已奉准变价者，以现金计算（即现金增加物品减少）。接收后发现物资与原清册不符，有超溢者，应列册补报。至失偷或遭不可抵抗之损失，应会同省日产处理委员会将失偷或损失品名列单，呈奉行政长官公署核准后扣减之。

（2）估价方法照本会第三次会议有关议决案办理。

（3）公营事业之原始资本核算方法如下：

原始资本=[（接收清册所列之物资+接收清查后超溢物资）-（奉准已卖之物资及失偷或不可抵抗之损失）+（接收清册所列之现金）+（奉准已卖物资之现金）+（债权呆账）]-[（接收清册所列之负债）+（清册以外经查明属实在法律上应行偿还之债务）]

（4）原始资本核算清楚后，应分报省日产处理委员会及行政长官公署分别登记转账，俾符合规定。

二、日台股份之处理

（1）拨归省公营之日产中，有台人股份经清算后而愿意参加新组织者，其股份会商主管机关，得酌列为优先股。但愿意退股者听之。

（2）台股退股后新组织不能设立时，所有日股资产拍卖之。

三、债务之处理，除遵照台湾省各金融机构资产处理办法外，特补充下列各点：

（1）凡旧债有现行法律上根据者，应概行承认。

（2）报请行政长官公署分饬各监理会或新设公司对于公司债及股票（即社债及株券该公司之前身所负之债），限卅五年底以前核清，换发凭证，以便清算。

（3）公营事业与金融机构，或甲公营事业与乙公营事业；或甲金融机构与乙金融机构之债务债权，举行互相之清算差额，限本年底以前以现款付清，或应换订新契

三、工商企业部分

台湾省各金融机构资产处理办法

中华民国卅五年五月廿四日公布

一、对于本省已接收监理会社债及株券（即公司偿及股票），由各会社分别整理清算，其办法如后：

（一）对日人所有之社债及株券，予以接收封存。

（二）本省人民所有之社债及株券，予以登记；并在原券上加盖戳记，以示区别。登记竣事后，仍许在市面流通，或换发新券市面流通。

（三）对已登记之本省人民所有社债及株券，由各该会社参照原发行办法，厘定付息还本办法。

二、对于省外而为我中央政府接收之会社，如满铁会社债券及株券等，先由本公署令饬台湾银行限期办理登记，其处理办法由中央统筹办理。

三、对于本公署已发接收监理之公营事业及金融机构间债权债务，举行相互间之清算偿付。

四、对日人私有不动产，在去年八月十五日以前向银行及金融机构抵押借款之债务，由债权金融机构商请日产处理委员会，分别标卖或处理，以所得价款偿付外债款之本息。

五、对于日人向金融机构举借之其他债务，由各该金融机构通知相互知照，查明该日人之债权如存款保险权益等，相互清算抵消。

台湾省行政长官公署电

事由：光复后日资会社元装产品买卖解释。

台南地方法院检察处公鉴：致丑齐南侦（一一四）电及致丑有电均悉。本省各会社于光复以后所制成产品，除已奉准监理之会社，经监理人员核准变卖一部为维持其事业经费者外，其未经监理或未接收之会社产品。一律仍不得自由买卖，听候处理。希知照。行政长官陈仪公出秘书长葛敬恩代行财寅寝印。

台湾省接收日资企业处理实施办法

一、本办法依据台湾省接收日人产业处理办法第三条甲款之规定订定之。

二、本省接收日资企业之处理,除法令别有规定外,应依本办法之规定。

三、本办法所称之企业,指工矿、农林、交通、金融等厂场会社组合而言。

四、本省接收之日资企业,应由原接收机关报经主管机关(即行政院所规定或行政及长官所指定之机关)会同日产处理委员会,视该企业之性质,依左列四种方法分批列单,呈请行政长官公署转呈行政院核定处理之;除为事实所不需者外,均应一律使之迅速复工为原则。

甲、拨归公营:凡企业合于公营者。

乙、出售:凡企业未拨公营及其他处理者。

丙、出租:凡企业权尚有争议;或认为适宜于出租;或出售一时无人承购者。

丁、官商合营:凡企业无人承购;或承租;或适宜于官商合营者。

五、凡承购承租及合营者,以中华民国人民,无附逆附敌行为者为限。

六、拨归公营之企业,应由主管机关依照接收企业财产清册估定合理价格,送由日产处理委员会核明办理拨交转账手续。

七、拨归公营之企业,如原有本国人民之股份时,仍保障其权益。但有关国防事业及其他必要情形时,得另规定限制之。

八、拨归公营企业,如不能继续经营,或办理毫无成绩时,得由各该企业之主管机关会同日产处理委员会,签准行政长官公署转呈行政院核定,收回另行处理。

九、出售之企业,应先估定其所有财产最低底价,以公开竞投标售方式行之。

前项标售企业之估价投标事宜,由本省日产标售委员会会商主管机关办理。其标售规则另定之。

十、标售企业如有本国人民之股份时,应依左列标准办理:

甲、日人股份超过股份总额半数者，以整个企业标售，按股分配售得价款；但原有本国人民股份不愿出售，经呈准者不在此限。

乙、本国人民股份超过股份总额半数者，原属日人之股份，照财产总额估计其股权之现值标卖之。前项日人股份与本国人民股份相等时，依照甲款之规定办理。

十一、标售之企业，如为该企业之原创办人，确被日政府征购，能提出证明者；或为该企业之现有本国人民全部股份代表人（须备有委任书）；或该企业现有主持人；或重要技术人员，着有成绩可资证明者。得按最高标价有优先承购之权。前项优先权，具有同资格在二人以上者。以抽签决定之。

十二、出租之企业，应由各该企业主管机关先行拟定其所有财产价值，并拟定应收租金额，会同日产处理委员会公告招租。

十三、企业之出租，依照左列规定之顺序审定出租之。其有情形相同时，得采用标租办法。

甲、原为各该企业之参加人，或原创办人，确被日政府征购能提出证明者。

乙、对于各该企业之经营，确具经验或成绩能提出证明者。

丙、拟呈完善计划具备相当资金者。

十四、声请承租人，须于定期内填具声请书，并征纳按照各该企业核定一个月租金之征信金。前项征信金如不获承租者发还，其获准承租者。移抵保证金。但经核定承租人如不于指定期限内前来订立租约者，除将所缴征信金没收外，并就其他声请人中另行核定承租人；或重行公告招租。

十五、核准承租人应分别依照下列规定办理：

甲、承租人应于一星期内征足六个月租金额之保证金。

乙、承租人应于接到核定准租通知五日内向办理出租机关订立租约。

丙、前项租约期间不得超过三年，但有特殊情形不在此限。

十六、官商合营之企业，应由各该企业主管机关会同日产处理委员会确定其财产或股权价值后，依照公司法之规定，招商合营。

十七、凡出售出租或招商合营之企业，均应于声请期截止前开放三天，给证参观；并由各该企业主管机关及接收保管机关，派员指导说明。

十八、企业出售出租举行投标时，应由办理机关先期函请监察及民意机关派员莅场监视。

十九、本省日资企业出售价款，出租租金，及营业盈余，应照接收国内日本产业赔偿我国损失记账办法第九条之规定办理。

二十、声请标售或承租人，如发觉经办人员有舞弊情事，准予据实指控，一经查实，依法严办。

二十一、本办法自公布日施行。

台湾省接收委员会日产处理委员会代电

产（卅五）处字第一二三二号中华民国卅五年七月三日

事由：电各机关接收日资企业应依照规定从速办理。

本省各机关：查本省接收日资企业处理实施办法，业经奉令公布施行在案，关于本省接收之日资企业，应迅照前项办法第四项规定，由原接收机关报经主管机关拟定拨归公营或出售或出租或官商合营，分批列单，会同本会呈准办理。其为事实所不需之企业，并须通知本会另行处理。又，此项企业，应拨归公营者，拟于一个月内确定；应先予出租者，拟于一个半月内确定（标售无人承购再行出租者续办）。除分电外，特电查照办理。并希勿延为荷。台湾省日产处理委员会(午)(江)产处。

台湾省接收委员会日产处理委员会代电

产（卅五）处字第一八三六号中华民国卅五年八月十六日

事由：为制定标售之企业财产清册，电希查照办理见复由。

各机关各县市政府各日产分会：查本省各机关接收之日资企业，应即依照本省日资企业处理办法从速处理，经以产（卅五）处字第一二三一号及一七一一号两代电希查照各在案。兹特制定拟行标售之企业财产估价清册一种，凡经各接收机关决定拟予标售之企业，应依式造具前项清册一式两份，连同该企业概况表送会核办。除分电外，相应检同清册式样电希查照办理见复为荷。日产处理委员会(铣)产处附标售企业清册式样一份。

企业标售之财产估价清册

财产名称	数量	单位	估定标售底价	备考
合计					

说明:

一、接收机关应将各企业单位各填一张,将其现有财产依照接收原册顺序逐项填写。并依次排列装订一册。

二、财产数量及质料与接收时有变更时,应于备考栏内注明变更情况及其原因。

三、各项财产并由接收监理机关预先按实估定标售底价。

四、财产中属于有价证券及银行存款,应送本会转台湾银行,无需列入标售财产清册。

五、凡须提前标售之企业,希于复文内声明。

年月日

监理人员职衔姓名盖章

财产保管人员

估定底价人员

四、房地产部分

台湾省接收日人房地产处理实施办法

行政院三十五年八月八日节京拾字第八一七五号指令修正

一、本办法依据台湾省接收日人财产处理办法第三条乙款之规定订定之。

二、本省接收日人房地产之处理,除法令另有规定外,应依照本办法之规定。

三、本省接收日人房地产之处理,分为拨归公用与出租、出售三种。其业经接收,产权尚未确定者,应以出租为限。

四、关于企业所有之房地产,其不可分割部分,应归并各该企业处理运用。

前项不可分割之范围,以各种企业本身需用,及为维持其业务所必需之房屋土地为限。

五、拨发公用之房地产,应限于接收日人公有产业,仍应由各使用主管机关开单,送由日产处理委员会核定办理拨用手续。

六、接收日人之私有房地产须拨公用时,应由各主管使用机关报由行政长官公署核定,转发日产处理委员会办理租用或借用手续,再呈请中央核定之。

七、前两条所指拨为公用房地之范围,以各级机关本身或其事业暨各级公立学校本身必须应用之房屋土地为限。

八、房屋商店等建筑物,未拨公用及未决定另行处理前,一律先行出租。但须于租约订明为不定期租赁,得随时于一个月前通知收回。

九、属于房屋商店或原为房屋商店之基地,除拨公用部分并予拨用外,均一律出租,其原有建筑物部分,应并出租于该建筑物之承租人;或另行处理之管用使用人。

十、耕地及其他可供农作使用之土地,应以耕者能有其田之目的,分配租与自能耕作者之农民;依本省公有土地处理规则之规定办理之。

十一、房地产无人承租时,其地上之房屋或属不堪修理及破旧剩余不易保管之建筑物,应尽先标售。但县市政府或原接收机关认有保留之必要者,交予保管。其因保管必需之费用,由各县市政府或原接收机关拟定,报请日产处理委员会核定开支。

十二、关于房地产之租额,拟订标准如下:

(一)属于房屋商店及其基地部分。应依产业之位置,建筑物之情况体积,参照当地实情分等拟订之。

(二)耕地及其他可供农作使用之土地部分,依土地法第一百七十七条之规定办理之。

十三、关于房地产之出租事宜,除法令已有规定外,应由日产处理委员会指导各县市分会，会同各该县市政府办理。其由主管机关接收部分，除属不可分割之企业所有部分外，均应送由日产处理委员会转交各该产业所在地之县市分会，会同县市政府办理之。

十四、属于房屋建筑物之出售、估价、标卖事宜，由本省日产标售委员会办理之。

十五、出售房屋建筑物，应按投标方式，以投最高标价者为得标。但该标的物经出租再行出卖时，如在最高标价百分之五差额内，得准承租人按最高标价以优先承购之权。

前项房屋建筑物之承购，应以本国人民无附通附敌行为者为限。

十六、出售房屋建筑物之估价，应依产业之位置，建筑物之情况体积，参照当地实情拟订标售底价，并得委托当地市县政府估定，均应于标售前十日公布之。

十七、原定标售底价两次无人投标承购时，得酌予减低百分之十至二十，如仍无人投标时，得改列下次标售。

十八、本办法自公布日施行。

台湾省接收委员会日产处理委员会代电

产(三五)处字第一二三一号中华民国三十五年七月三日

事由：电各机关接收日人房地产及动产应依规定分别处理。

本省各机关：查本省接收日人房地产处理实施办法，及本省接收日人动产处理实施办法，业经奉令公布施行在案，关于接收日人房地产部分，应依照规定：(一)企业所有之房地产，其不可分割部分，应由各主管机关详细列册说明一式二份，送会审定后通知该管县市分会登记。(二)拨归公用之房地产，应由各使用主管机关开单送会核定办理拨用手续。(三)各县市应予出租之房地产，限两个月内办竣。(四)不堪修理及破旧剩余不易保管之建筑物，应由各县市分会或原接收机关开单估价送会，俾便尽先标售。又，关于接收日人动产部分，应依照规定：(一)动产物品已拨或应拨公用者，应由原接收机关报由主管机关核转本会办理拨用手续。(二)其他动产一律标售，由原接收机关列册估价送会办理，并限两个月内办竣。除分电外，特电查照办理。台湾省日产处理委员会(江)产处。

台湾省接收日人房屋缴免租金标准

一、机关或学校，业依本省接收日人房地产处理实施办法第五条规定，将接收之日人公有财产办理拨用手续，已核定有案者，其租金准予免纳。但以确系直接使用者为限。

二、机关或学校，拨用接收日人之私有房屋，不论租用或借用，其租金之免纳，应一并呈准中央核定。

三、公教人员住用日人公有房屋（包括官舍），应一律缴纳租金。

四、不论日人公有房屋其租与人民使用者，一律缴纳租金。

五、凡使用日人之公私有房屋，合于本标准第一、二两条规定，得请求免纳租金者，应造具清册层转行政长官公署核定。

六、应收租金其房屋除属于地方者，由地方政府征收外。其余概由日产处理委员会征收。

台湾省接收日人房屋修缮费处理规则

一、台湾省接收日人公有房屋，其修缮费之处理，依本规则规定办理。

二、日人公有产业拨归公用后，凡须修缮者，其修缮费用概由使用机关自行负担。

三、因公使用日人私有房屋，已办理租用或借用手续者，其经修缮部分（与房屋本身不可分离部分），截至本年九月底止，所支修缮费应呈报主管机关核销。

四、原属日人公私有产业，如官舍等，由公教人员自行修缮者（与房屋本身不可分离部分），截至本年九月底止，所支修缮费应向各该服务机关核销。

五、人民住用日人私有之房屋，其修缮费用应自行负担，不得在租金项下扣抵。但其修缮有确证者，除公家应收回自用者外，得享受优先承租或承买之权。

六、原属破旧余剩之日产房屋,人民事先报请修缮自用有案者,即以未修缮前房屋价值,核按时值比价售于修理人。

七、日人公私有房屋,自本规则施行后,其拨归公营者之修理,应由使用机关自行处理。其由人民住用者之修理,除租约另有订定外,应报请管理机关勘明修理;或于修理后款归还。

八、依前条规定报请核定修缮费者,均应在修缮之前绘具图说,标明修缮部分及其估价。

九、日人私有房屋,凡自修理未取偿前,或由日产处理委员会核给修缮费未清偿前,原修缮人因故迁移时,其取偿之修理费,应由继住者垫付;或向日产处理委员会请求拨付,不得将修缮部分折移。违者一经查觉,依法论处,租用保证人亦应负连带责任。

十、本规则自公布之日施行。

台湾省行政长官公署代电

署产(卅五)处字第二七五四号中华民国卅五年十月一日

事由:为颁发各机关请拨归公用及接收日人房地产出租暨房屋标售清册格式填报注意事项,电希遵照并转饬办理填送由。

各中央机关、省属机关、县市政府、日产分会,查关于各级政府机关请拨归公用之房地产,依行政院节京参字第五五二○号训令规定,均须参加投标。惟本省情形特殊,兹经以署产(卅五)处字第一八一八号代电通饬造册,送由日产处理委员会汇案请求拨用在案。兹据陆续呈送该项清册,经由日产处理委员会查核,所送册列内容未尽符合,至清册格式亦不一致,经再规定办法于下:(一)凡机关所接收或接管之房地产,除属于原定拨归公用范围,在未经中央核定,兹暂时登记借用外,其余不属于拨用范围者,暂准由原接收单位负责出租。又,不合于租用范围之房屋,应即会同日产处理委员会依法标售,并速报凭办理。(二)各机关应造送请拨归公用及出租暨拟标售清册各二份,除分电外,合行编具该三项清册格式,并规定各机关填报房地产处理清册应注意事项,电希遵照。并转饬所属于文到十日内依式克日填送,由主管机关汇核转送日产处理会。勿延为要。行政长官公署酉(东)产处附发各机关请拨公用房地产及出租暨拟标售清册格式又填报房地产清册应注意事项各一份。

各机关填报房地产处理清册应注意事项

一、接收日人之房地产,其产权系属中央所有,本署日产处理会职司日产之处理,应将所接收之数字及处理运用之情形,详报中央核夺。

二、房地产之处理方法,原分拨归公用、出租及标售三项,各机关所接收之房地产,应照其处理运用方法之不同,分填三种清册。

三、各机关填报前项三种清册,因慎重将事,本署即据以汇报中央,如获核准,即视为移交该主管机关负责运用;如不获准,或将来如有政策上之变动,亦由原主管机关负责交出。

四、本清册由第一级接收机关负责汇编,即由第一级接收机关转饬所属填报。各清册之(一)栏,即填原接收机关之名称。

五、被接收机关(者)名称栏,应填原所有者名称。原为公有或企业者,填其机关名称,其为私有者,填其姓名。

六、房地产所在地栏,(三)应一律填具原送接收清册所列之街道名称,以便核对。

七、房地产分为:房屋基地、池沼、山林、牧场、旱田、水田、什种地、养鱼池,各种各清册之(四)"种类"栏,依其性质填一种。

八、各清册之"五"栏之幢数,专为房屋之用,如"四"栏非房屋性质,本栏可不填。

九、房地之"面积"栏,一律以"甲"为单位,以便统计。

十、第一表"七"栏之估定价值,请参照(卅五)产处申有(二五八一)号代电办理。

十一、第二表及第三表之"七"栏,关于时价之估定,希查照填报时该房地产所在地之时价,妥为填入。

十二、第二表"八"栏如租用者为机关,则填机关名称;租用者为人民,则填其姓名。

十三、第三表之房地产，如与企业一并标售者，则在"八"栏内注明。

十四、本清册处理之房地产，应将原接收清册分类，按照顺序于备考栏内注明。

十五、拨归公用之土地，应附绘面积图说及利用计划书。

十六、本清册用道林纸加底面页装订成册，面页中间横写造册机关名称，次写年月日，加盖机关印信，以资一律。

台湾省日产破屋比价出售应行注意事项

一、本省无法标售之日产破屋，除另有规定外，悉依本注意事项比价出售之。

二、本省日产处理委员会（简称本会）各县市分会，遇有无人保管或租用而须出售之破屋，应分批列册（应注明详细地址及原报被接收人姓名清册号数），并估定底价报请本会核准后登报公告，定期公开比价。

三、破屋估价，由该管分会邀请当地民意机关指派代表，并聘请地方公正人士，或技术人员五人至七人，共同组织估价委员会办理之。其已成立标售委员会者，由该标售委员会径行办理。

四、公开比价时，应邀请当地民意机关及司法机关指派代表到场举行。其在台北市县者，并应呈由本会派员参与。

五、破屋之比价出售，以到场参加出价最高者为承购人。

六、各县市分会，应将比出售之结果填造比价记录，连同出售之房屋列册，呈报本会核备。

七、本注意事项之规定于其他接收机关办理比价出售日产破屋时准用之。

台湾省日产破旧房屋原修缮人承购应行注意事项

一、人民承租日产破旧房屋，曾出资修缮而有左列情事者，得向本省日产处理委员会（简称本会）各县市分会申请承购。

（一）事先报请修缮有案者。

（二）修缮费照本注意事项第四条计算标准,超过该房屋时值百分之四十者。

二、修缮费以维持房屋不致破漏之部分为限,凡属装潢性质及属品之购置,概不计入。

三、原修缮人申请承购时,应附呈修缮费有关单报。

前项单据,应由各县市分会负责核实,存候本会派员抽查。

四、各县市分会于收到申请书后,应邀请民意机关及技术人员(必要时呈请本会派员参加)共同组织估价委员会,办理估价事宜。

各县市分会应将估价委员会每次议决案呈经本会核准后始得执行。并应将房屋出售情形列表送会核备。

五、房屋售价之估定,应按修缮后所估定之时值扣还原修缮费用为准。扣还标准如左：

（一）在民国卅五年三月以前修缮者,按修缮费原数二倍扣还(如原数额五万元加二倍即加拾万元,合原数额共拾五万元)。

（二）在卅五年十二月以前修缮者,按修缮费原数额一倍扣还。

（三）在卅六年一月以后修缮者,照原数额扣还。

六、原修缮人承购价款,应一次缴清。但现住人确为原修缮人,具有特殊情形经查属实,而其应付价款之数额(即扣还修缮费之实价)在拾万元以上者,除先缴半数外,其余得申请于六个月内分期缴清。

七、原修缮人为现住人而不愿承购时,其修缮经查核属实者,俟标售后,按本注意事项第五条所定标准,于迁出原屋经查验确属完整时,就该屋售价内拨还之。

八、原修缮人曾事先报请修缮有案,而不合本注意事项第二款之规定者,其修缮费得参酌当时情形,按照物价总指数于该屋标售后扣还之。

五、存款现金及证券部分

台湾省接收委员会日产处理委员会公告

产（卅五）审字第〇七二四号中华民国三十五年二月二十六日

查本省所接收日产现金，及变卖所得款项，前奉院令，应统一存储中央银行代理国库，惟以本省未有设立中央银行，经签奉长官核准，改解台湾银行，兹由本会与台湾银行洽妥，开立"接收日产款项收入"专户，以资缴解，凡各接收机关所有接收日产现金，及处理所得款项，应即缴解该行"接收日产款项收入"专户。其在台北以外各地者，可迳交当地台湾银行汇缴。该户并于解缴后，将缴款日期金额及款项性质，通知本会，以凭登账稽核。除分别函令外，恐未周知，合行登报公告。

中华民国三十五年五月二十五日

主任委员　严家淦

副主任委员　何孝怡

归国日侨银行存款之补充释明

中华民国三十五年二月二十六日配达新闻产（卅五）处字第〇〇五四号

台湾省处理境内撤离日人私有财产应行注意事项（简称日产注意事项）及台湾省日侨遣送应行注意事项（简称日侨注意事项），关于归国日侨银行存款之规定，一般人尚有不甚明了之处，兹询据有关方面，补充解释如次：

日产注意事项甲项第六款所称台湾境内之银行，系指设在台湾省境内之各银行及其分支行（信托公司及产业仓库均视同银行）而言，不论其总行是否设在台湾，均包括在内。日侨注意事项第四条丁项所称日本所属银行或其分支行，系指设在日本本土境内之各银行，及其设在日本本土境内之分支行而言。

凡在台湾境内各银行之存款，均应由原存款人，将其存款簿或其他存款单据（此项存款簿及单据不得携带返日）送交其存款之银行，并填具申请书（各银行已印就空白申请书备用），请求该银行代日产处理委员会发给凭证

（此项凭证可携带返日）。

上项规定，另由日产处理委员会通知各接收机关及检查机关切实执行。

台湾省留用日侨存款解冻办法

一、留用日侨在未接留用"通知书"前，已将银行存款交付各银行换得"归国日侨存款证"而被留用者，得声请解冻。

二、声请人应将留用机关之证明书及日侨管理委员会所发之"留台日侨身份证"，连同存款证，向原存银行呈验，并填具声请书请求解冻。

三、前项声请限期至六月二十五日截止，逾期不得再事声请。

四、各银行应于六月三十日前，将声请解冻人姓名金额造具清册，送交本会核清财政处解冻。

台湾省留用日侨存款解冻补充办法

一、解冻留用日侨存款数目，以其直系家属人数计算，每人每月以乙千元为限，但有重大疾病，持有公立医院正式证明书者，得酌增其数目，以二千元至五千元为限。

二、解冻自本年七月份起，暂以六个月为计算标准（即假定留用至本年十二月），办理解冻手续，经核定后，按月支领。

三、留用侨左列存款不得解冻：

（一）存款数目，超出规定解冻数目之部分；

（二）台日券特种定期存款暨国债贮金、国民组合贮金、土地建筑补偿贮金等特种贮金。

四、留用日侨如存款于不同户名者，于申请时应加注明，以便汇集核办，不得取巧分别声请解冻，违者一经查觉，即不予解冻，或追回已解冻存款。

集中金融机关日侨存款办法

一、金融机关所有日侨活期存款，应尽于三十五年八月三十一日以前，扫数集中缴解台湾银行"接收日产款项收入"专户，并造具详表二份。注明户名、凭证号数、原有款数及缴解数，分送本署财政处及日产处理委员会以凭查核。各该金融机关有特殊情形，未能依限缴解时，应叙明理由，呈请财政处会商日产处理委员会核定，酌予展限。

二、存款日人，在该金融机关如有债务关系未清时，得由该金融机关开列详单，并提出合法凭据，送由日产处理委员会会同财政处核定后，以其存款抵偿之。

三、日人定期存款，由该金融机关列册注明到期期限及金额，并所发凭证号数，送日产处理委员会备查。并应于每户期满时，分别缴解专户，呈报财政处日产处理委员会查核。

四、留用日人存款中，经核准解冻之数目，由该金融机关保留暂缓缴解，以备按月支付。

出租日产缴纳租金应行注意事项

一、凡由各分会出租之日产房屋土地，除征收实物代租办法另定外，凡以现金缴纳租金者，应由各分会就当地台湾银行分支行或办事处，开立"日产租金专户"，于每月十五日前，开具租金缴纳通知书，分发各租户，饬其径缴上项专户之内。

二、各分会对于出租之日人房地产，应汇列清册，呈送本会备核，以后遇有异动时，应另填出租日产异动报告表报会。

三、租户于接到租金缴纳通知书后，应于每月十五日前，向当地台湾银行之分支机构缴纳租金，台湾银行分支机构，应于每月二十日将当月所收之租金，开具"日产租金存款户"结账清单，连同通知书第二联，送达各分会，各分会于核对相符后，将清单上所收之总额，扫数汇解本会"接收日产款项收入"专户。

四、各租户延欠租金达两期以上者，得通知修正契约，收回租赁物。

五、各分会每月终，应将欠租之租户，列单送呈本会备核。

六、凡房地产依法应予缴纳之税额，按月应由各分会造具清册，连同凭证，呈报本会在租金项下拨付之。

六、动产部分

台湾省接收日人动产处理实施办法

卅五年七月三日长官公署公布并呈行政院备案

一、本办法依照台湾省接收日人财产处理办法第三条丙款之规定订定之。

二、本省接收日人动产之处理,除法令别有规定外,悉依照本办法之规定办理。

三、本办法所称之动产,包括车辆、船舶、器材、物资、家具等而言。

四、接收日人动产之处理,分为拨归公用与出售两种,其业经接收而产权尚未确定者,应妥予保管。

五、动产物品归公用之范围如左:

1.各级机关学校,原经接收或指拨必需应用之家具物品。

2.拨归公营公用企业,所附属或为必需之器材用具。

六、附属于企业之动产,在该企业拨归公营公用,或出售出租,或官商合营时,均合并处置之,但材料及已成半成品,在该企业出租时,应另行出售。

七、接收日人之动产,除前两条情形外,其余一律以投标方式出售之。

八、拨归公营公用之动产,应由原接收拨用机关报由主管机关,核转日产处理委员会核定办理拨用转账手续。

九、出售动产之估价标卖事宜,由本省日产标售委员会办理,其属本省专卖物品,交由主管机关照价收购之。

十、承购产物品,应以本国人民无附逆附敌行为者为限。

十一、本办法自公布日施行。

台湾省行政长官公署电

丑铣(卅五)署产字第〇一二九九号中华民国三十五年二月十六日

某县(市),某县(市)长:查日人所有公私不动产禁止移转变卖设定负担,业于上年(十二月)会同高等法院,以民字第六九二号公告在案,近迭据各县市请示，日人为维持生活，可否准其变卖动产度日等情，查本省情形特殊，在此项日人尚未开始遣送前，为维持其日常生活，变卖自有家具衣服等项动产，可不予以干涉。除日人私有财产处理办法，另行公布饬遵外，特电遵照。行政长官陈仪丑（铣）署产。

七、检举奖惩部分

台湾省行政长官公署公告

署产（卅五）处调字第一二五九号中华民国卅五年七月五日

事由：彻查各县市隐匿日人资产，订定奖励密报补充规定四点公告周知。

查收复区日伪财产物资及军用品检举奖惩规则，早由前陆军总司令部颁发公布在案。兹为澈查本省各县市境内，日人资产之隐匿偷漏走火起见，待重申前令，并参照本省实际情形，补充规定如左：

一、本省各县市境内所有日人资产，如在三十四年八月十五日以后，移转于本国人或企图隐匿逃避，利用各种方法，与本国人通谋价购移转寄存者，均属无效；无论何人均得向本省日产处理委员会或所属各县市分会密报，经查获后，按查获日产价值，动产照百分之十给奖，不动产照百分之五给奖。必要时得斟酌情形，奖给实物，但似原密报所查获之物资为限。

二、前项奖金，应由本省日产处理委员会核定后，再行发给。

三、各县市已列入接收清册，或台账有案之日人资产，如因特殊情形尚未接管，据有密报举发者，不给奖金。

四、凡隐匿日产之关系人，在本年七月底以前，自动向本省日产处理委员会，或所属各县市分会，据实申报者，免予惩处；否则被他人检举，经查明属实，除依法惩治外，并得处以隐匿物品价值百分之十罚金，毁灭者按价赔偿。

除分电各有关机关遵照外，合行公告周知。

行政长官 陈仪

台湾省行政长官公署代电

署产(卅六)处年第〇三五三处中华民国卅六字一月十八日发

事由：密报日人不动产，已有台账者，酌给奖金百分之三，仰知照由。

各直属单位机关各县市日产处理分会：查本署前为澈查各县市隐匿日人资产，经订定奖励密报补充规定四点，以署产(卅五)处调字一二五九号公告，并饬知在案。依照前项规定，密报日产案件，如已列入接收清册，或台账有案者，不给奖金。现在本省接收日产已逾一载，隐匿遗漏犹不免，兹特参照院颁收复区敌伪财产物资及军用品检举奖惩规则改定；密报不动产已有台账者，酌给奖金百分之三，藉资鼓励。除公告暨分电外，合行电希知照。长官公署子(巧)署产。

本会办理结束纲要

本会于三十五年一月十四日成立，所属各县市分会于同年二月下旬起先后成立，历时逾年，接收工作已告竣事，所有接收财产，亦均经分别处理运用。兹呈奉长官核准，于本年四月底止办理结束，爰拟订结束纲要如次：

甲、属于所属各分会部分

一、各县市分会，一律于本年四月底结束撤销。

二、各县市分会，自四月十五日起，除点交已出售之财产外，停止处理变动业务。

三、自四月一日起，本会分派人员，督导各县市办理结束册报事宜，应于四月二十日前，将移交册报送由本会核定。

四、各县市分会，尚有保管财产档案，应由各分秘书负责，至迟须于五月五日前点交清楚。其因点交财产，必须酌予延支之薪津，由本会汇发，并应于点交后，取具册据报会，完成任务。

乙、属于本会部分

一、本会同于本年四月底办理结束。

二、本会现有职员，自三月底起得先裁减一部，至四月底结束之日，除点交未竣，酌留点交暨办理会计结束人员，至任务清楚裁遣外，全部予以裁遣。

三、调查组业务,至三月底止先行结束。除裁遣人员外,其余人员抽调督导各分会办理结束事宜。

四、审核组除酌留必要人员外,凡办理接收登记人员,一律于三月底前裁遣。

五、标售委员会业务,至四月二十五日止结束。四月二十六日起办理点交。

六、清算委员会至四月二十五日止结束业务。自四月二十六日起办理点交。

丙、移交册籍之主要项目如左：

一、接收原始清册。分别：(1)公有财产,(2)企业财产,(3)私有财产。

二、处理清册。分别：(1)拨用,(2)出售,(3)出租,(4)保管。

三、统计表类。分别：(1)分户统计,(2)分类统计。

四、清算部分。分别：(1)清算单位,(2)债权债务报告。

五、总务部分。分别：(1)印章档案,(2)会计表册,(3)未了案件,(4)其他。

丁、裁遣人员之处置

一、所有裁遣人员,在接管机关仍需延用时,择优介绍,不给遣散费。

二、其余裁遣人员,按各员薪津等所得,发给遣散费,其标准如左：

(1)在职满一年者三个月。

(2)在职满六个月者二个月。

(3)在职满三个月者一个月。

(4)在职不满三个月者半个月。

(5)遣散人员,合于卅六年度裁员遣散费发给办法第四条规定者,并得依照该办法办理。

三、在职工作特别繁重勤劳人员,由本会主任委员副主任委员,按其成绩酌给奖金。

戊、结束应办册表,由会另行订颁办理注意事项暨册表目录

己、本纲要决定后,由会即函原定接管机关之财政处准备接管

关于本会各县市分会办理结束应行注意事项

本会办理日产之接收处理事宜,成立逾年,兹当结束,应将所有接收范围内之一切财产,及其处理运用情形,详明列举,俾接管机关明了经过,便于续办为主要目的,特开列应行注意事项如次：

一、属于业务部分

(一)各分会接收财产之处理,如所有房地产之出租,及其余财产之应责付公务机关保管者,均应完全办清,自四月十五日起,除点交已出售之财产外,停止处理变动业务。

(二)凡属接收之财产,应将接收清册依"企业""私有""打捞与查获及没收"分类,照所编号数,顺序整理装订成册;并于册内首页,加一目录及统计表(附格式一、二)。

(三)各类日产,依据清册分别登入"企业""私有""打捞与查获及没收"对照表(附格式三、四、五及填表须知)送会,以便明了该会接收与处理日产之整个概况。

(四)接收"企业""房屋""土地"之日产,如系出租,应分别列册(附格式六、七、八),并应依每一单位,详为填列,以便核对。如属打捞与查获及没收之财产,应另行列册造送。

(五)接收金银饰品,均应全部缴交台湾银行保管,并应列册(附格式九)报会,由本会委托依法标售。

(六)所收日产现金,除保证金应开立专户保管外,其余应扫数缴解日产款项收入专户,并应造送清册呈报(附格式十)。

(七)接收之有价证券,应全部缴交台湾银行保管,并列册(附格式十一)报会。

(八)接收与处理之财产数目,必须对照核明相符,如有接收而未处理者,应有保管之负责者,并应填送保管清册(附格式十二、十三、十四、十五),如有处理原非接收之财产,应将此项处理结束,移送原接收机关。如有不明原接收机关者,应另册列报,以便查核。

(九)接收清册财产中,如有不在本辖范围,而系委托其他分会代接收者;或系承受其他分会接收之财产,均应另册(附格式十六、十七)列明,以备核对。

二、属于总务部分

(一)各分会已定于四月底结束,其应行结束事宜,均应在结束前赶办清楚。

(二)凡收到文件登记簿籍,均属有关接收处理事项,须分类整理归档,编成目录,以便交管。

(三)经费收支,应分别款目,依照规定报销,其有应行收还之垫付经费,并须于结束前收回列报。

(四)人事经费之结束,应至规定结束之日为止。如在规定结束后,确有未了事宜,如点交财产等所需留用人员经费,由本会另行汇发,不使影响经费结束表报。

(五)三十五年度经常及临时费账务,如未清结,应先行结清,并编制年度会计报告(全年度经费类,现金出纳表,结账后经费类,资力负担平衡表,暂付款明细表),连同三十五年十二月份之月报呈核。

(六)三十五年度预算内各项费用,互有流用时,应办流用手续。

(七)三十六年度,一至四月分经临费累计表类(分会结束之日,一切经费即行停止开支),为准备于结束之日送会汇编总报。

(八)原在经临费内购置之财产,应编制财产目录,其属借用或接收之财产,不得混列在内。

目录			(格式一)
编号	被接收人名称	备考	

财产统计表　　　　　　　　　　（格式二）

财产目录	数量	列册金额	备考
统计			

私有企业日产接收处理分类对照表等空表（略）

（县、市）分会接收企业出租清册（格式六）

企业名称	所在地	性质	被接收机关或姓名	承租机关或姓名	租额（起租年月 / 每月租额）	收入租金（已收入至何月份 / 收入金额）	租约号数	保证金	清册号数	备考
合计										

附注：租金收入，应注明收至何月份止，该企业租金自承租日起合计收入租金若干，累计填入"收入租金额"栏。

(县、市)分会接收房屋出租清册(格式七)

种类	幢数	面积	所在地	被接收机关或姓名	承租机关或姓名	租额		收入租金		租约号数	保证金	清册号数	备考
						起租年月	每月租额	已收至何月份	收入金额				
合计													

附注:(一)种类应分店铺住宅等。

(二)同企业出租清册附注。

(县、市)分会接收土地出租清册(格式八)

种类	面积	所在地	被接收机关或姓名	承租机关或姓名	租额		收入租金		租约号数	保证金	清册号数	备考
					起租年月	租额	已收至何月份	收入金额				
合计												

附注:(一)种类应分、田、园、山林等。

(二)同企业出租清册附注。

(县、市)分会接收金银饰品清册(格式九)

名称	单位	数量	保管处所	保管凭证	列册价值	被接收人姓名	备考
合计							

附注:(一)各种金银饰品,应详细分别填列,共列册价值合计,并应与对照表之金银饰品栏总值相符合。

(二)如系查获应另列一。

(县、市)分会日产各项现金清册(格式十)

类别		金额	存放处所	备考
接收现金	日币			
	台币			
标售价款				
租金				
合计				

附注:(一)现金包括接收与查获所得之现金,应分别日台币填入,并于备考栏记明接收与查获之数额。

(二)标售价款与租金,均已包括接收或查获日产所标售与出租金额分别填入。

(三)现金与标售价款,应与各种对照表有关各栏之金额相符合。

(四)现金金额,应与所报各出租清册总收入相符合。

(县、市)分会接收有价证券清册(格式十一)

种类	张数	保管处所	列册价值	备考
合计				

附注:种类栏可分国债股票等。

(县、市)分会接收企业交付保管清册(格式十二)

企业名称	性质	所在地	保管机关或姓名	原册价值	清册号数	备考
合计						

附注：(一)凡由分会保管者均应列入。

(二)原册价值,应与企业分类对照表余存栏之余存总值相符合。

(县、市)分会接收房屋交付保管清册(格式十三)

种类	幢数	面积	所在地	保管机关或姓名	原册价值	被接收人姓名	清册号数	备考
合计								

附注：(一)凡由分会自行保管者亦应列入。

(二)原册价值合计,应与私有分类对照表之余存栏之房屋余存总价相符合。

(县、市)分会接收土地交付保管清册(格式十四)

种类	面积	所在地	保管机关或姓名	原册价值	被接收姓名	清册号数	备考
合计							

附注：(一)凡由分会自行保管者亦应列入。

(二)原册价值合计,应与私有分类对照表之余存栏之土地余存总值相符合。

(三)种类应分田、园、山林等。

(县、市)分会打捞与查获及没收日产交付保管清册(格式十五)

种类	名称	保管机关或姓名	保管件数	原册价值	清册号数或呈报文号	备考
合计						

附注：(一)种类栏依据查获日产分类对照表，余存栏各财产科目编列，名称栏应按财产项目各单位逐项详列。

(二)凡由分会保管者亦应列入。

(三)原册价值合计，应与查获日产分类对照表之余存栏余存总值相符合。

(县、市)分会委托代接收部分之财产清册(格式十六)

被接收人名称	委托代接收机关	委托接收原因	备考

(县、市)分会受托代接收部分之财产清册(格式十七)

受托机关	被接人名称	接收财产总值	备考

丙、台湾省日产处理委员会委员暨重要职员录

职别	姓名	别号	性别	年龄	籍贯	永久通讯处	现在住址 街名号	电话
主任委员	严家淦	静波	男	42	江苏	上海迪化中路光华别业	重庆南路	二〇八〇
副主任委员	何孝怡		同	44	福建	福州朱紫坊八一号	幸町一五〇番地民族第二号宿舍	二五八七
委员	林忠	海涛	同	43	台湾	台中县草七镇	台北市大安十二甲二一九	
同上	周一鹗	惠生	同	43	福建	福建建阳县	佐久间町一番地	
同上	张延哲		同	43	同上	福建平和小溪平和书局	南门町一丁目一〇番地	
同上	包可永		同	40	江苏	上海爱麦电限路三八弄六号	幸町四条通一四五番地	
同上	赵连芳	兰屏	同	54	河南	四川省北碚文星湾一九号	长官公署	
同上	胡福相	明远	同	40	浙江	浙江宁海忠魂乡	锦町	
同上	王肇嘉	建亚	同	44	江苏	苏州幽兰巷	幸町三条通一五二三号	
同上	方学李		同	49	广东	汕头惠来县楼脚社	台北市千岁町二丁目三七番地	
同上	范诵尧		同	39	福建	福建邵武县城内	警备总司令部宿舍	
同上	王成章	裴然	同	40	江西	万载大桥	大正町四条通	
同上	张武	公武	男	44	广东		南门町	
同上	郑品聪		同					
同上	游弥坚	以字行	同	51	台湾	台湾台北市中山路三段五条通	台湾台北市中山路三段五条通	
同上	于百溪		同	42	云南	云南省宣良县桃花村	东门大通一七四	
同上	任显群	以字行	同	36	江苏	江苏宜兴任怀德堂	台北市东门町一条通一七四番地	二二四四
专门委员	余亮	瀚民	同	39	福建	福州市东大路二二二号南门		

续表

职别	姓名	别号	性别	年龄	籍贯	永久通讯处	现在住址 街名号	电话
同上	李用宾	敬庭	同	41	同上	福州市东街省立第二医院余合壁转	本市水道町省训练团	
同上	王雨桐		同	44	浙江	上海姚主教路二二二弄一三号	大正町一丁目三六番地	
同上	杨炯光	直夫	同	43	广东	广东省万宁县城永昌号转		
秘书室主任秘书	张丹崖		同	47	浙江	杭州荐桥街震森庄转	泉州街一一一八号	三一九三
秘书	陈乐生		同	41	福建	福州市虎节路	台北市东门町四条通一七八号	
同上	罗乙枊		同	40	同上	福建连城县文亨乡	泉州街古亭区一九四巷三五三号	
专员	葛超群		同	31	浙江	浙口诸暨枫桥古田村	台北龙口町三丁目十番地	三一九三
视察	江明远		同	42	上海	上海康定路三九弄二二号	本会大同旅社宿舍	
同上	田泽民		同	44	浙江	浙江临浦店口万丰春号转	大安区福住里四百巷六九五号	
同上	陈平权	景枫	同	31	福建	厦门鼓浪屿市场路四四号	台北市川端町四四五号	
同上	曾云从		同	34	台湾	台北大正町一丁目一番地	台北大正町一丁目一番地	
处理组组长	吴崇泉		同	38	浙江	浙江永嘉大南门外	本市大正町四条通四一○号	
专员	张斌		同	42	江苏	上海林森路宾康里六〇号转	本会宿舍大同旅社	
同上	章懋猷	苋宣	同	33	浙江	福建福州三官堂二一号	台北建成町二丁目九番地	
同上	陈崇铿		同	50	福建	福州南台横街银湘铺兴化埕五号林宅转	本市表町大同旅社	
同上	高惠如		同	36	同上	福建福清江阴莆头村	本市东门町二条通二三六番地	
同上	吴炘	中诚	同	39	江苏	上海林森路大德里十二号	本市大正町二条通	

续表

职别	姓名	别号	性别	年龄	籍贯	永久通讯处	现在住址 街名号	电话
同上	陈世章		同	36	福建	上海上海新邨四四号	华山町二一号	
同上	朱鸿荣	炳耀	同	36	广东	广东专宁洪圯板村	本市宫前町二二〇番地	
视察	陈济川		同	39	福建	福州中山路一〇七号	城中东区一一四巷五一二号	
同上	林际春		同	51	同上	福建福清南门外塘东乡	大正町三条通一二一号	
同上	周雪盫		同	32	浙江	上海宁波路五〇六号	锦町七番地	
同上	陈俊		同	34	广东	广东海口市琼源通号转	川端町七条通	
同上	吴秉淦		同	43	福建	福州城门开元楼福聚乡一号转	本会宿舍大同旅社	
调查组组长	黄明日	阳亭	男	42	广东	广东海口万兴米厂转	东门町六条通二四〇番地	二七三二
专员	董志扬	碧辰	同	35	福建	福州市南后路一三九号	本会宿舍大同旅舍	
视察	程乐年		同	32	浙江	浙江温岭温岭街	同	
同上	施志超	占华	同	27	江苏	上海麦其路琪美新邨一号	佐久间町一丁目三番地	
同上	钟怀玉	温如	同	40	江西	江西端金合泷乡龙田邨	本市中山区聚叶里东二二巷四九号	
审核组组长	杨炯光	直夫	同	43	广东	广东省万宁县城永昌号转		
专员	陈鸿机		同	38	福建	福州节越里二四号	本市大安区十四号	
视察	陈筠孙	真性	同	38	同上	福州打线楚门牌三号	昭和町派出所后面第二弄第四间	
同上	何肖云		同	26	同上	福州孙老营三三号	表町大同旅社	
清算会委员	杨炯光		同	43	广东	广东省万宁县城永昌号转		

续表

职别	姓名	别号	性别	年龄	籍贯	永久通讯处	现在住址 街名号	电话
同上	庞德身		同		江苏			
同上	洪逊欣		同		台湾			
同上	陈镇原		同		湖南			
同上	刘长甯		同					
专员	丁明起	哲文	同	24	福建	福建晋江陈埭溪滨	本市龙口町古亭区二〇八巷九号	
同上	徐南昌		同	29	江苏	无锡钱桥社冈里	民权官舍第七官舍第九分舍	
同上	林敦甯		同	27	福建	福建福清东张遇洋村	台北城东村三条通四六六巷七四三号	
同上	叶元熙		同	30	浙江	浙江兰溪诸葛里叶溪边路八号	台北市古亭区一九四巷三一二号	
同上	朱立瑞		同	27	福建	福州琪岐乡	台北福聚里四六六巷七四三号（大安城东村三条通）	
同上	糜元化		同	27	浙江	浙江黄岩浮桥四七号	台北市东门町七条通二四九番地	
专员	王忠琦		同	34	江西	九江大中路二六三号	清算会后进	
标售会委员	吴崇泉		同	38	浙江	浙口永嘉大南门外	本市大正町四条通四一〇号	
同上	黄式鸿		同		台湾			
同上	李沣		同		广东			2732
同上	杨鑫淼		同		台湾			
同上	倪学进		同		江苏			
同上	尹元稷		同		江西			

续表

职别	姓名	别号	性别	年龄	籍贯	永久通讯处	现在住址 街名号	电话
同上	陈星垣		同		浙江			
同上	陈文彬		同		福建			
同上	陆伟城		同	38	浙江	奉化大桥	台北市古亭区一九四巷三二〇号	
同上	余熙		同	28	福建	福州市洋中路四五四号	幸町文化园	
同上	章达		同	39	浙江	温州县公园路七三号	御成町通运公司宿舍	
同上	陈寿祚		同	29	福建	福建莆田广业澳柄	大安十二甲一条通二〇六号	

曾任本会各重要职员录

职别	姓名	别号	性别	年龄	籍贯	永久通讯处	现在住址 街名号	电话号码
副主任委员	伍守恭		男	48	江苏		幸町二条通一四〇号	
委员	马咸		同				行政长官公署二楼	
同上	瞿荆洲		同		湖北		荣町ノ一	
顾问	A.B. Sullivan		同		美国			
专门委员	陈文彬		同	38	福建	福州仓前山乐群楼四号		
同上	应昌期		同				泉町一丁目	
同上	李继璜		同					
同上	招保民		同		广东		台湾银行总行	
同上	沈时可		同		江苏		地政局	
总务组长	林楠		同				中央信托局	
调查组长	黄镇中		同		广东			

续表

职别	姓名	别号	性别	年龄	籍贯	永久通讯处	现在住址 街名号	电话号码
审核组长	王端琳		同					
同上	薛选衡	文楼	同	35	江苏		幸町一四三	
同上	沈有智	若愚	同	49	广东	汕头海山东边村	大正町四条通二八号	
处理组长	蒋贵麟		同	42	江苏	江腹常州斜桥三号		
处理组副组长	杜振亚		同	32	同上	常熟老庙弄十号	大和町一丁目一番地	
会计主任	陆庆森		同		同上			
同上	张沛苍		同		同上			
秘书	陈瑚		同				台湾航业公司	
专员	孙友白		同		江苏			
同上	林我锋	矿彦	同	39	福建	漳州东门圆圈王宗佑牙科医院转	台北市商工银行	
视察	祝之灏		同		江苏		台北纺织厂	
同上	沈明生		同	28	浙江	上海赫德路二七四号	大正町二丁目二七番地	
同上	蒋硕藩		同	37	河北	北平市东四十条一〇一号		
同上	吴子华		同	32	山东	济南市经三路伟五路二〇三号	基隆台湾银行分行	
稽核	赵英		同	27	浙江	福州市大根路新平里八号		
同上	萧松乔	得民	同	32	台湾		台北大安十二甲四一六号	

台湾省日产处理法令汇编

台湾省接收委员会日产处理委员会编印，1946年（美国斯坦福大学附属图书馆藏）

一　组织规程

省(市)党政接收委员会组织通则

一、各省(市)为集中统筹该管收复地区党政接收事宜,设置党政接收委员会受中国陆军总司令及该地区受降主官之监督指挥。

二、省(市)党政接收委员会以该省(市)最高行长官(主席或市长)、省(市)党部主任委员、三民主义青年团、省(市)支团部干事长、省政府各所处局长、市政府各局长、中央军政各部会接收特派员或其所指定之接收人员,必要时得请有关机关参加组成之,以该省(市)最高行政长官为主任委员。

三、中央各机关得电派省(市)厅处局长兼充该机关接收特派员。

四、省(市)党政接收委员会之任务如左：

1. 关于统一接洽与相互联系事项。

2. 关于统一发出接收证件分交主管接收事项。

3. 关于接收隶属不明或机关间尚有争议之财物之暂行保管事项。

4. 关于接收清册之查核与汇报事项。

5. 关于接收之协助调处及其他事项。

五、省(市)党政接收委员会因保管某种重要财物得特设保管委员会。

六、省(市)党政接收委员会之办事人员以调用为原则必要时得设专用人员。

七、省(市)党政接收委员会组织规程办事细则自定之。

八、省(市)党政接收委员会于任务达成时,撤销未完事件移该省(市)政府接办。

九、接收收复地区日伪所办金融、经济、交通、水利等事业,其范围不限于某一省(市)而不便分区或局部接收者,由另行设立之行政院收复区全国性事业临时接收委员会办理，其组织规程另定之。

十、本通则经中国陆军总司令核准施行并报行政院备案。

台湾省（行政长官公署警备总司令部）接收委员会组织规程

第一条　台湾省行政长官公署及警备总司令部（以下简称本部署）为遵照，蒋委员长申鱼令一亨代电及陆军总司令部颁发接收委员会通则，统一接收台湾步骤起见设置台湾省接收委员会（以下简称本会）：

第二条　本会之任务如左：

1. 关于接收法令之执行事项。

2. 关于接收手续之拟议审核事项。

3. 关于统一发给接收证件及封条事项。

4. 关于接收清册之查核与汇报事项。

5. 关于接收人员之考核事项。

6. 关于其他有关接收事项。

第三条　本会置主任委员一人，由行政长官兼任；副主任委员一人，由本署秘书长兼任，承行政长官兼总司令之命综理会务。

第四条　本会置委员若干人，以中央各机关派赴台湾之特派员、本部参谋长、副参谋长，本署各处处长、各委员会主任委员及行政长官指派之人员兼充之。

第五条　本会置秘书一人至三人，接收专门委员、接收专员、接收管理员各若干人，由行政长官就中央派往台湾工作人员及本（署部）各处职员调派，兼任分配各组办事。

第六条　本会设左列各组：

1. 民政组。

2. 财政金融会计商业组。

3. 教育组。

4. 农林渔牧粮食组。

5. 工矿组。

6. 交通组。

7. 警务组。

8. 文化组。

9. 军事组。

10. 司法法制组。

11. 总务组。

第七条　前条各组各置常务委员一人、委员若干人,由主任委员就本会委员指定之。

第八条　各组常务委员承主任委员之指挥处理各本组事务,委员协助常务委员处理各本组事务。

第九条　本会各组接收之事业范围依附表之规定(见附表一)。

第十条　本会接收之财产物品须暂予封存保管者得设保管委员会处理之。

第十一条　本会职员概为无给职但必要时得酌支舟车费。

第十二条　派赴台北市以外地区办理接收之人员得按照规定支给旅费。

第十三条　本会会议规则及办事细则另定之。

第十四条　本规程自公布日施行。

台湾省接收委员会日产处理委员会组织规程

第一条　台湾省接收委员会为处理日本在台湾省内之公私产业,设置台湾省接收委员会日产处理委员会(以下简称本会)。

第二条　本会设于台北并得于本省各县市设立分会其组织另定之。

第三条　凡有地方性之日产由本会核定,交由各该县市分会处理之,其余由本会自行处理。

第四条　本会设主任委员、副主任委员各一人,由行政院派充秉承,接收委员会主任委员、副主任委员之命,综理会务设委员十一人至十五人,均由接收委员会主任委员遴请行政长官分别聘派之。

第五条　本会设秘书室、调查组、审核组、处理组及会计室,秘书室设主任秘书一人，每组设组长一人，会计室设会计主任一人，秉承主任委员之命，掌理各该组室事务，每组并得设副组长一人佐理组务。

第六条　本会秘书室掌理文书之处理、文稿之综核、印信之典守及人事庶务出纳暨不属其他各组室事务。

第七条　本会调查组掌理关于日产之调查事项。

第八条　本会审核组掌理关于日产之审核事项。

第九条　本会处理组掌理关于日产之处理事项。

第十条　本会会计室掌理本会预算、决算之编造、账簿之登记、会计报表之缮制等事项。

第十一条　本会设秘书二人、专员六人、视察十二人、组员办事员各若干人，并得酌用雇员秉承各主管之命，办理各该组室事务。

第十二条　本会各组室得分股办事每股股长一人，由职员中指定兼任之。

第十三条　本会得聘用顾问及专门委员。

第十四条　本会办事细则另定之。

第十五条　本会至本省日产处理完毕时撤销之。

第十六条　本规程由行政长官公署核定公布施行并报行政院核备。

台湾省接收委员会日产处理委员会各县市分会组织规则

第一条　本规则依台湾省接收委员会日产处理委员会（以下简称本会）组织规程第二条之规定订定之。

第二条　各县（市）分会定名为台湾省日产处理委员会某某县（市）分会。

第三条　凡非地方性之公私日产由分会，查明呈报本会接收处理外，其余概由分会接收处理随时报核。

第四条　各县（市）分会设主任委员一人，由县（市）长兼任承本会主任委员之命综理有关处理日产一切事务。

第五条　各县（市）分会设委员五人至七人，由县（市）长就县（市）内各有关单位主管及地方法团公正人士中遴请本会聘派之。

第六条　各县(市)分会设左列各室组分掌下列事项：

一、秘书室掌理文书之处理、文稿之综核及不属于其他各室组事项。

二、总务组掌理人事、庶务、公物之购置款项出纳等事项。

三、调查组掌理关于各该县(市)日产之调查事项。

四、审核组掌理关于各该县(市)日产之审核登记事项。

五、处理组掌理关于各该县(市)日产之接收及处理事项。

六、会计室掌理岁计会计事项。

第七条　各县(市)分会秘书室设秘书一人、会计室设会计一人、各组设组长一人。秉承主任委员之命，掌理各该室组事务，并得设组员办事员、雇员各若干人，分别办理各室组事务，均以县(市)政府职员中调用为原则必要时得设专任。

第八条　各县(市)分会办事细则另订之。

第九条　各县(市)分会至日产处理完毕时撤销之。

第十条　本规则自呈奉行政长官核准公布之日施行。

台湾省日产标售委员会组织规程

一、台湾省行政长官公署为标售本省接收之日资企业及房地产动产起见，特组设台湾省日产标售委员会(以下简称本委员会)，由本省接收委员日产处理委员会指挥监督之。

二、本委员会设委员九人，除另请省参议会选派一人参加外，其余人员由行政长官就各处会局人员中指派之，并指定一人为主任委员主持会务。

三、本委员会之职掌如左：

1. 关于标售企业房地产动产之估价事项。

2. 关于标售企业房地产动产之审定招标事项。

四、本委员会视事实之需要，得分组办事，所有办事人员以向有关机关调用为原则，必要时得酌用专任人员。

五、本委员会为办理估价招标事宜，必要时得设分支机构或委托代办。

六、本委员会议定事项签请日产处理委员会转报行政长官公署核定施行。

七、本委员会办公必需费用得视实际情形编列预算，呈准拨发。

八、本委员会办事细则另定之。

九、本规程自公布日施行。

台湾省日产清算委员会组织规程

一、台湾省行政长官公署为办理接收日产清算事宜，特设立台湾省日产清算委员会（以下简称本委员会），由本省接收委员会日产处理委员会指挥监督之。

二、本委员会设委员五至九人，由行政长官就各处会局人员中指定组织之，并指定一人为主任委员综理本会一切事务。

三、本委员会之职掌如左：

1. 关于日人与本省人合资企业及金融机构之清算事项。

2. 关于日产金融机构债权债务清理事项。

3. 关于日产企业机构债权债务清算事项。

4. 其他日产处理委员会交办清算事项。

四、本委员会办理清算事务，得聘派会计专门人员，并视事实之需要分组办事。所有办事人员以向有关机关调用为原则，必要时得酌用专任人员。

五、本委员会经办清算事项签请日产处理委员会转报行政长官核定施行。

六、本委员会办公必需费用得视实际情形编列预算呈准拨发。

七、本委员会办事细则另定之。

八、本规程自公布日施行。

二 一般接收及处理类

收复区敌伪产业处理办法
行政院三十四年十一月二十三日颁布

一、收复区敌伪产业之接收或处理,以全国性事业接收委员会为中心机关,其所决定该区各机关均须遵照办理。

二、全国性事业接收委员会在重要区域设敌伪产业处理局,办理该区敌伪产业(德侨产业包括在内),处理事宜如有必要,得设审议委员会呈由行政院令派有关机关首长及地方公正人士充任决定处理办法,由局督导执行。

三、处理局依下列规定分别委托有关机关接收保管运用:

1. 军用品　　军政部
2. 军舰　　海军总司令部
3. 陆上运输工具　　战时运输管理局
4. 水上运输工具　　招商局
5. 空中运输工具　　航空委员会
6. 码头仓库　　海关或直接有关机关
7. 工厂矿场设备原料成品　　经济部
8. 固体及液体燃料　　专管燃料机关
9. 地方房屋家具　　中央信托局
10. 粮食(粮食打米厂面粉厂)　　粮食部
11. 农场(农场蚕桑水产畜牧及兽疫防治等事业)　　农林部
12. 大学及文化机关之设备　　教育部
13. 钱币金银证券珍宝饰物　　中央组行
14. 直接有关地方事业　　省市政府

四、处理敌伪产业之原则如下:

1. 产业原属本国盟国或友邦人民，经查明确实证据系由日方强迫接收者应发还原主，但原主应备殷实保证始得领回。

2. 产业原属华人与日伪合办者，其主权均归中央政府，前项产业如由处理局查明确实证据并经审议会通过，认为与日伪合办系属强迫性质者，得呈请行政院核办。

3. 产业原为日侨所有或已归日伪出资收购者，其产业均归中央政府所有，分别性质照左列办法办理：

甲、与资源委员会所办国营事业性质相同者交该会接办。

乙、纱厂及其必需之附属工厂交纺织事业管理委员会接办。

丙、面粉厂交粮食部接办。

丁、规模较小或不在甲乙丙三项范围以内者以公平价格标售。

4. 敌伪产业之负债应就各该资产组织以内分别清偿其欠，日伪之负债应偿还中央政府。

五、业经接收之工厂应由经济部督饬从早复工。

六、业已接收之铁路电讯应由交通部主持实行施用。

七、各收复区原有之接收及处理敌伪产业机关一律撤销，移交处理局以一事权而利调整。

八、本办法自公布日施行。

日人在中国私有产业暂行处理办法

中国陆军总司令部三十四年九月三十日参字第二八号代电颁发

一、日人在中国私人产业应行查报之事项如左：

甲、产主人数及姓名。

乙、产业种类名称数量。

1. 地产。

2. 房屋。

3. 企业公司工矿医院商店等。

4. 前三项所属之机器、器械、车船、货物、存款等。

丙、产业所在地。

丁、置产时期。

戊、资本总额。

己、置产来由。

1. 承受原主及承受手续。

2. 创置。

3. 原准许机关。

庚、其他。

二、前第一项之查报由各地方政府办理之。

三、左列各项产业应由政府接收。

甲、不论战争前或战争中，以公司会社所经营之产业。

乙、战争中以强力占有之产业。

丙、中国法律所禁止之产业。

四、前第三项接收之产业依照左列区分处理之。

甲、属于第三项甲款较大之企业公司、工矿、医院等，由中央主管部管理之。轻小者由中央主管部核拨地方政府管理之，其有本国人合法股份者仍保有其股权股益。

乙、属于第三项乙款者，得将原有之部分查明实在发还中国盟国之原主。

丙、属于第三项丙款者与本项甲款同。

五、个人或数人合资之小本产业无第三项乙丙两款之情事者，由当地政府登记封存。

六、私有之衣物金钱依照日侨集中管理办法第三条办理。

七、被征用之日籍工作人员及其家属所有之私有物品，准其保留自用其住所由征用机关指定。

八、本办法施行后如有产业私行移转概为无效。

九、本办法自三十四年十月一日起施行。

地方政府拨用接收敌伪产业办法

行政院五月十八日节京参字六七七号调令

一、地方政府拨用接收敌伪产业除法令别有规定外，悉依本办法办理之。

二、地方政府拨用接收敌伪产业，以举办地方教育、文化、慈善、救济及经济建设等事业为限。

三、地方政府拨用接收敌伪产业以在辖境内之左列产业为限。

1. 所属于地方政府经营为敌伪占用者。

2. 敌伪利用地方公款购置者。

四、地方政府拨用接收敌伪产业应依本办法第二及第三两项之规定，开具拨用事由产业性质及名称，并拟具使用计划呈请各该省（市）政府转呈行政院核准拨用。

五、经核准拨用之敌伪产业，由行政院令行主管部会署转令所属接收保管运用，敌伪产业机关移交地方政府接管使用。

六、地方政府对拨用之敌伪产业仅有使用收益之权，非经行政院转呈国民政府核准不得处分。

七、地方政府对拨用之敌伪产业不需使用时，应交还国有财产管理机关保管并报行政院备案。

八、本办法自公布日施行。

台湾省行政长官公署代电

丑哿（卅五）署民字第一四六七号　中华民国三十五年二月二十日

事由　接收敌伪强占人民之产业不得侵占电希饬属遵照

本署所属各机关：奉中国陆军总司令部渝俭接电开，"奉委座亥真手谕，闻党政军机关在各地接收人员对于前被敌伪强占之人民产业于接收后，有拒予交还或假借其他名义强侵占用之情形，亟应严加纠正，准将除汉奸以外之产业应一律交还业主保管，不得侵占。否则应彻查究办，希饬所属一体遵照办理为荷等因，希饬属遵照。"等因希即遵照，并饬属一体遵照为要。陈仪子署民甲

台湾省行政长官公署训令

子梗(卅五)署秘字第〇〇五五六号中华民国三十五年一月二十三日

事由　为奉院令各机关所接收之敌伪各项事业资产有与机关主管事项不合者应即移交主管机关接管

令本公署所属各机关各市县政府

案准

行政院三十四年十二月二十五日平参字号二八三一三号训令开：

"据报,收复区接收工作开始办理以来,各机关应行接收之敌伪产业时有为其他机关人员先行接收运去情事,经主管机关查悉交涉,依然拒不移交,或竟将接收物资隐匿不报,似此情形不惟影响接收工作,且亦有玷官箴。为整饬纲纪、防杜弊端,凡各机关所接收之敌伪各项事业物资有与本机关主管事项不合者,应即移交主管机关接管,不得迟延隐匿,除分令外,合行令仰遵照,并转饬遵照为要。"等因奉此,希即遵照为要此令。

行政长官　陈仪

台湾省行政长官公署训令

寅佳(卅五)署产字第二〇九九号中华民国三十五年三月九日

事由　本令以敌伪产业非依规定不得处理仰遵照

令本署所属各单位各县市政府

案奉

军事委员会(三五)办秘二政六七六〇〇行政院节参节〇一八四〇号会衔训令开：

"查敌伪产业之接收保管运用应由全国性事业接收委员会决定,饬令各区敌伪产业处理办法明白规定。近来迭据各方报告此项产业间有散置,诸如日德侨民所有之图书、文物,尤其非法搜集我国者,所在地驻军当局或其他机关每有侵越职权擅行处理情事殊有未合嗣后,非依规定不得接管,并应通知各该有关机关特派人员统筹处理,以免散失而清权责。除分行外合亟令仰遵照,并转饬所属一体遵照此令。"等因奉此除分令外合行令仰遵照,并辖饬遵照此令。

行政长官　陈　仪　公出
秘书长　　葛敬恩　代行

中国陆军总司令部行政院收复区全国性事业接收委员会代电

秘接字第一一四〇号　中华民国三十五年三月二十六日
事由　电发接收日伪资产变卖价款报告表
台湾省行政长官公署陈行政长官勋鉴

一、查日军投降后，我政府各机关接收之日伪一切资产均应为政府所有。当经本部会呈准规定，由各接收机关将每一被接收单位编具详细报告，附同接收清册，并将其资产逐一估价填列接收简报表，送由本部会统计室汇呈军事委员会行政院，分别通饬遵照在案。现距接收开始之日，已逾半年，其中多有已经接收完毕，但迄今未将此项表册报送齐全，致使总报告及统计无法编制，兹为迅速完成接收要政起见，特再分电，务希查照迭电规定办法，将已经接收完竣之日伪机构产业克日编送前项报表，其尚未接收完竣者，接收迅则续报，各接收机关于其接收业务全部完竣时，并应编送总目与统计以凭查核办理。

二、又查各接收机关接收日伪机构之现存款项、金银、证券、珍宝饰物等，以及接收产物处理变卖所得之价款，亦应为政府所有。依照行政院规定，均应交中央银行专户储存汇解国库，非因特殊理由，经行政院核准者，不得擅自动支。兹为明瞭此项收入之总状况起见，特制定"接收日伪现存款项金银证券珍宝饰物报告表"及"接收日伪资产变卖价款报告表"格式各一份，随电附发。希饬各接收单位克日查明，依式详细填报，以凭汇总呈报以上两项。希即转饬各接收机关及负责接收人员，迅即切实遵办，分报本部会及其所隶主管机关为盼。(中国陆军总司令部行政院收复区全国性事业接收委员会)(三五)营寅宥接印附表二份(见附表二、三)。

台湾省处理境内撤离日人私有财产应行注意事项

中华民国卅五年八月三日行政院节京冶字第八五九七号指令修正

甲、凡撤离本省之日人其私有财产依照左列各款处理：

一、不动产及其附属之权益全部予以接收。

二、一切企业股权船舶、车辆及矿业权、商标权、渔业权、著作权、专利权等全部予以接收。

三、有价证券及已到期暨未到期之债权予以接收，但有左列情事之一者不包括在内。

1. 在日本高丽暨旧关东州台湾之邮政储金存折。

2. 在日本境内之银行及其分支行所发之存款单据。

3. 在日本境内设立保险公司及其分公司暨在日本高丽旧关东州与台湾所发行邮政生命保险单。

四、个人及家庭所必需使用之物件，根据盟军总部所定之办法及本省定案，在个人自能携带之条件下，尽可能许其带去，其他因不愿携带或不许携带之一切动产予以接收。

五、每人得携带现钞以不超过壹千日元为限。

六、归国日侨除规定准许携带之日钞外，其在台湾境内之银行存款仍用原存款人名义，由有关银行代台湾省接收委员会日产处理委员会发给凭证。

乙、接收前项之日人私有财产，除由台湾省行政长官公署指定单位接收者外，余均一律由台湾省接收委且会日产处理委员会各县市分会接收，其由行政长官公署指定单位接收者并通知各该管县市分会。

丙、关于撤离本省之日人其私有财产接收之程序如左：

一、凡撤离本省之日人应依照甲项各款之规定，将应予接收之财产或权利造具清册一式三份(格式见附表四)。

二、前项清册由各接收机关制印按照决定撤离应行接收之单位先期分发，在县市分会得发，由所属各区乡镇负责人转发应用。

三、各接收机关应令派妥员为接收人员，在县市分会得指定各区乡镇之负责人为接收人员，并按接收单位发给接收通知书(格式见附表五)。

前款接收人员应造名册二份一份，存查一份送日产处理委员会查核。

四、各接收人员应随带接收通知书，会同监收人(由邻近公正人士充任)

前往，应行接收之日人处所，提交接收通知书，按照清册所列财产，逐项点收盖章接收之财产，如有瑕疵，应于盖章栏内当场注明之，并在可能范围内予以合理之估价。

前款接收日人财产应于该日人撤离五日前为之。

五、财产清册所列钱币、金银、证券、珍宝饰物，应送由附近之台湾银行或其委托之银行接收，由银行代台湾省接收委员会日产处理委员会出具收据，交与日人，并于清册接收人员盖章栏内注明银行收据之号数。

六、接收人员于点收清楚后，应即汇齐所接收财产之清册，送请接收机关编号、登记，加盖关防（如有二页以上者须于每页骑缝处加盖关防）方为有效。

七、接收机关加盖关防时，须备盖印登记清册之字号及接收人员姓名。此项盖印登记簿之封面亦须书明该接收机关名称，加盖关防，于用毕时，项目送交日产处理委员会备查。

八、各财产清册盖妥关防后，一份由接收机关抽存，一份转送日产处理委员会，一份发还接收人员，转交该日人换回丙项第四款之接收通知书缴还接收机关，不得遗失。

九、日人财产于接收后应由接收机关妥为保存。

丁、接收之日人财产其必须处分者，处分之应呈经日产处理委员会核准后行之，如有易坏物品必须即时处分者，应由接收人员报请接收机关，邀同就近社团代表若干人商议处分，并将处分结果报请日产处理委员会查核。

接收撤离日侨私有财产实施补充事项

产（卅五）处字第〇一〇一号中华民国三十五年三月九日

一、凡撤离日侨住房由各县市政府统一接收，各机关团体不得擅自查封占用。

二、凡农林、工矿、交通及金融等企业已由各主管机关监理接收者仍由原机关继续办理，其未监理接收者由各主管机关接收或委托县市政府接收，呈由主管处派视察指导。

三、凡属撤离日侨之商业财产由本公署财政处接收，并得由财政处委托县市政府接收仍由财政处随时派员视察指导。其在台北市内或其他重要都市者财政处遇必要时，仍应按照手续负责接收。

四、除上列规定外其未明定接收机关者由县市政府负责接收。

台湾省接收委员会日产处理委员会公告

产（卅五）处字第〇〇六二号　　中华民国三十五年三月二日

查台北市内日军遗族及留守家属已定于本月七日以前，集中遣送回国。时间急迫，兹特将关于财产接收各项补充规定如左：

一、凡已接有"遣送通知"及私人财产清册，各户应即将所有应予接收之财产按照"台湾省处理境内撤离日人私有财产应行注意事项"（以后间应行注意事项）逐项填入，径向本会台北市分会（在台北市建成町台北市政府内）接洽接收手续。

二、凡现住台北市，但在本省并未持有不动产，且即须回国之日军遗族及出征军人家族，不论其收到"私人财产清册"与否，应于二十四小时之内向日本官兵善后连络部（在台北市文武町台湾高等法院内）报到，听候遣送，并应于三月四日下午七时以前，将应行接收之财物连同缮就之"私人财产清册"，径送本会台北市分会指定之日产集中站（台北市东门町旭国民学校内），由在该站之接收员按照"应行注意事项"丙项第四款之规定核价点收，并在"私人财产清册"上盖印后，将其一份发还日侨为凭。

前款即须回国之日侨如未收到"私人财产清册"，得向本会之台北市分会或上款指定之日产集中站，或其他指交之地点索取填写。又凡属上款载明之日侨，其所有财物无从自行搬运而需协助者，亦应于二十四小时内向日本官兵善后连络部接洽，搬运手续再由该部指定时间遣派车辆，由该日侨随车将财产运往集中站，按照上项手续办理之。

三、本年三月七日以前在台北市集中之日侨，其所有财产不及报请日产处理委员会分会，按照应行注意事项或以上办法接收时，得照次列之规定委托他人办理之。

甲、由委托之日侨缮具委托书一式六份，委托暂不遣送之日侨或日侨互助会代其办理，申请接收手续一切仍应按照"应行注意事项"办理，惟其代理人办理申请接收手续应于本年三月十七日以前完成之。

乙、由委托之日侨造具财产清册一式六份，将其所有财产照册点交于被委托之日侨或日侨互助会，由被委托人于接收委托时在"私人财产清册"上之"接收人盖章"一格内一一盖章以明责任，并应将私人财产清册及委托书各抽一份存证，其余之各五份应由委托人送交日方连络部，再由日方连络部以清册及委托书各一份交还委托之日侨作证并抽存各一份，其余各三份由连络部一并转送日产处理委员会分会照"应行注意事项"之规定接收，其应交给被接收人之盖印清册改交给被委托人，再由被委托人转寄已经归国之日侨收执。

丙、日方连络部在接受委托书及清册之前，有确认被委托人有履行其被委托事务能力之义务，并应将交还委托之日侨暨转送日产处理委员会分会接收之前项委托书及清册一一加盖连络部印章以资证信。

四、以上办法之适用以在三月七日以前集中之日本军人遗族及出征军人家属为限，其在三月七日以后集中之日人，除因特殊情形于事前取得本会许可外，不得援用。

五、凡彼遣送之日侨如无任何财产可资送交接收亦应在"私人财产清册"上将其姓名住址等项一一填明。惟关于财产部分则应填明"无财产"，余悉照"应行注意事项"及上开规定依期办理之。

六、凡被遣送之日侨将财产接收办理完竣，并取得日产处理委员会该管分会盖章之清册后（如系委托他人办理接收手续应取得日本官兵善后连络部盖印之清册），应向日侨管理委员会日产集中站或日本官兵善后连络部或其他指定之地点取得遣送之时间及出发之地点，其有眷属者并应将其眷属行李集中准备就绪，以便按照通知随时起程，不得有误。

以上六款洽行公告周知，特此公告

中华民国三十五年三月二日

主任委员　严家淦

台湾省接收日人财产处理办法

行政院卅五年七月十三日节京第五五〇五号令准试办

一、台湾省接收日人公私财产之处理除遵中央法令办理外应依本办法之规定。

二、处理所接收日人之公私财产办法如左：

甲、经指定机关接收者由日产处理委员会会同该接收机关处理运用。

乙、经日产处理委员会各县市分会接收者由日产处理委员会会同各有关机关暨各该县市政府处理运用。

丙、前两款接收日产运用时经日产处理委员会认为有移转运用之必要者，得另行指定运用。

三、前条处理运用之标准如左：

甲、属于交通工矿农林等企业厂所应以一律使之复工使用为原则，除经指定拨归公营者外，得出卖出租或官商合管。其详细办法由日产处理委员会会同各有关机关拟订呈准行政院行之。

乙、属于房地产除接收公有产业拨归公用部分外，其依前款各点处理之财产不可分割部分得予合并处理。此外不论公用民用土地概以出租为原则，建筑物得估价标售耕地并须租与力能耕作之人，其详细办法由日产处理委员会会同有关机关拟定呈准行政院行之。

丙、动产物品除拨公用仍由使用机关作价登记者外，一律标卖。其标卖办法由日产处理委员会会同有关机关拟定呈准行政院行之。

四、接收日人产业中如原属盟国友邦人民所有，经查明确实证据，系由日方未依法律手续而强迫接收者，应准原主备具殷实保证予以发还，但经日方出资收购者均不发还。

五、接收日人财产中如有原属本国人与日人合办其合办部分，能提出确实证据经查明属实者，在呈请行政院核示办理期间得准先由本国人，具相等于产业价值之殷实保证具领保管或委托继续经营其经营所得之纯收益，仍应按月交日产处理委员会缴存专户。

前项委托经营办法另定之。

六、接收日人产业之全部或一部分如原系向本国人租用者,应送由日产处理委员会核明证据,斟酌办理,如无需继续使用时,得将其租赁部分予以发还其余之增益,仍应接收归公。

七、接收日人产业之债权债务应照行政院规定分别处理。

八、日人产业标卖价款及出租租金暨各机关运用所得之纯收益,一律交由日产处理委员会专户存储在未奉行政院核准前,概不得移作他用。

九、本办法经台湾省行政长官公署呈奉行政院核定后公布施行。

台湾省接收委员会日产处理委员会代电

产(卅五)处字第〇二〇二号　中华民国卅五年三月廿五日

事由　为各机关接收日侨私有财产应由各接收机关以清册一份发还日人由

各机关各县市分会:据本会花莲县分会皓电称"关于工矿处及农林处径行接收之日产未给财产清册迭据各日侨来会请发给该项财产清册应如何办理乞电示"等情,查日侨私有财产除经指定接收者外,一律由本会各分会接收并发给财产清册。其经长官公署指定接收之日人私有财产应由各接收机关以清册一份发还日人,业经于台湾省处理境内撤离日人私有财产应行注意事项内明白规定在案,除电复外,特再电(请查希遵)照办理日产处理委员会处寅有。

台湾省行政长官公署、台湾省警备总司令部训令

丑巧(卅五)署产〇一四一〇号　中华民国三十五年六月十八日

令本省各机关

事由　为各机关接收日人公私财产须经呈准方可办理违则法办又业经接收之财产应依限册报由

查本省内日人公私财产之接收均应由本省接收委员会统一办理,业经规定,饬遵在案。兹查各机关尚有未经指定或呈准擅行接收者,殊属非是。此后对于日人公私财产之接收或监理,概须呈请本省接收委员会核准发给证件,方可办理。倘不遵照上项规定,径自接收或监理者,当依法惩处。又各机关对于业经接收或监理之日人公私财产应于三十五年二月二十八日以前,造

具清册送交本省接收委员会日产处理委员会，以凭核办此令。

行政长官　陈仪

台湾省行政长官公署代电

卯灰(卅五)署产字第三一三一号中华民国卅五年四月十日

事由　为接收日人财产应取具清册送交日产处理委员会登账处理希遵照由

本署所属各机关：查本省接收日人财产以前，系由本署秘书长通知日方连络部，转行知照。兹以本省处理境内撤离日人私有财产业，经订定应行注意事项公告，饬遵在案。兹特重行规定，凡经本署指定单位接收日人财产一律由日产处理委员会填发通知书，径行通知；被接收财产之日人及各该管县市分会不再另行通知。日方连络部仍应由各接收单位依照台湾省处理境内撤离日人私有财产应行注意事项规定办理，取具清册，送交日产处理委员会登账处理。除分电并通知日方连络部外，特电遵照办理。行政长官陈仪卯(灰)署产。

台湾省接收委员会日产处理委员会代电

产(卅五)处字第〇一三〇号中华民国卅五年三月十三日

事由　为据报各单位接收日产时间有不照应行注意事项擅自免除电希遵照由

各县市分会：据报各县市分会所派接收日人私有财产人员，于接收时，除台湾省处理境内撤离日人私有财产应行注意事项甲项第三款1、2、3条规定准免接收之财产暨权利外，他如在日本之企业股权等，亦多未予接收，殊属不合规定合再重申通知。凡除甲项第三款1、2、3条规定免予接收外，概须依照应行注意事项予以接收，其属注意事项丙项第五款之物件并应送由银行代收。希即遵照办理，并转饬所属一体遵办。为要日产处理委员会产(卅五)处(元)印

台湾省行政长官公署代电

丑寝(卅五)署产字第一七一五号　中华民国三十五年二月二十六日

事由　为日人财产在未经报请核定前不得擅自处分由

警备总司令部各县市政府本署所属单位：查接收日人私有财产其利用或处分事前，均应报由日产处理委员会核定，业经本省处理境内撤离日人私有财产应行注意事项丁项前段明白规定，在案各接收机关对于接收该项日人财产，除确系易坏物品得依前发注意事项丁项后段办理外，其余在未经报请核定以前，一律不得擅自利用或处分。特电遵照。行政长官陈仪丑寝署产。

台湾省行政长官公署代电

辰陷（卅五）署产字第五八九八号　中华民国三十五年五月三十日

事由　各接收机关接收日人财产如有原属本国盟国或友邦人民所有者应报由日产处理委员会核定希遵照由

本署所属各单位：查各接收机关接收日人财产，如有原属本国盟国或友邦人民所有，系由日方强迫接收，应行发还部分均应一律报由日产处理委员会核定饬遵，不得擅予径行发还。违则各接收保管机关应负赔偿之责，其财产如原属本国人与日人合资经办者亦应全部接收，妥交保管运用听候日产处理委员会依法处理，不得径予处分。除分电外，合行电希切实遵照。行政长官陈仪辰（陷）署产。

接收国内日本产业赔偿我国损失记账办法

中华民国三十五年五月十四日行政院第七四二次会议通过

第一条　接收国内日本产业赔偿我国损失应依本办法项目记账。

第二条　左列各款不得作为赔偿之用。

一、陆海空军之军械军舰飞机及其他军使用品。

二、占用我国之一切产业。

三、日人使用伪中央储备银行伪联合准备银行等之钞券及性质类似之伪组织奖金所经营之产业。

四、日人在我国所强占之土地及强占之矿权。

第三条　左列各款得作为赔偿之用：

一、日本在华经营事业之资金及由其资金所置备之产业。

二、自日本运入我国各地工厂矿场铁路电讯等事业之机器材料及有关设备。

三、日人在我国所有产业及房屋。

第四条　日本在华经营事业之组织原有资本债券及在华开支均应检查清册列单具报。

第五条　接收日本产业应分可充赔偿产业及非赔偿产业分别专账记载。

第六条　接收日本产业应详加检查其应计算折旧或耗竭者，应减除其折旧或耗竭核实作价再行入账。

第七条　接收日本产业记账单位概以国币为准，如原值以日币或伪币计算者，应按各该恢复区国币与日币或伪币之折合率折成国币再行入账。

第八条　各收复区敌伪产业处理局及其他有关机关应将接收日本各项产业之专账记载表册，送由赔偿委员会汇案核转行政院核办。

第九条　接收日本各项产业如经行政院核定出售租凭或继续经营后，各接收机关应即以"接收敌伪财产租货收入""接收敌伪营业盈余收入""接收敌伪财产及物资售价收入"三科目分别处理。

第十条　本办法自公布日施行。

台湾省接收委会员日产处理委员会代电

产（卅五）处字第○○四五号　中华民国三十五年二月二十三日

事由　电复日人不动产在卅四年八月十五日以后变卖移转发生纠纷时可由政府先行接管由

屏东市政府：丑交电敬悉查日人不动产在卅四年八月十五日以后，变卖移转或设立负担者，一律无效。早经民字○○六九二号署令公告在案，如已查确违反上项规定应由县市酌情先行接管，报由本会核定处理。此外仍希遵照。丑铣（卅五）署产○一二九九号电令办理特复日产处理委员会（养）产处

台湾省接收委员会日产处理委员会电

产（卅五）处字第○一八二号中华民国三十五年三月廿一日

基隆市分会:寅元产电。悉日人财产之合法证明:(一)动产应以实际占有能交付者为限,(二)不动产应提出公认之产权凭证。凡未能提出合法证据者,除因特殊情形另有其他确切证明外,概暂不登入财产清册,惟仍予以接收。希遵照。日产处理委员会处寅

台湾省接收委员会日产处理委员会代电

产(三五)处字第〇七五六号　民国三十五年五月廿八日

事由　为日人财产应由所在地分会接管希知照由

台南县分会:产秘甲一一六号辰养代电。悉查日人不动产在县境之外,应由财产所在地分会接管,是项财产应即开列清册交由各该区域分会洽接。希知照。日产处理委员会(俭)产处

台湾省接收委员会日产处理委员会代电

产(三五)处字第〇〇八四号　中华民国三十五年三月七日

地政局公鉴:准财政处案移贵局地丙字第三八四号代电。敬悉查日产禁止买卖期内承买日人不动产之权益者,经向卖主交涉无法退还价款时,可由承买人向该管法院请求救济。特复查照。台湾省日产处理委员会(虞)产处

台湾省接收委员会日产处理委员会代电

产(三五)处字第〇八四四号　中华民国三十五年六月六日

事由　为省民承购日产即因手续不合予以接收其改建修缮费用公家不能负担希遵照由

高雄县分会:产字第二一三号代电。悉查省民承购日产既系与法不合予以接收其改建修缮费用,公家自不能负担。希即遵照办理。日产处理委员会已(鱼)处理

台湾省接收委员会日产处理委员会代电

产(卅五)处字〇八〇五号　中华民国三十五年六月一日

事由　电复本国人承购日人不动产在卅四年八月十五日以后登记者应作无效由

地政局：地甲字第一一八三号公函。敬悉查日人产业买卖移转契约成立在八月十五日以前，登记在八月十五日以后者，应属无效相应。复请查照为荷。日产处理委员会已（东）产处

附抄台湾省法制委员会复地政局签见

1. 查民法第七百五十八条规定"不动产物权依法律行为而取得设定丧失及变更者，非经登记不生效力"，又不动产登记条例第五条规定"不动产物权应行登记之事项非经登记不得对抗第三人"，又日本民法第一百七十七条规定"不动产之物权取得丧失及变更依照登记法所定非经登记不得以之对抗第三人"，总上，以观日产处理委员会解释系属正当。

2. 关于日期规定似应更正如下：

甲、本国人在卅四年八月十四日以前承买日人不动产，而在卅四年八月十五日以后，始向法院登记者，其买卖应无效。

乙、日人不动产买卖契约成立在卅四年八月十四日以前登记，在卅四年八月十五日以后者应属无效（因称以前以后系由本日起计）。

相应复请。

查照并希转知日产处理委员会为荷，此致

地政局

台湾省法制委员会、台湾省接收委员会日产处理委员会电

产（三五）处字第〇四五二号　中华民国三十五年四月廿九日

台南袁县长：致卯铣府民二一四三号呈。悉查日人私有财产均应由会接收，不得私自转移，捐赠一节应为无效。希即遵照。接收具报日产处理委员会（艳）产处

抄台南县政府原呈

案据虎尾镇耶苏教会代表者陈余泉呈称："呈为本教会自数年前曾筹划建筑教会堂，在事变中资材缺乏，是故迁延不果，停滞至今。光复后，百废待

兴，更觉难以措置，兹适中岛灵胞归国愿将所住家宅为本教会教堂，作一生热诚信主之纪念，因此上书恳呈心迹，希祈俯允所请，不但有光名教，则诸灵胞均沾恩荫矣等情应如何处置，理合呈请察核示遵"。

台湾省行政长官公署、高等法院公告

署民字第〇〇六九二号　中华民国三十四年十二月

查日人所有公私不动产，其业权前经本长官公署前进指挥所明令，禁止移转变卖及设定负担在案。近据报各处能恪遵前令者固属多数，其仍继续变卖移转或设定其他负担者亦复不少。兹特规定，凡日人不动产在本年八月十五日以后变卖移转或设定负担者，一律无效。如国人在此规定期间后，有承受日人不动产之权益者，应速自向原主追理清楚。除分令外，特此公告。

行政长官　陈　仪

院长　杨　鹏

台湾省接收委员会日产处理委员会公函

产（三五）处字第〇八三九号　中华民国三十五年六月六日

事由　函覆关于新竹市非法买受不动产一案希查由

案准

贵局地丙字第一一八二号公函。略以新竹市非法买受不动产案一件，移请核办赐会等由，附抄新竹市政府原代电乙件准此查，日人在降服前出资神社产业台天，于去年八月十五日后，登记其买卖应作无效，再该神社社有地，在卅四年八月十四日以前，即被日政府经价征收已为公有土地，依法应由该管分会接收，于出租时，酌情分配。准函前，由相应复请查照为荷。

此致

台湾省行政长官公署民政处地政局

主任委员　严家淦

副主任委员　何孝怡

台湾省行政长官公署、警备总司令部前进指挥所公告

台遵字第二号

照得向为台湾政府及日本政府既日籍人民所有之公私财产（含动产及不动产）早经禁示转移及变卖,乃据报仍有不肖之徒擅将公私财物及公用器物私自买卖,甚有更姓过户情事实属不法。兹特公告如左：

一、中华人民对于日人之公私财产,除商店习惯正常营业者外,切勿贪图小利,私自收买,致遭法律制裁,并受私人损失。其有不明规定在八月十五日以后已经收买或变姓过户者,应速向主管机关电报并将原物退还原主。

二、日籍官民尤应奉公守法恪遵规定,不得欺诈取巧,违法自误。倘存有上述犯行,一经发觉,不但本身罪有应得,并将累及县政府同负其责任。

右仰一体遵照此布。

中华民国三十四年十月十三日

主任　葛敬恩

台湾省接收委员会日产处理委员会代电

产（卅五）处字第〇四四六号　中华民国三十五年五月二十七日

事由　据电请示接收日人财产属人抑应属地疑义电复遵照由

台北县分会:北产第九号代电。悉查日人公私财产之接收,应以属人为原则。如其产业在其他县市者,可委托所在地分会接收,并由接收之分会加盖关防。希遵照。日产处理委员会卯（感）产处

附摘录台北县分会请示日产属人属地一段

"关于日侨居住甲地而其财产在乙地者,其接收手续是否采属人主义抑采属地主义"

台湾省接收委员会处产处理委员会代电

产（卅五）处字第〇五九八号　中华民国三十五年四月十五日

事由　据请解释所有权疑义三点希遵照由

嘉义市分会:嘉产四六号代电。悉兹分别解释如下:（一）仍属日产,（二）

查明属实者仍以日产论,(三)甲乙二地财产均属中央所有又征用日籍人员财产应暂缓接收。以上三点希遵照。日产处理委员会(删)产处

附嘉义市分会请释所有权三点如左：

(一)国人土地房屋委托日人出面登记其所有权属于国人抑或日人。

(二)日人土地房屋委托国人出面登记其所有权属于日人抑或国人。

(三)日人居住甲地而财产置在乙地其财产属于甲地政府所有抑属于乙地政府所有。

又征用日籍人员之财产奉令暂不接收,兹为便于管理统计起见,经会议议决拟先行接收转予借用,不收租金。

台湾省行政长官公署财政处代电

致午署财字第六五四九号　中华民国三十五年七月十五日

事由　准日产处理会规定处理已离台日侨对其留台私有财产办法两点希查照

各金融机构:准台湾省接收委员会日产处理委员会产(卅五)处字第一二六七号代电。以查本省处理境内撤离日人私有财产应行注意事项,业经行政长官公署公告实施通行有案,至于原已离台出外日侨对其留台私有财产之处理,特规定如下:(一)原已离台出外日侨,其留台所有财产未报请本会,按本省处理境内撤离日人私有财产应行注意事项。接收者准由出外日侨委托留征日侨代其办理申请接收手续,一切仍应按照应行注意事项规定办理。(二)已回国日侨之存款准予委托留用日侨代向存款银行申请,发给凭证携带。近日以上二点,除电知各银行及产业金库并饬属查照办理外,相应电请查照,并转饬所属知照为荷等由。除分电外,特电查照办理。财政处(删)财二

军事委员会、行政院训令

事由　敌伪产业文物非依法不得接管占有由

令　台湾省行政长官公署

查敌伪产业文物,非依收复区敌伪产业处理办法之规定,不得接管运用,

并应交由有关机关统筹处理。经于本年一月十七日以(卅五)办秘二政六七六〇〇节参一八四〇号函令,分行在案近接各方呈据。关于此项产业文物有已经擅行按管者,有隐匿不报甚至拒不移交,或占据房屋不肯迁让甚至拒绝清点诸种情事,似此侵越职权妨碍接收违背法令,殊属非是。不论党团、军政机关、驻军部队、个人,应即迅速遵照规定移交有关机关接管。如再有留难隐匿强占等情事,准由有关主管机关查明情形,呈报本院会依法究办。除分行外,合亟抄发处理办法,令仰遵照,并转饬所属一体遵照此令。

附抄发收复区敌伪产业处理办法一份(参阅第十一页)

委员长　蒋中正
院长　宋子文

日伪仓库物资接收处理解释

中国陆军总司令部京亥龟接代电

一、日伪仓库之分类及其接收处理之权责如下:

甲、军用仓库。军所直辖或军所租用储存军需品者属之由军政部特派员接收。

乙、事业机关附属仓库。储存该事业机关自有物资材料者属之由接收该事业之机关接收。

丙、货物仓库。水陆运输机关税务机关及公私所营代管货物者均属之其所有日伪物资由海关接收呈核处理。

丁、商号货栈。其规模较小而以自存货物者属之依照日人在中国私人产业暂行处理办法办理。

二、前项各类仓库中所有不属于接收机关本身之物资材料应呈核转拨或处理。

三、仓库中所接收之一切资产财物应由接收机关依照原册点收并列表具报,如有现金接收应缴存中央银行。

四、接收仓库物资内有易坏品及必要之民生日用品等,得呈准后会同处理机关变卖其所得价款,依照行政院规定,以日伪产变卖价科目,存中央银行汇缴国库，不得擅自动用。

台湾省行政长官公署训令

署产（卅五）处字第一六四六号　中华民国三十五年八月七日

事由　奉行政院令颁处理逆产原则转令遵照由

令各直属机关

案奉

行政院三十五年六月二十八日节京参宇第三三八一号训令开："本院本年六月二十五日第七四八次会议决议处理逆产原则：一、敌伪产业处理局查封之汉奸嫌疑犯财产尚未经法院侦讯者，应即移送法院查封后，得委托敌伪产业处理局执行。二、前项财产经法院判决没收确定者，得由法院移送敌伪产业处理局处理之。除分令外，合行仰令照遵并转饬遵照。"等因奉此查，本省关于前项产业之执行处理应由日产处理委员会承办。除分行外，合行令希遵照，并转饬遵照此令。

行政长官　陈仪

台湾省行政长官公署代电

署产（卅五）审字第一八一九号　中华民国卅五年八月十五日

事由　电饬查报接收日产抵充赔偿数目仰依限遵办并转饬遵照由

各第一级接收机关各县市政府各日产分会："案准外交部各电开"。"据驻美国大使电略称，关于日本赔偿问题，最近即将积极进行讨论，现需在台湾日本资产数字，以备参考等语，相应电请将该项数字迅为查明电示，以凭转知为荷"等由，准此查接收日产划分抵充赔偿与不得抵充赔偿记账办法前，奉行政院颁发规定原则（并经本署以署产（卅五）审字第一二六〇号训令转饬知照）在卷准电前，由兹为求对于此种抵充赔偿日产范围易于明了，便利统计起见，特再按照原院令指示原则，参照本省实际情形，概括划分八个科目，随电附发。希就各本机关暨所属机关接收日产中，凡属于该各科目中者，即依类统计接收单位数量，并估定总值。限八月二十五日以前，填列详表报署，以便汇集转电外交部参考,事关国家对外交涉,重要数据在美讨论期迫,幸勿稍有延搁。特电查照并转饬所属遵办。汇报附发抵充赔偿日产科目八项及说明并抄附行致院原颁发赔偿记账办法第二、三两条文行政长官陈仪(删)印

抵充赔偿日产科目八项及说明

一、运输工具

包括铁道及其设备船舶车辆等(接收铁道公里数船舶吨数及车辆数量并估计其总值)。

二、电讯设备

包括有线无线电报电话广播电台等一切设备估计其总值。

三、工厂设备

凡日人出资经营之企业工厂所有机器及其他与工厂企业有关之设备房屋建筑物并材料原料等。

四、原料成品及仓库内物资

接收日人存储一切原料成品及仓库内不属于任何被接收单位的一切其他物资。

五、学校及文化机关之房屋建筑物及一切仪器等设备

六、医院设备

凡日人经营公私医院之建筑物及一切仪器设备并储存之医药等。

七、房屋

除工厂医院学校及文化机关已列入者外一切日人房屋均属之。

八、现金类

包括接收日人公私现金及金银饰品具有价值标准者均属之。

附注:

1. 以上各项内所有接收日人之土地均不能计算在内。

2. 统计数字均以每项科目为单位,例如"工厂及设备"一项仅须填列接收工厂若干单位总计价值若干等。

3. 各项之估计价值均以三十四年十月三十一日时价为标准。

4.各机关接收日产倘有不属于上列八项科目以内者,则按照事实另列科目统计并加说明。

附抄赔偿记账办法二、三两条条文

第二条　左列各款不得作为赔偿之用

一、陆海空军之军械军舰飞机及其他军用品。

二、占用我国之一切产业。

三、日人使用伪中央储备银行伪联合准备银行等之钞券及性质类似之伪组织资金所经营之产业。

四、日人在我国所强占之土地及强占之矿权。

第三条　左列各款得作为赔偿之用

一、日本在华经营事业之资金及由其资金所置备之产业。

二、自日本运入我国各地工厂矿场铁道电讯事业之机器材料及有关设备。

三、日人在我国所有产业及房屋。

台湾省行政长官公署民政处代电

致未署民字第一六八〇六号　中华民国卅五年八月十七日

事由　奉令各机关运用之敌伪产业应先作价希遵照由

本处所属各机关:案奉行政长官公署卅五年八月十日署产卅五处字第一七一五号代电开:"奉行政院卅五年七月廿二日节京拾字第六三九四号训令开:"凡依收复区敌伪产业处理办法第三条之规定,委托各机关运用之敌伪产业,应先按时值作价,以便稽核,除分令外,合行仰令遵照",等因,奉此,除分行外,特电遵照,等因自应遵办,除分电外,合行电希遵照。民政处会未(条)印

三　房屋地产类

地方政府接收处理日人寺庙祠宇注意事项

准内改部逾礼字第6482号函送长官公署辰支署产477号代电饬遵

一、收复区日人寺庙祠宇之接收处理,除法令已有规定外依本注意事项办理之。

二、凡日人寺庙祠宇应由地方政府一律接收并登记保管。

三、凡日人寺庙祠宇内有关神权迷信之神像木主及法物等均应予以撤除。

四、前项接收之寺庙祠宇依左列情形分别办理:

甲、利用原有庙宇变更名称,或加以改造之日人寺庙祠宇,如系公产仍收归公有,如系私产应由所有权人提出确切证件,依法审议后发还之。

乙、日人新建寺庙祠宇其土地权属于公有者应一律收归公有。

丙、日人新建寺祠宇此土地权属于私有者。应依照收复区土地权利清理办法第五条之规定办理。

丁、日人寺庙祠宇系利用原有民房改建者应依法清理发还。

五、地方政府接收处理日人寺庙祠宇均应随时将接收情形及处理办法专案咨报内政部备核。

台湾省行政长官公署代电

署产(卅五)处字第二一六九号　中华民国三十五年九月五日

事由　为抄发修正收复区私有土地上敌伪建筑物处理办法由

各直属机关、各县市政府、各日产分会:奉行政院节京二字第七○四三号训令开"查收复区私有土地上敌伪建筑物处理办法,自公布施行以来,在执行上多有窒碍,亟应酌加修正,并拟具正草案,并经提出本年七月二十三日本院第七五二次会议决议修正通过,除公布并分行暨送请国防最高委员会备案外,合行抄发该项修正办法令仰知照"等因,计抄发收复区私有土地上敌伪建筑物处理办法一份,奉此合行抄发原办法电。希遵照。行政长官公署申(征)

署产计抄发收复区私有土地上敌伪建筑物处理办法一份

收复区私有土地上敌伪建筑物处理办法

中华民国三十五年七月　日行政院节京二字第七〇四三号调令修正

第一条　收复区私有土地上敌伪建筑物之处理，依本办法之规定，本办法所未规定者依其他法令前项私有土地以按照"收复区土地权利清理办法"清理后，取得土地权利之私有土地为限。

第二条　凡收复区私有土地原为基地，经敌伪组织或敌侨汉奸兴建房屋，若其他建筑物者，应由敌伪产业处理机关会同县市政府依法估定其价值，分别情形为左列之处理：

一、建筑物合于土地法第二百〇八条各款及第二百〇九条之规定者，得依法征收其基地连同该建筑物一并收归公有。

二、建筑物之宜于私人住宅商店工厂等用途者，得由处理机关限定适当时期通知基地所有权人优先缴价承购，所有权人逾期不为承购者得拍卖之。

第三条　前条拍卖之建筑物应由承购人向基地所有权人协商购买，其土地协商不能成立时，承购人对于基地享有其地上权。

前项地上权地租之订定准用民法第八百七拾六条第一项及土地法第九十七条之规定。

第四条　收复区人民房屋及其他建筑物因战事被毁经敌伪组织或敌侨汉奸在原基地上重行兴建房屋或其他建筑物者准由基地所有人优先缴价承购其无力交价时，得分期于二年内付清如逾期不付清得拍卖之。

第五条　收复区人民房屋及其他建筑物经敌伪组织或敌侨汉奸加以修建者，准由原所有权人就增修部分交价领回。其无力交价时，得分期于二年内付清，如逾期不付清，得拍卖之。

前项房屋及其他建筑物如经拍卖后，承购人与基地所有权人间之关系依本办法第三条之规定。

第六条　前条经敌伪修建之房屋及其他建筑物，如系不变更原有形态之普通修缮，准由原所有权人无偿领回。

第七条　依本法处理之房屋及其他建筑物价值之评定由敌伪产业处理机关会同县市政府土地法及土地法施行法之规定办理。

第八条　本办法自公布日施行。

台湾省行政长官公署代电

署民地字第三四七号　中华民国三十四年十二月四日

事由　规定前日人公私有土地暂行处理办法由

各州厅市政府接管委员会：本署在本省接收期间，为免生产中辍防杜土地纠纷起见，兹制定前日人公私有土他暂行处理办法如次：（一）凡公有官有土地一律由接管委员会先行接管，暂仍交由原管有人或原承佃人继续耕种。如无管有人或承佃人者，应由各接管委员会暂行招佃。（二）私有土地在未规定处理办法以前，不得移转抵押出租，及其他各项权利之设定。（三）原属会社所有之土地应调查其国籍。凡属日人所有者，应参照前两条处理之。其原属台湾籍人者准各业主自行管业。（四）土地纠纷事项由各该接管委员会，就原有各级地方行政机构内组织土地调解委员会调解之。调解不成移送法院办理。以上各点希即遵照，并将办理情形具报备核。陈仪亥（支）民地三印

台湾省行政长官公署代电

子虞（三五）署民字第〇〇一〇五号　中华民国三十五年一月七日

各州厅接管委员会：查本省在接收期间，为免生产中辍防杜土地纠纷起见，经由本署规定前日人公私有土地暂行处理办法四条，以署民字第〇〇三四七号代电，饬遵在案。兹再制定该项办法实施应行注意事项七条电。希遵照办理，并将办理情形随时列表，报备查考。陈仪（虞）地丙

附抄前日人公私有土地暂行处理办法实施应行注意事项

一、日人公私有土地暂行处理办法（以下简称本办法）专为接管或监理期间或政府未规定处理办法以前暂时适用之。

二、第一条前段所称"原所有人或承佃人"系指本年八月十五日以前之原

来所有人或原来承佃之农民。

三、本办法第一条后段所称"暂行招佃"系指确无所有人或原承佃人继续耕种。之前日人公有土地应由接管委员会在县市政府已成立者，则由县市政府暂行分别招佃以免荒芜。

四、暂行招佃之对象为确系台湾省籍无田可耕之雇农与耕地不足之佃农自耕农。

五、暂行招佃之面积视其纯收益由县市政府酌定每农户田最多不得超过三甲畑不得超过五甲为原则。

六、前项土地招佃时当地农户得申请登记其申请书格式由各县市政府自行现定如申请农户超过招佃总面积时，得减低领耕田积或佋先令雇农抽签次佃农再次自耕农。

七、土地调解委员会之组织另定之。

收复区土地权利清理办法

中华民国三十四年八月廿八日公布施行

第一条　收复地区土地权利之清理除法令别有规定者外依本办法之规定。

第二条　土地权利人应以执有下列各款证件之一者，为其产权凭证。1.依法处理土地登记所发之土地权利书状。2.依法办理土地陈报所发还之土地管业执照。3.依其他国民政府核定之法令，整理地籍所领发之土地权利证件，未经依法令整理地籍之地方，人民土地权利以原有证件为凭证。

第三条　凡敌伪组织对对公有私有土地所为之处分及其所发给之土地权利证件一律无效。土地权利人旧有之证件经加盖敌伪组织之印信，应在原敌伪印信上加"无效"戳记，并依照本办法第八条之规定补办登记或接收暨税契手续。

第四条　经敌伪组织放领之公有土地一律无效，但其承领人为自耕农而继续耕作者，得限期办理承领手续。

第五条　经敌伪组织没收之私有土地应由所有权人提出确切证件后，发还之。如有特殊原因不能发还者,均依法征收之。

第六条 经敌伪组织发价征收之私有土地由政府保管清理,如目前重大公共需要者,得准原所有权人提出确切证件缴价领回。

第七条 在敌伪组织势力范围内被非法强占之私有土地应当还报原土地所有权人。其在强占期间原土地所有权人所受之损害应由强占人负损害赔偿之责。

第八条 在战争期间市县政府不能行使政权之地方土地权利之移转,应由权利人于光复后,政府公开行使政权六个月内,依法向该管市县政府补行登记或税契。

第九条 战前地籍整理完竣之土地,如其经界变更或图册散失者,应补行测量以恢复土地使用原状为原则,但于必要时得执行土地重划。

第十条 各省市政府得依据本办法拟定实行细则送请中央地政机关核定。

第十一条 本办法自公布日拖行。

台湾省接收日人房地产处理实施办法

行政院三十五年八月八日节京拾字第八一七五号指令修正

一、本办法依据台湾省接收日人财产处理办法第三条乙款之规定订定之。

二、本省接收日人房地产之处理,除法令另有规定外,应依照本办法之规定。

三、本省接收日人房地产之处理分为拨归公用与出租出售三种,其业经接收而产权尚未确定者应以出租为限。

四、关于企业所有之房地产其不可分割部分应归并各该企业处理运用。

前项不可分割之范围以各种企业本身需用及为维持其业务所必需之房屋土地为限。

五、拨归公有之房地产应限于接收之日人公有产业仍应由各使用主管机关开单送由日产处理委员会核定办理拨用手续。

六、接收日人之私有房地产须拨公用时,应由各主管使用机关报由行政长官公署核定,转发日产处理委员会办理租用或借用手续再呈请中央核定之。

七、前两条所指拨为公用房地之范围以各级机关本身或其事业暨各级公立学校本身必须应用之房屋土地为限。

八、房屋商店等建筑物未拨公用及未决定另行处理前一律先行出租,但须于租约内订明为不定期赁得随时于一个月前通知收回。

九、属于房屋商店或原为房屋商店之基地除拨公用部分,并予拨用外,均一律出租。其余原有建筑物部分应并出租于该建筑物之承租人或另行处理之管有使用人。

十、耕地及其他可供农作使用之土地应以耕地能有其田之目的分配租与自能耕作者之农民,依本省公有土地处理规则之规定办理之。

十一、房地产无人承租时其地上之房屋或属不堪修理及破旧剩余不易保管之建筑物应尽先标售,但县市政府或原接收机关认有保留之必要者交予保管,其因保管必需之费用由各县市政府或原接收机关拟定报请日产处理委员会核定开支。

十二、关于房地产之租额拟订标准如下:

(一)属于房屋商店及其基地部分应依产业之位置建筑物之情况体积参照当地实情分等拟订之。

(二)耕地及其他可供农作使用之土地部分依土地法第一百七十七条之规定办理之。

十三、关于房地产之出租事宜除法令已有规定外,应由日产处理委员会指导各县市分会会同各该县市政府办理,其由主管机关接收部分,除属不可分割之企业所有部分外,均应送由日产处理委员会转交各该产业所在地之县市分会会同县市政府办理之。

十四、属于房屋建筑物之出售估价标卖事宜由本省日产标售委员会办理之。

十五、出售房屋建筑物应按投标方式以投最高标价者为得标,但该标的物经出租再行出卖时,如在最高标价百分之五差额内得准承租人按最高标价以优先承购之权。

前项房屋建筑物之承购应以本国人民无附逆附敌行为者为限。

十六、出售房屋建筑物之估价,应依产业之位置建筑物之情况体积参照当地实情拟订,标售底价,并得委托当地市县政府估定均应于标售前十日公布之。

十七、原定标售底价两次无人投标承购时,得酌于减低百分之十至二十,如仍无人投标时,得改列下次标售。

十八、本办法自公布日施行。

台湾省公有土地处理规则

中华民国三十五年四月廿二日公布

第一章 通则

第一条 凡属台湾省境内之公有土地除法令别有规定外依本规则之规定处理之。

第二条 本规则所称公有土地,系指前总督府在本省所有之公有官有田(水田)、畑(旱田)、山林、原野、牧场、养鱼池、池沼、矿泉地、坟墓地、杂积地及废置之军事用地等而言(包括已接收之日人公有或官有土地)。

第三条 本省公有土地除经中央或本省行政长官公署(简称长官公署)指定用途者外农地及建筑物均以放租为原则。

凡依本规则租用之公有土地及房屋必须自耕自住,违者除撤销原契约外,并按其已租用之期间处以租金相等之违约金。

第四条 各机关接管之公有土地及其建筑改良物除造册送日产处理委员会核外,并应将其台账另录誊三份分送财政处、农林处、地政局查核以后,如有异动并应随时分报备查。

第五条 各接管机关及各县市政府对于公有土地除依法由长官公署处理者外,非经长官公署转报行政院核准不得处分,如属业务上所需之公有土地,倘有变更使用时,应呈经长官公署核准。

第六条　各机关接管之公有土地,除本身业务上或创设省营企业机构所必需或依法令暂行保留者外,其以出租收益为目的者,应一律交由该县市政府依本规则之规定暂行出租。

第三章　公地纠纷处理

第七条　凡属本国人民在民国卅四年八月十四日以前被日政府依法给价征收或已交换之土地房屋经接管后即为公有土地概不发还,但被日政府或日人强制征收未给价或未予交换经该管县市政府查实有据汇送地政局转呈长官公署核准者,不在此限。

前项不予发还之土地房屋其原业主或继承人,如因无地可耕无屋居住经查明属实者,得依本规则之规定有优先承佃土地及承租房屋之权。

第八条　凡已经划为河川用地或因水利之必需,筑成埤圳等公共建筑者,或因经济政策上之需要已划入公共事业范围内者,其土地或建筑物概不发还。如原属军事征用之土地应候中央军事机关核定后再行办理。

前项因公需用之土地或建筑物当时尚未给价者,得依本规则第十四条之规定配给土地。

第四章　市地租用

第九条　凡县市建筑境内地之出租应由该管县市政府依照都市营建计划并参照地方实际情形分区域规定面积呈经长官公署核准后,参照本省接收省境撤离日人私有房地产处理办法之规定办理。

第十条　公有土地或公有市屋之出租应先就市地或市屋所在地之邻近区域内,确系无地或无屋之市民先行登记以凭分配,不敷分配时,以抽签决定之。

前项出租实施办法由县市政府拟订报请长官公署核定之。

第五章　农地租用

第十一条　农地租期除按规定暂租一年者外其租期定为三年至五年。

第十二条　荒地承垦办法另定之。

第十三条　公有耕地之出租应由该管县市政府依左列农民顺序先行举办登记再依次序分别抽签配给耕地。

一、雇农

二、佃农

三、耕地不足之自耕农

前项第三款所称耕地不足之自耕农系指自耕田不足一甲半或畑三甲且确未佃耕他人土地之农户凡转业为农并有自耕能力而无土地者,得视为雇农登记,但须俟佃农抽签配耕后再行抽签分配之。

第十四条　招佃面积田以二甲畑以四甲为限,并以登记农户之住所附近耕地配给为原则。

田或畑以外之土地,该管县市政府应视其收益此照前项之规定办理。

第十五条　在本规则施行前已由人民耕种及各县市政府放佃者,应参照本省接收省境内撤离日人私有房地产处理办法第九条之规定办理。

第六章　公地租册及租金

第十六条　公地之租册及租金应由该县市政府依左列各款之规定分别办理:

一、编造公有土地出租清册四份以一份存查三份分送财政处农林处地政局查核如有异动并应随时分报备查。

二、建筑物租金应按当地情形分别拟订等则呈报长官公署核定行之。

第十七条　承租人每年应纳租金(地代)依照土地法第一七七条之规定但其原纳租金(地代)低于土地法第一七七条规定甚远者,得由该管县市政府斟酌当地实际情形列表项目呈请核定。

第十八条　公有土地租金(地代)收入除完纳本年度地价税(在地价税未开征前仍为地租(即田赋)外余均缴交省库由财政统筹办理。

第十九条　公有土地租金除天灾事变及不可抗力外承租人应按规定缴纳,但地方有分季缴纳租金之习惯者得依其习惯办理。

第七章　附则

第二十条　依本规则第七条第二项之规定有优先承佃承租权者不受本规则第十条及第十三条抽签之限则。

第廿一条　本省每年处理公有土地情形应由长官公署呈报行政院察核。

第廿二条　本规则自呈准后公布施行。

台湾省接收委员会日产处理委员会代电

产（三五）处字第一二三一号　中华民国三十五年七月三日

事由　电各机关接收日人房地产及动产应依规定分别处理

本省各机关：查本省接收日人房地产处理实施办法及本省接收日人动产处理实施办法，业经奉令公布施行在案。关于接收日人房地产部分应依照规定：（一）企业所有之房地产其不可分割部分应由各主管机关详细列册说明一式二份送会审定后，通知该管县市分会登记。（二）拨归公用之房地产应由各使用主管机关开单送会核定办理拨用手续。（三）各县市应予出租之房地产限两个月内办竣。（四）不堪修理及破旧剩余不易保管之建筑物应由各县市分会或原接收机关开单估价送会俾便尽先标售。又关于接收日人动产部分应依照规定：（一）动产物品已拨或应拨公用者，应由原接收机关报由主管机关核转本会办理拨用手续。（二）其他动产一律标售由原接收机关列册估价送会办理，并限两个月内办竣，除分电外特电查照办理。台湾省日产处理委员会（江）产处

台北市配拨公用房屋准则

一、本市机关需用房屋特多为使住屋合理分配起见，组织台北市分配公用房屋委员会，由长官公署、秘书处、民政处、财政处、警备处、人事室、地政局、警备总司令部、日产处理委员会、台北市政府等九单位派员组织，并请财政处处长为主任委员，于四月十五日前组织成立附设财政处办公。

二、本市区内各机关单位应由分配房屋委员会通知，按照编制人员估计眷属人数，合计需用房屋总数，已有官舍若干座数间数，尚短若干间数，于四月底前详细列册（册式由会制定），送由分配房屋委员会核明实际需要统筹配拨。

三、分配房屋委员会应统计全市接收日人住屋及其容量划定区域详细列册办理统一分配必要时，得调用各机关人员分组实地勘察之。

四、上项拨用之日人房屋经分配房屋委员会核定分配后已有人民或非指定使用机关之职员住用时,应即重行迁移不得以任何理由要求免迁。

五、拨用房屋中如各机关先行使用已有自行修理住用经重行分配须另迁让者,得提出修缮用费凭证或予公平估定由配拨使用单位拨还垫修费用。其办法另定之。

六、市区内住屋应兼顾市民需要由分配房屋委员会妥议按成数分配之其属商店房屋不适于住宿者,除指拨机关办公应用外,不得分配使用。

七、分配拨用房屋应于五月底前,分配完竣。六月十五日前拨用清楚。

八、分配公用之接收日产房屋应由日产处理委员会照规定办理拨用手续。

台湾省行政长官公署代电

字第二一〇一号

本署各单位各县市政府各日产分会　查日来接管日人住屋情形至为混乱,兹特订定下列办法,通饬遵行,藉免纷扰。(一)各机关接管日人住屋应就其主管业务范围内先行接管,仍应向该管日产分会领取盖有印信之证明条粘贴于该屋门口,如应行接管之住屋超出其需要时,应即交由该管日产分会接管。(二)凡继续征用日人之住屋应仍留居住由各日产分会另发保留凭条,交由各机关分发实贴,但在该项凭条未发到前,各机关可先发证明条分发日籍人员粘贴于其现居处所以资证明。(三)各机关已向日产分会领用粘贴证明条,应于文到五日内将实贴住屋地点原业主姓名造册送会,以便查考。(四)凡原属商店或其他不适于宿舍用之房屋,各机关应饬知所属人员不得接管,作为住宿之用,上列各项,希即查照办理见复为荷。台湾省行政长官陈仪公出秘书长葛敬恩代行(庚)署秘一印

台湾省行政长官公署民政处代电

民地字第一〇四六号　中华民国三十五年四月五日

事由　电为有关土地部分之接收应会同地政人员参加希查照

各县市政府：查各县市关于土地部分接收事宜会同地政人员参加接收者，固属多数其未会同参加者，亦复不少。本处为统一事权并切取联系计，兹特规定：凡有关土地部分之接收概应会同各该县市主办地政人员参加，除分电外，特电查照。民政处民地丙（征）印

台湾省行政长官公署警备总司令部代电

辰东（三五）署民地字第〇四一三五号　中华民国三十五年五月一日

日产处理委员会：查前日本陆军海空军在战时，征用本省人民之土地房屋，均应移交各县市政府接收，适当处理，凡我政府机关部队，如因公需用者，自应列举土地所在地街名番号，以及土地房屋面积及间数申明用途及理由，依法向各该主管县市政府申请转呈本公署核准后，方可使用。其余土地房屋应即依照"本省接收省境撤离日人私有房屋地产处理办法及前日人公私土地暂行处理办法暨其实施应行注意事项"，与近颁各有关土地法令之规定办理，除分电外，即希遵照办理，并转饬所属遵照。行政长官公署警备总司令部致辰东署民地

台湾省遣回日侨私有卫生器材及其私有医院房屋处理办法

寅梗（三五）署民第〇二五六〇号

一、本署民政处卫生局及各省立医院疗养院因事实上之必要，应行接收之遣回日侨私有卫生器材及其私有医院房屋，由本署民政处处卫生局造册，径函台湾省日产处理委员会另行指定接收，并转饬各县市分会查照协助，于接收完毕后，造册二份送由本署民政处卫生局转送台湾省日产处理委员会备查。

二、本署民政处卫生局未另指定接收之遣回日侨私有卫生器材及其私有医院房屋，由台湾省日产处理委员会各县市分会接收，于接收完毕后，编造专册二份，送由台湾省日产处理委员会，转送本署民政处卫生局统筹分配使用。

台湾省行政长官公署代电

巳真（三五）署民地字第六七五号　中华民国三十五年六月十一日

事由　抄发复台中县政府请示处理前日军战时征用民地房屋办法代电一件希遵照办

各县市政府（台中县政府除外）：本省前日本陆海空军战时征用民地房屋应移交各县市政府接收，业经本署以辰东（卅五）署民地○四一三五号代电通饬遵办在案，兹据台中县政府电请核示处理办法到署，除核复外，合行抄发复电一件，令希遵照办理为要。陈仪署民地（巳真）

附抄发复台中县政府代电

事由　电复希将军事机关接管前日军战时征用民地房屋查明列单报核

台中县政府：府民地三六○九号代电，悉希即参照前电会同日产分会将辖境内前项土地房屋，查明何种军事机关或部队接管，再行函请各使用机构分别"因公需用"及"移交部分"列单查复，仍将办理情形随时具报凭核为要。陈仪署民地（巳真）

台湾省接收委员会日产处理委员会代电

产（三五）处字第○七三二号　中华民国三十五年五月二十五日

事由　据电请示日军战时征用土地建筑之飞机场是否由县接收等情电覆知照由

台南县分会：产秘甲字第一一二号。代电悉查日军战时征用建筑飞机场所依照长官公署暨警备总部辰东（卅五）署地字第四一三五号代电规定，应俟军事机关移交该会接收后，再行处理合行，电希知照。日产处理委员会（有）产处

台湾省行政长官公署民政处代电

民地丙字第八八九四号　中华民国三十五年二月十日

事由　公有土地不得比照私有土地自由移转应先由县市政府接管希查照

台中县政府鉴：奉交卅五年一月二九日府民地字第三○八号代电暨附

件，均悉查该地既系公有土地自不得比照私有土地自由移转，应由县市政府先行接管，再行转租，以清手续，而维法令。合亟电希遵照办理为荷。附件暂存民政处（灰）地丙

台湾省接收委员会日产处理委员会代电

产（三五）处字第〇二一〇四　民国三十五年三月二十六日

事由　未经呈准自行修理日人炸毁房舍应一并接收由

新竹市分会：产秘寅删电。悉凡未经呈准自行出资修理之日人炸毁房舍，应一并接收项目，呈候处理。希遵照。日产处理委员会处寅（寝）

台湾省接收委员会日产处理委员会代电

产（卅五）处字第〇二〇六号　中华民国三十五年三月二十五日

事由　复水田基地不必估价电

花莲县分会：产寅寒电。悉接收水田基地仅须注明面积，不必再行估价，特复遵照。日产处理委员会处寅（有）

台湾省行政长官公署代电

寅虞（三五）署民字第二〇二四号　中华民国三五年二月七日

事由　各县市不得擅行标卖接管土地希遵照

各县市政府：据报各县市政府，近有将接管日人之公私有房地产擅行标卖情事，殊属未合，亟应查明纠正。如有已经标卖处分者，应即退还价款，收回原物，妥慎保管。其可利用者，候另行统筹饬遵。除分电外，合行电希遵照为要。长官公署致寅（虞）民地丙印

台湾省行政长官公署代电

寅巧（三五）署民字第二三四六号　中华民国三五年三月十八日

事由　据报民间间有占耕公地等情电希遵照办理。

各县市政府：查人民承佃公地必须向主管机关依法申请核准后，始得耕

作。近据报各地间有未经申请擅耕公地者,亦有误会,为日本既经投降前台湾总督府所批准之垦权,已属无效。强占他人垦地等情事,查前日人所有土地自应由本省依法接收,听候处理,擅自耕种与霸占,均属非是,应由各该县市政府明白晓谕,严行制止,其已私耕或侵占者,亦应分别纠正或核可后,补办手续,以符法令。其租期暂以一年为限,倘敢故违,定予禁止耕作,并予处罚。除分电外,合行电希遵照办理,并转饬周知为要。行政长官陈仪公出秘书长葛敬恩代行寅(巧)署民地丙

台湾省行政长官公署民政处代电

民地字第一〇四六号　中华民国三十五年二月二十日

事由　依国有财产法批准贷付案件应依照前颁前日人公私有土地暂行处理办法实施应行注意事项所规定切实办理

各县市政府鉴:案据台东县政府卅五年一月廿六日民地字第二七二等号报告,"依国有财产法批准贷付之案件,抄同批准台账,并附图面呈送钩察"等情报,此查该批准贷付案件之台账所载受,许可人均系日籍人民,核与本署前颁行,之前日人公私有土地暂行处理办法及前日人公私有土地暂行处理办法实施应行注意事项第四条,以本省籍人民为招佃对象之规定不符,除予纠正并电嘱嗣后,处理依国有财产法批准贷付案件应依照近颁前日人公私有土地暂行处理办法及前日人公私有土地暂行处理办法实施应行注意事项第四条之规定,公有土地之出佃出租应先招佃于本省籍之雇农佃农至建筑用地亦应比照该办法,以本省籍之人民为招租对象。除分电外,合行电希遵照办理为要。民政处长周一鹗(哿)地丙丑印。

台湾省行政长官公署民政处代电

寅东民地字第一二七一号　中华民国三十五年三月一日

事由　电知前日军给价征用土地现原土地所有权人要求增补损失案处理办法

各县市政府(除台中县):奉长官交下台中县政府三十五年二月十一日府

总字第五七八号呈,略以"据大屯区大平乡乡民石良呈以在民国三十三年日军开□机场,占用其种植杀虫剂之田地三甲七分三厘五毛,只受补偿金七千三百元,较今价值计损失六万三千八百元之巨等情,呈转察核示遵"。据此查前日军征用之民地,该业主既已受领补偿金自不能以现时时价高涨要求增补。除电台中县政府转饬原具呈人知照外,恐各县市难免无同样情事合行,电希知照。为要民政处处长周一鹗致寅(东)民地丙

台湾省行政长官公署训令

巳江(三五)署民地字第六一三二号　中华民国三五年六月三日

事由　凡民间有关承租公地纠纷应由各县市政府径行受理,希知照令各县市政府

本省公有土地处理规则,业经公布施行在案,凡民间有关承租公地业权纠纷及其他权利事项之申请案件,应由各该管县市政府径行受理,并依照前项处理规则之规定,分别饬遵。毋庸先向本署申请,其属会社土地应径向各接管机关申请。除公告周知外,合行令仰知照并转饬知照。此令

行政长官　陈仪

四　工商企业类

台湾省行政长官公署代电

致巳巧署民地字第四〇二号　中华民国三十五年六月十八日

事由　解释出租实施办法内"出租"之意义

各县市政府:查本省公有土地处理规则第四章市地租用内第十条第二项规定"前项出租实施办法由县市政府拟订,报请长官公署核定之","出租"二字系指市地而言,农地之出租在该规则内已有详细规定,毋庸另订办法。如因地方情形特殊须加补充者,可专案呈请核示其拟订之"办法",并须报署核准后,始可公布实施。乃近据各县市政府所送出租实施办法,间有未尽符合

之处,亟应分别明白纠正。希遵照办理为要。行政长官公署民地(己)巧

台湾省接收委员会日产处理委员会代电

产(三五)处字第一三四九号　中华民国三十五年十月十五日

事由　电饬各县市分会办理出租房地产先就各该分会接收之产业为范围由

各县市分会:查各分会办理出租房地产应先就各该分会接收之产业为范围,其属指定其他机关接收部分应俟另行抄发产业名称,再行办理。除分电外,特电遵照。台湾省日产处理委员会午(元)产处

台湾省接收委员会日产处理委员会代电

产(卅五)处字第一五九〇号　中华民国三十五年八月一日

事由　规定接收日人公私房地产应纳土地税及租税各点希查照由

查本省接收日人房地产其应缴纳地租及租税规定如下:(一)前日本政府或日人向本省人租用土地建造房屋,其地租应由接收或管理机关负担由房屋租金项下扣抵。如系拨归公用者,由使用机关负担支给。(二)凡接收日人公私房地产免纳土地税(田赋)家屋税之范围,应依土地法第一九一条之规定办理。(三)接收日人之房地产其依法应纳土地税(田赋)及家屋税由接收或管理机关负责完纳。(四)如接收日人房地产其收益之租金不敷完纳田赋时,应按照"业主收租不敷完粮补救办法"办理相应电请,查照为荷。台湾省日产处理委员会(东)产处

台湾省接收委员会日产处理委员会代电

产(卅五)处字第二一二二号　中华民国三十五年九月二日

事由　为检发台湾省接收日人私有土地旱田租金标准表电希遵办由

各县市分会:查各县市出租日人土地其水田部分,业经订定接收日人私有土地水田租金标准表一种,以未删产处字第一八一二号代电,饬遵在案。关于旱田部分,复经订定台湾省接收日人私有土地旱田租金标准表一种,除

分电外，合行检发台湾省接收日人私有土地旱田租金标准表。电希遵照办理。日产处理委员会申（冬）产处附台湾省接收日人私有土地旱田租金标准表一份（见附表六）

台湾省行政长官公署代电

致午征署财字第四二八六号　中华民国卅五年七月五日

事由　准财政部电以本省金融机构接收委托财政处办理希知照

本省各机关：准财政部京督一一二六二四号电开："查台湾省内敌人所设金融机构为数甚多计银行有台湾、台湾商工、台湾贮蓄、华南、彰化、日本劝业、三和等七家另有保险、信托、产业金库及无尽会社等三十余家，除台湾银行奉院令准予改组继续营业日本劝业银行改为土地银行已报准本部备案外，其余各金融机构亟待接收清理，现国家行局既未在台设行本部驻该区财政金融特派员办公处亦已撤销，为期接收工作顺利进行并符行政系统起见，所有台湾省内敌人所设及日台合办金融机构之接收清理事宜。兹决定由部授权贵署财政处就地办理，如有重要事项应先行报部核准再办，所有办理情形均应随时径行报部查核，除分电贵署财政处遵照并报请行政院备案外，即希查照为荷"等由准，此除饬财政处遵照办理并分电外，特电知照。及长官公署午（征）署财二

台湾省接收日资企业处理实施办法

卅五年七月二日长官公署公布并呈行政院备案

一、本办法依据台湾省接收日人财产处理办法第三条甲款之规定订定之。

二、本省接收日资企业之处理除法令别有规定外应依本办法之规定。

三、本办法所称之企业指工矿农林交通金融等厂场会社组合而言。

四、本省接收之日资企业应由原接收机关报经主管机关（即行政院所规定或行政长管所指定之机关）会同日产处理委员会视该企业之性质，依左列四种方法，分批列单呈请行政长官公署核定处理之。除为事实所不需者外，均应一律使之迅速复工为原则。

甲、拨归公营　凡企业合于公营者。

乙、出售　凡企业未拨公营及其他处理者。

丙、出租　凡企业业权尚有争议或认为适宜于出租或出售一时无人承购者。

丁、官商合营　凡企业无人承购或承租或适宜于官商合营者。

五、凡承购承租及合营均以中华民国人民无附逆附敌行为者为限。

六、拨归公营之企业应由主管机关依照接收企业财产清册估定合理价格，送由日产处理委员会核明办理拨交转账手续。

七、拨归公营之企业如原有本国人民之股份时，仍保障其权益但有关国防事业及其他必要情形时得另规定限制之。

八、拨归公营企业如不能继续经营或办理毫无成绩时，得由各该企业之主管机关会同日产处理委员会签准行政长官公署收回另行处理。

九、出售之企业厅先估定其所有财产最低底价，以公开竞投标售方式，行之前项标售企业之估价投标事宜，由本省日产标售委员会会商主管机关办理，其标售规则另定之。

十、标售之企业如有本国人民之股分时应依左列标准办理：

甲、日人股分超过股份总数半数者以整个企业标售按股分配售得价款。

乙、本国人民股份超过股份总数半数者，原属日人之股份照财产总额估计其股权之现值标卖之。

前项日人股份与本国人民股份相等时依照甲款之规定办理。

十一、标售之企业如为该企业之原创办人确被日政府征购能提出证明者，或为该企业之现有本国人民全部分代表人（须备有委任书）或该企业现有主持人或重要技术人员著有成绩可资证明者，得按最高标价有优先承购之权。

前项优先权具有同资格在二人以上者以抽签决定之。

十二、出租之企业应由各该企业主管机关先行估定其所有财产价值，并拟定应收租金额会同日产处理委员会公告招租。

十三、企业之出租依照左列规定之顺序，审定出租之其有情形相同时，得采用标租办法：

甲、原为各该企业之参加人或原创办人确被日政府征购能提出证明者。

乙、对于各该企业之经营确具经验及成绩能提出证明者。

丙、拟呈完善计划具备相当资金者。

十四、声请承租人须于定期内填具声请书并缴纳按照各该企业核定一个月租金之征信金。

前项征信金如不获承租者，发还其获准承租者移抵保证金，但经核定承租人，如不于指定限期内前，来订立租约者，除将所缴征信金没收外，并就其他声请人中另行核定承租人或重行公告招租。

十五、核准承租人应分别依照下列规定办理：

甲、承租人应于一星期内缴足六个月租金额之保证金。

乙、承租人应于接到核定准租通知五日内向办理出租机关订立租约。

丙、前项租约期间除有特殊情形另定期间者外均以三年为限。

十六、官商合营之企业应由各该企业主管机关会同日产处理委员会确定其财产或股权价值后依照公司法之规定招商合营。

十七、凡出售出租或招商合营之企业均应于声请期截止前，开放三天给证参观并由各该企业主管机关及接收保管机关派员指导说明。

十八、企业出售出租举行投标时应由办理机关先期函请监察及民意机关派员莅场监视。

十九、声请标售或承租人如发觉经办人员有舞弊情事准予据实指控一经查实依法严办。

二十、本办法自公布日施行。

台湾省各金融机构资产处理办法

中华民国卅五年五月廿四日公布

一、对于本省已接收监理会社债及株券（即公司债及股票）由各会社分别整理清算其办法如后：

（一）对日人所有之社债及株券予以接收封存。

（二）本省人民所有之社债及株券予以登记，并在原券上加盖戳记以示区别登记竣事后,仍许在市面流通或换发新券市面流通。

(三)对已登记之本省人民所有社债及株券由各该会社参照原发行办法里订付息还本办法。

二、对于省外而为我中央政府接收之会社,如满铁会社债券及株券等,先由本公署令饬台湾银行限期办理登记,其处理办法由中央统筹办理。

三、对于本公署已发接收监理之公营事业及金融机构间债权债务举行相互间之清算偿付。

四、对日人私有不动产在去年八月十五日以前,向银行及金融机构抵押借款之债务,由债权金融机构商请日产处理委员会分别标卖或处理以所得价款偿付债款之本息。

五、对于日人向金融机构举借之其他债务,由各该金融机构通知相互知照查明该日人之债权,如存款保险权益等相互清算抵杀。

台湾省接收委员会日产处理委员会代电

产(卅五)处字第〇六〇〇号　民国卅五年五月十五日

事由　电复日台人合股会社所得红利处理规定由

农林处:农芳字第二〇九七号公函敬悉:(一)台股可照章程配发红利,(二)日股部分应将红利专户存储台湾银行报由本会汇案处理,特复查照为荷。台湾省日产处理委员会辰(删)产处

台湾省接收委员会日产处理委员会代电

产(卅五)处字第〇六〇五号　民国卅五年五月十五日

事由　据电请示接收日产疑义各点电

高雄市分会:据该分会总务组何怀德五月九日于台北签呈称,"窃职分会接管有日人与省民合营之各种株式会社及组合株券一宗,并查该各会社组合之株份多系日人所有,但现该会社组合之所有财产及证件系由合营之省民管理经营,而本分会接管者只系株券,故拟着现管理经营之省民造就该会社组合株份所有报告书、财产清册等,具报分会后,遴派干员予以清算,并予监理

是否有当,乞请示遵。职分会接管有日人之'台中制纸株式会社'株券一宗,并查该会社系日人与省民合营者且合营之省民多系本市之市民,而该会社及工厂系设于台中,故此应予如何处理,乞请钧核示遵。职分会接收有日人之本省粮食营团株券一宗,而该营团系日人与省民合营者并经由接收委员会派员监理,故此应予如何处理,乞请钧核示遵"等情,前来兹核示如下:(1)本国人与日人合办之会社应予全部接收并查明确实证据,专案具报以凭汇案转请行政院核办。(2)各企业会社归所在地之县市分会接收。(3)该分会已经接收日人之各会社营团株券应候另行清理。以上各点,希遵照。台湾省日产处理委员会辰(删)产处

台湾省行政长官公署电

事由　光复后日资会社元装产品买卖解释

台南地方法院检察处公鉴致开齐南侦(一一四)电及致丑有电。均悉本省各会社于光复以后,所制成产品,除已奉准监理之会社经监理人员核准、变卖一部,为维持其事业经费者外,其未经监理或未接收之会社产品一律仍不得自由买卖,听候处理。希知照。行政长官陈仪公出秘书长葛敬恩代行财寅寝印

台湾省接收委员会日产处理委员会代电

产(卅五)处字第一二三二号　中华民国三十五年七月三日

事由　电各机关接收日资企业应依照规定从速办理

本省各机关:查本省接收日资企业处理实施办法,业经奉令公布施行在案,关于本省接收之日资企业应迅照前项办法第四项规定,由原接收机关报经主管机关拟定拨归公营或出售或出租或官商合营分批列单会同本会呈准办理。其为事实所不需之企业并须通知本会另行处理,又此项企业应拨归公营者拟于一个月内确定,应先予出租者拟于一个半月内确定(标售无人承购再行出租者续办),除分电外,特电查照办理,并希勿延为荷。台湾省日产处理委员会(午)(江)产处

台湾省行政长官公署电

署产(卅五)处字第二五六号　中华民国三十五年七月五日

事由　电饬各县市对于接收日产务须依照规定办法处理

急各县市长：查本省接收日资企业房地产及动产处理实施办法三种业已公布施行在案，各县市对于接收日产务须依照规定办法处理一切企业，非经呈报核定，一律不得擅自出租或出售。特电遵照。行政长官陈仪午(东)署产处

解散接收金融机关处理程序及主办机关办法：

一、解散机构之财产标售归日产标售委员会主办。

二、解散机构业务上之债权债务清算由日产清算委员会同财政处办理。

三、结束后之清理工作由本会会同财政处办理。

台湾省接收委员会日产处理委员会代电

产(卅五)处字第一八三七号　中华民国三十五年八月十六日

事由　为订定本省日资或日台合资之各种组合处理办法希查照办理由

各县市政府分会据花莲县分会产字第一六二号代电称，关于日人经营之各种组合应如何接收及日台营组合财产如何清算，并其已未解散者今后如何处理等情，查本省原有各组合系合作性质之组织，为适应事实需要，应依我国合作法予以调整，继续维持，业经长官公署制定台湾省合作组织调整办法及补充规则公布实施在案，当时以日产处理办法尚未核定故对原有组合日资部分只得加以代保管之，规定亦与本省接收日人财产处理办法相符，依据本省接收日资企业处理实施办法(以下简称实施办法)第四条之规定，组合应经接收后分别处理，但依前颁之调整办法及参照社会部收复区光复区合作组织办法第六条规定"依现行合作法规改组为乡镇保合作此专合作社或合作联合社"均无接收之规定，除原有合作组织纯由日资经营者可依法接收外，为顾全事实起见，日产合资之合作组织应照下列办法处理：（一）依照实施办法第四条丁款之规定，处理原日人股权转为官股如该官股超过法定最高股数时，得将其股权出让价或归入国库。（二）依照实施办法第十六条规定，由各该合作

组织所在地县市政府会同各该分会估计其财产或股权价值,报由省合作主管机关会同本会核定后,依照合作法令,继续经营。以上各点,除分电外,特电查照,妥为办理为要。日产处理委员会未(铣)产处

台湾省接收委员会日产处理委员会代电

产(卅五)处字第一八三六号 中华民国三十五年八月十六日

事由 为制定标售之企业财产清册电希查照办理见复由

各机关各县市政府各日产分会:查本省各机关接收之日资企业应即依照本省日资企业处理办法从速处理,经以产(卅五)处字第一二三一号及一七一一号两代电查照各在案,兹特制定,拟行标售之企业财产估价清册一种,凡经各接收机关决定,拟予标售之企业应依式造具前项清册一式两份,连同该企业概况表送会核办。除分电外,相应检同清册式样。电希查照办理,见复为荷。日产处理委员会(铣)产处附标售企业清册式样一份

企业标售之财产估价清册

财产名称	数量	单位	估定标售底价	备考
合计				

说明
一、接收机关应将各企业单位各填一张将其现有财产依照接收原册顺序逐项填写,并依次排列装订一册。
二、财产数量及质料与接收时有变更时,应于备考栏内注明变更情况及其原因。
三、各项财产并由接收监理机关预先按实估定标售底价。
四、财产中属于有价证券及银行存款应送本会转台湾银行无需列入标售财产清册。
五、凡须提前标售之企业希于复文内声明。
 年 月 日
 监理人员 职衔名盖章
 财产保管人员

估定底价人员

台湾省行政长官公署工矿处代电

致午皓署工(二)第七七二七号　中华民国卅五年七月十九日

事由　电复台湾矿业会财产应属该会全体会员所共有请查照

日产处理委员会公鉴:准贵会产(卅五)调字第一一〇号代电。敬悉查台湾矿业会为矿业之社团组织,在日本统治时期,日籍台籍之矿冶技师矿商及从业人均有加入,其购置产业及经常费用之经济来源乃出自会员之赠助与交纳之会费,是其所有财产当属该会全体会员所共有,又该会前曾由煤业接管委员会监理,嗣经督促改组后,即已撤销监理矣。相应电复,希查照为荷。工矿处午皓工二印。

台湾省行政长官公署工矿处经济部台湾区特派员办公处代电

三五午驾台特秘字第二四九一号　中华民国卅五年七月廿日

事由　电希接收日人国松专利权

台湾糖业股份有限公司:据南投制糖厂留用日籍技术员国松呈请接收该员发明:一连续沉淀槽、二甘蔗茎之液汁采集补助器、三压滤器等之专利权等情。查专利权系工业财产之一,中央早经通令接收国有在案,希予接收,列入该厂接收清单内。至其价值,俟向中央请示后,另电饬知。特派员兼处长包可永。致午工一印

五　存款现金及证券类

台湾省行政长官公署训令

寅真(卅五)署产字第二一二七号　中华民国卅五年三月十一日

事由　转饬敌伪产业变价得款应悉解国库不得移作别用希遵照并转饬遵照

令本署所属各单位各县市政府

案奉

行政院卅五年一月卅一日节叁字第三〇七〇号训令开

"查变卖接收后之敌伪产业(包括逆产)所得价款应悉数缴解国库,不得移作别用。除分行外,合行令仰遵照,并转饬遵照此令。"

等因奉此除分令外合行令希遵照并转饬遵照此令

行政长官　陈仪公出

秘书长葛敬恩代行

台湾省行政长官公署代电

寅元(卅五)署产字第〇二二一五号　中华民国卅五年三月十三日

事由　奉令以接收敌伪机构伪钞应送中央银行专户保管转电遵照由

本署所属各单位各县市日产处理分会:案奉中国陆军总司令部接字第九五三号代电开,"准行政院渝伍代电,以中央及地方机关凡因接收敌伪机构存有伪钞应即一律送交当地中央银行专户保管,听候处理,不得运行、兑换或擅自动支。除分电外,特电请转行照办等由。除分电外,希查照。"等因,奉此。除分电外,合行电希遵照。台湾省行政长官公署寅(元)署产

台湾省行政长官公署训令

子灰(卅五)署财字第二二三号　中华民国三十五年一月十日

事由　为转奉行政院电令处理敌产事项令饬遵照

令本署所属各机关

案奉

行政院灰三电开:"凡因奉令处分或出租敌伪产业物资所得款价,应以敌伪产业变价科目存中央银行汇解国库。非因特殊理由呈,经本院核准不得擅自动支,特电遵照,并转饬遵照"等因,奉此查本省敌产甚多,亟须注意本省所属各机关对于处分或出租前项产业或物资案件应先呈请本署核准,在中央银行未在本省设行以前所得价款应以敌伪产业变价科目存入台湾银行,汇解省

库，非因特殊理由呈经转奉核准，不得擅自动支。合行令仰，遵照并转饬所属一体遵照此令。

行政长官　陈仪

台湾省行政长官公署训令

子有（卅五）署财字第〇〇六四五号　中华民国三十五年一月二十五日

事由　为奉何总司令电为接收敌伪各事业机构之存款现金规定处理办法饬查照办理等因令仰遵照办

理由

案奉

经陆军总司令何亥真接电开："查接收敌伪各事业机构之存款现金，经行政院规定处理办法两项：（一）接收敌伪事业切存款现金均封存中央银行，（二）恢复事业时如需动用前项存款，须呈请行政院核准除分电外希查照办理"等因，奉此查本省接收敌方机构以使各类事业能在指示之方针下继续进行为原则，此项封存存款现金办法暂难适用，惟在接收之日各事业机构资产负债情形及结存银行款项与现金类目应有确实记录，以便将来清算应即就其接收或监理部分查明专案具报以凭汇核除分令外，合行令希该处遵照办理为要，此令。

行政长官　陈仪

行政院训令

节养一〇八一三号

事由　变卖敌产应以现款交易并如数解缴中央银行仰遵照

各机关变售其本身接收敌伪产业物资时，均须现款交易并如数解存中央银行敌伪资产变价专户不得挪作别用，除分行有关机关外，合行令仰遵照此令。

台湾省行政长官公署财政处代电

致丑（巧）财四字第五五五号　中华民国三十五年二月十八日

事由　电为接收敌人机构之存钞在中央银行未设立前应交台湾银行保管

奉行政院节伍字第二五五三号代电开，"中央及地方机关凡因接收敌伪机构存有伪钞应即一律送交当地中央银行专户保管，听候处理，不得径行兑换或擅自动支。除分电外，特电遵照"等因，奉此查本省中央及地方机关于接收敌人机构时，如存有伪钞在中央银行未设立前应请一律送交当地台湾银行专户保管。除分电外，相应电请查照。财政处丑(巧)卅五财四印

台湾省接收委员会日产处理委员会电

产(卅五)处字第〇〇三八号　中华民国卅五年三月六日

事由　为撤离日人之银行存款暨业经银行登记之债券于清册内填具方式电仰遵办由

各县市分会：关于本省处理撤离日人私有财产应行注意事项甲项第六款所指，由银行代收之存款暨业经银行登记保管并发给凭证之债券，均应于清册财产栏内填明"存款(或债券)凭证"财产内容栏内填明"某某银行暨发给凭证时之年月日字号"在价格栏内填明"款数或面额"至原凭证准由日人带回，毋庸接收。其已经接收者应速予发还原主，惟仍须照规定于清册内一一填明。以上除分电外，合行电仰遵办为要。日产处理委员会(鱼)产处

台湾省接收委员会日产处理委员会公函

产(卅五)处字第〇二〇三号　中华民国卅五年三月廿五日

事由　函知关于保险金证明书各点请查照转知由

据台湾银行业务长金子慈男卅五年三月五日外业第六八号笺函略，以关于各金融机关对日籍个人及法人战争保险金担保放款收回应付办法，业经呈请财政处备案施行，请查照赞助，并祈对于清理后之剩余金按照回国日侨存款证明书拟将其凭证寄送本人应如何之处，请示复等情，查战争保险金日本政府委托代办应由日本政府负责赔偿至核定应付之保险金证明书仅为一种

债权,而与实际之存款不同各金融机关于接收保险金证明书后,其清算之剩余自不能核发存款证明书,兹为免于混淆起见,拟规定修正办法如下:(一)各金融机关对于保险金担保之放款应即从速清算将应付本利金数额通知各保险会社。(二)各保险会社根据通知数额出具证明书交金融机关收执。(三)清算后之剩余部分另出具保险金剩余额证明书由各保险会社,径交日侨本人,如已回国者另行设法寄送以上各点。除函财政处节知各台湾银行监理委员会保险会社外,转知台湾银行外相应函请。

查照转知台湾银行遵照饬知,本省其他各银行及各保险会社遵照并见复为荷。此致

台湾银行监理委员会

财政处

主任委员　严家淦

台湾省接收委员会日产处理委员会代电

产（卅五）处字第〇五九〇号　中华民国卅五年五月十三日

事由　电复无证件之有价证券可不予接收由

台湾省航业公司筹备处:交业（卅五）会字八十八号公函。敬悉查无证件之有价证券不能作为财产之一部,接收时,似可不列入资产项下。特复查照为荷。日产处理委员会长(元)产处

台湾省接收委员会日产处理委员会公告

产（卅五）处字第〇七二四号　中华民国三十五年二月廿六日

查本省所接收日产现金及变卖所得款项前奉

院令应统一存储中央银行代理国库惟以本省未有设立中央银行经签奉

长官核准改解台湾银行,兹由本会与台湾银行洽妥开立"接收日产款项收入"专户,以资缴解凡各接收机关所有接收日产现金及处理所得款项应即缴解,该行"接收日产款项收入"专户,其在台北以外各地者,可径交当地台湾银行汇缴该户,并于解缴后将缴款日期金额及款项性质通知本会,以凭登账

稽核。除分别函令外,恐未周知令行,登报公告。

中华民国三十五年五月二十五日

主任委员　严家淦

副主任委员　何孝怡

归国日侨银行存款之补充释明

中华民国三十五年二月二十六日配据新闻产(卅五)处字第〇〇五四号

台湾省处理境内撤离日人私有财产应行注意事项(简称日产注意事项)及台湾省日侨遣送应行注意事项(简称日侨注意事项)关于归国日侨银行存款之规定,一般人尚有不甚明了之处,兹询据有关方面补充解释如次:

日产注意事项甲项第六款,所谓称台湾境内之银行,系指设在台湾省境内之各银行及其分支行(信托公司及产业仓库均视同银行)而言。不论其总行是否设在台湾,均包括在内。日侨注意事项第四条丁项,但书所谓日本所属银行或其分支行,系指设在日本本土境内之各银行及其设在日本本土境内之分支行而言。

凡在台湾境内各银行之存款均应由原存款人将其存款簿或其他存款单据(此项存款簿及单据不得携带返日)送交,其存款之银行并填具申请书(各银行已印就空白申请书备用)请求该银行代日产处理委员会发给凭证(此项凭证可携带返日)。

上项规定另由日产处理委员会通知各接收机关及检查机关切实执行云。

台湾省留用日侨存款解冻办法

一、留用日侨在未接留用"通知书"前,已将银行存款交付各银行换得"归国日侨存款证"而被留用者得声请解冻。

二、声请人应将留用机关之证明书及日侨管理委员会所发之"留台日侨身份证"连同存款证向原存银行呈验并填具声请书请求解冻。

三、前项声请限期至六月二十五日截止,逾期不得再事声请。

四、各银行应于六月三十日前,将声请解冻人姓名金额造具清册送交本会核请财政处解冻。

台湾省留用日侨存款解冻声请书（中华民国三十五年　月　日）

声请人姓名		声请人住址	
留台日侨身份证		因病暂时不能归国证明书	
留用机关		发证机关	日侨管理委员会
身份证号数		证明书号数	
家属人数		家属人数	
声请理由		声请理由	
存款银行(存款机关)		存款种类	结存金额
已发给凭证号数			
结存总金额			
声请解冻金额			
存款银行审查意见			
日产处理委员会核定意见			
备考			

声请人（签名盖章）

　　附注：一、声请人应填具声请书三份送由存款行核转日产处理委员会核定后，以两份送财政处抽存一份，另一份发还存款银行。

　　二、因病暂时不能归国证明书，以日侨管理委员会发给为凭，其他机关一概无效。

台湾省留用日侨存款解冻补充办法

　　一、解冻留用日侨存款数目，以其直系家属人数计算，每人每日以一千元为限，但有重大疾病持有公立医院正式证明书者，得酌增其数目以二千元至五千元为限。

　　二、解冻自本年七月份起暂，以六个月为计算标准（即假定留用至本年十二月）办理解冻，手续，经核定后按月支领。

　　三、留用日侨左列存款不得解冻：

（一）存款数目超出规定解冻数目之部分。

（二）台日券特种定期存款暨国债贮金国民组合贮金土地建筑补偿贮金等特种贮金。

四、留用日侨如存款于不同户名者，于声请时，应加注明，以便汇集核办，不得取巧，分别声请解冻，违者一经查觉，即不予解冻或追回已解冻存款。

集中金融机关日侨存款办法

一、金融机关所有日侨活期存款，应尽于三十五年八月三十一日以前，扫数集中缴解台湾银行。接收日产款项收入专户，并造具详表二份，注明户名，凭证号数、原存款数及缴解数分送本署财政处，及日产处理委员会以凭查核各该金融机关有特殊情形未能依限缴解时，应叙明理由，呈请财政处会商日产处理委员会核定酌予展限。

二、存款日人在该金融机关，如有债务关系未清时，得由该金融机关开列详单，并提出合法凭据送由日产处理委员会会同财政处核定后，以其存款抵偿之。

三、日人定期存款由该金融机关列册注明到期期限及金额并所发凭证号数送日产处理委员会备查，并应于每户期满时，分别缴解专户呈报财政处日产处理委员会查核。

四、留用日人存款中经核准解冻之数目，由该金融机关保留暂缓缴解以备按月支付。

六　文化教育类

台湾省行政长官公署代电

寅皓(卅五)署产字第二四二一号　中华民国三十五年三月十九日

事由　奉令关于收复区敌伪大学及文化机关之设备等应依收复区敌伪产业处理办法规定电希遵照

警备总司令部本署直属各单位各县市政府各县市日产处理分会：案奉中

国陆军总司令部接字第一〇二四号代电开"奉国民政府丑歌府交字第二二一四号代电,据教育部朱部长签呈略称,关于收复区敌伪大学及文化机关之设备等,依照行政院令颁发收复区敌伪产业处理办法之规定,应由各区敌伪产业处理局委托本部接收保管运用,近收复区伪组织人员及日德侨民所有一切文物,尤其非法搜集我国之图书文物,多有不依上项规定,径由所在地驻军当局或其他机关及地方政府自行接收处理者,致有碍法定职权及接收图书文物不免散失之虞,请通饬依照上项规定办理等语,查接收图书文物既经行政院规定办法通饬办理,自不容任意接收处分,除敌伪情报机关之图籍可由军事委员会调查统计局接收外,凡非法搜集我国之图书及敌伪所有一切文物勿论已否接收,应一律报由所在地敌伪产业处理局转交该部特派员接管,以重图书文物保存,并希分别转饬遵照等因。除分电外,希即遵照并转饬所属单位遵照"等因,奉此除分电外,希即遵照并转饬所属遵照。行政长官公署寅(皓)署产

台湾省行政长官公署秘书处通报

秘一(卅五)发字第八四八号　中华民国三十五年四月十七日

事由　通报如有发现接收敌伪机关党史史料应通知编纂委员会　奉

交下中国陆军总司令部三十五年四月八日接字第一一三〇号代电开:"准中央党史史料编纂委员会临时办事处函开本会前,于二十六年冬,因局势迫促曾将党史全部运渝珍存。惟于皮藏文物,则不遑兼顾矣,曾闻曩时,搜集有关文献参考之书竟为敌伪移于伪中央各机关分储备用。上年本会接收在京基产时,即注意探查上项移散文物之所在,几经访问,尚鲜着落。讵承各方关注,顾念典籍罹致之困难,遇有发现本会旧存之件,悉蒙随时通知派人洽领,热忱匡助,感谢弥殷。虽庆少数珠还,但丛篇巨著遗落尚多,缘此函请贵部接收伪公务机关以来,于整理文物中,倘见本会散失之书籍等项,务希赐函通知,以便专人领取等由。除分电外,希查照"等因,奉此相应报请。

查照为荷右通报

本署直属单位各县市政府

台湾省各级学校及教育机关接收处理暂行办法

署教字第一一〇号　中华民国三十四年十一月七日

一、公立国民学校实业补习学校,由各州厅接管委员会或市政府直接接收校长,一律派由国人接充,暂就原校教职员中遴选学识能力较优或当地具有教员资格之台胞,委派代理校务,并取具学历证件,报候审核。

二、台北市区内之州立中等学校,由本署直接派员接收整理,各州应立之中等学校,概由州厅接管委员会先行接收。暂就原校或邻校教职员中遴选学识能力较优之台胞,委派代理校务,并负责保管所有设备及财产,听候派员接办。

三、台北市区内之州立社会教育机关(包括神社及教育团体),由本署直接派员接收整理,各州厅公立社会教育机关(包括神社)由各州厅接管委员会或市政府分别接收,暂行派人维持业务,报候核定。

四、青年学校及青年练成所一律停办所有设备,及财产暂由州厅接管委员会或市政府派员保管另定处理办法。

五、台北、高雄、基隆三市役所之教育课,由各该市政府分别接收。各州厅市郡教育课系由本署教育处派员协助州厅接管委员会接收另订调整办法。

六、上列接管之学校及教育机关,除国语国文公民史地教育应由国人充任外,得酌量暂时留用日籍教职员,以免业务停顿。

七　动产家具类

台湾省接收日人动产处理实施办法

卅五年七月三日长官公署公布并呈行政院备案

一、本办法依照台湾省接收日人财产处理办法第三条丙款之规定订定之。

二、本省接收日人动产之处理除法令别有规定外,悉依照本办法之规定办理。

三、本办法所称之动产包括车辆船舶器材物资家具等而言。

四、接收日人动产之处理分为拨归公用与出售两种，其业经接收而产权尚未确定者应妥予保管。

五、动产物品拨归公用之范围如左：

1. 各级机关学校原经接收或指拨必需应用之家具物品。

2. 拨归公营公用企业所附属或为必需之器材用具。

六、附属于企业之动产在该企业拨归公营公用或出售出租或官商合营时，均合并处置之，但材料及已成半成品在该企业出租时应另行出售。

七、接收日人之动产除前两条情形外，其余一律以投标方式出售之。

八、拨归公营公用之动产应由原接收拨用机关报由主管机关核转日产处理委员会核定办理拨用转账手续。

九、出售动产之估价标卖事宜由本省日产标售委员会办理，其属本省专卖物品交由主管机关照价收购之。

十、承购动产物品应以本国人民无附逆附敌行为者为限。

十一、本办法自公布日施行。

台湾省行政长官公署电

丑铣(卅五)署产字第〇一二九九号　中华民国三十五二月十六日

某县(市)某县(市)长查日人所有公私不动产禁示移转变卖设定负担，业于上年(十二月)会同高等法院，以民字第六九二号公告在案，近迭据各县市请示，日人为维持生活可否准其变卖动产度日等情，查本省情形特殊在此项日人尚未开始遣送前，为维持其日常生活，变卖自有家具衣服等项动产，可不予以干涉。除日人私有财产处理办法，另行公布饬遵外，特电遵照。行政长官陈仪丑(铣)署产

八　德义台韩及琉球类

台湾省行政长官公署代电

署民甲字第〇〇四九〇号　中华民国三十四年十二月

事由　电发德侨处理办法及德侨调查名册希照办由

奉行政院平陆字第二六三九二号训令开："外交部呈称,查处置日侨已由陆军总司令部颁布办法关于德侨之处置另拟德侨处理办法呈核,并请将敌国人民处理条例及其施行细则废止等情,关于敌国人民处理条例施行细则已由院明令废止至德侨处理办法,亦经酌予修正并公布实施,除呈请国民政府将敌国人民处理条例废止,并分令外合行抄发德侨处理办法令仰知照"等因,附发德侨处理办法一份,奉此查德奥侨调查经以署民甲二〇〇号电饬在案奉令前因,除分电外,合行印发原办法,并制定德侨调查名册一份。电达知照,即希派员克日负责调查限十二月二十日前,径报本署民政处,以凭汇转陈仪署民甲(　)印附发德侨处理办法及德侨调查名册各一份

德侨调查名册　中华民国三十四年十二月(〇〇〇机关长官〇〇〇日填送)

德侨姓名	性别	出生年月日	德国原住址	职业	平日行为	特殊技术	现住地址	备考

填册须知:(一)德籍旧奥籍及德籍犹太人均须列入。

(二)平日行为及其特殊技术须由调查者切实查明填入。

(三)如系忠实可靠之技术人员,除由公私机关项目呈请免予遣送回国外,并须于备考栏内盖章证明。传教者亦同。

(四)本名册限十二月二十日前填好速送寄民政处。

德侨处理办法

中华民国三十四年十二月　日行政院平陆字第二六三九三号调令公布　中华民国三十五年八月十五日行政院节京陆字第八九三七号训令修正

第一条　收复地区及后方德籍人民之处理依本办法之规定。

第二条　收复地区及后方德籍人民有下列各款情事之一者,应依我国法律处理:

一、有间谍嫌疑或行动者。

二、有助日军企图或行动者。

第三条　收复地区德籍人民,如藏有军器及其他可供军用之物品图书者,应开单报呈该主管官署听候处理,如有私藏不报,情事一经发现,应依我国法律予以惩处。

第四条　收复地区及后方德籍人民及德籍犹太人未犯有本办法第二条所列举情事者,除经内政外交两部核准继续居留中国外,应予全部遣送回国。在未遣送前,得具中外殷实铺保呈进该管省市政府暂时继续居留,其不能具保者,应由该省市政府集中管理。

第五条　德籍人民及德籍犹太人,如系忠实可靠之技术人员,得由公私机关呈准内政外交两部予以雇用,免予遣送回国。

第六条　德籍教士除犯有本办法第二条所列举情事者,仍依我国法律处理外,其在后方经指定区域传教者经所属教会负责人担保,并经内政外交两部核准得返还原地继续传教,其在收复区者经所属教会负责人担保,并经内政外交部核准得在原居留地传教,未经担保暨核准者应由该管省市政府指定传教区域。

第七条　本办法自公布日施行。

德侨在华私人产业处理办法

三十五年六月二十一日行政院节京陆字第二六五六号调令颁发

三十五年八月十五日行政院节京陆字第八九三七号训令修正

一、本办法内所称之德侨系包括德国人民及德籍犹太人而言。

二、德侨在华私人产业依本办法处理之本办法,未规定者适用收复区敌伪产业处理办法。

三、德侨在华私人产业之查报由各省市政府依照附发表式办理之。

四、德侨在华各公司会社团体等所经营之产业均由行政院指定机关接收保管,但对于易坏或变质之物品得先行标售所得价款交由中央银行专户存储。

五、德侨个人私有产业分别处理如下:

甲、凡犯有德侨处理办法第二条所列情事之一者,其私人产业一律归政府接收处理。

乙、凡须集中管理之德侨,除准予携带其日常生活必需之物品及我国法币五万元外,其他物品及款项与有价值之货品应自行造册签送请所在地省市政府接收,转报行政院指定接管机关接管。

丙、前项所称日常生活必需之物品,计包括衣履、寝具、炊具、盥洗具及食品,其他如手表、笔墨、图书、文件及纪念品(与作战行为无关者)等物。

丁、应遣送回国而未集中管理之德侨在未遣送以前,得准其在私有产业内支付每月所需之生活费用,惟单身人每月不得超过五万元,夫妇不得超过八万元,有未成年子女者得每人每月多领二万元。

戊、遣送回国之德侨,除上列乙项所准标准携带之物款外,得在个人私有产业内携带必需之零用费,其数值不得超过美金贰百五拾元。

己、凡已得内政外交两部核准免予遣送回国者,得呈请内政外交两部准予保留其私有产业一部或全部。

庚、凡因政治宗教种族关系而为纳粹政府被逼来华能提出确实证据者,其私人产业得呈准内政外交两部酌予保留。

六、自卅四年五月七日起,所有德侨产业私行移转者,概作无效。

七、本办法自公布之日施行。

德侨在华私人产业查报表

查报机关　　年　月　日

产业所有人	产业名称	所在地	组织概况	置产时期	损坏状况	价值估计	其他

主管长官　　复核　　制表

德侨在华私人产业查报表填表须知：

一、表列各项依照德侨在华私人产业处理办法第三条之规定，由各省市政府查填三份分送行政院及收复区全国性事业接收委员会外交部。

二、"产业所有人"栏如产业所有人为自然人时填明自然人之姓名，如产业所有人为德人时，填明其负责人（如总经理）之姓名及其股东人数。

三、"产业名称"一栏除填明产业之名称外，并应填明产业之性质如公司、工厂、医院、商店等。

四、"所在地"一栏应填明产业所在之详细地址如某市某路第几号门牌。

五、"组织概况"一栏如产业有附属机构应将附属机构详细填明如公司工厂之分厂。

六、"置产时期"一栏应填明置产之年月日。

七、"损坏状况"一栏填明产业查报时之损坏状况或损坏程度。

八、"价值估计"一栏应行查报之产业（包括其附属之动产），其有损坏者应减除其损坏部分之价值核实按国币估列。

九、本表所未规定而必须填报者填入"其他"栏。

义大利在华人民及财产暂行处理办法

中华民国三十五年二月二十五日行政院节陆第五四二六号训令修正

一、义大利在华人民及公私财产之处理依本办法之规定办理。

二、在中国境内之义大利侨民应依我国一般法律及国际惯例管理之。

三、被窃押或收容之义国人民除有触犯我国法律之行为外应予释放。

四、凡有指定区域传教之义籍教士得准其返还原来传教地点，如属邻近战区或战区地带仍暂禁止返还。

五、义侨呈缴所在地地方官署之我国护照，应予发还所指。敌侨登记，执照应予注销。在义政府尚未恢复在我国使馆以前，一律换发内地游历护照，但各该侨游历区域，如属邻近战区或战区地带其内地游历护照，应呈请外交部核准后发给之。

六、凡返还原居地点之义侨其旅费应自行担负。

七、义大利政府或人民所有之资产各租界及北平使馆界以内者，应依照接收租界及北平使界办法办理，其在各租界及北平使馆界以外者，应适用上项办法之规定。

八、本办法自颁布之日施行。

内政部公函（函知行政院解释德侨处理办法疑义）

渝警字第一四一四号　中华民国卅五年三月廿七日

（经本署以卯寝（卅五）署警字第三九二〇号转饬遵照）

事由　函知行政院解释德侨处理办法疑义请查照

案准

行政院秘书室本年三月一日节陆字第五八七二号公函。以上海市政府请解释德侨处理办法条文疑义一案，经由院核示如次：一、德籍犹太人持有之德国护照，虽届期满无法换照，但不因此而丧失其德国国籍，且德境以外之德籍犹太人，虽经希特勒政府于一九四一年十一月廿六日颁布德国国籍补充法令第十一条丧失其德国国籍，但自盟军攻占德国后，此项法令业已废止无效。德籍犹太人丧失国籍之根据已不存在，是德籍犹太人仍应视为德籍人民与一般德人同样办理。二、国立学校雇用德人为教授，此项德人不论所授何科自系技术人员可依照德侨处理办法第五条之规定办理。三、关于公私机关雇用德籍技术人员，仍应由雇用机关呈准外交部及内政部核准，如对受雇德侨过去行为有不明确时，外交部或内政部得先电该管地方官署查覆，以凭核办。四、为利用德籍技术人员，自无地域限制，如甲地机关亦得申请雇用乙地德侨，凡经外交部及内政部核准予，以雇用免予遣送之德侨，其原有德国护照得准保留执用，并由该管省市政府根据外交部及内政部核准居留文件在该侨原护照上加盖"年月日经内政部及外交部核准继续居留"字样，该侨得持此项护照遵照外侨居留证填发规则第二条之规定向所在地警察机关申请领取居留证,如有移居情事并得遵照中华民国境内外人出入及居留规则第三条及第六条之规定办理等由准此。相应函请

查照办理俾期统一为荷,此致
台湾省行政长官公署

内政部长　张厉生

台湾省行政长官公署代电

辰支(卅五)署财字第四二四九号　中华民国卅五年二月四日

事由　奉令国人与德人订立买卖契约发生时效案希遵照

各县市政府:奉行政院节五字第一〇一二四号训令:以国人与德人订立买卖契约发生时效纠纷一案,经提出卅五次审议会决议国人与德人订立买卖契约之时限,以卅四年五月七日即德国宣布投降之日以前为有效期间。饬遵照并转饬遵照等因。除分行外,希遵照。行政长官公署辰支财

台湾省行政长官公署代电

寅梗(卅五)署产字第二五七〇号　中华民国卅五年三月廿三日

事由　奉发处理台湾朝鲜公私产业决议五项电希知照

警备总部本署各单位各县市日产处理分会:案奉行政院节参字第〇六〇八一号训令开:"卅五年二月廿六日本院第七三五次会议对台湾朝鲜公私产业之处理决议如下:一、朝鲜台湾公私产业应分别处理。二、台湾既归还祖国所有公产(依照国内一般意义解释)应依我国现行有关公产法令办理不能歧异。三、台胞已恢复国籍除间谍及有助虐罪行者外,其私有财产应受现行法令保护不得接收,其已接收者应即予发还。四、韩国公私产业之处理交全国性事业接收委员会会商外交部迅行拟订办法呈核。五、前上海区敌伪产业处理局第十一次处理敌伪产业审议委员会所通过之'朝鲜台湾公私产业处理原则'应即停止施行。除分令外,合行令仰遵照"等因,奉此,除分电外,特电知照。行政长官公署寅(梗)署产

台湾省接收委员会日产处理委员会代电

产（卅五）处字发文第〇二八七号　中华民国卅五年四月六日

各县市分会：密琉球侨民遣送时，其财产应照处理撤离日人私有财产注意事项接收办理。希遵照。日产处理委员会处卯（鱼）

韩侨归国在台财产处理办法

1. 韩侨归国应将主管官署发给之归国许可证呈送财政处核阅并造具财产及负债清册各一份呈送财政处核备。

2. 韩侨持有之有价证券，除日本政府所发行之国债及台湾总督府所发行之地方债券库券已经各银行登记发给收据外，其他证券准予全部带回。

3. 韩侨在台之不动产及其他动产于归国前无法拍卖时，可向指定之信托会社申请保管。

4. 韩侨归国准向银行就其定期存款内提取日银券乙千元，余数仍俟到期后提取。

5. 本办法自呈奉核准后施行。

行政院训令

节京陆二五三三号　中华民国卅五年六月廿日

事由　规定韩侨处理办法令仰知照

令台湾省行政长官公署

关于韩国代表团对于各地遣送韩侨及宣抚团人员返回韩国要求改善一案，经外交部召集有关机关会商拟定韩侨处理办法如下：

在华韩侨，应切实予以调查登记，依情形照下列各款分别处理：（一）有战犯嫌疑或有其他不法行为者，应依法惩办遣送回韩；（二）对于善良而有正当职业，或在韩国临时政府驻华代表团有职务之韩侨，如愿留居我国者，准其继续留住，并由地方当局，发给住留证；（三）合于前项规定之韩侨，应照一般外侨管理，其财产应予以保护。

上项办法，应即准予照办，除分令外，合行令仰知照，并转饬知照，此令。

院长　宋子文

台湾省行政长官公署代电

署产（卅五）处字发文第一七一四号　中华民国卅五年八月十日

事由　奉行政院令指定德侨产业接管机关转饬遵照

本省各单位机关各县市政府各县市日产分会：奉行政院卅五年七月二十日节京拾字第六二九三号训令开："查德侨在华私人产业处理办法，业已颁行，该办法第四条规定：'德侨在华各公司会社团体等所经营之产业，均由行政院指定机关接收保管'，此项接收保管机关，兹指定暂由各区敌伪产业处理局处担任，除分行外，合行令仰遵照"等因，奉此，查本省内关于德侨产业之接收保管，应交由日产处理委员会并办，除分行外，特电遵照。台湾省行政长官公署未（灰）署产处

九　检举奖惩类

收复区隐匿日伪财产物资及军用品检举奖惩规则

陆军总司令部卅四年十二月卅一日情性字第八三七号代电颁发台湾省行政长官公署警备总司令部卅五年三月廿日会议公告

一、兹为澈查日伪财产物资及军用品之隐匿偷漏走失转让起见，特定本规则。

二、凡收复区日伪财产物资及军用品，除经中国陆军总司令部或各地受降主管与各省市党政接收委员会命令指定之接收机关或人员接收者外，概不得自相授受，违者，以隐匿论处。

三、隐匿上项物品，无论授受两方，均应向中国陆军总司令部或各地受降主官行政院收复区全国性事业接收委员会或各省市党政接收委员会据实举发，否则被人检举，经查明属实者，除依法惩治外，并得课以隐匿物品价值百分之十罚金，毁灭者应按价赔偿。

四、第三项之自行报告者，得以无罪论。如系价购并有确实证据者，得呈请接收机关核准后酌予发还。

五、举报之财产物资经查明属实并接收后，得按价值百分之十发给举报人奖金或现品。

六、举报军用品之奖金照"报缴匿存军需品赏格表"办理。

七、查获之财产物资应由各主管之接收机关或人员接收其奖金，由该项财产物资呈准变卖之价款内支给之不能变卖者，由接收机关报请行政院垫发或核给现品。

八、查获之军用品应由各受降主官责令各地区之军政部特派员接收其奖金，先由各受降主官垫发再报军政部拨派专款归垫。

九、凡举报者应提出相当证件否则概不给奖。

十、举报者之姓名住址应绝对保守秘密并予保证，但妄报或诬报者应依法反坐。

十一、本规则自三十五年一月一日起施行。

行政院代电

节京参二三六二号三十五年六月十八日

事由　打捞挖掘日人隐匿物资仰依照院颁规则核给奖金

台湾省行政长官公署：辰元产处代电悉　打捞挖掘日人隐匿物资，仰依照院颁收复隐匿敌伪财产物资及军用品检举奖惩规，则核给奖金，特复行政院。巳巧三印

附抄长官公署辰元产处代电

行政院院长宋钧鉴：窃查本省于日军投降后，日人多有将资财投沉海底或埋藏山谷，亟须鼓励打捞挖掘，俾资利用。惟此项打捞挖掘工作，需用相当技术工资，与普通检举不同，查陆军总部颁布收复区隐匿日伪财产物资及军用品检举奖惩规则，经规定给奖百分之十。此项如由人民打捞挖掘所得之物资是否依照前项规定奖、抑给可提高奖金不给工资，以资鼓励之处理，合电请

鉴,核迅赐示。遵台湾省行政长官陈仪(元)产处

台湾省省行政长官公署代电

辰江(卅五)署产〇四一九〇号　中华民国三十五年五月三日

事由　电复人民采取贮藏库物资应照收复区隐匿日伪财产物资及军用品检举奖惩规则规定给奖由

台东县政府:致卯筱府秘字二一七三号呈悉。应照中国陆军总司令部颁布之《收复区隐匿日伪财产物资及军用品检举奖惩规则》第五、第六两条规定给奖,如确需加工开采所得,可专案报请核办希遵照。行政长官陈仪辰(江)署产

台湾府行政长官公署训令

巳支(卅五)署民字第六三一三号　中华民国卅五年六月四日

事由　查缉隐匿日产应依规定办理希遵照

令本署所署各机关

查凡收复区日人公私财产物资均属国家所有,业经明令公布在案本省各机关,如有查获日人一切隐匿财产物资均应报由日产处理委员会处理。倘有必须动用物品,亦应会同该会处理,并遵照规定将处理所得价款专户存储银行,非经奉准,不得擅自动支。除分行外,合行令希切实遵照,并转饬所属一体遵照此令。

行政长官　陈仪

台湾省日产处理委员会高雄市分会代电

高产处六二号

事由　为本会第二次会议通过奖励举报人有优先租用一节是否有当电请核示由

台湾省日产处理委员会钧鉴:查本会第二次会议关于检举隐匿本市日人财产应如何奖惩一案,当经议决,除遵照收复区隐匿日伪财产物资及军用品

检举奖惩规则办理外,并酌定所检获财产举报人有优先租用,以资奖励,记录在卷查上项酌定所检获财产,举报人有优先租用一节,本会拟予实施是否有当,理合电请核示。高雄市分会兼主任委员连谋叩卯哿

台湾省接收委员会日产处理委员会代电

产(卅五)处字第〇四八八号　中华民国三十五年五月一日

事由　据电拟准举报日伪财产隐匿人有优先租用之权准予照办由

高雄市分会:高产(卅五)处字第六二号代电。悉所拟属于房地产部分可准酌予照办,仍应逐案专报连同奖金一并核定。日产处理委员会辰(东)产处

台湾省行政长官公署奖励打捞各港沉没物资办法

中华民国三十五年五月二十一日公布

第一条　发现物资者得密告各港务局核准后会同打捞。

第二条　所得物资,除去打捞费用外,发现物资者得按陆军总部所颁之"检举收复区敌产奖惩办法"予百分之十酬劳为原则,但得由港务局视打捞物资情形酌予增减,如专卖或政府管制物品得商同日产会,按规定价格交由各主管机关收购。

第三条　海底物资,如由发现物资者负责打捞,其打捞费用事先由港务局核定之。

第四条　打捞所得如不足打捞费用时,由发现物资者赔偿。

第五条　所得物资应由双方监视人员会同逐日呈报并交港务局保管造册,送呈交通处,暨日产处理委员会会同处理。

台湾省行政长官公署奖励人民捞修沉船管理办法

第一条　台湾省行政长官公署(以下简称本公署)为奖励人民捞修沉船发展航运起见特订定本办法管理之。

第二条　本省捞修沉船事宜由本公署指定交通处航运恢复委员会(以下简称航运会)为主管机关承本公署交通处之命执行之。

第三条　本省沉船如确系人民私有持有合法证明文件者准其自行捞修外其余概由航运会统一管理支配之。

第四条　凡申请捞修沉船应填具沉船调查表沉船打捞申请书送请航运会或航运会基隆高雄办事处或航运会指定之机关核发捞修沉船，核准单后，方准动工其系人民私有沉船申请打捞或系捞船公司轮船公司修理厂商申请承揽捞修者，并应觅具殷实铺保立具承揽书送请航运会或航运会基隆高雄办事处或航运会指定之机关，核准前项书单，格式另定之。

第五条　本省各有关机关，如因业务上需要得会商航运会递转行政长官指定适合该机关用途之沉船，由该机关依照前条之规定自行捞修，所捞修之沉船其吨数与艘数不得超过该机关业务上实际需要之数量。

前项各机关所委托捞修之公司或厂商以经航运会核准登记者为限。

第六条　凡人民申请捞修私有沉船应于申请前先行登报三日自登报之日起，半个月内，如无产权纠葛再行检同报纸，依本办法第四条之规定办理，本办法施行后一个月沉船所有人不申请捞修者，得由登记之公司厂商申请捞修。

第七条　凡公营或私营之捞船公司及修理厂商均须向航运会登记后，方准承揽捞船业务。

前项登记办法另定之。

第八条　已登记之公司厂商，如知有可捞之沉船，均得向航运会申请捞修其所捞修之沉船得照左列规定奖励之。

甲、捞修不满一百五十总吨之沉船有优先购买权。

乙、捞修一百五十吨以上至二百总吨之沉船有优先租赁权。

丙、捞修之沉船所有船内货物应悉数缴交航运会递转行政长官核定后处理之。

第九条　本办法自公布之日施行。

中国陆军总司令部代电

接字第一一一七号

台湾省行政长官公署勋鉴：查日本在我国境内所有一切公私产业财物，除准许保留携带者外，均应缴交我政府接收。各接收机关应详列表册估计价值，具报备，作抵充赔价之一部，其有隐匿不缴或盗卖转手经查获没收者，应另行列册具报，不予抵充赔偿。经报由行政院核准，特电请查照并饬属照办为荷。何应钦京寅号接印

台湾省行政长官公署训令

署财字第七七二号　中华民国卅四年十二月廿九日

事由　凡在本省应归我国政府接收之日方一切财产任何人不得以任何方法私行侵占自首者免究被告发者严惩

令各机关

查凡在台湾省，应为我国政府接收之日方一切动产与不动产（包括一切军需物资、房地、金银、货币、珍宝饰物、股票债券、车辆船舶、货物原料、机器等），如有利用各种方法隐匿、逃避、收受、寄藏、转移、买卖、共同通谋及其他不当取得或持有者，不论任何国籍人民，均应开列详细品目数量及各有关人姓名住址与物品存放地点，即日向当地军政或接收机关自首陈报，经查明接收后，概行免予究办。如有隐匿不报或故意短报不实者，当依法严惩不贷，又上项隐匿等情，不论任何国籍人民，均得向当地军政或接收机关密告，政府对密告人之姓名、地址绝对保守秘密，并酌予奖赏。除公告外，希即知照，此令。

行政长官　陈仪

台湾省行政长官公署公告

署产（卅五）处调字第一二五九号　中华民国卅五年七月五日

事由　澈查各县市隐匿日人资产订定奖励密报补充规定四点公告周知

查收复区日伪财产物资及军用品检举奖惩规则，早由前陆军总司令部颁发公布在案，兹为澈查本省各县市境内日人资产之隐匿偷漏走失起见，特重申前令，并参照本省实际情形补充规定如左：

一、本省各县市境内所有日人资产，如在三十四年八月十五日以后，移转

于本国人或企图隐匿逃避,利用各种方法与本国人通谋价购移转寄存者,均属无效。无论何人均得向本省日产处理委员会或所属各县市分会密报,经查获后,按查获日产价值动产照百分之十给奖、不动产照百分之五给奖。必要时,得斟酌情形奖给实物,但以原密报所查获之物资为限。

二、前项奖金应由本省日产处理委员会核定后再行发给。

三、各县市已列入接收清册或台账有案之日人资产,如因特殊情形尚未接管据有密报举发者,不给奖金。

四、凡隐匿日产之关系人,在本年七月底以前,自动向本省日产处理委员会或所属各县市分会据实申报者,得免予惩处。否则被他人检举,经查明属实,除依法惩治外,并得处以隐匿物品价值百分之十罚金。毁减者按价赔偿。

除分电各有关机关遵照外,合行公告周知。

行政长官　陈仪

台湾省行政长官公署公布令

兹制定台湾省行政长官公署奖励人民捞修沉船管理办法补充事项八条,公布之,并即日施行,此令。

行政长官　陈仪

台湾省行政长官公署奖励人民捞修沉船管理办法补充事项

一、船舶捞修工竣后,航运恢复委员会(以下简称航复会)应会同主管航政官署派员检查,丈量验收其工程,确定其吨位。

二、承揽捞修船舶人,得经航复会核准,依照奖励人民捞修沉船管理办法第八条之奖励规定,按船舶大小优先购买或租赁之。

三、不满一百五十总吨船舶价值之规定,由航复会视察船舶实际情形,参照市价拟定,呈请交通处会同日产处理委员会核定之。

四、一百五十总吨以上至二百总吨船舶租费,由航复会拟定,呈请交通处核定之,租期暂定六个月,如情形许可,于期满后得继续租用,每六个月之租费,须先行一次缴纳,并须缴船舶价值百分二十之保证金,及提供殷实铺保。

保证金于退租时，全部发还。

五、船舶之价值或租费确定后，由航复会与承购或承租人签订买卖或租赁契约，此项契约签订一式四份，航复会及承购或承租人各执一份，余呈交通处分送日产处理委员会存查。

六、经核定之船舶捞修费用，得在该船舶价或租费内扣除，其余款由承购或承租人交由航复会转解台湾银行接收日产款项收入专户存储。

七、为防止出租出售船只之非法航行，承租或承购人应遵守左列事项：

（一）由主管航政官署指定航路及起讫地点，详载通行证书内，以凭查验，不得任意行驶。

（二）每次航行前，须先向主管航政官署报请查验，经核准后方得行驶。

八、船舶承租或承购人，对其所租或所购船舶，如不遵照前款规定经营，经呈报交通处调查属实者，除依照船舶法罚则规定办理外，购买者得由航政主管官署予以停航处分，停航之久暂，视情节轻重而定，租赁者航复会得解除所签订之租赁契约，并没收已缴租费。

十　清算类

行政院训令

节伍字第〇九四六二号　民国卅五年三月廿七日

事由　敌伪机构债权债务互相抵销办法案

令台湾省行政长官公署

据财政部呈称

"案据本部驻京沪区财政金融特派员办公处三十五年二月十八日沪财特字第四五二三号呈为据，汉口银行上海支店暨正金银行接收人员转呈，以关于上开两行一部分账款之处理，经函准，苏浙皖区敌伪产业处理局函送审议委员会会议记录'查债权债务双方，如均属敌伪机构已由政府清理自可互相抵销，即由接收机关分别查明报局核办，毋庸再由双方在账面空转及减省变产偿付之烦。如有押品无论由债权机关承受后处理或由债务机关清偿收回后，处理手续虽异，惟结果均同归国有，为简捷计，应以押品所有权仍属债务人应由清理债务人之接收机关处理'等语，业已分别照办备文呈请鉴核等情，到部查苏浙皖区敌伪产业处理局所拟敌伪机构债权债务互相抵销，办法自系为减省各接收机构转账及变产手续俾便迅速清理起见，似尚可行，惟关于金融机关方面以清算事项较为繁重，此项办法似应以彼此互有债权债务足资抵充之机构为限，即一经抵销同一机构之债权债务为同数之减少，以免在清算期间债权，经予抵销，而必须偿付之债务（如继续经营之工矿事业及与敌伪无关之人民存款）无法支付，所拟是否有当，并可否照此通饬遵办之处理，合具文呈，请鉴核示遵。"

等情查核部所拟意见核尚可行，除令准照办并分行各有关机关外，合行令仰知照，并转饬遵照，此令。

台湾省行政长官公署训令

创字第一一九号　中华民国三十四年十二月十四日

事由　以前日本政府在台所发各种债库券统限至三十五年一月十四日下午五时止均须送往台湾银行验收给据过期无效

令各州厅接管委员会市政府

查以前日本政府在台湾发行之各种债券库券暨台湾总督府发行之各种地方债券库券，因属日本政府之债务，本公署决于全盘清理，并规定自本年十二月十五日起至三十五年一月十四日下午五时止，凡所有持券人，不论台人日人或银行会社及台公私团体，均须到台湾银行本店或其支店领取登记表，依照表式详细填明，连同持有债券或库券送往台湾银行申请登记验收，即取回据过期无效。如该项债券库券系交银行保管者，须自行取出填缴。如系作银行保证者，须由银行依法缴交登记，否则一律作废。除函请财政部核备并公告分令外，合行令希知照为要，此令。

行政长官　陈仪

台湾省接收委员会日产处理委员会代电

产（卅五）处字第〇一〇二号　中华民国卅五年三月九日

花莲县分会：二月二十五日有产总代电。悉日人财产估价希参照成本或进价及市价暨折旧之程度折衷估计，特复台湾省日产处理委员会（佳）产处。

台湾省接收委员会日产处理委员会公函

产（卅五）处字第〇九七号　中华民国卅五年六月十八日

事由　为接收日产作价应以记账价格为准覆请查照由

准

贵公司六月十五日笺函以接收日产作价以何标准为适当请查获等由，准此查接收日人企业财产其作价应以记账价格为准，函前由相应覆请。

查照为荷

此致

台湾省产物人寿保险公司筹备处

台湾省接收委员会日产处理委员会电

产（三五）处字第〇一六一号　中华民国三十五年三月十六日

高雄县分会：虞电悉。（一）日侨在未投降前，向台胞借款，并无财产抵押者债权人，不得以其财产为抵偿。（二）日侨向台胞借款抵押之财产仍应接收另行呈候处理。（三）暂不遣送之琉球人其财产毋庸接收。以上三点，希遵照办理。日产处理委员会处寅（铣）

台湾省接收委员会日产处理委员会公函

产（卅五）处字第〇七〇〇号　中华民国三十五年四月廿四日

事由　函覆关于贵行与昭南阁之债权债务仍希照院令办理由

接准

大函以昭南阁旅社前向本行透支款项尚未清还，嘱转知该接收机关所接收该旅馆动产不动产予以保留，或清理偿还以维护债权仍盼见覆等由，准此查敌伪机构债权债务不予清理。业经行政院(节伍第六六九七号节伍〇九四六二号)一再令行在案,惟本省情形特殊,已由财政处会同本会拟订补充处理办法。惟在未奉核之前,仍请照前令办理相应覆请。

查照为荷此致

台湾银行

台湾省接收委员会日产处理委员会代电

产(卅五)处字第〇六〇四号　中华民国三十五年五月十五日

事由　电复日人抵押不动产不得擅行变卖抵偿债务由

高雄县凤山镇农业会:凤镇农字第二五八号呈件。均悉,查日人不动产应由本会各县市分会接收呈候,处理不得擅行变卖抵偿,所有债务应另案呈请办理,所请未便,照准希遵照件存。台湾省日产处理委员会辰(删)产处

台湾省接收委员会日产处理委员会代电

产(卅五)处字第一四三七号　中华民国三五年七月二十日

事由　为电转资源委员会等商定对于敌产估价标准电希参照办理

各县市分会:准工矿处致午元署工字六二八二号函开,"案准资源委员会三十五年六月廿四日资京(三五)财字第一四九二号代电开　查关于接收敌伪产业估价标准业洽全国性事业接收委员会,按三十四年十一月十五日各地市价八折计算,除分饬本会接办各厂矿照此标准估价编具清册一份径送贵处查核外,相应电请查照等,由准此相应录案函达,以供参考。即希查照为荷"等由,准此除分电外,合行电希参照办理。日产处理委员会午(哿)产处

台湾省接收委员会日产处理委员会代电

产(卅五)处字第二二一八号　中华民国三十五年九月六日

事由　为制定拨归公用公营之日产估价标准电请查照办理

各省属机关、各县市政府、各日产分会查拨归公营公用之日人财产估价标准,业经本会召集有关机关讨论,决定制订估价标准表两种,凡属应拨归公

营公用之日人财产,均依此项标准。按照本会产(卅五)处字第一八三六号代电规定,列册估价送凭核办,除分电外,合行检发前项标准表各乙份,请查希遵照办理,见复为荷。日产处理委员会(鱼)产处附表二份

第一表　台湾省拨归公营公用之日人财产估价倍数表

倍数　　设置时间　　　财产	民国卅二年以前	民国卅三年	民国卅四年	民国卅五年	备考
房产及机械设备	10倍	5倍	2倍	1倍	
工具及器具	5倍	4倍	2倍	1倍	
原料贮藏品制品及商品	12倍	8倍	2倍	1倍	
说明	一、估价方法:财产之账面价格(即扣除折旧后之价格)计算折废(即破坏部份之减值)后依其设置时间乘以表列倍数(即卅五年设置者仅乘一倍即保持原价)。 二、半成品视同原料估价或照制成本计算。 三、其他如财产仍可使用而已无账面价格者应比照表列倍数估价补列全财产之利用率减低(如防空设备等)则依减低之成份折算其价值。 四、前日本军部工厂之财产比照本表酌减计算之。					

第二表　台湾省拨归公营公用之日人财产估价倍数

土地　　第等	上等地	中等地	下等地	备考
建筑用基地	6倍	4倍	2倍	
田地	12倍	10倍	8倍	
畑地	4倍			不分等
山地	2倍			不分等
说明	一、建筑用基地及田地分为上、中、下、三等订定倍数(其分等范围如附甲表)。 二、畑地及山地不分等。			

水田地价表（第二表甲表之一）

等级	原列等则	二十六年查定地价	等级	原列等则	二十六年查定地价
上等	1	7400	下等	14	850
上等	2	6600	下等	15	700
上等	3	5600	下等	16	600
上等	4	4800	下等	17	500
上等	5	4100	下等	18	400
上等	6	3500	下等	19	300
上等	7	3000	下等	20	200
中等	8	2500	下等	21	
中等	9	2100	下等	22	
中等	10	1700	下等	23	
中等	11	1400	下等	24	
中等	12	1200	下等	25	
中等	13	1000	下等	26	

说明：

田地于二十六年查定时，仅列二十等则；三十四年，经改列二十六等则。故第二十一等则起无价格。

建物敷地地价表（第二表甲表之二）

等级	原列等则	二十六年查定地价	等级	原列等则	二十六年查定地价
上等	1	330(円)	上等	15	158
上等	2	310	上等	16	149
上等	3	295	上等	17	141
上等	4	280	上等	18	133
上等	5	265	中等	19	125
上等	6	250	中等	20	119
上等	7	235	中等	21	113
上等	8	225	中等	22	107
上等	9	215	中等	23	101
上等	10	205	中等	24	95
上等	11	195	中等	25	89
上等	12	185	中等	26	83
上等	13	176	中等	27	79
上等	14	167	中等	28	75

续表

等级	原列等则	二十六年查定地价	等级	原列等则	二十六年查定地价
中等	29	71	下等	61	6.2
	30	67		62	5.5
	31	63		63	4.8
	32	60		64	4.2
	33	57		65	3.6
	34	54		66	3.1
	35	51		67	2.7
	36	48		68	2.3
	37	45		69	5.8
	38	42		70	4.9
	39	40		71	4.1
	40	38		72	3.5
	41	36		73	2.9
	42	34		74	2.4
	43	32		75	2.0
	44	30		76	1.6
	45	28		77	1.2
	46	26		78	0.95
	47	24		79	0.77
	48	2202		80	0.650
	49	20.4		81	0.54
	50	18.6		82	0.44
	51	17.3		83	0.35
	52	16.0		84	0.25
	53	14.7		85	0.15
	54	13.5		86	
	55	12.3		87	
	56	11.1		88	
	57	9.9		89	
	58	8.9		90	
	59	7.9		91	
	60	6.9		92	

说明：

一、建物敷地于二十六年查定时，价列八十五等则，三十四年，经改讨复改列九十二等则，故第八十六等则以下无地价。

二、由第一等则至第六十八等则均以"坪"为计算地价单位，由第六十九等则起至第八十五等则，均以"甲"为计算地价单位。1甲=2934坪。

十一　其他

焚毁接收敌伪烟毒严密监察办法

行政院平一字第二八三一六号令转发经本署以丑东署民字第八四五号令饬遵

一、收复区敌伪烟毒之接收处理，以各该省市政府为主管机关，当地最高军事机关、监察使、党团部参议会为监察机关，团体学校为参加机关。

二、收复区敌伪烟毒，无论由何种机关初步接收，均应由省市政府会同监察及参加机关共同接收签章，封存保管，并造具烟毒数量。及其附属物清册连同接收情形报，由内政部转请本院核定再定期焚毁。

三、各省市政府于奉准焚毁烟毒后，应定期先行公告，并采用各种方式扩大宣传。

四、焚毁烟毒时，应由各该省市政府首长邀集各机关首长，并召集民众举行焚毁大会当场检查烟毒公开焚毁，将经过情形制成笔录填入报告表报由内政部转呈本院查核。

五、接收焚毁，如集中省市确有困难时，得由各该省市长指定适当地点集中办理，但焚毁时，该省市长官应亲自到场主持。

收复区各省市毁接收敌伪烟毒报告表

年　月　日

主办机关				参加机关及所派代表姓名	原缴出烟毒机关名称	接收机关名称	焚毁之烟毒	
							种类	数量
监焚机关								
主管长官	焚毁案由（焚毁根据）					当场抽查情形		
					抽查号数	官封情形	是否相符	抽查人签名盖章
	到场长官监焚机关					原记载数量		
焚毁地点 焚毁日期								
监焚机关长官								
主管机关长官（签盖）				（签盖）	（签盖）	主管科局长填表人		

接收租界及北平使馆界办法

中华民国卅四年十二月十七日署法字第〇〇五一六号行政院卅四年十一月二十四日平陆字第二六一四七号调令

第一条

一、本办法适用于接收下列各租界及北平使馆界：

(甲)公共租界

上海公共租界，厦门(鼓浪屿)公共租界。

(乙)专管租界

天津英租界，天津法租界，天津义租界，上海法租界，广州(沙面)英租界法租界，汉口法租界。

(丙)北平使馆界

二、日本在华各租界之收回不在本办法规定范围以内，但各该租界内盟邦及中立国之公私产业应参照本办法第四条、第六条办理。

第二条

一、上海及厦门(鼓浪屿)公共租界之收回，根据中国与英、美、比、那、加拿大、瑞典、荷兰等国分别订立之新约办理。

二、天津及广州英租界之收回，根据三十二年一月十一日中英新约第四条(三)项办理。

三、天津、上海、汉口等处法租界之收回，根据维琪政府于三二年二月二十三日，放弃其在中国之不平等特权之声明及我国于三二年五月十九日取消所有法国基于不平等条约所取得一切特权之声明办理。

四、天津义租界之收回，根据三十年十二月八日中国对义宣战时，废止两国间一切特权之声明办理。

五、北平使馆界之收回，根据中国与英、美、比、那、瑞典、荷兰等国分别订定之新约办理。

第三条　上述各租界及北平使馆界均经敌伪占领，应随同收复地区，于日军投降后，径从敌伪手中收回。

第四条　主管机关接收各租界或北平使馆界时，关于公有资产应区别：

一、原为租界或北平使馆公有者。

二、原为同盟国或中立国之政府所有者。

三、原为敌国政府所有者其分别处理办法如下：

（一）原为租界或北平使馆界所公有之资产，应点明清册对照物品之数量及其状况先行接管其债权债务关系，留待清理委员会清理。

（二）原为同盟国或中立国政府所有之资产，应于证明属实后准其继续保有。

（三）原为敌伪政府所有之资产，除全国性事业适用行政院公布之《上海区敌伪产业处理办法》外，由主管缮造清册呈报行政院核办。凡属于敌国使领馆之财产，由外交部派员会同市政府接收。

第五条　北平使馆界内同盟国原有之使馆土地及房屋应按照中英、中美等新约规定，准其继续使用，由各该国政府派员接收。其他各国原有之使馆土地内及房屋应由北平市政府点明财产，妥为保管，呈候中央核办。

第六条　各租界及北平使馆界内之私有资产其为敌国人民所有者，应按照本办法第四条第三项办理其为同盟国或中立国人民所有当接收租界或使馆界时，仍在原主手中者应准其继续保有。如为敌伪强占者，应于所有权证明后，或由各该所属国领馆代为证明后，即交还原主。其已由外商出让于敌伪者，或由外商顶敌伪产业者，均按敌伪产业办理。

第七条　在天津义租界及其他租界暨北平使馆界内所有属于义大利政府之资产应由主管机关接收管理。其属于义大利人民所有之资产应按照同盟国中立国人民所有之资产办理。

第八条

一、各租界及北平使馆界收回后，不设特别管理区，应即合并于所属市政府。其原有之行政机构应即合并于中央或地方政府各机构。

二、各租界内原有领事法庭由当地之主管法院接办。

三、每一租界及北平使馆界接收完毕后，由主管市政府以公告方式宣布之并应呈请国府公布法令明定该市政府之辖区，包括收回租界之原址。

四、汉口市政府之辖区于明令扩大时，应将特一特二特三及此次收回之法日租界之原址一并包括在内。

第九条

一、每一租界或北平使馆界接收完毕后，由政府组织一清理委员会审查并确定各该租界及北平使馆界内，应行移转于中国政府之官有资产及官有义务债务，并厘订关于担任并履行此项官有义务及债务之办法，呈候行政院核准施行。

二、上项清理委员会之组织章程另订之。

第十条　本办法自公布之日施行。

中国陆军总司令部代电

总辉京字第一〇四八号　中华民国卅五年三月廿三日

（经台湾省警备总司令部函达到署以辰卅五署民字第四四三五号转饬知照）

事由　司法院解释我国妇女与日人结婚如未经准许脱离国籍不得视为敌国人民

台湾省警备总司令部：据前第三战区愿长官子齐午峥电称，"一、与日本人结婚之我国妇女应如何处置。二、该项日本人们私有财产应归公没收抑由该中国妇人私有。"上项谨电转准司法院本年三月六日院解字第三〇九二号鱼代电复开："兹经本院统一解释法令会议议决：我国妇女虽与日本人结婚，若未经内政部许其脱离国籍，不能视为敌国人民。日本人私有财自系敌产，应依敌产处理条例处理之。特电复请查照饬知"等由，除分电外，希即知照。中国陆军总司令部寅漾辉印

台湾省行政长官公署代电

巳文民署字第四一六六号　中华民国卅五年六月十二日

事由　电为规定外国女子与我国人民结婚如手续完备取得我国国籍等项希遵照

各县市政府：查本省光复后，关于省民之籍属前经中央明令规定自三十

四年十月廿五日起，一律恢复我国国籍。惟本省沦陷五十一年，其间不无因婚姻关系，而发生国籍问题，兹为确定前项人民国籍，并便于户口查记起见，特规定：（一）外国女子在光复前，为中国人之妻结婚手续完备而合于我国民法规定，依其本国法又未得留其国籍者，则依我国国籍法。第二条第一款规定，当然取得我国籍，至于其，应声请该管署转报内政部备案公布，不过为其取得后之一种手续，与归化人须经内政部许可，其归化而后，取得国籍不同，不得谓其尚未取得中华民国之国籍。（二）妾在法律上，无地位。外国女子不得因其甘愿为妾之故，而遂允其入我国籍。以上两点，希遵照。行政长官公署巳（文）署民户

台湾省行政长官公署代电

丑文（卅五）署产〇一一八九号　中华民国卅五年二月十二日

事由　奉令凡接收日方物资有适合救济之用者尽量拨交善后救济总分署但仍作价转账特电遵照由

本署直属各单位各市县政府：案奉陆军总司令部子敬接电开"准行政院开电奉主席交下美军总部建议案，请将日人所缴出适合救济工作之大量补给品，交联合国善后救济总署，作在华救济之用等因，兹规定各接收机关日方物资有适合于救济之用者，除该本机关或他机关事业所必要及集中日人生活所必要者外，尽量拨交善后救济总分署，但仍作价转账。除电复并分电外，希查照饬办"等因，奉此，除分行特电遵照。台湾省行政长官居公署（文）署产

省参议会关于日产处理询问事项

接收日产除政府公用外在出卖出租时，可否由政府分配原与该产有关系之人民（即该产原为本省人而被日人强购贱购或征用者）不用投票办法。

答：日产处理须遵中央法令办理出租出卖时，如属原与该产有关主人民方面，可在法令范围内准予优先之权。

本省日产系日人在本省数十年搜括省民之财产，不宜提归全国共有，应划为本省建设之用。

答:日产依法令规定,应归国有,但本省情形特殊,为维持全省政治经济之进展必须请拨一部留有公用公营,已向中央建议。

台湾省接收委员会日产处理委员会代电

产卅五关字第〇二八六号　中华民国卅五年四月五日

事由:抄发接收日方之船只调查表式希依表详细调查填报到会以凭汇转由

各分会:奉长官公署警备总司令部会衔卯东(卅五)署交字第〇二七四五号代电开,准交通部俞部长丑号航船京电,将属台湾省所有接收日方船只种类、艘数、吨数注明堪用,列册见覆等由,合行检发接收日方船只调查表式样乙纸,电饬遵照。查填具报等,因合行抄发原则调查表式。电希迅将该分会所有接收日方之船只详细填表二份到会,如无接收,此项船只亦应专文具覆以凭汇转为要。日产处理委员会(征)产调附接收日方船只调查表式乙纸

接收日方船只调查表

船名	船舶种类	总吨数	机器种类及马力	船舶购买状堪用或不堪用	原所有人	接收机关	附注

台湾省接收委员会日产处理委员会公函

产(卅五)处字发文〇五一六号　中华民国卅五年五月四日

事由　为中央各机关因业务上所需之接收日人房屋及其他财产请自行呈请中央指拨在未奉准前其已接用之财产因妥为保管造册送会希查照办理由

查接收日人财产依照行政院颁布《收复区敌伪产业处理办法》之规定,其主权均归中央政府,除分别性质交各主管机关接办外,均需由日产处理机关公平价格标售。本省沦陷既久,情形特殊,维持全国政治经济之设施与进展起见,举凡本省机关所需之房屋建筑物与夫公用公营所需经营之企业,将皆

由主管机关请求中央指拨贵机关及所属分支机构。因业务所需之接收日人房屋及其他财产，应请自行详细列举，汇造清册，报请中央指拨，以便奉准后，分别拨用登账册报。在未奉核准指拨以前，所有已经接用之现有财产应请迅速造册函知并妥为保管使用，勿使变动损失。俟奉准处理时，遵照规定办理，除分函外，相应函达。

查照并饬所属机构一体办理仍请见复为荷

此致

各中央机关

台湾省合作组织调整办法

一、本省原有合作社性质之组织（如组合等）应依合作社法及现行合作法令改组为合作社，限于本年三月十五日以前照合作社法第九条规定，各事项向当地县市政府申请登记其与合作社法及现行合作法令抵触者，应于登记时自行改正。

二、本省合作社主管机关在县市为当地县市政府在省为省行政长官公署（以下简称本署），民政处合作社或合作社联合社范围，如超过一县或一市以上时，其主管机关为社址所在地之县市政府，各该县市政府办理此项登记时，应先呈请本署民政处核准。

三、县市政府办理合作社登记时，应视各地实际需要，依照县各级合作社组织大纲之规定妥予配合调整之。

四、县市政府应于收到合作社申请登记后十五日内，核发各该合作社成立登记证。此项登记证之印发依合作社法施行细则第十四条之规定处理之。

五、县市政府对于合作社成立变更解散合并清算之登记，应呈报本署民政备案。

六、本办法自公布日施行。

台湾省合作组织调整补充规则

中华民国三十五年二月二十日台湾省行政长官公署核准　经以丑养署

民字第一五七二号令饬遵照

　　一、本省各县市政府对该县市原有合作组织，经核定，应改组为某级某种合作社（包括合作分社及合作社联合社），或应合并或解散时，须即令饬各该合作组织分别遵办。

　　二、本省原有合作组织由本国人民组成者（即无日本人及其他外国人参加者），依左列之规定调整之：

　　甲、合作组织改组时，截至改组前一日止，视同年度结束，应依照合作社法第三六条规定造具各种书表并填具合作组织改组报告表各三份，呈报当地县市政府，查核以一份抽存二分转报省行政长官公署民政处（附合作组织改组报告表式）。

　　乙、合作组织改组时得依法扩充或缩减之。

　　丙、合作组织改组时，应召开社员大会通过章程选举理监时，呈列应登记事项附送社员大会决议录二份章程社员名册各三份，连同前项甲款各书表，向当地县市政府为成立之登记。

　　丁、合作组织合并时应向当地县市政府分别依左列规定呈请登记。

　　(1)因合并而消减者为解散之登记并依法清算之。

　　(2)因合并而另设立者为设立之登记依前项甲乙丙三项之规定办理。

　　戊、合作组织解散时应于决定解散之日起，一个月内呈请当地县市政府为解散之登记并依法清算之。

　　三、本省原有合作组织纯由日人组成者依左列之规定结束之。

　　甲、停止经营业务产生其清算人负责清算，由当地县市政府令派监算员前赴各该合作组织监督清算，其一切财产及现金收支须经该监算员签名盖章始得为之。

　　乙、监算员监督清算，应督饬清算人，检查实在情形，造具资产负债表、损益计算表、财产目录、财产分配案（或清偿债务计划书），组织分子名册（列明股数金额并由本人盖章）各三份，呈报当地县市政府核备，以一份抽存二份转报省行政长官公署民政处。

　　丙、清算完竣后，其一切财产及现金文卷册簿仍应妥为保存听候处理。

四、本省原有合作组织由本国人民与日人共同组成者依左列之规定分别处理之。

甲、关于本国人民部份依照前条甲丙两款之规定，实施清算，清算完竣后，十日内得依照第二条乙丙两款之规定，改组之连同合作组织改组报告表，呈请登记不受前条甲款后半段之限制。

乙、关于日人部分，照应前条各款之规定，实施清算。清算完竣后，其财产、现金、文卷、册簿等，得交由该改组成立之合作社代管听候处理。

五、合作组织改组为合作社，其社员以依法有社员资格者为限。

六、本规则自核准日起施行。

台湾省原有合作组织改组报告表

原名称		创产期间	年　月　日
业务		沿革	
责任		每股金额	
地址		出资	缴纳方法	
分子人数		共配股数	
业务区域		已缴金额	

	职别	姓名	到任时间	性别	年龄	籍贯	职业	住所
职员								

	（原有名称）	
	负债人	（签名盖章）
中华民国三十五年	（改组社名）	（签名盖章）
	理事主席	
	月	日　填　报

十二　附录

敌产管理办法

三十一年一月三十一日国民政府公布

第一条　依敌产处理条例列第三条第六第九第十各条应予管理之敌产，除法令别有规定外，依本办法规定。

第二条　敌产管理之主管官署在县(市)为县(市)政府在院辖市为财政局。

第三条　敌产登记后应即验收管理清理后之敌产亦同。

第四条　敌产之管理依左列各款之规定：

一、学校、教堂、病院、美术馆、图书馆、艺术馆、森林、矿产、银行及其他企业工厂等，应有主管署考核实际情形，报请敌产处理委员会指定关系官署或委托人代为管理。

二、应予管理之敌产，因国防或公益之必要，得继续使用或利用之。

三、应予管理之敌人动产，得因必要移适当处所编号管理。

四、现款或有价证券及其他贵重物品应储存国家银行或其他指定之金融机关或觅妥当地点保管之。

五、商标专用权，除依法撤销消减无效者，一律不得袭用但政府得因国防民生所必于国营事业内暂行使用。

六、敌产品质量，如易损坏或不便保存或其保管费将于最短期内超过其他原有价值者，应估价值报请敌产处理委员会核准公开拍卖所得价款，依本条第四款规定存储。

七、管理之敌产向经保险者应继续办理未保险者，由主管官署斟酌办理。

八、敌产处理条例第九条之敌产主管官署得随时检查并令管理人提出必要之报告。

九、代管人因死亡或其他情形至不能代管时，由主管官署接收管理之。

第五条　管理敌产除遇有紧急情事应迅报敌产处理委员会核办外并应

按月报告。

第六条　管理敌产之主管官署长官更迭时敌产部分应专案移交。

第七条　管理敌产直接发生之费用由该财产中支付之,但须经敌产处理委员会核定。

第八条　本办法未规定事项应报请敌产处理委员会核示。

第九条　本办法自公布之日施行。

敌产清理办法

三十一年一月三十一日国民政府公布

第一条　依敌产处理条例第十条应清理之敌铲除法令别有规定外依本办法之规定。

第二条　敌产清理之主管官署在县(市)为县(市)政府在院辖市为财政局。

第三条　清理时应于报端并粘贴布告公布应予清理之户名催告各利害关系人,于公告后一月内提出证据声明权利义务。

第四条　敌产之清理在普通债权债务依民法各规定在公司依公司法各规定需宣告破产时,依破产法各规定其涉及其他法令者从其规定。

第五条　依前条清理时,主管官署视同民法或公司清算人破产法之破产管理人。

第六条　清理费用由清理财产中优先交付。

第七条　清理完毕,应按户造具财产目录依敌产管理办法管理之并请敌产处理委员会备案。

第八条　本办法自公布日施行。

敌产登记办法

三十一年十一月三十日国民政府公布

第一条　本办法依敌产处理条例第二第八条之规定制定之。

第二条　敌产登记之主管者在县(市)为县(市)政府在院辖市为财政局。

第三条　凡属敌产应于主管官署布行之日起,由所有人委托代管人或占有人向前条之主管官署声请登记其未声请登记者,经主管官署查觉或人民举发时应径予登记。

第四条　动产登记事项:(一)所有人姓名国籍,(二)代管人或占有人与所有人之关系,(三)种类,(四)数量,(五)价格,(六)经常收益情形,(七)其他有关事项。

第五条　不动产登记事项:(一)所有人姓名、国籍,(二)置产之年月,(三)代管人或占有人之关系,(四)种类,(五)所在地,(六)四至及面积(如系房屋应注明层数及间数),(七)价格,(八)现在使用情形,(九)经常收益情形,(十)其他有关为前项之登记时应呈验权利证书。

第六条　敌产处理条例第八条管理或占有之登记,除就财产区别依本办法第四条或第五条之规定外,应叙明管理或占有之性质其有契约或其他证件者并须呈验。

第七条　债权债务登记事项:(一)债权或债务人姓名、国籍、住址,(二)债之性质及成立原因,(三)成立年月及期限,(四)金额或数量,(五)利息,(六)担保情形,(七)债务清偿状况及未偿余额,(八)其他有关事项为前项之登记时并须呈验契约或其他证件。

第八条　公司或商号敌国人民股本之登记,除公司法第八十八条第一款至第四款或商业登记法施行细则第十条第一项第一款至第五款各事项外,并登记敌国人民股本之数额。

第九条　敌产为集团财产其中包括有数个不动产及动产者,除依本办法第四条第五条分别登记外,并应由该财产所有人或代管人编制财产目录附送主管官署备案。

第十条　敌产登记后主管官署应于十日内公告之。

第十一条　敌产经登记后经敌产处理委员会核准不得为一切处分行为。

第十二条　本办法自公布日施行。

敌产处理条例

三十三年一月七日行政院公布

第一条　敌国公有及敌国人民私有财产之处理，依本条例之规定，本条列所未规定者依国际惯例处理之。

第二条　敌国公有及敌国人民私有财产均应举行登记。

第三条　左列各项敌国公有财产可供军用者得扣押使用或没收之。

（一）不动产

（二）运输机械船车军人粮食及其他可供军用之动产

（三）现款基金有价证券及其他为国家而课之税项

第四条　敌国人民私有财产可供军用者得扣押使用或于必要时破坏之。

第五条　敌国公有及敌国人民私有森林、矿产、农垦及其他不可充军用之不动产得接收管理或经营之。

第六条　敌国教堂、学校、病院、美术馆、历史纪念物、图书馆、艺术馆及其他珍藏品应为管理不得转让或毁坏。

第七条　凡与中立国地方相连之电线及其他设备非必要时不得扣押或毁坏。

第八条　中华民国人民管理或占有属于敌国人民之财产或与敌国人民有债权债务关系者，应于一个月内，向该管地方官署登记公司及商号之有敌国人民股本者亦同。

第九条　免予收容准其继续居留之敌国人民得自行管理其财产，但应由该管地方官署予监视奉准移居之敌国人民，其财产得呈准该管地方官署委托中国人民代为管理。

第十条　送入收容所或退出国境之敌国人民，其财产应由该管地方官署予以管理必要时，并应予以清理。

第十一条　对于敌国公有敌国人民私有债权停付其本息。

第十二条　关于敌产之处理应设立敌产处理委员会其组织规程由行政院定之。

第十三条　本例列施行细则由行政院定之。

第十四条　本条例自公布日施行。

敌产处理条例施行细则

三十三年一月七日行政院公布

第一条　本细则依本条例第十三条之规定订定之。

第二条　敌国公有及敌国人民私有财产之登记,须由所有人或委托代管人或占有人向主管官署声请之。其未声请登记者经主管官署查觉或人民举发时,得由主管官署径予登记。

第三条　敌国公有及敌国人民私有动产登记之事项如左：

一、所有人姓名、国籍

二、代管人或占有人与所有人之关系

三、种类

四、数量

五、价格

六、经常收益情形

七、其他有关事项

第四条　敌国公有及敌国人民私有不动产登记之事项如左：

一、所有人姓名、国籍

二、置产之年月

三、代管人或占有人与所有人之关系

四、种类

五、所在地

六、四至及面积（如系房屋应注明层数及间数）

七、价格

八、现在使用人使用情形

九、经常收益情形

十、其他有关事项

第五条　中华民国人民依本条例第八条所为管理或占有之登记,除依前二条之规定外，并应叙明管理或占有之性质其有契约或其他证件者并须呈验。

第六条　属于敌国公有敌国人民私有债权债务之登记事项如左：

一、债权或债务人姓名、国籍、住址

二、债权之性质及成立原因

三、成立年月及期限

四、金额或数量

五、利息

六、担保情形

七、债务清偿状况及未偿余额

八、以及有关事项

前项登记须呈验契约或其他证件。

第七条　地方官署办理敌产登记发生国籍疑义时，属于一般敌国人民国籍及旧奥籍人、德籍犹太人国籍者，应随时报请内政外交两部解释。属于教产者，应依教产契约所载国籍决定之。其未注明国籍者，依左列各款定其国籍：

一、教堂平时名称所冠国名及所悬国旗

二、教堂之教产契约成立时在主管官署所报国籍

三、教堂向自何国保护

四、教堂自行提出之国籍证明

第八条　登记敌籍教会产业时，发现其契约有未经依照内地外国教会租用土地房屋暂行章程第三条之规定呈报核准者，如其租用行为发生于该项章程施行以后，应饬其先行照章呈请核准，再行依照土地法施行法第三十一条之规定，向主管地政机关登记，其租用行为发生于该项章程公布以前者，应按内地外国教会租用土地房屋暂行章程前六条之规定，以承租权论并应依照土地法施行法第三十一条之规定履行登记。

第九条　公司或商号敌国人民股本之登记，除公司法第八十八条第一款至第四项、商业登记法施行细则第十条第一项第一款至第五款各事项外，并

登记敌国人民股本之数额。

第十条　敌产为集团财产其中包括有数个不动产者,除依细则第三条、第四条分别登记外,并应由该财产所有人或代管人编制财产目录附送主管官署备案。

第十一条　敌产登记后主管官署应于十日内公告之。

第十二条　敌产经登记后非经敌产处理委员会核准不得处分。

第十三条　地方官署依本条例第三条、第四条扣押或使用之敌产应呈经敌产处理委员会核准,如因军事需要不及呈请时,应由该地方官署呈报该会备案。

第十四条　地方官署依本条例第三条第六条及第十条管理之敌产应于登记后验收之。

第十五条　敌产管理依左列之规定:

一、学校、教堂、病院、美术馆、图书馆、森林、矿产、银行及其他企业工厂等应由主管官署考核实际情形,报请敌产处理委员会指定关系官署或委托私人代为管理。

二、应予管理之敌产因国防或公益之必要得继续使用或利用之。

三、应予管理之敌人动产得因必要移置适当处所编号保管。

四、现款或有价证券及其他贵重物品应储存国家银行或其指定之金融机关或觅妥当地点保管之。

五、商标专用权除依法撤销消减无效者,一律不得袭用,但政府得因国防民生所必需于国营事业内暂行使用。

六、敌产品质如易破损或不便保存或其保管费将于最短期内超过其原有价值者,应依价报请敌产处理委员会核准公开拍卖,所得价款依本条例第四款规定存储。

七、管理之敌产向经保险者应继续办理,未保险者由主管官署斟酌办理。

八、本条例第九条之敌产主管官署得随时检查,并令管理人提出必要之报告。

九、敌产代管人因死亡或其他情形至不能代管时应主管官署接收管理之。

第十六条　管理敌产除遇有紧急情事应迅报敌产处理委员会核办外并应按日报告。

第十七条　管理敌产之主管官署长官更迭时敌产部分应专案移交。

第十八条　管理敌产直接发生之费用由该财产中支付之,但须经敌产处理委员会核定。

第十九条　地方官署依本条例第十条清理敌产时,应于报端并粘布告公布应予清理之户名催告各利害关系人,于公告后一月内,提出证据声明权利义务。

第二十条　清理费用由清理费用由清理财产中优先支付。

第廿一条　敌产清理完毕,应按日造具财产目录依本细则第十五条之规定处理之,并报请敌产处理委员会备案。

第廿二条　本条例称地方官署为县市政府在院辖市为财政局。

第廿三条　本细则自公布日施行。

沦陷区敌国资产处理办法

三十四年三月行政院通过国防最高委员会备案

一、凡敌国在中国之公私事业资产及一切权益一律接收,由中国政府管理或经营之。

说明:所谓沦陷区者,东北各省以及台湾澎湖群岛皆在其内,在各沦陷区内敌人充分毁损吾国资源,其中如煤、铁、铅、镁等重要矿产损耗储量为数甚多,尤为不可补救之损失。破坏吾国财产以扩张日本侵占实力,吾国所受损害至极重大,此时即宜决定宣告敌人在吾沦陷区内各地所有之资本财产及一切权益一律悉皆接收,作为国有,且吾国对日宣战令中已正式声明,已往一切合同契约概归无效,故为正当主张。凡敌国及沦陷区之资产权益不问其关于彼方之政府或私人皆应同等看待,接收充公。

二、敌人在沦陷区内不得迁出或破坏任何设备,如有违犯应负完全赔偿之责。

说明：当战事将终时，敌人将沦陷区设备搬送该区或炸毁重件，使吾国无可使用，极为可能。自应先为警告，绝对不许有此种行为，如果违犯，该国须于最短期间完全赔偿，不得推诿，并由外交途径通知各同盟国政府。

三、凡与敌人合办之事业，不论公营或私营，一律由中国政府派员接收，分别性质，应归国营者移交国营事业机关，应归民营移交正当民营事业组织接收。

说明：沦陷区各事业有归特种公司经营者（如满洲重工业特殊会社、轻金属特殊会社等），有归军事管理者（如中兴煤矿、上海电厂、长江铁矿等），又有名为中日合办而实为日方操纵者（如华北开战会社、华中振兴会社及其投资之各事业），此类事业关系最为重大，为吾国经济之命脉，须一律由中央政府接收清理，依照事业性质移交经营，庶能认真整理，纳之轨物[①]。

四、沦陷各事业遇有必要，中国得责令敌国指派经管或熟悉人员负责点交说明。

说明：沦陷区敌人所设事业往往规模宏大、设备繁多，吾国骤为接收，不免隔阂，吾国政府自应责令敌国负责点交，俾吾国接收人员得以迅速明了。

收复区处理敌产应行注意事项

三十四年八月一日　行政院平陆字一五二七五号通令施行

一、收复地区县市政府应于开始执行职务时即指派专人清查敌产，并依照敌产处理条例切实办理电报敌产处理委员会。

二、收复地区县市政府应负责防止敌产散失或被侵占盗卖。

三、收复地区省市政府行政督察专员公署对于所属县市政府处理敌产应依照法令切实督导，必要时可径向敌产处理委员会接洽办理。

四、各机关接收处理经营敌国在中国之公私事业，应事先向敌产处理委员会接洽，并应于事后将接收情形敌产数量价值等报敌产处理委员会备查，其应填报之详细项目由敌产处理委员会另定之（附表）。

五、军政部应饬知凡属敌产均依照敌产处理条例办理，各部队不得擅行

[①]原文如此，不知何解。

处理，违者严惩。

各机关接收管理经管敌国公私事业调查表

事业名称　　国籍　　公有或私有　　所在地

项目	数量	价值	备考
总计			

填写机关　　填表时间

附注：

1. 各机关填送本表外应附送财产目录一份。

2. 项目栏应视其事业之性质而定，如系工矿事业，则填厂房矿坑及各种机器等等；如系交通事业，则填各种交通工具之名称、线路、仓库、码头站所等等；其他事业则照此类推。

3. 数量栏应填各该项目之通常计数单位。

4. 价值栏应就各该项目之现时价值填入。

5. 本表以每一事业单位填载一张为原则；单位多则填载张数亦多。

内地及港口检查规定与检扣物品之处理

1. 遣送归国日俘侨在内地之检查，由各受降主官监督令各俘侨管理处（所）负责会同当地军宪警及运输机关实施之。

2. 由内地向各港口输送之日俘侨携带行李物品与金钱，可斟酌实地情形与行程，由各受降主官规定以每人能携行者为原则办理。

3. 各港口出口检查仍由港口司令负责，由各受降主官之监督依照遣送计划之规定严格实施。

4. 扣留超出规定之物品金钱饰物，悉予充公军品交当地军政部机关接收，其余物品由负责检查机关呈报各受降主官核定后，拍卖变款并金钱饰物存入国家银行取据报本部备查。

处理汉奸案件条例

三十四年十一月廿三日公布

第一条　处理汉奸案件,依本条例之规定,本条例无规定者,适用其他法律。

第二条　对于左列汉奸应厉行检举:(一)曾任伪组织简任职以上公务员或担任职之机关首长者;(二)曾任伪组织特务工作者;(三)曾任前两款以外之伪组织文武职公务员,凭借敌伪势力侵害他人经告诉或告发者;(四)曾任敌人之军事政治特务或其他机关工作者;(五)曾任伪组织所属专科以上学校之校长或重要职务者;(六)曾担任伪组织所属金融或实业机关首长或重要职务者;(七)曾任伪组织管辖范围内任报馆通讯社杂志社书局出版社社长编辑主笔或经理为敌伪宣传者;(八)曾在伪组织管辖范围内主持电影制片厂、广播台、文化团体,为敌伪宣传者;(九)曾任伪党部新民会协和会伪参议会及类似机关参与重要工作者;(十)敌伪管辖范围内之文化金融实业、自由职业、自治或社会团体人员,凭借敌伪势力侵害他人经告诉或告发者。

第三条　前条汉奸曾协助抗战工作或有力于人员之行为证据确凿者,得以减轻其刑依前项规定减处,有期徒刑者,仍应剥夺公权。

第四条　汉奸所得之财物,除属于公有者应予追缴外,依其情形分别予以没收或发还被害人前项财物之全部或一部无法追缴或不能没收时,追缴其价额或以其财产抵偿,但其财产价额不足应追缴之价额时,应酌留其家属必须之生活费。

第五条　汉奸案件,除被告原属军人复任伪军职应受军事审判者外,均依特种刑事案件诉讼条例之规定,由高等法院或其分院审理之。

第六条　汉奸,于民国卅四年八月十四日以后,自首者不适用自首减免其刑之规定。

第七条　收复区高等法院或其他分院开始办公后,政军机关应将有关汉奸之行为财产及其他调查资料移送检察官侦查。

第八条　高等法院或其分院审理汉奸案件必要时,得派推事赴犯罪地就地审判。

第九条　关于汉奸案件各级检察官均应行使侦查职权移送该管检察官办。

第十条　各地政军机关对于司法机关办理汉奸案件应切实协助。

第十一条　本条例自公布日施行。

台湾省回国日侨物品检查应行注意事项

民国卅五年二月廿六日

一、本省日侨管理委员会基隆高雄办事处(以下简称办事处)为办理回国日侨物品检查起见,特订定本省回国日侨物品检查应行注意事项。

二、办事处应于事前择定检查场所(男女分开检查)以邻近集中住宿地点为原则。

三、回国日侨应依照检查时间及地点按编组番号排队接受检查不得规避。

四、办事处男女检查人员实施检查时,务须态度和平工作认真。

五、物品检查种类及范围如左:

(一)准予携带物品之种类及数量(详附表七)

(二)禁止携带之物品(详附表八)

(三)准予携带之现金数额

六、准予携带现金之检查应于上轮前行之。

七、实施检查,如有超过第五条所规定物品或现金时,应予没收并由被没收人检查人员保管人员暨检查机关长官盖印制给没收收据(见附表九),第一联付被保管物品人员,第三联由检查机关报省日侨管理委员会,第四联存检查机关备查。

八、没收之物品及现金应由检查人员负责点交日产处理委员会所派之保管人员验收负责保管之。

九、办事处于每次检查完竣后,应将没收物品现金之名称数量及封存保管处所暨保管人姓名列册,分报省日侨管理委员会及省接收委员会日产处理委员会,在未奉令前,不得擅行处理。

台湾省日产清算规则

第一条　台湾省日产清算委员会(以下简称本会)清算接收日产除法令别有规定外悉依本规则办理。

第二条　应行清算之日产,由各该日产接收主管机关造具接收清册、资产负债平衡表、不动产清册、股东股份清册,连同有关证明文件并加具清算意见,送由本省日产处理委员会发交本会办理。

第三条　本会对于清算之日产如认为无须本会自行清算时,得委托各接收机关或各县市日产处理分会或会计师依照本规则第四条至第六条之规定,代为清算,于清算完毕,将清算结果送由本会核办。

前项委托清算办法另订之。

第四条　清算日产应于清算开始时,在本省台北新生报及日产所在地通行报纸刊登公告三天。凡对该项日产有债权债务关系者,须于公告后二星期内检齐证件径送本会核办。

第五条　清算日产时应注意左列各事项:

(一)审查接收机关移送各项文件

(二)审查债权债务关系人所送各项文件

(三)核阅历年收支账目,尤须注意自日人投降之日起至接收之日止各项收支及产权移转

(四)必要时须亲赴日产所在查核或咨询各关系人

(五)核定股权

(六)核定资产负债

(七)其他应行注意之有关清算事项

第六条　清算日产负责办理清算人员依前条各款规定办竣后,如认为股东股份债权债务资产负债,业经明白确定时,应即制成资产负债平衡表(表式见附表十)、股东股份明细表(表式见附表十一)及清算结果报告表(表式见附

表十二)选送本会决定公告之。

第七条　清算结果公告后,债权债务及对于清算结果,如有异议时,得于公告后三星期内提出异议书(表式见附表十三)声请复核。

第八条　清算结果公告后,逾期无人提出异议或提异议,经本会认为应维持原案者即签请日产处理委员会转报行政长官公署核定之。

第九条　凡对清算结果提异议,经本会认为,应维持原案,以书面通知后,倘仍持异议得依法向该管司法机关起诉。

第十条　本规则自呈奉核准之日施行。

台湾省日产标售规则

中华民国三十五年九月十九日公布(长官公署公报秋字第六八期一〇七五页)

第一条　本省接收日人企业房地产及动产(以下简称日产)之出售,除法令别有规定外,悉依本规则规定以公开投标方式行之。

第二条　出售之日产由原主管机关分批列单,连同财产清册送由日产处理委员会发交标售委员会,点验并会同估定底价。

第三条　出售之日产由日产处理委员会于投标期三十日前,在台北、南京、上海之通行日报刊登公告,并于该日产所在地揭示之(如系动产得于十五日前公告之)前项公告应载明左列事项:

一、产业之名称种类及其所在地

二、标售底价

三、申请日期

四、开放参观日期

五、投票日期及地点

六、开标日期及地点

七、保证金额(以底价百分之十为度)

八、交付价金之期限

九、其他应记明之事项

第四条　凡中华民国人民无附敌附逆行为封于标售之产业具有业务经验或专门技术确有经营能力，均得填具投标申请书（格式一）记明左列事项，向标售委员会申请投标：

一、姓名、年龄、籍贯、职业、住所

二、过去经历与经营成绩或专门技能

三、得标后之经营计划

四、经营资金数额

五、具有本规则第十条优先承购权者其事由前项第二四五款应附具证明文件

第五条　前条之申请人，经审查合格发给观看凭证（格式二）后，得在开放日期内前往日产所在地参观。

第六条　封标及开标标售委员会应先期函请监察使署长官公署会计处及该日产原主管机关派员莅场监视。

第七条　投标时投标人应呈缴志愿书（格式三），并将密封之标函亲自入投标柜领取投标证。

前项标函应附具左列各件：

一、签名盖章之投标书（格式四）

二、逐项填明之标价单（格式五）

三、充保证金之殷实银行保付支票（以开标日为付款日标售委员会为收款人）

第八条　前条所定各件开标时，经标售会审核认其不合规定于商得监视人同意后，其所投之标即作无效。

第九条　开标时，投标人后莅场参观，并由监视人员查验标柜封签后，当众开标朗读标价分列登记，以超过底价最高者为得标人，标价相同者以抽签决定之。

第十条　凡具有本省接收日资企业处理实施办法第十一条或接收日人房地产处理实施办法第十五条优先承购权者，应即声请，并由日产标售委员会审查合格于投标前公告之。

前项优先承购权者经依本规则之规定参加投标，其标价与最高标价之差额，企业在百分之十、房地产在百分之五以内者，准按最高标价优先承购。

同一日产获得优先承购权者有二人以上时，以其标价决定之标价相同者以抽签决定之。

第十一条　投票人所纳保证金除得标人应以抵充标价外，其他应于开标后十日内照数退还。

第十二条　各标人应于开标后，十日内缴清标价，但生产事业之得标人，如有特殊情形于前，定期限内缴纳标价百分之五十后，得觅具殷实铺保呈准日产处理委员会，于一年内分期付清。

前项分期缴付之标价应按照台湾银行放款利率计算加缴利息。

第十三条　得标人自愿放弃得标权时，由次多数标价之投标人承买，但其标价未超过底价者应另定期日再行标售。

前项得标人自愿放弃得标权者其保证金应予没收。

第十四条　凡生产事业之得标人于承买后一年内，应全部复工并不得将产业全部或一部转售转租或出典。违反前项规定者得将该产业无条件收回其所缴价金概不退还。

第十五条　参加投标人不足三人或最高标价未超过底价时，均应另定期日再行标售。

第十六条　投标人或办理标售人员如有串通舞弊情事或其他不法行为，一经查实，按其情节轻重依法惩处。

第十七条　本规则自公布日施行。

格式一

申请者	厂商填厂商栏 私人填私人栏	厂商	名称 成立年月 设备 主要出品 历年概况 负责人	地址 组织	电话 资本
		私人	姓名 经历 现任职务 合作人	住址 经历	电话

得标后计划	用何种组织 资本约数 准备制造何物 准备何时开工 负责人选 其他	流动资金 估计产量
证明文件		
申述请求优先得标之理由		

标售申请书　　　字第　　　号

中华民国　　年　　月　　日　　投表人

注意：

一、本件务须切实填写，如发觉有与事实不符之处，申请人负法律上之责任。

二、呈缴本件后勿忘领取看厂凭证，于零售业期限内前往看厂。

三、标售动产"得标后计划"栏可免填。

格式二

观看凭证				
右开申请人				
厂商		负责人		住址电话
申请标讲	所有申请手续均已办妥			
准予依照规定自		年　月　日至　年　月　日			
止每日上午	时至下午	时前往看厂此证		

续表

| 右给 |

（本件于看业时呈验缴销）

格式三

投标购买企业志愿书

立志愿书者　　　　　　　　　　代表人

今依照《台湾省日产标售规则》之规定投票购买,除已遵照提供银行保付支票一纸(其面额为　　元,开标日为支付期),与标价单一并密封投柜外,得标后并愿遵守下开各项条款:

一、得标后如果不在接到通知后五日内前来缴款即愿放弃购权权利,所提供之保证金亦愿由政府收没。

二、一切有关得标厂之工人及开工问题愿由立志自愿书人自理。

以上二条当遵守不渝,立此为证。

立志愿书人

中华民国　　年　　月　　日

格式四

	立志投标书人	代表人	今向台湾省
台湾日产标售委员会	日产标售委员会标购		经实地点验,拟出
	标价台币	元,各项资产之详细估价另具标价
	标投书 单为凭,开标后如获得标,一切手续悉照台湾省日产标售规则办理
	合立投标书为证
	立投标书番号	（签章）
	代表人	（签章）
	中华民国　　年　　月　　日

格式五

台湾省日产标售委员会

标售单

标售产业名称_____

所在地_____

续表

资产项目	数量	单价	金额	备考
合计				

投标人商号_____　代表人_____

台湾省日产委托标售办法

中华民国三十五年九月二十一日

长官公署署产(卅五)标字第二五二九号代电公布

一、台湾省日产标售委员会(以下简称本会)承办之标售案件,得视事实之需要委托日处理处会各县市分会(下称县市分会)或其他机关代办标售手续。

二、各县市分会或其他机关办理标售手续务须依照台湾省日产标售规则办理。

三、各县市分会或其他机关于承办委托标售公文时,应即妥为准备并公告招标前项公告应包括标售规则第五条所列各项(格式一)。

四、各县市分会或其他机关在标售完毕后,应填具受托标售报告表(格式二)二份送本会核明转存。

五、各县市分会或其他机关所收入之标金应如数汇解本会转存。

六、本会收到前条之标金经审核无讹后,即制给标金收据(格式三)及动产点交证(格式四)或不动产所有权临时证明书(格式五)。

七、各县市分会其他机关代办标售手续所需费用,得按实报本会核定后拨还不得在标金项下扣除。

八、各县市分会或其他机关应开标前请本会派员监票。

九、凡标售所需之表格均由本会发给以资据一。

格式一

日产处理委员会　　（县市）分会日产招标公告　　（县市）标字第　号
案准
台湾省日产标售委员会交下　　　委托
本会公开标售,凡愿承购者希依左列附表所记事项前来本会洽办投标手续,特此公告。
中华民国　　年　月　　日
主管长官衔名
附表

产业名称	性质	数量	标售底价	所在地	申请登记日期	看样日期	投标日期	开标日期	保证金数量	备注

格式二

委托标售登记		托字　　号			
产业名称		所在地			
受托机关		委托日期			
受托文号		报告到达日期			
缴款日期		凭证字号			
存款银行日期		凭证字号			
委托标售登记		托字第　　　　号			
产业名称		所在地			
内容数量		委托交号		委托日期	
申请日期		投票日期		开标日期	

续表

	公告	刊登报纸日期		剪报		
开标记录		地点				
		底价				
		主持人				
		监标人				
		投标人	商号	代表人	标金数额	得标次序
得标人			标金数额			
优先人及优先理由						
标价缴款数						
手续费开支						
附注						

格式三

收据	兹收到　　　　　　　　　　交来
	标金台币　　　　　　　　　　元正
	此据
	月　　日
	台湾省日产标售委员会
	经收人

产标字第　　号

通知	兹收到　　　　　　　　交来 标金台币　　　　　　　　元正 希即 查照登记为荷　　　　　　此至 　　　　　　　会计室 　　　　　　　　　　月　　日 　　　台湾省日产标售委员会 　　　　　　　　经收人

产标字第　　号

存根	兹收到　　　　　　　　交来 标金台币　　　　　　　　元正 此据 　　　　　　　　　　月　　日 　　　台湾省日产标售委员会 　　　　　　　　经收人

格式四

台湾省日产标售委员会
动产点交证
查本会标售
经于　　年　　月　　日
由　　开标结果应由　　代表人
得标应付之标金　　元亦已缴清合给动产点交证
希　　饬原保管人凭证点交
此证　台湾省日产标售委员会
由任委员
中华民国　　年　　月　　日
产售证字第　　号
查本会标售　　经于　年　月　日
由　　开标结果应由　　代表人
得标应付之标金　　元亦已缴清合给动产点交证　希　　饬原保管人凭证点交

此证

台湾省日产标售委员会

主任委员

中华民国　　年　　月　　日

格式五

台湾省日产标售委员会

不动产临时证明书

查本会标售

经　年　月　日

由　开标结果应由　　代表

得标应付之标金　　元亦已缴清

除呈请长官公署发给所有权证明书外合先给临时证明书存执

右给

台湾省日产标售委员会

中华民国　　年　　月　　日

产标证字第　号

查本台标售　经　　年　　月　　日

由　开标结果应由　　代表

得标应付之标金　　元亦已缴清

除呈请长官公署发给所有权证明书外合先给临时证明书存执

右给

台湾省日产标售委员会

中华民国　　年　　月　　日

台湾省行政长官公署代电

致未齐署营字第一三九七六号　中华民国卅五年八月八日

事由　为转发中央监察会决议有关惩治汉奸办法五项电希遵照

各市县政府：奉行政院节京八字第六四五六号训令开："奉国民政府本年三月廿八日处字第二三六号训令，为中央监察委员会第二次全体会议决议，有关惩治汉奸办法五项经中央执行委员会函，转到府令饬遵照等因，自应遵办除通饬。国防司法行政二部及各省市政府并分行暨呈复外，合行抄发中央执行委员会原函令仰遵照并转饬遵照"等因，附件奉此，除分电外，合行抄附原件，电希一体遵照办理为要。行政长官公署未（齐）署三信

抄中央执行委员会原函

准中央监察委员会函开："自日本投降，政府为惩治汉奸颁布《处理汉奸案件条例》及《修正惩治汉奸条例》。本会异常重视，经一再通令各省市党部监察机关依法检举在案，兹于第二次全体会议，根据司法行政部关于惩治汉奸事项及各法院情形之报告，再行讨论，当经决议：（一）各地已就捕之汉奸应即加增审判人迅速公开审判；（二）曾任伪政府特任官以上或各省市长之汉奸应由政府饬送法院从速公开审判从重治罪；（三）未经逮捕之汉奸应严令有关机关迅予逮捕检举勿使逍遥法外；（四）已逮捕而未移送法院侦查应依提审法之规定从速移送以一事权而免拖延；（五）汉奸于民国卅四年八月十日以后自首者减免其刑，《处理汉奸案件条例》第六条已有规定，执行时，应切实审慎毋稍宽假，在案相应录案函达，查照转函国民政府迅予转行军事司法等有关机关，切实遵行并见复等由自应照办相应函达即希。"

查照按理见复为荷此致

国民政府

台湾省行政长官公署代电

致已俭署民字第二九三五号　中华民国卅五年六月廿八日

事由　抄发司法行政部处理通缉汉奸案件办法四项希知照

各县市政府案准司法行政部卅五年六月十一日京公刑字第一五三八号函，以本部曾经拟具处理通缉汉奸案件办法四项，呈请行政院核示在案。兹奉院令以该办法四项业经国防最高委员会核准备案，嗣后，各省市行政机关办理通缉汉奸案件即可依照原办法第四项，函请该省高等法院首席检察官查核办理，相应抄同国府原令暨本部原呈函请查照并饬属知照等由，附件准此合行抄同原附件，电希知照并饬属一体知照。行政长官公署巳（检）民一

国民政府训令

行政院转据司法行政部呈拟处理通缉汉奸案件办法四项，业以国防最高

委员会核准备案，由厅函本府文官处转陈前来除分令外，合行抄发原呈令仰知照并转饬知照此令。

主席　蒋中正

司法行政部呈

事由　为呈拟处理通缉汉奸案件办法四项是否可行请示遵

查关于通缉汉奸案件，在前修正惩治汉奸条例施行期间，经国民政府明令者，仅少数附逆有据有之重要汉奸其多数寻常汉奸之通缉，则系由军事委员会办理，司法方面则行由本部转令遵办，特种刑事案件诉讼条例施行后，此类通缉案件，又奉钧院卅四年五月廿八日平捌字第一一三八九号训令，饬由本部办理，本部奉令后，除通令遵照外，遇有此类案件，以多数均系发生于沦陷区内，转令质查封其财产，实施均感困难，即呈请转呈国民政府通缉，亦多无法没收其财产，故即令行最高法院检察署依法通缉，并分行军警主管机关转饬协缉，历经办理在案，现战事已经结束，沦陷各地区均先后收复，汉奸案件，无地无之，被告纵经逃匿，而实施侦查或查封没收财产，均非绝不可能，且惩治汉奸条例，亦经重行制定公布施行，虽其对于查封产财规定，以罪证确实者为限，但一经查封财产，即应报请国民政府通缉。通缉之后，即得单独宣告没收其财产，与原修正惩治汉奸条例规定，已不尽相同，此案件若仍依照有例，悉由本部通缉，不行惩治汉奸条例第八条关于查封没收财产之规定，形成虚设，而与原案情节亦恐未尽适合，近来各机关法团及各法院，请求本部通缉汉奸案件，日渐增多，复多未叙明原案侦讯情形，及应否查封财产，究应呈请国民政府通缉，抑应由本院照向例办理，往往难以断定，本部为增强法令之效能，及使通缉汉奸案件之处理适合案情起见，经详加研讨，拟嗣后关于此类案件，拟一律责成负有侦查职权之高等法院首席检察官切实查核分别依后开办法办理。(一)对于原案如经侦讯，认为罪证确实，并应查封其财产者，应依照现行惩治汉奸条例规定程序，于查封财产后，详列案情罪证，呈由本部报请钧院转呈国民政府明令通缉。(二)原案罪证如虽可认为确实，而依其案情认为无须先行查封其财产，或无财产，或不知有无财产可以依封者,应依照上述钧院卅四年五月廿八日平捌字第一一三八九号训令,开列案情罪证,呈由本部转令通缉。(三)原案如仅系依据告诉、告发,或其他原因,知有汉奸罪犯,而不能断定其罪证是否确实,认为须缉案侦办者,应依刑事诉讼法关于通缉被告之普通规定,径行通缉,并将通缉人犯列表呈报本部备查。(四)各行政机关或各法团请求通缉汉奸案件,视其情形,分别依上开三项办法办理,所拟办法如属可行,并拟俟奉到钧院指令后,再行通令遵照,是否有当,理合呈请。

鉴核示遵、谨呈

行政院院长宋

司法行政部部长　谢冠生

台湾省日产清算委员会委托清算办法

第一条　本会为推进业务之迅速进行及其委托办法有一致规定起见,特依照台湾省日产清算委员会清算规则第三条规定订定本办法。

第二条　委托清算案件除另有规定依其规定办理外,照本办法办理。

第三条　本会办理清算案件得斟酌情形,将一案件之全部或一部委托清算。

第四条　承受委托清算之机关或会计师如下:

甲、各接收日产之主管机关指定各该机构组织内之单位,为受托清算机构其指定之单位直接与台湾省日产清算会(以下简称本会)取得联系。

乙、各县市日产处理分会。

丙、领有经济部执照在台湾省各法院登记执行职务之会计师。

第五条　承受委托清算之机关或会计师于接受本会委托时,应将案件如期迅速办理不得积压。

第六条　委托清算案件关于资产估价之标准须经由本会核定。

第七条　委托清算案件在清算工作进行上需要行政力量协助时,得商由本会办理之。

第八条　委托清算结果送由本会依规定处理之。

第九条　委托清算完结时应编造清算状况报告书(格式见附表十二)包括下列列表：

一、资产负债平衡表(表式见附表十)

二、平衡表中各科目之明细表(表式见附表十四之一、二、三、四)

三、股东股份明细表(附有关证件)(表式见附表十二)

四、账项整理纪录报告表(表式见附表十五)

第十条　承受委托清算之机关或会计师于清算结束时，应将原委托书类连同前条各表册送还本会发还之。

第十一条　委托会计师清算案件公费之支结依下列规定：

甲、全部委托清算案件

一、总资产额壹拾万元以下者百分之五

二、总资产额五拾万元以下者除拾万元与前项规定支取外余额百分之四

三、总资产额壹百万元以下者除五十万元以前项规定支取外余额百分之三

四、总资产额贰百万元以下者除壹百万元以前项规定支取外余额百分之二

五、总资产额伍百万元以下者除贰百万元以前项规定支取外余额百分之一

六、总资产额伍百零壹万元以上者除伍百万元以前项规定支取外余额百分之〇五

乙、一部分清算案件以清算之标的物价值比照甲项之标准计算之。

第十二条　承受委托清算之机关办理清算案件所需费用均照十一条规定五折支给。

第十三条　委托清算案件中纯属日股或见公有公营事业者并公费支给照第十一条第十二条规定六折给。

第十四条　清算公费由该被清算企业之股份平均负担，其款项先由省日产处理会先行垫付，候会社资产出售后归垫。

第十五条　承受委托之机关组织内之单位或会计师对于承办案件结束后，发生不可补救之错误除会计师依会计师法办理外，余应负法律上之责任。

第十六条　本办法自公布之日施行之。

附表一　台湾省行政长官公署接收台湾分组表

组别	主持人	本组人员	接收范围
民政组	民政处处长		台湾总督府官房内关于民政部分
			台湾总督府警务局内关于卫生部分
			台湾总督府评议会
			台湾中央卫生会
			台湾总督府医院及其他官立医院
			台湾总督府各疗养院
			台湾各州厅官署郡役所
			热带医学研究所
财政金融会计组	财政处处长		台湾总督府财务局及其所属机关
			台湾总督府农商局内关于商务部分专卖局及其分支机构
			台湾总督府税关及其分支机构
			台湾银行及其分支行、日本人在台开办之银行及日本各银行在台之分支行
			台湾总督府商品陈列馆
			台湾各级机关之会计事务
教育组	教育处处长		台湾总督文教局博物馆
			中央研究所及其支所
			台北帝国大学
			台北高等学校
			台中高等农林学校
			台南高等工业学校
			师范学校及其附属学校

续表

组别	主持人	本组人员	接收范围
农林渔牧粮食组	农林处处长		台湾各官立公产学校
			台湾测疾所及其支所
			资源科学研究所
			糖业试验所
			台湾总督府农商局(关于商务部分除外)
			台湾总督府米谷检查所
			台湾总督府肥料检查所及其分支机构
			台湾总督府圃苗养成所及其分支机构
			台湾总督府茶检所
			台湾总督府茶业传习所及其分支机构
			台湾总督府植物检查所及其分支机构
			台湾总督府养蟹所
			台湾总督府兽疫血清制造所
			台湾总督府东部农场试验场及其分支机构
			台湾总督府水产试验场及其支场
			台湾物产绍介所
			台湾总督府凤梨种苗养成所及其支所
			台湾总督府凤梨矫诘检查所及其分支机构
			台湾总督府营林所及其分支机构
工矿组	工矿处处长		台湾总督府工矿局
			日本在台以营工矿事业
			台湾总督府度量衡所及其分支机构
交通组	交通处处长		台湾总督府交通局及其分支机构
			台湾总督府所属邮便局电信局及其分支机构
			台湾总督府无线电信局
			铁道工厂
			筑港出派所及港务局(关税部分除外)
			铁道出派所
			海事出派所
			灯台

续表

组别	主持人	本组人员	接收范围
			铁道、船舶、公路、车辆各处自设之医院诊疗所及上述各项之设备
			电气通信工作所台湾通信工业板式公社
警务组	警务处处长		台湾总督府警务局(关于卫生部分除外)
			台湾总督府警察官及司狱官练习所
文化组	宣传委员会主任委员		台北日日新闻部社及其他日人经营之报社
			台北放送局
			台南放送局
			台中放送局
			嘉义放送局
			同盟社台湾分社
			台湾总督府映画队
			台湾オワセフト印刷株式会社
			其他日本官方经文化宣传机构及事业
军事组 司法法制组	警备总司令部参谋长 司法部特派员		台湾海陆空军所属各机关及其仓库器材机场兵工厂营房等
			台湾总督府法院(内包括各级法院及各级法院检察局)
			台湾总督府供托局及其分支机关
			台湾总督府刑务所及其支所
			台湾总督府法务部
			台湾总督府诉愿审查会
			法令取调委员会
			公证人惩戒委员会
			台湾总督府感化院
总务组	秘书处处长		台湾总督府官房
			台湾总督府图书馆外事部
			外事部

附表二 接收日伪现存款项金银证券珍宝饰物报告表

报告机关
年 月 日 制

接收机关	被接收机关	原属日或伪	接收品类别					金额或重量共计（单位）	存储情形						核准动用								备注
			日期	票面或成色	名称	单位	件数		日期	金额或重量（单位）	银行	专户名称	日期	金额或重量（单位）	每单位变卖价格	用途	核准机关	实存金额或重量（单位）	

续表

接收机关	被接收机关	原属日或伪	接收品类别					金额或重量共计（单位）	存储情形					核准动用							实存金额或重量（单位）	备注
			日期	票面或成色	名称	单位	件数		日期	金额或重量（单位）	银行	专户名称		日期	金额或重量（单位）	每单位实价	用途	变格	核准机关		
合计																					

主管长官

填表说明：

1. 凡接收敌伪物资之已经变卖或出租者，应填本表送核，其变卖办法送达行政院。亥灰电令及一处现接收敌伪物资办法规定：除易坏品及民生日用品或奉令出租之敌伪物资，可依法变卖出租，并将价款拟以敌伪产变价科目专户，存入中央银行汇解国库，未经行政院核准不得擅自动支。

2. "报告机关"系指各部会指定之某区主管机关，如特派员办公处及省市政府等是。"接收机关"系指实际负接收责任之机关。"变卖物品"开应将其变卖日期、卖出单位之价格按栏注细填明。"价以处理情形"应将存储银行之行名及户名核准动支之权关及日期交号，就各有关栏内注明。

3. 本表直四十公分横五十五公分，各接收单位如不敷应用时，应自行依式印制。

4. 本表上下应盖接受机关之关防及主管长官私章。

附表三 接收日伪资产变卖价款报告表

报告机关　　　　　　　　　　年　月　日　制

接收机关	被接收机关	原属日或伪	接收品类别				变卖数	现存数	变卖原因	存储情形			核准动用			除动支后结存现金（元）	备注
			日期	单位	单价（元）	原有数					变卖应得金额（元）	承购者	核准机关	存储银行名	动支金额（元）	动支用途	核准机关		

合計

主管长官

附表四之一

私人财产清册

市县（区）		第 号		本清册共有 页			
所有人姓名	住所			家属人数及姓名 父子 母女 配偶 共　人			
财产（权利）名称	财产（权利标的）所在地	财产（权利）内容及证件	置产时期及来由	估计价格	接收人盖章	被接收人盖章

								备考

以上共　件均经接收　接收人（签名盖章）　　监收人（签名盖章）

中华民国三十五年（接收机关关防）月　　日

附表四之二

企业财产清册

市县_____（区）_____第_____号_____本清册共有_____页
企业名称_____所在地_____代表人_____

财产名称	财产所在地	财产内容及证件	置产时期及来由	记账价格	接收人盖章	被接收人盖章

以上共计　　　件均经接收

附账簿　　册传票　　册最近决算资产负债表　　册份损益计算书　　份财产目录　　份

中华民国三十五年（接收机关关防）　月　日

接收人（签名盖章）　监收人（签名盖章）

							备考

填具财产清册说明书

一、财产清册须用墨笔填写，并须字迹清晰，如有添注涂改，应由填写人盖章证明。

二、私人财产，系指日人个人家庭之财产及日人独资经营而其本人及家属均居住其中之商店或工厂之财产而言。

三、所有人姓名，应填撤离日人户主之姓名，并须与报告日侨管理委员会者相符，如一户有二人以上为财产之所有人时，应于所有人姓名栏内加括号注明之。

四、住所应将填例本表时之地址市、县、区、乡，填门牌号数，详细注明。

五、家属人数及姓名，即指户主之家属随同撤离之人而言。

六、财产内容，如财产之数据、样式、大小、尺寸或出品厂家名称等，凡可表示该财产之特征者，应酌为注明。

七、财产或权利之证件，如土地契据、股票、债券、租约、合伙议单或其他文书证件，应分别填明其发行及登记机关名称、本证件之号数及面额项。

八、估计价格，应参照成本或过进价及市价即折旧之程度、折衷估价，以备将来处理时之参考。

九、企业财产，系指合伙或各种公司组织之一切企业机关之财产而言。

十、企业代表人，系指合伙或各种公司组织之一切企业机关之经理人而言，企业代表人个人家庭私有财产，清册填报。

十一、记账价格，系指各项财产在各企业机关账簿上所记之价格。

十二、企业机关之账簿、传票及决算表，应视同财产，一并交出。其资产负债表、损益计算书及财产目录，并应附订于财产清册内，合为一册，如此项报表仅有一份，应附订于转送日产处理委员会之财产清册内。

十三、财产或企业置产时间与其来由（包括创置或系承受及其手续与原准许机关）均应填明。

附表五之一

台湾省接收委员会日产处理委员会接收通知书		字第　　　号第一联存根	
指定接收机关	机关名称		
	机关所在地		
被接收财产人	姓名或单位名称		
	所在地		
中华民国三十五年		月	日

此联填发机关存照

字号

台湾省接收委员会日产处理委员会接收通知书		字第　　　号第二联	
指定接收机关	机关名称		
	机关所在地		
被接收财产人	姓名或单位名称		
	所在地		
注意事项			
中华民国三十五年		月	日
		主任委员	

此联送交接收机关

字号

台湾省接收委员会日产处理委员会接收通知书		字第　　　号第三联	
指定接收机关	机关名称		
	机关所在地		
被接收财产人	姓名或单位名称		
	所在地		
注意事项	一、接收财产应照另表及说明详细填具清册三份送由接收机关所派之人员照册点收。 二、本通知书第三联于开始接收时由接收机关所派之人员交给被接收财产人，俟接收完毕后再由接收人员盖妥接收关防之清册一份交与被接收人存执换此通知书第三联。		
中华民国三十五年		月	日
		主任委员	

此联由接收机关送接收财产人

字号

台湾省接收委员会日产处理委员会接收通知书		字第　　号第四联
指定接收机关	机关名称	
	机关所在地	
被接收财产人	姓名或单位名称	
	所在地	
注意事项		
中华民国三十五年　　　　　月　　　　　日		
主任委员		

此联送被接收财产人管辖之县市分会

附表五之二（各县市分会用）

台湾省接收委员会日产处理委员会		县市　　分会接收通知书存根
接收人员	姓名	
	通讯号	
被接收财产人	姓名	
	住址	
中华民国三十五年　　　　　月　　　　　日		

字号

台湾省接收委员会日产处理委员会		县市　　分会接收通知书存根
接收人员	姓名	盖章
	通讯号	
被接收财产人	姓名	盖章
	住址	
注意事项	一、接收财产应照另表及说明详细填具清册三份送由接收人员照册点收。二、本通知书第三联于开始接收时接收人员交给被接收财产人，俟接收完毕后再由接收人员以盖关防之清册一份交与被接收人存执换回此通知书。	
中华民国三十五年　　　　　月　　　　　日		
主任委员		

附表六　台湾省接收日人私有土地旱田租金标准表[①]

等购	每年正产物收获量平均数		订定租率	应纳租额		应纳租额换算		换算金额	甲当保证金（年租额之1/4）	备注
						公石	公斤			
1	落花生 甘薯	二〇石 三六,〇〇〇斤	三〇.〇%	落花生 甘薯	六,〇〇〇石 一〇,八〇〇斤	落花生 甘薯	一,〇八二三公石 六,四八〇.〇公斤			一石折合公石〇 一八〇三九公石 一台斤折合公斤 〇六公斤
2	落花生 甘薯	一七石 三四,〇〇〇斤	二九.七%	落花生 甘薯	五,〇四九石 一〇,〇九八斤	落花生 甘薯	〇,九一〇八公石 六,〇五八.八公斤			
3	落花生 甘薯	一六石 三〇,〇〇〇斤	二九.四%	落花生 甘薯	四,七〇四石 八,八二〇斤	落花生 甘薯	〇,八四八六公石 五,二九二.〇公斤			
4	落花生 甘薯	一二石 二八,〇〇〇斤	二九.一%	落花生 甘薯	三,四九二石 八,一四八斤	落花生 甘薯	〇,六二九九公石 四,八八八.八公斤			
5	落花生 甘薯	一二石 二四,〇〇〇斤	二八.八%	落花生 甘薯	三,一六石 六,九一二斤	落花生 甘薯	〇,五七一五公石 四,一四七.二公斤			
6	落花生 甘薯	一〇石 二二,〇〇〇斤	二八.五%	落花生 甘薯	二,八五〇石 六,二七〇斤	落花生 甘薯	〇,五一四一公石 三,七六二.〇公斤			
7	落花生 甘薯	九石 一七,〇〇〇斤	二八.二%	落花生 甘薯	二,三三二石 四,七四三斤	落花生 甘薯	〇,四五七八公石 三,六三四.〇公斤			
8	落花生 甘薯	八石 一七,〇〇〇斤	二七.九%	落花生 甘薯	一,九三二石 四,四四三斤	落花生 甘薯	〇,四〇二六公石 二,八四三.八公斤			
9	落花生 甘薯	七石 一六,〇〇〇斤	二七.六%	落花生 甘薯	一,九三二石 四,四一六斤	落花生 甘薯	〇,三四八二公石 二,六四九.六公斤			
10	甘薯	一七,〇〇〇斤	二七.三%	甘薯	四,六四一斤	甘薯	二,七四六公斤			

① 表中数字均维持原貌

续表

等购	每年正产物收获量平均数	订定租率	应纳租额		应纳租额换算		公石		换算金额	甲当保证金（年租额之1/4）	备注
							公石	公斤			
11	一六,〇〇〇斤	二七.〇%	甘薯	四,三二〇斤	甘薯			二,五九二.〇公斤			
12	一三,〇〇〇斤	二六.七%	甘薯	三,四七一斤	甘薯			二,〇八二.六公斤			
13	一二,〇〇〇斤	二六.四%	甘薯	三,一六八斤	甘薯			一,九〇〇.八公斤			
14	一一,〇〇〇斤	二六.一%	甘薯	二,八七一斤	甘薯			一,七二三.六公斤			
15	九,〇〇〇斤	二五.八%	甘薯	二,三二二斤	甘薯			一,三九三.二公斤			
16	八,〇〇〇斤	二五.五%	甘薯	二,〇四〇斤	甘薯			一,二二四.〇公斤			
17	七,〇〇〇斤	二五.二%	甘薯	一,七六四斤	甘薯			一,〇五八.五公斤			
18	六,〇〇〇斤	二四.九%	甘薯	一,四九四斤	甘薯			八九六.四公斤			
19	五,〇〇〇斤	二四.六%	甘薯	一,二三〇斤	甘薯			七三八.〇公斤			
20	四,〇〇〇斤	二四.三%	甘薯	九七二斤	甘薯			五八三.二公斤			
21	三,〇〇〇斤	二四.〇%	甘薯	八四〇斤	甘薯			五〇四.〇公斤			
22	三,〇〇〇斤	二三.七%	甘薯	七一一斤	甘薯			四二六.六公斤			
23	三,〇〇〇斤	二三.四%	甘薯	五八五斤	甘薯			三五一.〇公斤			
24	二,〇〇〇斤	二三.一%	甘薯	四六二斤	甘薯			二七七.二公斤			
25	一,〇〇〇斤	二二.八%	甘薯	三四二斤	甘薯			二〇五.二公斤			
26	一,〇〇〇斤	二二.五%	甘薯	二九三斤	甘薯			一七五.八公斤			

附注：一、凡前无租（免赋）之公有土地，其等则得比照邻地目相似收益相似之土地，查明暂行评定之（于本年年度适用）。

二、本表每甲当产量参酌近年收购情形，为最低额未达一致，各地情形未达一致，自得在法定租率范围内按实办理。

附表七　台湾省回国日侨准予携带物品各类及数量表

第一项				
盥洗具类	名称	数量	名称	数量
	面盆	一个	牙刷	一把
	漱口杯	一个	牙膏	一瓶
	肥皂盒	一个	化妆品	若干（指个人已用过）
	毛巾	一条	肥皂	二块

第二项				
寝具类	名称	数量	名称	数量
	棉花被	二条	蚊帐	一条
	枕头	二个	草席	一条
	被单	二条	毯（或棉花褥）	二条

第三项						
衣服类	名称	数量	名称	数量	名称	数量
	冬季衣服	三套	衬衣	四件	睡衣	一件
	夏季衣服	三套	羊毛衣	一件	雨衣	一件
	卫生衣	一件	短裤	三双	呢帽	一顶
	大衣	一件	长裤	二双	手套	一双
	短裤	三条	背心	三件	木屐	二双
	皮鞋	三双				
备考	一、日侨携带衣服包括洋服和服等，但以不超过规定套数为限。携带和服者包括襦袢羽织及其他附属品在内，携带洋服者包括背心领带（女性得包括腰带及下着）等在内。 二、大衣、羊毛衣、睡衣、卫生衣、雨衣、呢帽，如已穿着身上者不得另行多带，其他随身穿着者除外（男女相同）。					

第四项				
炊具类	名称	数量	名称	数量
	煮饭锅	一个	火钳	一把
	烧菜锅	一个	水瓢	一个
	炉灶	一具	小菜刀	一把
	锅铲	一把	饭瓢	一个
备考	一、以上除炉灶外以铝铜铁质为限。 二、无眷属者炊具应予酌减携带。			

续表

第五项			
名称	数量	名称	数量
钢笔	一支	洋火	五盒
自来水笔	一支	粗纸	二刀
铅笔	一支	香烟	十包
毛笔	一支	热水瓶	一个
红墨水	一瓶	镜	一面
蓝墨水	一瓶	头梳	二把
手表（或挂表）	一支	衣刷	二把
眼镜	一副	图书	若干册

日用品类

备考：一、图书以与作战无关而非历史性书籍及文件报告。
二、笔类及其他物品以日常使用者为限，如用金银特制者不得携带。
三、未列入本表之日用物显明属于个人使用者，例如烟盒、雨伞、印泥、茶杯、碗筷、私章、针线等得酌准携带。

第六项			
名称	数量	名称	数量
手提包	一件	药箱	一个
手提袋	一件		

行李袋

第七项			
名称	数量	名称	数量
内服药	四种	棉布	若干
外敷药	二种	橡皮膏	若干
纱布	若干	胶带布	若干

药品类

备考：以上均以足敷一周为限

第八项
航行期中得多带二日量食粮

粮食类

一、日侨每人准携带物品一□，以自行搬运者为限，但不许分两次搬运上船，并不许雇用苦力帮同搬运，老年残疾患病携带幼孩者，得酌准备人代搬，有幼孩者并准多带。

二、医师或其他技术人员为个人职业上所必领之最低限度用具（例如医生之体温器、听诊等，理发匠之理发器具等）酌准携带。

三、日军遗族及留守家属应照此规定办理。

附表八　台湾省回国日侨禁止携带物品表

民国三十五年二月十日公布

第一项	炸药、武器、军火、大型刀剑
第二项	照相机、双眼望远镜、野战望远镜及其他光学器材等
第三项	金条、银条、金块、银块、未经镶嵌之宝石艺术品等
第四项	各种有价证券、银行存款及债权有关证明文件
第五项	珠宝或奢侈品而不合于持有人之身份者
第六项	不得超过台湾省日侨遣送办法第四条规定准予携带物品及数量以外之物品
附记	日本本部台湾朝鲜及旧关东州等地之邮政储金存折及日本所属银行或分支行所发出之存款簿暨邮局或日本公司所发之生命保险单不包括在内。

附表九　(　　)没收日侨物品收据

被没收人姓名	（盖章）	籍贯		年龄		性别		隶属番号	
在台湾住址			到日本后通讯处						
检查日期		检查地点				没收日期			
没收物品名称及数量	名称	单位	数量	名称	单位	数量	名称	单位	数量
右列物品除送		保管员保管外应留存根备查			保管人职务及姓名			（盖章）	
机关主管姓名	（盖章）	证明人职务姓名		（盖章）	检查人职务及姓名			（盖章）	
中华民国　　　　　　　年　　　　　　　月　　　　　　　日									

第四联存检查机关

字　　第　　号

(　　)没收日侨物品收据					
被没收人姓名	（盖章）	籍贯	年龄	性别	隶属番号
在台湾住址			到日本后通讯处		

续表

检查日期			检查地点				没收日期		
没收物品名称及数量	名称	单位	数量	名称	单位	数量	名称	单位	数量
右列物品除送			保管员保管外应留存根备查			保管人职务及姓名		（盖章）	
机关主管姓名		（盖章）	证明人职务姓名		（盖章）	检查人职务及姓名		（盖章）	
中华民国　　　　　年　　　　　月　　　　　日									

第三联由检查机关报省日侨管理委员会

字　　第　　号

（　）没收日侨物品收据									
被没收人姓名		（盖章）	籍贯		年龄		性别		隶属番号
在台湾住址				到日本后通讯处					
检查日期			检查地点				没收日期		
没收物品名称及数量	名称	单位	数量	名称	单位	数量	名称	单位	数量
右列物品除送			保管员保管外应留存根备查			保管人职务及姓名		（盖章）	
机关主管姓名		（盖章）	证明人职务姓名		（盖章）	检查人职务及姓名		（盖章）	
中华民国　　　　　年　　　　　月　　　　　日									

第二联由检查机关送没收物品保管员

字　　第　　号

	（　　）没收日侨物品收据									
被没收人姓名		（盖章）	籍贯		年龄		性别		隶属番号	
在台湾住址					到日本后通讯处					
检查日期				检查地点				没收日期		
没收物品名称及数量	名称	单位	数量	名称	单位	数量	名称	单位	数量	
右列物品除送		保管员保管外应留存根备查			保管人职务及姓名			（盖章）		
机关主管姓名	（盖章）	证明人职务姓名		（盖章）	检查人职务及姓名			（盖章）		
中华民国			年		月			日		

第一联付被没收人收执

台湾省日产清算委员会

（　　清算案）

资产负债平衡表

中华民国　　年　　月　　日

附表十

借方金额									合计科目		合计科目							
亿	千万	百万	十万	万	千	百	十	元	角	分	中文	日文	千万	百万	十万	万	千	百	十	元	角	分

续表

借方金额									合计科目		合计科目							
亿	千万	百万	十万	万	千	百	十	元	角	分	中文	日文	千万	百万	十万	万	千	百	十	元	角	分

　　主任委员　　　　　承办人员　　　　制表员

台湾省日产清算委员会制

股东股份明细表

中华民国　　年　　月　　日　　第　　页

附表十一

持券者姓名		取得日期			股券单位					股券种类						合计										备考
原名	更名	年	月	日	金额					股券数													股份数	股份百分比		
					百	十	元	角	分	片数号数	片数号数	片数号数	片数号数	片数号数		千万	百万	十万	万	千	百	十	元	角	分			

主任委员　　　　　承办人员　　　　　制表员

附表十二

台灣省日產清算委員會清算報告表

中華民國　　年　　月　　日

被清算單位	名稱			
	所在地			
	設立年月			
股份單位額	品別	日人部分	國人部分	保留部分	合計
資本金	股份				
	金額				
	百分比				

股東人數

	名稱	日期	經過情形

清算日期

（資產負債）

借方科目	金額	貸方科目	金額
小計		小計	
資產純額		資本股份數	
總計		總計	
		每股分配數	

清算結果

清算意見

說明

| | | | 備考 |

主任委員　　　　　承辦人員　　　　　制表員

附表十三　对于清算（　　）报告异议报告表

行厂名称		异议人姓名		异议人详细住址及通讯处		异议人与该行厂之关系	
异议事项							
异议理由							
异议希望							
台湾省日产清算委员会对上列异议之意见							
台湾省日产清算委员会公鉴						异议人	（签名盖章）

中华民国　年　月　日寄

台湾省日产清算委员会

（　　会社清算案）

明细表

中华民国　年　月　日　第　页

附表十四之一

摘要	金额												
	小计									合计			
	百万	十万	万	千	百	十	元	角	分	百万	十万	万	千	百	十	元	角	分

制表员　　承办人员　　主任委员

台湾省日产清算委员会

清算案

土地建物目录

中华民国　年　月　日　第　页

附表十四之二

号次	摘要	计算单位	数额	所在地	单价	账面金额 总价 百万 十万 万 千 百 十 元 角 分

主任人员　　承办人员　　制表员

台湾省日产清算委员会

清算案

器具目录　中华民国　　年　　月　　日　第　　页　　附表十四之三

号次	名称		单位	数量	状态	单价	账面金额								
	中文	日文								总价					
							百万	十万	万	千	百	十	元	角	分

										制表员
										承办人员
										主任人员

台湾省日产清算委员会
清算案
商品（产品）盘存目录
中华民国　　年　　月　　日　　第　　页

附表十四之四

类别	名称		摘要	单位	数量	所在地	单价	估定金额 总价								
	中文	日文						百万	十万	万	千	百	十	元	角	分

制表员　　　　　　　　承办人员　　　　　　　　主任人员

台湾省日产处理委员会

清算案

账项整理记录报告表

中华民国　年　月　日　第　页

附表十五

会计科目	摘要	借方 百万 十万 万 千 百 十 元 角 分	贷方 百万 十万 万 千 百 十 元 角 分	借或贷	余额 百万 十万 万 千 百 十 元 角 分